하루 하루가 잔치로세

하루하루가 잔치로세

2011년 10월 9일 1쇄 펴냄
2013년 6월 21일 3쇄 펴냄

지은이 | 김영조
펴낸이 | 강준우
기획편집 | 김진원, 문형숙, 심장원, 이동국
디자인 | 이은혜, 최진영
마케팅 | 박상철, 이태준

펴낸곳 | 인물과사상사
출판등록 | 제17-204호 1998년 3월 11일

주소 | (121-839) 서울시 마포구 서교동 392-4 삼양E&R빌딩 2층
전화 | 02-325-6364
팩스 | 02-474-1413

www.inmul.co.kr | insa1998@gmail.com
ISBN 978-89-5906-199-0 03380

값 18,000원

하루
하루가
잔치로세

김영조 지음

머리말

얼레빗살 틈으로 바라다 본 한국문화의 아름다운 숨결을 찾아서

"나는 우리나라가 부강한 나라가 되기보다는 높은 문화를 가진 민족이길 바란다."

우리 겨레의 지도자, 백범 선생은 이렇게 말했습니다. 하지만 세상은 백범 선생의 염원대로 흘러가지 않았지요. 백범 선생이 즐겨 입던 한복과 흰 두루마기 차림은 이제 보기 어려워졌고 국내 최고를 자랑한다는 호텔조차 한복을 거추장스러운 옷으로 치부하는 세상에서 우리는 살고 있습니다. 또한 거리는 하루가 다르게 영어 간판으로 도배되고, 전통찻집은 서구의 세련된 커피 전문점에 자리를 내주었습니다.

세상이 이렇다보니 제가 '한국문화'에 대해 글을 쓰는 사람이라고 명함을 내밀면 많은 사람이 고리타분하게 여깁니다. 한데 왜 그럴까요? 왜 한국문화는 재미가 없을까요? 아니, 재미없는 것으로 여겨지고 있을까요? 입만 열면 21세기는 문화의 세기라고 하면서 제 나라 문화에 관심이 없는 이런 상황을 바꿀 방법은 없을까요? 누가 한국인을 한국문화와 담쌓게 했을까요?

그 답은 어렵지 않습니다. 대중의 잘못이 아닙니다. 소위 지도자란 사람들, 지식인들, 언론, 교육계가 먼저 제 나라 문화를 무시하고 버렸기 때문입니다. 그들은 앞장서서 서양문화를 부추겼습니다. 이런 분위기에서 대중은 서양문화를 세련된 것이라 여기며 따르고 우리 것은 고리타분하게 여기게 되었지요. 이런 상황을 개선해보고자 제가 한국문화에 대한 글쓰기에 전념하기 시작한 것이 2004년의 일입니다. 날마다 쓰는 한국문화편지 '얼레빗으로 빗는 하루' 가 그 시작이었습니다.

'쉽게, 재미나게, 짧게, 유익하게.' 이것은 당시 한국문화 글쓰기를 하며 스스로에게 건 주문이었습니다. 이렇게 쓴 글을 인터넷에 올려 독자에게 전달하기 시작했는데, 이 과정에서 맨 먼저 부딪힌 것은 편지글의 제목이었지요. 여러 날 고민한 끝에 '얼레빗' 이라는 말이 떠올랐습니다.

얼레빗은 우리 어머니의 낡은 경대서랍 속에 들어 있던 물건입니다. 지금은 돌아가셨지만, 어머니는 아침마다 이 빗을 꺼내 함초롬히 머리를 빗으셨지요. 참빗처럼 촘촘하진 않지만 얼레빗 자국을 남기며 빗어 넘겨 언제나 깔끔하고 단정하던 어머니. 그 곁에서 어린 제가 이 요술빗을 만지작거리며 빗살을 세어 보기도 하고 빗살 사이로 세상을 바라다보기도 했습니다. 날마다 머리를 빗는 것은 마음을 가다듬는 일과 다르지 않겠지요. 그래서 독자들에게 보내는 편지의 제목을 '얼레빗으로 빗는 하루' 로 지었습니다.

바쁜 현대인들이 자투리 시간에 읽게 배려하면서, 아침마다 머리를 매만지듯 한국문화 이야기를 들려준다면 마음을 살찌우게 될 것이라는 신념으로 이 일에 매달렸습니다. 처음엔 무작정 쓰기 시작했습니다. 날마다 쓰겠다고 했더니 주위 사람들이 얼마 가지 못할 거라고 말하기도 했지요. 하지만 편지 쓰기가 1년을 넘고, 즈믄1,000 번이 넘어가자 사람들은 저를 다시 보기 시작했습니다.

이제 편지 쓰기는 두 즈믄 번이 지나고 햇수로는 8년이 흘렀습니다. '얼레빗으로 빗는 하루'를 구독하는 독자들도 많이 늘어났고 그간 쓴 글도 양이 꽤 수북합니다만, 이제 사람들이 책꼴로도 손쉽게 접할 수 있게 제가 한 걸음 더 다가서야 할 때라는 생각이 듭니다. 그리하여 '얼레빗으로 빗는 하루'를 365일 하루하루에 해당하는 절기와 기념일에 맞춰, 옛사람의 하루를 따라가듯 책으로 구성해냈습니다.

이 책을 읽으면서 한 해를 지내시다보면 우리 겨레가 오랫동안 누려왔던 세시풍속과 민족문화의 풍경이 어떠했는지 엿볼 수 있으실 겁니다. 그 과정에서 우리가 근현대를 거치며 어떤 문화와 여유를 잃어버렸는지 깨닫고, 자신을 돌아보는 시간을 회복하실 것이라 믿습니다. 옛사람 특유의 여유와 관조를 배워보심도 좋을 것입니다. 더불어 누대에 걸쳐 이룩한 겨레문화의 속살을 열어보며 뜻밖인 사건이나 모습에 무릎을 치실지도 모르겠습니다. 무엇보다 민족에 대한 긍지와 철학이 싹트리라 믿습니다. 어떤 외국인을 만나더라도 한국인으로서 당당해질 수 있으며 어느 사이 한층 성숙한 한국인이 되시리라 감히 장담해봅니다.

현재 '얼레빗으로 빗는 하루'에는 여러 분들이 참여하고 계십니다. 일본 교토에서 한평생을 재일교포 인권의 중심에 서서 토박이말로 시조를 써 보내시는 김리박 시인님, 해박한 국악이론을 감칠맛 나게 써주시는 국악이론계의 대부 서한범 한국전통음악회 회장님 그리고 이웃 나라 일본의 역사와 문화를 비교문화의 차원에서 쉽고 재미나게 써주시는 한일문화어울림연구소 이윤옥 소장님이 ‘얼레빗으로 빗는 하루’의 필진으로 가세한 덕에 이 책도 전문성과 다양성을 한층 더 지니게 되었습니다. 여기에 빼놓을 수 없는 분이 이무성 화백이십니다. 이 화백은 오래전부터 저의 ‘한국문화 알리기’에 공감하시고 아무런 대가 없이 그날그날 글에 맞는 그림을 그려주고 계십니다. 글에 날개를 단 셈이지요. 이와 같이 오로지 우리 문화에 대한 열정과 사랑만으로 큰 도움을 주신 분들에게 다시 한 번 감사하다는 말씀을 정중히 드립니다. 어려운 출판사정에도 한국 문화의 우수성을 알려야 한다는 철학으로 출간을 흔쾌히 맡아주신 강준우 대표에게도 경의를 표합니다.

한국문화를 널리 알리고 사랑하게 하는 작업은 이것으로 끝이 아닙니다. 지난 8년간 하루도 쉬지 않고 써온 글들을 다양하게 엮어내, 독자들이 손쉽게 볼 수 있게 하는 작업에 박차를 가할 것입니다. 우리 겨레가 백범 김구 선생의 소원인 ‘높은 문화민족’으로 거듭나는 그날까지 정진하겠습니다.

4344년2011 10월, 선선한 가을의 한가운데

세종대왕께서 태어나신 준수방 곁 집필실에서

한갈 김영조 쓰다

추천사 · 1

그 사람, 국악공부 신명 나게 하더니 결국

내가 국악의 길로 들어선 것은 1950년대 후반, 국악사양성소현 국립국악 중 · 고등학교의 전신 4기생으로 입학하면서부터다. 그 당시 국악에 대한 우리 국민의 인식은 형편없었다. 선배 국악인들은 더 심한 푸대접을 받으며 살았다고 한다. 국악은 술집 기녀들 혹은 무속인들과 같은 특수집단에 있는 사람들이나 하는 음악으로 인식될 정도였으니 말이다.

50여 년이 지난 오늘날 국악계의 위상은 당시와는 비교도 할 수 없을 만큼 달라졌다. 이제 많은 국민이 국악을 사랑하기 시작했다. 그런 만큼 사람들이 국악을 더 친근하게 접하게 하는 일은 중요할 것이다. 안타깝게도 일반 언론인들은 국악에 별로 관심도 없을뿐더러 애정도 없어 보인다. 삼현육각 공연을 소개할 때도 악기구성만 간단하게 소개할 뿐이니 국악인으로서는 참 답답한 노릇이다.

그런데 이 삼현육각을 쉽고 정갈하게 소개해주는 사람이 있다. 바로 푸른솔겨레문화연구소 김영조 소장이다. 그는 조선 시대 어디서나 볼 수 있던 연주형태인 삼현육각을 정확하면서도 어렵지 않게 써서 세상에 알릴뿐더러, 삼현육각 공연을 부활시켜야 한다고 주장해왔다. 또한 삼현육각을 되살리려고 노력하는 예술가들과 한 몸이 되어, 시민기자로서 국악발전에 이바지하는 기사를 써왔다.

김 소장은 국악 공연장마다 쫓아다니며 우리 소리를 듣고 또 듣는다. 국악

공부를 정말이지 열심히 한다. 그러니 국악 이야기를 그렇게 쉽고도 유익하게 풀어낼 수 있을 것이다. 그뿐이 아니다. 날마다 아침에 한국문화에 관한 이야기를 편지에 담아 많은 독자에게 보낸다. 어디서 그런 아이디어가 샘솟고 그렇게도 재미있고 유익한 글을 만들어내는지, 감탄이 절로 나온다. 글을 써본 사람들은 원고마감 시간이 다가오면 피가 마른다고 하지 않는가. 그런데 그는 날마다 원고 마감일을 지키며 살고 있는 것이다. 8년여 동안 쉬지 않고 스스로 그렇게 해온 까닭은 바로 그 지극한 한국문화 사랑 때문이 아닐까.

김영조 소장이 날마다 보내온 그 편지들을 묶어 책으로 낸다고 한다. 두 손 들어 환영할 일이다. 우리 문화에 목말라 하는 사람들이 머리맡에 두고 벗 삼을 선물을 마련한 것이다. 그의 노력을 높이 치하하면서 우리 문화에 관심을 둔 분들에게 이 책을 권해 마지않는다.

단국대 명예교수 · 한국전통음악학회장

서한범

추천사 · 2

먼 나라 독일에서 책 한 권을 고대함

한국 정부는 1966년에 서독과 특별고용계약을 맺고 간호사 3,000명, 광부 3,000명을 파견하였다. 1977년까지 독일로 건너간 광원이 7,932명, 간호사가 1만 226명이었다고 하니 당시로써는 참 많은 사람이 고국을 떠난 것이다. 나도 그 대열에 끼어 1974년, 독일에 와서 둥지를 틀었고 그로부터 어언 37년이 지났다. 고국을 떠날 때야 푸른 꿈을 가슴 속에 지니고 떠났건만 남의 나라에 와서 산다는 일은 여간 고되지 않았다.

그 고된 것 가운데 우리를 더욱 괴롭혔던 것은 우리말을 마음대로 쓸 기회가 없고, 우리 풍속대로 살 수가 없다는 것이었다. 그래서 점차 우리말과 우리 풍속은 잊은 채로 살아야 했다. 2 · 3세들은 한국과는 더욱 멀어질 수밖에 없었다. 하지만 우리는 그런대로 몸부림치며 고국을 잊지 않으려 노력했다.

그러던 가운데 2006년 독일에서 월드컵이 열렸고, 그 월드컵 직전에 풍물굿패를 중심으로 국악, 전통무용과 성악이 어우러진 전통예술단이 한국에서 꾸려져 동포들을 찾았다. 그때 공연단과 함께 찾아온 이가 김영조 소장이었다. 그는 우리 집에서 하루를 묵었는데, 독일어를 못하는 분이 한국어를 못하는 우리 남편과 새벽 4시까지 맥주를 마시는 모습이 참 인상적이었다. 다음 날, 우리 부부는 김 소장을 안내해 함부르크의 문화를 맛보게 해줬다. 김 소장은 한국문화를 공부하고 글을 쓰는 사람이지만 남의 나라 문화도 하나라도 더 알려고 무척 열심이었다. 그의 말대로, 문화란 모든 이를 행복하게 살게 하려는 노력이었다. 그 뒤 내가 한국을 방문했을 때는 김 소장이 중요무형문화재 보유자이신 오정숙 선생의 판소리 완창공연을 보여주기도 했다.

그런 인연으로, 김 소장은 지금까지 하루도 어김없이 편지 '얼레빗으로 빗는 하루'를 보내주고 있다. 그 편지는 우리 동포가 잊어가던 한국, 가슴속에 희미하게 살아남은 한국이란 불씨에 불을 활활 지피고 있다. 나는 그가 보내오는 편지를 읽는 재미로 하루를 열곤 한다.

그런 그가 최근에 보내온 소식이 있다. 그 편지들을 365일 하루하루에 맞춰 엮어 책을 낸다는 것이다. 나처럼 남의 나라에서 오래 살면서 고국문화에 목말라 하는 사람에겐 더할 나위 없는 반가운 소식 아니던가. 어서 책이 나와 내 머리맡에 자리 잡고 주변이 한국문화의 향기로 진동하는 날이 오기를, 여기 함부르크에서 기다리겠다.

(사)함부르크 한 · 독협회 회장

김옥화

추천사 · 3

김영조 선생의 《하루하루가 잔치로세》에 붙여

햇수로 여덟 해를 헤아리는 '얼레빗으로 빗는 하루' 는 우리 한겨레의 자랑이고 목숨인 한얼민족정신과 그에 딸린 얼살이민족문화와 얼누리민족세상를 다루고 있어, 누렁쇠 단지황금을 담은 단지이자 흰쇠 뒤주은을 담은 뒤주라고 말할 수 있다. 따라서 하루도 빠짐없이, 아니 이렛날 만에 한 토막만 읽어도 마음이 싱싱해지고 맑아지고 새 힘이 솟고 슬기가 돋는다.

요즈음, 흰둥이서양 얼살이와 얼누리 꼴을 지니려고 무척 애쓰는 이들을 적지 않게 본다. 참으로 한숨지을 일이 아닐 수 없다. 얼마 전에 서울의 이름난 자리집호텔이 한복 입은 사람을 쫓아냈다 하는 것을 보아도 넉넉히 알 수 있다. 또한 지난날 "바이올린은 안고 다녀도 깡깡이는 들고 못 다닌다"는 말이 있었다 한다. 그 꼴들, 참으로 부끄럽다!

한갈 김영조 글지이작가님은 그런 한겨레답지 않은 꼴들을 보고 느껴, 그 까닭이 다른 데에 있는 것이 아니라 "소위 지도자란 사람들, 지식인들, 언론, 교육계가 먼저 제 나라 문화를 무시하고 버렸기 때문"이라고 날카롭게 꿰뚫어 보고는 우리 한겨레의 얼살이, 얼누리를 '쉽게, 재미나게, 짧게, 유익하게' 라는 뜻을 높이 들어 외로운 길을 혼자서 나아갔다.

그것이 곧 으뜸가는 사랑인 나라사랑이자 겨레사랑이기 때문에 몸소 나선 것이라 믿는다. 그러니 이 책을 읽으면 참된 나라사랑과 겨레사랑이 스스로 돋고 겨레사랑을 지닐 수 있게 된다.

따라서 이른바 이름난 앞선이선각자들, 많이 배운이지식인들, 똑똑한 글지이들, 슬기로운 스승들은 꼭 읽어야 하겠고 하루살이가 바쁜 이들도 읽어보면 더운 철에 차가운 물을 마신 듯 느끼고, 추운 철에 따끈한 김치찌개를 먹은 듯 느낄 것이다.

재일본한국문인협회 회장

한밝 김리박

차례

그늘진 산, 쌓인 눈 깊이가 천장인데
올해 겨울은 봄처럼 따뜻하다 말하네.

음악의 시작과
끝을 알리는 국악기 박.

1월 1일

박 소리로 새해를 엽니다

힘차고 슬기롭게 시작할 새날을 열어주다, 국악기 박

천명이 처음부터 돌보시어

훤하게 드러난 덕음 영세토록 전하였도다

상하 좌우에 신께서 충만하게 유동하사

공덕功德과 위용威容이 밝게 빛나도다

변두가 아름답고 예식이 정연하니

억만 년토록 많은 복 내리시리라

이는 종묘제향宗廟祭享 때 쓰이는 악장으로 《숙종실록》 7년1681에 만든 천명지곡天命之曲에 붙인 시입니다. 대제학 이민서가 지었고 이때 곡을 연주하는 데 쓰이는 국악기는 아쟁, 장고, 피리, 해금 따위의 20여 가지입니다만 연주를 시작할 때 쓰이는 중요한 악기가 있으니 그것이 곧 박拍이지요. 박은 많은 국악기 가운데서도 연주의 시작과 끝을 알리는 중요한 역할을 합니다.

국악기의 종류는 '대금' 과 같은 관악기인 공명악기共鳴樂器, 가야금처럼 줄을 울려 소리를 내는 현명악기絃鳴樂器, 꽹과리 같은 쇠, 돌, 나무, 흙으로 만든 타악기인 체명악기體鳴樂器, 북처럼 가죽을 사용한 피명악기皮鳴樂器 따위로 나뉩니다. '박' 은 체명악기에 속합니다. 여섯 조각의 단단한 판자 쪽에 구멍을 두 개씩 뚫어 한데 묶어서 양손으로 잡아 벌렸다가 급속히 모음으로써 맑은 충격음을 냅니다. 신라 시대부터 고려, 조선 시대에 고루 쓰였으며, 문묘제례악과 같은 아악에도 쓰이고 있습니다.

박이 한 번 울리면 시작이요, 세 번 울리면 끝을 뜻합니다. 궁중무용에서는 춤의 대형이 바뀔 때 또는 춤사위의 변화를 지시할 때 한 번씩 칩니다. 박을 치는 사람을 집박執拍이라고 하며, 서양음악의 지휘자와 같지요. 연주의 시작을 알리는 박은 힘찬 새해를 열기에 제격입니다. 탁! 타그르르르……. 박 소리를 들으며 힘차고 새롭게 한 해를 시작해봄은 어떨는지요.

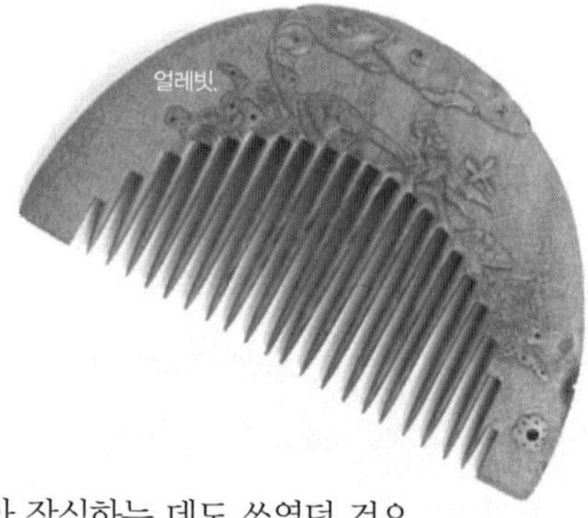
얼레빗.

1월 2일

얼레빗으로 머리를 빗어볼까나

아침에 얼레빗으로 머리를 빗으며 마음을 가다듬다

빗은 머리털을 빗는 도구뿐 아니라 뒷머리에 꽂아 장식하는 데도 쓰였던 것으로 한자로 즐櫛이라고 했습니다. 우리 겨레가 써왔던 빗은 얼레빗, 참빗, 면빗, 상투빗, 음양소, 살쩍밀이 따위로 다양했습니다. 그중 얼레빗은 어떤 빗이었을까요?

얼레빗은 한자로는 월소月梳라고 하는데 빗살이 굵고 성긴 반원형의 빗으로 엉킨 머리를 가지런히 할 때 쓰는 것입니다. 주칠朱漆, 붉게 칠함을 하거나 화각畫角, 목기 세공품의 공예기법을 한 것, 대모갑玳瑁甲, 바다거북의 등과 배를 싸고 있는 껍데기으로 만든 것도 있으나 주로 박달나무, 대나무, 대추나무, 소나무 따위가 쓰였는데 특히 제주도

해송은 병과 귀신을 쫓아준다고 하여 인기가 있었습니다. 삼국 시대나 고려 시대에는 대모갑, 상아, 뿔, 은 따위로 만들어 머리에 꽂았습니다. 얼레빗의 종류로는 한쪽은 성글고 한쪽은 촘촘하여 여러 쓰임새가 있는 음양소, 삐져나온 머리카락을 가지런히 하는 살쩍밀이, 머리 가르마를 탈 때 쓰는 가르마 빗, 귀밑머리를 가지런히 하는 면빗, 상투 손질할 때 쓰던 상투빗, 긴 머리에 쓰는 반달빗 따위가 있었지요.

예전에는 얼레빗으로 머리를 한 번 대충 다듬고 나서 다시 참빗으로 곱게 빗어 내릴 만큼 빗질 자체에 공을 들였습니다만 플라스틱 빗이 마구잡이로 쏟아져 들어오면서부터 얼레빗, 참빗과 같은 용도를 나누지 않고 빗 한 개로 머리를 다듬는 사람이 많습니다. 머리를 빗는다는 것은 차분히 거울 속에 자신을 비춰가면서 마음을 빗는 행동일 것입니다.

1월 3일

흰빛은 하늘과 맞닿은 색입니다

새해를 희고 밝은 마음으로 시작하다

우리 겨레는 예전부터 흰빛을 무척이나 좋아했습니다. '백의민족' 이라 해서 흰옷을 즐겨 입었으며 주몽 신화에 나오는 백록白鹿, 흰 사슴, 박혁거세 신화에 나오는 백마白馬, 흰 말, 김알지 신화의 백계白鷄, 흰 닭 따위는 모두 하늘에서 내려온 신성한 동물이거나 하늘에 기도 드릴 때 쓰이는 주술적인 동물로 예부터 흰빛은 상

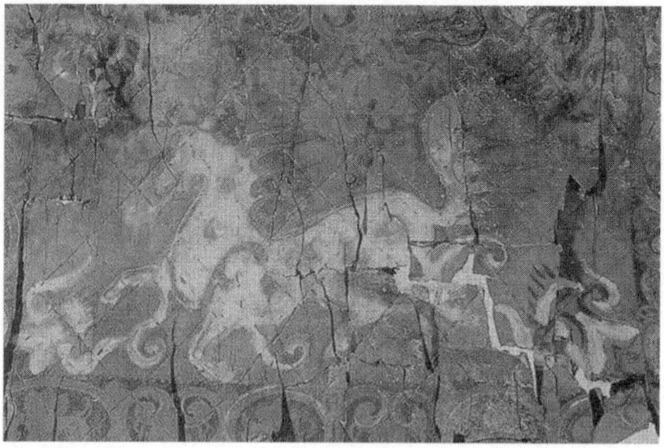

경주 천마총의 천마도.
이 말 역시 흰색이다.

서로움을 나타냈습니다.

조선 후기 역사가 이긍익李肯翊, 1736~1806이 지은 《연려실기술》 15권 〈재변과 상서〉에는 "경상도 하동현의 바닷물이 검고 팥죽같이 탁하기를 사흘 동안 계속하더니 바다에 사는 물고기가 많이 죽고, 흰 꿩이 나타났다. 예조에서 아뢰기를 '옛 글에 임금이 종묘를 공경히 받들면 흰 까마귀가 온다' 하였습니다. 이제 흰 꿩이 상서로움을 나타내었으니 신들이 하례하옵기를 청하나이다"라는 기록이 보입니다. 이처럼 희고 곱고 상서로운 색을 사랑한 사람들이 입는 옷이 검은빛일 수는 없는 것이지요.

우리 겨레의 흰 옷은 일제강점기 순사들에게서 자주 먹물세례를 받았다고 합니다. 일본의 민예운동가 야나기 무네요시柳宗悅, 1889~1961는 한민족이 사랑한 흰색을 '상복을 나타내는 슬픔의 색'이라고 했으나 이는 흰색이 '밝음'을 나타낸다는 것을 모르는 소치입니다. 그뿐 아니라 흰색은 태양의 자손인 천손天孫을 나타내기도 하지요. 어둠이 검은빛이라면 흰빛은 분명히 밝음이요, 상서로운 색일 것입니다. 예부터 흰 옷을 즐겨 입던 우리는 긍정적이고 낙천적이며 밝은

빛을 사랑한 겨레였지요. 새해의 시작은 희고 밝은 마음으로 맞이하면 좋을 일입니다.

1월 4일

구정이 아니라 설날이라 부르지요

설날 아침에 서로 인사하던 신라인들, 신하들을 모아 잔치를 베푼 임금

아직도 양력 1월 1일 설을 신정新正, 음력 1월 1일 설을 구정舊正으로 부르는 사람들이 있습니다. 왜 우리에게는 두 가지 설이 있을까요? 이는 일본이 메이지 시대明治時代, 1868~1912 이후 음력을 버리고 양력을 쓰던 것을 우리에게도 강요했기 때문입니다. 그들은 우리나라 고유의 설날을 이중과세라 하여 중지하고 자기네 양력 명절을 따르게 하였습니다.

우리 겨레 최대 명절인 설은 수천 년 내려오던 것입니다. 《고려사》에 이르기를, 설날, 대보름, 한식, 삼짇날, 단오, 한가위, 중양절, 팔관회, 동지를 구대속절九大俗節로 지낸다 했고, 조선 시대에도 설날, 한식, 단오, 한가위를 4대 명절로 꼽을 만큼 조상 대대로 이어져온 오래된 전통이었습니다. 중국 역사서인 《수서》를 비롯한 여러 문헌에도 신라인들이 설날 아침에 서로 인사하며, 임금이 신하들을 모아 잔치를 베풀고, 이날 일월신을 배례한다고 기록되어 있지요.

우리 겨레의 명절인 설날은 광복 이후에도 줄곧 양력설에 눌려 기를 못 폈습니다. 그래도 국민은 한결같이 설날을 지켜왔으며 드디어 정부가 1989년 '관공서의 공휴일에 관한 규정' 을 고쳐 설날인 음력 1월 1일을 전후한 3일을 공휴일로 정함에 따라 이젠 설날이 완전한 민족명절로 다시 자리 잡게 된 것이지요. 늦었지만 이제부터는 한민족을 깎아내리는 데 쓰이던 구정이란 말을 버리고 꼭 설날이란 말을 썼으면 합니다.

1월 5일

동지섣달 긴긴 밤, 어린 아들 솜바지 만드시던 어머니

울 엄니 눈물 속 골무

길가에 핀 보라색 골무꽃

울 엄니 눈물 속 골무만 할까

조희범의 두 줄 시 '골무와 어머니' 입니다. 골무는 바느질할 때 바늘을 눌러 밀어 넣으려고 집게손가락에 끼는 바느질 도구입니다. 요즘처럼 만들어놓은 옷을 파는 시대가 아니다보니 여성과 바느질은 뗄 수 없는 관계였습니다. 특히 여름철보다 옷을 더 껴입어야 하는 겨울엔 바느질거리도 늘었을 것입니다.

동지섣달 긴긴 밤 호롱불가에 앉아 도톰하게 솜을 두른 누비옷도 누벼야 했을 터이고 방마다 이부자리 또한 바느질 순서를 기다렸을 겁니다. 이러한 바느질로 손가락에 상처가 생기는 것을 막으려고 골무라는 것을 만들어 꼈지요. 골무는 조선 후기의 작품 《규중칠우쟁론기》에서 감투할미로 묘사될 만큼 규중부인들의 사랑을 받았으며, 바늘, 자, 가위, 인두와 함께 바느질의 필수품이었습니다.

골무에 놓는 수무늬는 사군자와 모란, 나비, 박쥐, 태극무늬가 있으며, 골무상자에는 장수를 기원하는 뜻에서 골무 100개를 채웠습니다. 골무는 가죽, 금속, 셀룰로이드로도 만들지만 보통은 헝겊 또는 종이를 여러 겹 포개 붙여서 만듭니다. 제가 어렸을 때 어머니가 쓰시던 골무가 그립습니다. 아니, 골무를 끼시던 어머니가 그립습니다.

1월 6일

대한이 소한 집에 가서 얼어 죽었다!

혹한에도 생명력을 잃지 않고 자란 보리, 양기가 성한 여름을 그리워하다

소한小寒은 24절기 가운데 스물셋째로 양력 1월 6~7일 무렵입니다. 소한은 양력으로 해가 바뀌고 처음 오는 절기지요. 절기상으로 보면 대한大寒이 가장 추운 때지만 실제는 소한이 1년 중 가장 추운데 절기의 기준이 중국 화북지방에 맞춰졌기 때문에 그런 것입니다. "대한이 소한 집에 가서 얼어 죽었다"든가 "소한 얼음 대한에 녹는다", '소한 추위는 꾸어다가도 한다'는 말처럼 소한 추위는 대단합니다.

이때쯤에는 눈도 많이 옵니다. "눈은 보리 이불이다", "사람이 보지 못하는 사이에 눈이 내리면 풍년 든다", "함박눈 내리면 풍년 든다"는 말이 있을 정도로 옛사람들은 눈과 풍년의 상관관계를 믿었습니다. 그뿐만 아니라 "첫눈 먹으면 감기에 안 걸린다", "장사 지낼 때 눈 오면 좋다", "첫눈에 넘어지면 재수 좋다"라며 눈을 좋은 조짐으로 보았지요.

예전 우리는 겨울엔 쌀밥을 먹고, 여름엔 보리밥을 먹었습니다. 그렇게 식생활을 한 까닭이야 물론 철 따라 나는 곡식을 먹어야 하기 때문이기도 하지만 또 다른 까닭은 음양의 조화를 이루려는 우리 겨레의 슬기로움 때문입니다. 여름 내내 따가운 햇볕을 받아 익은 쌀은 음기가 많은 겨울에 먹는 것이 제격이고, 추운 겨울바람을 버티고 자라난 보리는 양기가 많은 여름에 먹어야 음기보강에 좋다는 것을 그 옛날부터 우리 겨레는 알았던 것이지요. 이러한 음식궁합은 거저 나온 것이 아니라 차가운 눈 속에서 생명력을 잃지 않고 자라는 보리를 가꾸기 시작할 때부터 나온 것이 아닐까요?

1월 7일

청렴결백하고 겸손한 자세는 새해에 꼭 배워야 할 덕목입니다

반석평, 종 신분으로 당상관이 되다

벼슬이 형조판서, 의정부 좌참찬까지 오른 재상 반석평潘碩枰, ?~1540이란 사람이 있었습니다. 하루는 수레를 타고 가다가 초라한 차림새로 걸어가는 한 사람을 보고는 수레에서 내려 그에게 절을 했습니다. 절을 받은 사람은 반석평이 종일 때 모시던 주인의 아들이었지요. 그는 임금에게 자기가 예전에 종이었음을 실토하며 자기의 벼슬을 깎고 어렵게 사는 옛 주인의 아들에게 벼슬을 내려달라며 상소를 했습니다. 조정에서는 그 뜻을 의롭게 여겨 주인집 후손에게 벼슬을 내려준 것은 물론 반석평도 그 자리에 그대로 있게 했습니다.

조선 시대엔 신분제도가 엄격하여 종은 절대로 양반이 될 수 없었음은 물론 세습까지 되었고, 첩의 자식 서얼庶孼도 벼슬길에 오를 수 없었습니다. 그런데 반석평은 종의 신분으로 어찌 재상까지 오를 수 있었을까요? 조선 후기에 오면 신분질서가 문란해져 돈으로 신분을 사는 일도 있었지만 반석평은 조선 중기의 문신이니 여기에 해당하지 않습니다.

원래 반석평은 재상 집 종이었습니다. 그런데 그 재상이 그의 성품과 재주를 아껴 경서와 역사를 가르치고, 종 문서를 없앤 뒤 아들 없는 어느 부잣집에 양자로 들어가게 해주었습니다. 그러면서 재상은 과거를 숨기는 것은 물론 다시는 오가지 말며 학문에 힘쓰라고 했습니다. 반석평은 있는 힘을 다해 열심히 공부한 끝에 과거에 급제하여 재상까지 올랐지요. 언제나 겸손하고 청렴결백하던 반석평은 종의 신분이 드러났어도 오래도록 많은 이들에게서 존경을 한 몸에 받는 사람으로 기억되고 있습니다.

1월 8일

지게는 보기엔 단순해도 꽤 창의적인 발명품입니다

종로통에 나타난 북청 물장수 지게꾼

자동차가 발명되어 짐을 쉽게 날라주기 전까지 크고 작은 짐의 상당수를 지게가 담당했던 시절이 있습니다. 지게는 나뭇꾼이 지는 지게, 똥장군 지게, 옹기장이 지게, 거름 지게, 북청 물장수 지게와 같이 지고 다니는 것에 따라 이름을 달리 불렀지요. 1932년 3월 1일 《삼천리》 3호에는 "여러분은 서울 장안에 해뜨기 밧부게 이 골목 저 골목으로 삐걱삐걱 소리치며 물지게 지고 도라다니는 함경도 물장수를 보섯슬 것이외다. 서울에 그 수효가 약 700명을 헤이며 또 아츰

단순함 속에 과학적 원리가 담긴 지게.

부터 밤까지 헤, 헤 소리를 지르며 이 골목 저 골목 분주히 도라다니는 인력거 차부를 보섯슬 것이외다"라는 글이 보입니다. 세계적인 도시로 성장한 서울도 그때 당시에는 별수 없이 물장수의 물을 먹으며 지내야 했던 것이지요.

지게는 우리 겨레가 발명한 우수한 도구 가운데 하나라고 합니다. 가지가 조금 위로 뻗어난 자연목 두 개를 위는 좁고 아래는 벌어지도록 세우고 사이사이에 서너 개의 세장가로질러 박은 나무을 끼우고 위아래로 멜빵을 걸어 어깨에 멥니다. 그리고 등이 닿는 부분에는 짚으로 두툼하게 짠 등태를 달아놓았으며 지게를 세울 때에는 끝이 가위다리처럼 벌어진 작대기를 세장에 걸어둡니다. 한국전쟁 때 미군은 이 지게를 'A frameA자 모양의 틀' 이라고 불렀습니다.

그런 지게를 지금은 시골에서도 보기 어렵지만 독일 기자 지그프리드 겐테는 용케도 예전에 한국 땅에 와서 신통방통한 이 물건을 보게 됩니다. 그가 1901년에 펴낸《한국견문록》에는 "사람이 어깨근육을 이용해서 힘을 덜 들이고 수월하게 운반할 수 있게 만든 것으로 조선인의 탁월한 발명품이라 말하고 싶다"는 내용이 있습니다. 또 프랑스 민속학자 샤를르 바라도는 "지게는 양 어깨와 등의 힘을 조화시킨 창의적이고 과학적인 운반기구다"라고 말할 정도였습니다. 뛰어난 발명품인 지게는 이제 전통 사진첩 속에서 수명을 다한 채 조용히 잠들어 있습니다.

1월 9일

과욕을 삼가고 소박한 욕심으로 새해를 설계합니다

옛사람이 꿈꾸던 완벽한 행복

요즘 사람들의 꿈은 무엇일까요? 부동산 대박 아니면 로또 대박? 대부분 잘 먹고 잘사는 물질적 풍요로움을 꿈꾸고 있지 않나 싶습니다. 그렇다면 옛사람들은 어떤 행복을 꿈꾸었을까요? 옛사람이 꿈꾼 '완벽한 행복'을 조선 시대의 한글 단편소설 모음집인 《삼설기》 가운데 〈삼사횡입황천기〉에서 살펴보면 이렇습니다.

> 세 선비가 봄날 산에 올라 술에 취했다가 염라대왕에게 끌려갔는데 죽을 때가 안 된 사람들인지라 돌려보내게 된다. 그러면서 소원을 말하면 들어준다고 했다. 그런데 그중 한 선비는 "명당에 집을 짓고 대자연을 벗 삼아 의식주 걱정 없이 아들 형제에, 딸 하나 두고 내외손이 번성하여 180살까지 살다가 병 없이 죽는 것"이라고 말했다. 그러자 염라대왕은 "생사와 길흉화복의 모든 권리를 다 쥔 나도 그렇게는 못하니 네 소원은 들어줄 수 없다"고 했다.

세 선비는 대부분 명예나 높은 관직 대신 부모님께 효도하고, 먹고사는 데 부족함이 없으며 아름다운 자연과 함께 오래도록 무병장수하는 것을 소원합니다. 언뜻 보면 큰 욕심 없이 품위 있고 운치 있는 소원 같아 보이는데 염라대왕이 들어주지 않은 것을 보면 욕심이 과했나봅니다. 염라대왕도 손을 들 만큼 지나친 욕심은 행복의 잣대가 될 수 없음을 보여주는 것이겠지요.

살창고쟁이.

출처: 한국 전통공예미술관연구회

1월 10일

구멍 숭숭 뚫린 살창고쟁이 그러나 사랑으로 따뜻합니다

시원시원한 시집살이 바라던 어머니 사랑, 살창고쟁이를 만들다

조선 시대 여자들은 치마저고리 속에 어떤 속옷을 입었을까요? 먼저 겉저고리 안에는 '속적삼', '속저고리'를 입었고, 속옷도 아닌 것이 속옷처럼 쓰인 '허리띠'가 있습니다. 이 '허리띠'는 조선 후기로 오면서 저고리 길이가 짧아지자 겨드랑이 밑의 살을 가리도록 한 것입니다.

웃옷보다는 치마 속에 입는 옷의 가짓수가 많았는데 이를 살펴보면 허리부분을 부풀리는 3, 5, 7층의 무지갯빛 '무지기', 허리 아랫도리를 부풀려 보이게 한 '대슘치마'가 있습니다. 그리고 그 속에는 '너른바지'를 입었고 또 그 속에는 '단속곳', 이어서 '속고쟁이'를 입었지요. 속고쟁이를 보면 살창처럼 생겼다고 해서 '살창고쟁이', 문어다리처럼 생겼다 하여 '문어고장주', 가위로 잘라냈다는 뜻으로 '가새고장주'도 있었습니다. 새색시가 시집갈 때 예의를 갖추려고 여러 벌의 옷을 겹쳐 입게 되는데 이때 조금이라도 시원하라고 친정어머니가 만들어 입혀 보내는 옷이지요. 이러한 고쟁이 속에는 또 '속속곳'과 '다리속곳'을 입을 만큼 예전 여성들은 속옷에 몹시 신경을 썼습니다. 겹겹이 속옷을 갖추어 입는 것은 보온을 위한 것이기도 하지만 겉옷의 맵시와 더불어 여성들의 정조와도 관련이 있을 것으로 보입니다. 또한 시집살이하면서도 구멍이 숭숭 뚫린 살창고쟁이처럼 시원하게 살라는 바람을 담아 시집가는 딸의 행복을 빌던 어머니의 지극한 사랑이 속옷 하나에도 묻어나고 있음을 엿볼 수 있습니다.

1월 11일

아미를 씻은 얼굴의 아름다움을 아시나요

분 · 연지로 낯빛을 더럽힐까 화장 지우고서 임금을 뵈네

"부인이 단정하고 정결함을 귀히 여긴다 함은 얼굴을 화장하여 남편을 기쁘게 함을 이름이 아니다. 화장하고 예쁘게 옷을 입은 사람은 요사스러운 여자요, 머리를 어지럽게 하고 얼굴에 때가 있는 사람은 게으른 여자다."

이덕무李德懋, 1741~1793의 《사소절》에 나오는 글로 조선 시대 정숙한 여인들은 화장한 얼굴이 아닌 민얼굴이어야 했고, 화장은 기생이나 하는 것으로 보았습니다.

바람 불고 이슬 내리면 정신이 돋보이지 風前露下見精神

살짝 희고 살짝 붉고 송이송이 쪽 고르고 淺白輕紅朶朶均
어쩌면 화청궁의 큰 잔치가 끝나도록 恰似華清高宴罷
분단장을 하지 않은 괵부인과 비슷하이 娥眉淡掃虢夫人

❀《상촌선생집》19권

여기서 괵부인이란 양귀비楊貴妃의 언니 괵국부인虢國夫人으로, 그는 피부가 아주 고와 언제나 분단장을 하지 않고 민낯으로 현종玄宗을 대했는데 두보杜甫 시에 "연지곤지가 오히려 얼굴을 더럽힐까봐, 아미를 싹 씻고서 지존을 대했다네"란 구절이 보입니다.

《조선왕조실록》중《연산군일기》11년1505 1월 11일을 보면 연산군이 그날 뽑힌 장악원 소속 예기에 대해 지시를 내리는 내용이 있습니다. "오늘 뽑힌 예기들은 다 기개가 없어서 취할 만하지 못하다. 자색은 분칠로 바뀐 것이니, 어찌 분칠한 것을 참자색이라 할 수 있으랴. 옛사람의 시에 '분 · 연지로 낯빛을 더럽힐까봐 화장을 지우고서 임금을 뵈네' 라고 했으니, 앞으로는 간택 때에 분칠하지 말게 하여 그 진위를 가리라."

예쁘게 보이고자 분단장이 극에 다다른 오늘날의 정서와는 사뭇 다릅니다.

1월 12일

고요한 풍경소리 들으며 한 해를 설계합니다

마음속 풍경소리 하나 키우다

향로 연기 자욱한 속에 범음이 울리는데 爐火煙中演梵音
깊숙한 방이 고요하니 상서로운 흰 기운 나누나 寂寥生白室沈沈
문밖 뻗은 길엔 남으로 북으로 가는 사람 路長門外人南北
바윗가 늙은 솔엔 예나 이제나 달이로세 松老巖邊月古今
빈 절 새벽바람에 풍경소리 울리고 空院曉風鐃釋舌
작은 뜰 가을이슬에 파초가 이울었네 小庭秋露敗蕉心
내가 와서 고승과 한자리에서 我來寄傲高僧榻
하룻밤 맑은 담론 값이 만금이로세 一夜清談直萬金

《동문선》에 나오는 혜문惠文스님의 시입니다. 고요한 산사에서 풍경소리를 들어가며 맑고 투명한 마음으로 수행하는 스님처럼 살아갈 수는 없지만 새해를 맞아 고요한 시간을 누려보는 것은 좋은 일일 것입니다. 풍경은 바쁜 이 시대 사람들이 마음속에 일렁이는 온갖 잡념과 상념을 가라앉히는 소리로, 그리워해도 좋을 소리입니다.

풍경은 절의 전각처마 끝에 달린 조그만 종인데, 가운데에 추를 달고 밑에 물고기 모양의 쇳조각을 매단 쇠종을 말합니다. 북한말로는 바람종인 이 풍경은 사람이 두드려서 소리가 나는 것이 아니라 자연의 힘, 곧 바람으로 소리가 나기 때문에 풍경이란 이름이 붙었습니다. 풍경 끝에 물고기를 단 까닭은 물속에 사는 물고기들이 바람에 휘날리는 풍경소리를 듣고 자신들의 업을 씻어 다시 좋은 곳에 태어나기를 바라는 뜻과 눈을 늘 뜨고 사는 물고기처럼 수행자의 끈을 놓지 말라는 뜻이 있습니다.

1월 13일

이 한 해도 살짝 올라간 버선코처럼 무한히 뻗어 오르겠지요

기와집 처마와 버선코 그리고 섶코의 아름다움

일본에서 한국문화의 흔적을 찾는 답사여행을 하면서 늘 느끼는 것이 있습니다. 일본 집들은 작고 오밀조밀하다는 것입니다. 물론 오사카성이나 에도성처럼 큰 집들도 있지만 일반 백성의 집은 대체로 작습니다. 아파트도 한 채에 보통 열몇 평 하는 것이 고작입니다.

기와집에도 다른 점이 있습니다. 일본 기와집이 한국 기와집과 다른 점은 지붕이 직선이라는 것입니다. 한국 기와집은 처마가 멋들어지게 살짝 들려올라갔지만, 일본의 기와지붕은 그저 평범하게 직선으로 내려뜨려졌습니다. 내려뜨린다는 것은 끝을 의미하지만, 한국의 기와지붕처럼 땅으로 내려오다가 하늘을 향해 날렵하게 날아오르는 형태는 비상飛上을 의미합니다.

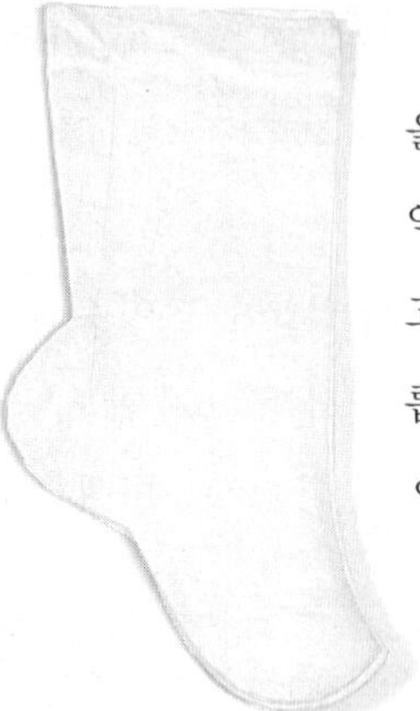

그것은 한국인의 의생활에서도 나타납니다. 한복을 입을 때면 버선을 신게 되는데 발끝이 닿는 버선코 역시 날렵하게 살짝 들려 올라갔지요. 그리고 한복 저고리 겉섶 끝도 역시 섶코라 하여 살짝 하늘로 날아오릅니다. 요즘은 젊은 여성들 사이에서 코를 버선코 모양으로 성형수술하는 것이 인기라고 합니다. 직선에 이은 곡선의 미학. 그것은 한국에만 존재하는, 한국인만 창조할 수 있는 아름다움이 아닐까요?

한국 곡선의 아름다움.
근정전과 버선코.

1월 14일

사립문 기대어 자식 그리는 어머니를 생각합니다

사립문, 타인을 받아들이는 따스한 경계

닫아도 닫히지 않는 문 / 언제나 반쯤 열려
툇마루 밥상 보이는 문 / 보리밥에 열무 비비는 소리
할아버지 기침 소리 / 객지 나간 아들 기다리는
울타리 안 어머니의 긴긴 밤이 보이는 문

❀ 김광인, '사립문'

객지 나간 아들이 행여 올세라 사립문 너머 길게 난 굽잇길을 바라다보고 계실 늙으신 어머니가 한 폭 풍경화 같습니다. 사립문 너머 툇마루에 차려진 열무김치 한 그릇과 보리밥상에 놓인 수저까지 헤아릴 수 있는 옛 시골집은 이제 우리 가까이에 없습니다. 대신 비밀번호를 모르는 사람은 얼씬하지 못하는 육중한 대문이 있을 뿐입니다. 예전 시골집에서 만나던 사립문은 주변에서 쉽게 구할 수 있는 나뭇가지를 베어다 대충 엮어서 세운 문으로 사립, 사립짝문, 시문柴門, 시비柴扉라고도 불렀습니다. 문이라 하기도 어정쩡합니다. 그저 안에 사람이 살고 있다는 표시에 불과한 정도로 도둑을 막거나 남을 경계한다는 뜻은 애초에 없는 문이 사립문입니다.

사립문은 안과 바깥 세계의 경계가 불분명합니다. 그래서 그 사립문 너머

집 마루와 안방까지도 다 들여다볼 수 있지요. 또 사립문은 헤어짐과 만남의 경계선으로 보내는 자와 떠나는 자가 서로 얼굴을 바라보고 눈물을 서로 씻어주고 닦아줄 수 있는 거리에 있습니다.

"그는 금방이라도 그의 집에서도 통곡소리가 터져 나올 것만 같아 괜히 마음이 바짝 죄어들어 사립문 안으로 들어서기가 두려웠다."

문순태 작가는 《타오르는 강》에서 사립문을 밀치고 들어가기가 두렵다고 했습니다. 밀치고 들어가면 그만인 게 문이지만 철대문과 달리 사립문은 또 다른 정서를 느끼게 해주는 정겨운 문입니다.

1월 15일

모시적삼처럼 시원하고 살맛 나는 소통의 한 해를 꿈꿉니다

한겨울에 모시 속적삼을 해준 친정어머니의 숨은 뜻

한복에서 저고리는 윗옷의 하나입니다. 그런데 한복 윗옷으로 저고리와 같지만 고름이 없고, 단추를 달아 여미도록 한 적삼도 있는데 여름용 겉적삼과 속적삼이 있습니다.

중국 당나라 남명천선사南明泉禪師가 지은 《증도가》를 성종 13년1482 한글로 풀이한 책인 《남명집언해》에는 적삼赤衫이라는 한자가 쓰이고 있는데 이는 빨간 옷을 뜻하는 게 아니라 한자를 빌려 우리말을 표기한 것일 뿐입니다.

적삼이란 말이 들어 있는 낱말을 보면 여름철에 입는 홑옷인 '깨끼적삼', 잠잘 때 입는 '자릿적삼', 돌날 입는 아기옷으로 아기 허리에 한 번 감아서 매는 돌띠를 두른 저고리인 '돌띠적삼'이 있으며, 또 여자가 겉에 입는 셔츠 모양의 웃옷, 블라우스의 북한 문화어 '양복적삼'도 있습니다. 남자들이 여름에 입는 홑바지와 저고리인 '고의적삼'과 '중의적삼'에도 적삼이란 말이 같이 쓰입니다.

속담에 "적삼 벗고 은가락지 낀다"는 말이 있지요. 이는 격에 맞지 않는 겉치레를 하여 도리어 보기 흉하다는 뜻입니다.

옛 여인들은 아무리 무더운 여름철이라도 반드시 속적삼을 입었지요. 특히 친정어머니는 딸이 혼인하면 동지섣달 추운 때에도 모시로 만든 속적삼을 받쳐 입게 해 시집살이를 시원스럽게 하라고 빌었습니다. 이처럼 적삼은 친정어머니의 깊은 뜻이 담겨 있는 속 깊은 옷입니다.

1월 16일

이웃과 빈대떡 한 접시 나누는 건 어떠신가요

김장김치를 넣고 부쳐 아랫목에서 동치미와 먹는 전의 맛

우리 전통음식 가운데는 '전'과 '빈대떡', '부침개', '전유어', '지짐'이라는 비슷비슷한 것들이 있습니다. 어떤 차이가 있을까요? 먼저 '부침개'는 번철燔鐵, 전을 부치거나 고기 따위를 볶을 때 쓰는 솥뚜껑처럼 생긴 무쇠그릇에 기름을 바르고, 부쳐서 익힌 음식들을 함께 일컫는 포괄적인 이름입니다. 이 부침개는 크게 '빈대떡'과 '전'으로 나눕니다.

이 가운데 빈대떡은 녹두로 만든 음식으로《음식디미방》과《규합총서》에는 '빈쟈법', '빙쟈'가 나오는데 그것이 빈대떡입니다. 평안도에서는 '지짐이', 황해도에서는 '막부치', 전라도에서는 '부꾸미', '허드레떡', 서울에서는 '반자떡'이라고 합니다. 빈대떡에는 재미난 이야기가 전해집니다. 조선 시대에 흉년이 들어 먹을 것이 부족하면 가난한 백성들이 숭례문 밖으로 수없이 몰려들었는데 그때 부잣집에서는 이들을 위해 빈대떡을 만들어 소달구지에 싣고 와서 "○○ 집의 적선이오!" 하면서 나눠주었다고 합니다. 그래서 빈자貧者떡, 곧 가난한 이들을 위한 떡이라고 불렀다고 하지요. 그러고 보면 빈대떡은 나눔의 음식이었습니다.

빈대떡에 견주어 전은 살코기, 생선, 조개, 채소, 간, 호박 따위를 얇게 저며서 밀가루와 달걀을 풀어 묻히고, 기름에 지져 익히는 요리로 전유어煎油魚, 저냐라고도 합니다.

추운 겨울 김장김치를 듬뿍 썰어 넣고 맛깔나게 부쳐 아랫목에서 동치미랑 먹어도 좋고 한여름에 애호박을 송송 썰어 넣어 부쳐 원두막에 둘러앉아 이웃과 함께 먹어도 좋은 음식이 부침개입니다.

1월 17일

올 한 해는 세 끼 먹기가 부끄럽지 않았으면 합니다

조선 시대에는 하루에 몇 끼를 먹었을까?

김준근의 '농부 밥 먹기', 함부르크 인류박물관 소장.

요즈음은 하루 세 끼 먹는 것이 보통입니다. 의사들도 건강을 위해서는 하루 세 끼를 거르지 말고 먹길 권하고 있지요. 그러면 조선 시대 사람들은 하루 몇 끼를 먹었을까요?

조선 시대에는 보통 두 끼를 먹었습니다. 점심은 건너뛸 때가 있었고 또 계절에 따라 달랐는데 19세기 중반 이규경이 지은《오주연문장전산고》에는 대개 2월부터 8월까지 일곱 달 동안은 세 끼를 먹고, 9월부터 이듬해 정월까지 다섯 달 동안은 하루에 두 끼를 먹었다고 합니다. 곧, 해가 긴 여름 그리고 농사철에는 활동량이 많았으므로 세 끼를, 해가 짧은 겨울 농한기에는 두 끼를 먹었다는 것이지요.

일제강점기인 1927년에 나온《동광》9호를 보면 이기영의《실진》이란 단편소설이 있는데 거기에는 하루 두 끼 채우기도 어려운 상황이 나옵니다.

"참으로, 인제는 막다른 골목에 다닥치고 말엇다. 만일 아프로 더 나갈 수가 잇다 하면 그것은 오직 시커먼 《죽엄》의 구렁텅이뿐이겟다. 누에 번데기가티 늙은 어머니를 굼겨 죽이고 봄싹 가튼 어린 누의를 남과 가티 가르치지는 못할망정 하루에 두 끼 밥을 못 먹여서 가물음 플가티 시들리는 생각을 하면 —그들이 지금 아귀에게 물려서 긔한飢寒을 부르짓는다 생각할 때— 그는 별안간 두눈이 뒤집히엇다."

일제에 빌붙어 호의호식하던 몇몇을 빼고는 끼니 이어가기도 힘들던 때가 일제강점기였습니다. 그러고 보면 영양과잉 시대에 사는 지금은 다행일지도 모릅니다. 너무 먹어 탈이 나는 시대니까요.

1월 18일

새해모임은 풍류회처럼 준비해보시지요

악 · 가 · 무와 한시, 그림이 곁들여지는 풍류회의 멋들어짐

새해가 되면 모임이 많아 먹고 마시는 기회가 늘어납니다. 워낙 가무를 좋아하는 겨레라서 음주가무가 빠지면 흥이 안 날 정도입니다. 우리 겨레의 모임 가운데는 풍류회風流會라는 것이 있습니다. 풍류회는 악기를 연주하며 노래하고 춤추는 모임으로 여기에 한시를 짓고, 붓글씨를 쓰며, 그림도 곁들이지요.

이 풍류회에서는 거문고, 가야금, 젓대대금, 해금, 장고, 양금, 단소 따위로 줄풍류현악기로 연주하는 음악를 연주하며, 남녀 가객歌客들이 노래를 부릅니다. 이때 남녀 가객이 교대로 노래 20여 곡을 부르는 것이 보통이고 마지막에는 남녀가 태평가를 같이 부릅니다.

청학동에서 풍류모임 벌이던 鶴洞風流會
옛날 그때를 어찌 차마 물을 건가 那堪問昔年
다시금 술 싣고 오는 사람 없고 更無人載酒
단지 달만이 하늘에 흘러가누나 只有月流天
묵은 자취가 이제 이와 같으니 陳迹今如許
그리워하면 매양 마음 아득해라 相思每惘然
그대는 고아한 시에 화답할지니 須君和高唱
그러면 구천의 벗 위로할 수 있으리 猶得慰重泉

위는 조선 시대 문인 이행李荇, 1478~1534의 《용재집》 2권에 나오는 시로 풍류회에 대한 회상을 하고 있습니다. 그는 '지난날의 모임은 참으로 노경老境의 한 행운이라 실로 마음에 위안이 되었습니다. 이에 삼가 그대의 운韻을 써서 시를 지어 바치니, 사문斯文의 풍류가 이를 힘입어 없어지지 않을 수 있을는지요. 또 율시 한 수를 지어 청학동靑鶴洞에 남길 시를 얻기 바라니, 한 번 붓을 휘두르길 아끼지 마소서. 지정止亭의 시를 베껴 보내니, 이를 보면 나와 마찬가지로 슬픈 마음이 일리라 생각됩니다' 라는 말을 남겼습니다. 이로 보아 풍류회는 1회성 놀이에 그치지 않고 훗날에도 서로 안부를 묻는 정감 어린 모임이었음을 알 수 있습니다.

술자리 뒤에 컴컴하고 어두운 노래방에 가서 자막을 따라 부르는 요즘 음주 문화가 싱거운 데 견주면 예전 풍류회는 멋이 있었다는 생각이 듭니다. 올해부터는 흉내라도 좀 내보면 어떨는지요.

1월 19일

아름다운 한시가 따스함을 전해줍니다

고향에 보내는 편지와 눈을 뚫고 피는 매화 향기

집에 보낼 편지에 괴로움 말하려 해도 欲作家書說苦辛
흰머리 어버이 근심하실까 저어하여 恐教愁殺白頭親
그늘진 산, 쌓인 눈 깊이가 천장인데 陰山積雪深川丈
올해 겨울은 봄처럼 따뜻하다 말하네 却報今冬暖似春

조선 중기 문신 이안눌李安訥, 1571~1637의 '집에 보낼 편지寄家書' 입니다. 어버이 걱정하실까 저어하여 쌓인 눈 깊이가 천장인데도 "올겨울은 봄처럼 따뜻하다"라고 편지에 씁니다. 이안눌의 효성이 가슴 따뜻하게 다가옵니다. 또 한 편, 조선 초 문인 유방선柳方善, 1388~1443의 '눈 온 뒤雪後' 를 소개합니다.

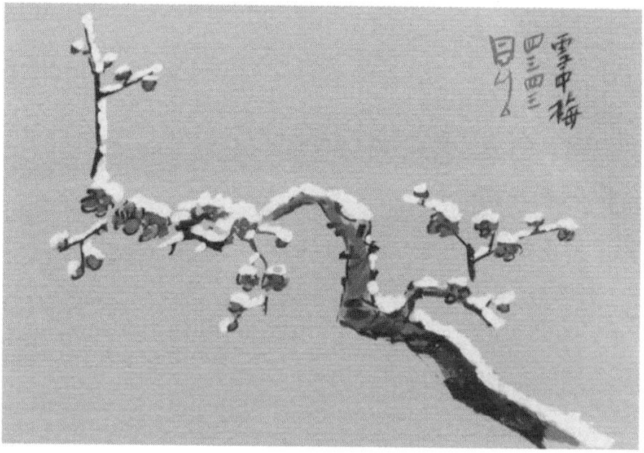

'눈을 뚫고 꽃을 피운 설중매'.

외로운 산마을에 눈은 쌓여 차가운데 臘雪孤村積未消
그 누가 사립문을 즐거이 두드리랴 柴門誰肯爲相鼓
밤이 되자 홀연히 맑은 향기 일어나니 夜來忽有清香動
매화꽃 몇 가지가 피어난 걸 알겠구나 知放梅花第幾梢

외로운 산마을에 눈이 쌓여 찾아올 이 없습니다. 하지만 밤중에 갑자기 맑은 향기 일어나 매화가 핀 것이 참으로 기쁩니다. 매화는 눈을 뚫고 피는 꽃이지요. 한겨울 차가운 눈 속에서 매화는 우리에게 봄이 올 것을 예언합니다. 춥다고 움츠려들 까닭이 없지요.

이렇게 한시는 우리에게 따뜻한 마음, 아름다운 마음을 담아 보냅니다.

1월 20일

이 술잔이
솟구치는 과욕을 다스립니다

과음을 경계하여 만든 계영배

술잔에 7부 이상 부으면 술은 사라진다는데
이놈의 가슴은 어찌 넘치지 못하고
이런저런 그리움으로 고이는지
너무 가까이 있어서
못보고 그냥 보내버린 그리움에
이런저런 사연 술잔에 고개 못 들고
물기 젖은 가슴을 쳐다볼 면목이 없어
반쯤은 울먹이고 반쯤은 원망하며 취합디다
그리운 것은 진짜 독한 법인가 보구려

❀ 정설연, '계영배'

계영배戒盈杯란 사이펀의 원리를 이용한 것으로 잔 속에 관을 만들어 그 관의 높이까지 술을 채우면 새지 않으나 관의 높이보다 높게 채우면 관 속과 술의 압력이 같아져서 수압 차에 의해 술이 흘러나오는 잔을 말합니다. 계영배는 곧 과음을 경계하려고 만든 잔으로 절주배節酒杯라고도 하지요. 또 인간의 끝없는 욕심을 경계해야 한다는 상징적인 의미도 들어 있습니다.

계영배. 술을 잔의 70% 이상 채우면 모두 밑으로 새버린다.

이 술잔은 고대 중국에서 과욕을 경계하려고 하늘에 정성을 들이며 비밀리에 만들어졌던 의기儀器에서 유래했다고 합니다. 한국에서는 실학자 하백원과 도공 우명옥이 계영배를 만들었다고 전해지지요. 그 후 이 술잔은 조선 시대의 거상 임상옥의 손에 들어가는데, 그는 계영배를 늘 옆에 두고 끝없이 솟구치는 과욕을 다스리면서 큰 재산을 모았다고 합니다.

"공이 이루어지면 물러나는 것이 하늘의 도다"라는 말이 노자의 《도덕경》에 보이지요. 적당할 때 멈출 줄 아는 계영배는 단순한 술잔이라기보다 과욕을 부리려는 사람들에게 경종을 울려주는 삶의 좋은 지침이 아닐까요?

1월 21일

겨울철 돌 데우기 문화의 슬기를 배웁니다

온돌을 깔고, 기왓장 구워 허리를 지지고, 돌판에 삼겹살을 굽다

고려 말 학자 목은牧隱 이색李穡이 쓴《목은고》에는 다음과 같은 시구가 있습니다.

한밤중에 깬 뒤로는 다시 잠들기 어려워서
눈을 감고 몽롱하게 오뚝 앉아 있노라니
허리가 예전처럼 쑤셔오니 어떡하나
어린 여종 급히 불러 기와를 굽게 하고
무명에 싸서 아픈 곳에 대니 팔다리가 가벼워지고 지내기가 편해졌네

허리가 쑤셔와서 기와를 구워 허리에 댔더니 말끔해졌다는 이야기입니다. 당시는 지금처럼 의술이 발달하지도 않았기에 이런 민간요법도 요긴했던 것이지요. 이것은 우리 겨레가 오랜 옛적부터 온돌을 발명해 썼던 것과 같은 이치입니다. 우리는 어른들에게서 "몸이 찌뿌드드해서 아랫목에 허리를 대고 지졌더니 개운하다"라는 이야기를 듣곤 했습니다. 몸살기운이 있거나 허리 또는 팔다리가 가볍게 쑤셔올 때는 이렇게 뜨끈한 방에서 몸을 녹이고 땀을 내는 방법을 썼지요.

구들장을 데워 방안을 훈훈하게 하고 기왓장을 구워 허리를 지지는 문화는 일본이나 중국 사람들에게서는 볼 수 없는 것이지요. 이렇게 돌을 데우는 문화

는 넙데데한 돌판을 데워 삼겹살을 구워 먹는 것으로 발전할 정도였으니 우리 겨레의 돌 데우기 문화는 가히 으뜸입니다. 삼겹살은 돌을 약간 기울게 하여 구워먹으면 기름도 빠지고 고기 맛이 그만인데 이는 오랜 세월 우리 겨레가 터득한 돌 데우기 문화가 심화된 모습일 것입니다.

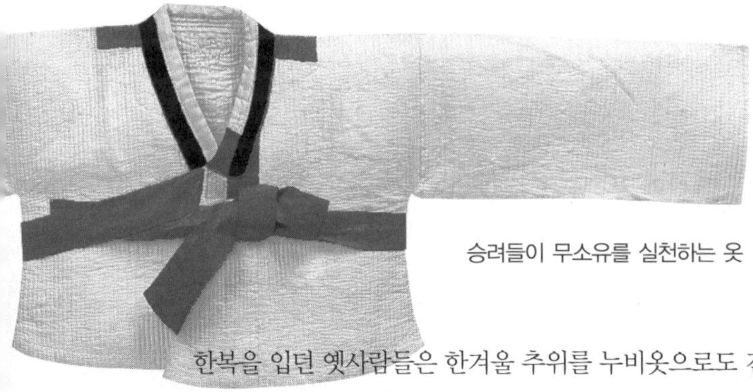

1월 22일

누비옷이 한겨울 추위를 견뎌냅니다

승려들이 무소유를 실천하는 옷 '납의장삼'에서 비롯한 누비

한복을 입던 옛사람들은 한겨울 추위를 누비옷으로도 견뎠습니다. 누비는 옷감 두 겹 사이에 솜을 넣고 줄줄이 홈질하는 바느질입니다. 옷감의 보강과 보온을 위한 것으로 몽골의 고비 사막 일대에서 시작되어, 기원전 200년쯤 중국과 티베트에서 쓰였다고 합니다. 조선 시대엔 치마, 저고리, 포, 바지, 두의, 신발, 버선, 띠와 같은 옷가지와 이불 따위에 누비가 다양하게 쓰였습니다. 일반 솜옷은 옷을 입을수록 옷감 안에서 솜이 뭉쳐버립니다. 하지만 누비를 해놓으면 뭉치는 일도 없고, 누비 사이에 공기가 품어져 더 따뜻하지요.

'누비'란 말은 스님들이 무소유를 실천하려고 넝마의 헝겊조각을 누덕누덕 기워서(納) 만든 옷(衣), 곧 납의장삼納衣長衫에서 나온 말이라고 합니다. 납의가

'나비' 로 소리 나다가 이것이 다시 누비로 자리 잡은 것이지요.

누비옷에는 추위를 견디어내는 강한 식물인 인동초忍冬草 무늬를 넣기도 하는데 이는 '장수와 강한 생명력' 을 뜻합니다. 또한 기쁠 '희' 자를 두 개 포개 놓은 이른바 쌍 희囍 자 무늬도 있는데 본래 쌍 희 자 무늬는 '용과 호랑이가 모두 행복하다' 라는 용호상희龍虎相喜에서 비롯되어 부부 사이 화합을 뜻하는 말로 천지간의 화합, 음양 간의 조화, 군신 · 부자간의 화합을 뜻해 누비에 널리 응용되었습니다.

1월 23일

아름다운 머리쓰개가 여인들의 머리를 감쌉니다

옛 여인들의 머리쓰개 조바위, 남바위, 아얌

예전에도 한겨울엔 방한용으로 모자를 썼는데 여성이 쓰는 방한모에는 조바위, 남바위, 아얌 같은 것이 있습니다. 조바위는 양반에서 평민까지 두루 썼던 것으로 예복을 갖추지 못했을 때에는 조바위를 쓰고 절을 하기도 했습니다. 의례적인 쓰임새인 것이지요.

겉은 검정 비단, 안은 남색 비단이나 무명이 대부분이며, 겹으로 만들었는데 정수리 부분은 열려 있고, 앞이마와 귀, 머리를 모두 덮지요. 빰에 닿는 부분은 동그랗게 되어 있어 귀가 완전히 덮이고 길이는 뒤통수를 가릴 정도입니다.

영국화가 엘리자베스 키스의 '민씨가의 규수'. 조바위를 쓰고 있다.

옥, 마노, 비취 따위로 앞과 뒤에 장식하고 오색술을 달았으며, 꼭대기의 앞뒤에 끈목이나 산호줄을 연결했습니다. 부귀富貴·다남多男·수복壽福·강녕康寧의 글자와 꽃무늬 금박을 가장자리에 올려 만든 것도 있지요. 요즈음은 돌날 여자 아이들이 금박을 박은 조바위를 쓰기도 합니다.

조바위 말고도 남바위와 아얌도 있었는데 남바위는 남성용 방한모인 이엄에서 발전된 것으로, 남녀노소가 같이 썼습니다. 주로 여성과 어린이가 많이 썼던 아얌은 양반층에서는 방한용으로, 평민층에서는 장식용으로 사용되다가 조선 말기 조바위가 등장하면서 차츰 사라져 이제는 이마저 박물관에서나 볼 수 있는 귀중한 유물이 되고 말았습니다.

1월 24일

추위를 녹이는 훈훈한 이야기 하나

물린 수라상 물려줍니다

임금님 수라상, 물림상으로 다시 태어나다

임금과 왕비의 아침 · 저녁 수라를 짓는 곳이 소주방입니다. 이 소주방에서 나오는 수라상에는 임금의 수저 이외에 상아 젓가락, 곧 공저 한 벌과 조그만 그릇이 놓여 있습니다. 그러면 임금이 수라를 들기 직전 중간 지위쯤 되는 상궁이 이 상아 젓가락으로 접시에 모든 음식을 고루 담습니다. 그런 다음 큰방상궁이 먼저 접시에 담긴 음식 맛을 보는데 이것을 '기미氣味를 본다'고 합니다.

이때 수라와 탕만은 기미를 보지 않고 그대로 둡니다. 여기서 기미를 보는 것은 맛을 보기보다 독毒이 들어 있는지를 확인하는 것이었는데 나중엔 의례처럼 되어버렸습니다. 기미를 보는 것은 녹용이나 인삼과 같은 귀한 탕제를 올릴 때도 마찬가지였기 때문에 상궁들에게는 인기 있는 직책이었다고 합니다. 궁에 들어온 지 얼마 되지 않은 생각시들은 꿈도 못 꾸는 일이었지요.

그런데 임금이 수라를 들고 남은 음식은 어떻게 했을까요? 수라상도 푸짐하게 차리는 게 예사여서 음식이 남을 수밖에 없는데 이를 '물림상'이라 하여 왕실 사람이나 재상에게 물려주었습니다. 《선조실록》에도 남은 수라를 사위인 부마들을 불러 물려주었다는 이야기가 있습니다. 임금이 먹던 수라상이 궁궐 밖으로 나오기도 한 덕분에 조선 음식은 발전을 이루었다고 하지요. 또 이 물림상은 관가 잔치에서도 있던 것인데 이렇게 아랫사람에게 물려줌으로써 더불어 사는 따뜻한 세상을 만들기도 한 것 아닐까요?

1월 25일

추위를 녹이는 훈훈한 이야기 둘
효자 김과

늙으신 어머니 걱정에 관직 제수를 사양하다

서울 생활은 어버이 뜻이 아니요 / 강호에 있자면 왕은을 저버리네
문안은 꿈속에 자주 드렸거니와 / 난을 들으니 다시 넋이 빠지누나
자당께선 참으로 탈이 없으신지 / 천지간에 두 줄기 눈물만 흐르네

목은 이색의 시입니다. 예전에 관리들은 이처럼 짬짬이 고향집 부모님을 그리며 시를 짓고 또 시간이 나면 찾아뵙길 공손히 했습니다. 이런 사람은 또 있습니다. 《태조실록》 14권1398을 보면 제주 판관濟州判官 김과金科라는 사람은 늙으신 어머니 봉양을 위해 자신의 판관 자리를 취소해달라고 임금께 상소를 올립니다.

"임소任所로 가고자 하였으나, 신이 염려되는 것은 신의 어머니가 지금 이미 75살이온데, 늙고 쇠약하여 병석病席에 누워 조석으로 생명을 보전하기가 어려워졌습니다. 신이 이미 3년 동안이나 분묘墳墓를 지키고 있어 오랫동안 봉양을 못 하였사온데, 지금 또 어머니를 떠나서 멀리 떨어져 있는 곳으로 가게 된다면 아침저녁으로 안부를 물어 보살펴드리지 못하고 안부 묻는 편지도 드물 것이니, 어찌 다만 신이 어머니를 사모하는 것뿐이겠습니까? 또한 어머니도 신을 생각하여 병이 더욱 심할까 염려되오니, 이렇게 되면 신의 마음

이 어찌 맡은 직책에 편안할 수가 있겠습니까?"

여기서 3년 동안 분묘했다는 것은 아버지의 3년상을 말합니다. 3년상을 마쳐 이제 영광스러운 판관 자리를 제수받은 김과는 그러나 이번에는 늙으신 어머니를 두고 관직에 나갈 수가 없음을 임금께 상소문으로 전하고 있습니다. 그러면서 그는 말합니다. 자신이 어머니를 생각하는 것보다, 늙으신 어머니께서 아들이 임지로 가면 자신 때문에 노심초사할 것을 앞서 생각하여 차마 어머니 마음을 아프게 할 수 없다고 말입니다. 관직을 위해 부모의 재산을 팔아먹고 심지어는 부모를 살해하는 희대의 패륜아들에게 꼭 해주고 싶은 가슴 찡한 효자 이야기입니다.

1월 26일

추위를 녹이는 훈훈한 이야기 셋
다산 정약용의 자식 사랑

재산 대신 따스한 마음을 물려준 조선의 아버지들

"너희들의 편지를 받으니 마음이 놓인다. 둘째의 글씨체가 조금 좋아졌고 문리文理도 향상되었는데, 나이가 들어가는 덕인지 아니면 열심히 공부하고 있는 덕인지 모르겠구나. 부디 자포자기하지 말고 마음을 단단히 먹어 부지런히 책을 읽는 데 힘쓰거라. …… 내 귀양살이 고생이 몹시 크긴 하다만 너희가 독서에 정진하고 몸가짐을 올바르게 하고 있다는 소식만 들리면 근심이 없겠다.…… 종놈 석石이가 2월 초이렛날 되돌아갔으니 헤아려보건대 오늘쯤에야 집에서 편지를 받아보겠구나. 이달을 맞아 더욱 마음의 갈피를 못 잡겠구나."

❀ 1801. 2. 17, 두 아들에게 보내는 편지

이는 다산 정약용이 유배지에서 아들에게 보낸 편지입니다. 외롭고 고독하고 쓸쓸한 유배지에서 다산은 492권이라는 엄청난 책을 펴내면서도 자녀교육에 결코 소홀히 하지 않았습니다. 유배 18년 동안에 다산은 두 아들과 100여 통이 넘는 편지를 주고받으면서 세상을 어떻게 살 것인지를 끊임없이 가르친 것입니다. 조선 시대 대학자들의 자식 교육법은 바로 편지로 이루어졌다고 해도 지나치지 않습니다. 한국 철학의 큰 봉우리인 퇴계는 편지를 아들 준에게 613여 통, 손자 안도에게 125통을 썼고 아들과 손자, 후손에게 무려 1,300여 통을 썼지요.

명문가의 자녀로 키우고자 한다면 이 시대 사람들도 써볼 만한 것이 편지 아닐까요? 부모님이 직접 손으로 구구절절이 써내려간 편지를 읽는 자녀는 부모의 사랑과 세상 살아가는 법을 절실하게 깨달을 수 있을 것입니다. 글은 말보다 가슴속 깊은 내면의 이야기를 담담하게 전할 수가 있기에 어쩌면 효과적인 자녀 교육법의 하나일지 모릅니다.

1월 27일

옛사람들에겐 먹지 말아야 할 음식이 있었습니다

음식궁합을 생각하며 고르는 먹을거리

우리 겨레에겐 음식 금기가 있었습니다. 조선 말기 1809년 빙허각憑虛閣 이 씨가 엮은 일종의 여성생활백과인 《규합총서》에는 "돼지는 머릿골을 버리고, 꿩의 꼬리가 손에 잡히지 않을 정도이거든 먹지 말며, 닭의 간을 먹지 말 것" 같은 말이 보입니다. 같은 책에 음주금기도 있는데 막걸리를 먹고 국수를 먹으면 기운구멍이 막히고, 술을 먹은 뒤 찬물을 마시면 찬 기운이 방광에 들어가 치질이나 당뇨병이 생긴다고 쓰여 있습니다.

이 밖에도 민간에서 전해지는 금기로는 귤과 털게, 뱀장어와 식초, 개고기와 마늘, 돼지고기와 감, 돼지고기와 우렁이, 미나리와 닭고기를 함께 먹으면 서로 좋지 않은 기운이 작용하여 원래 음식이 지닌 영양가를 파괴할뿐더러 나쁜 결과를 보인다는 이야기가 있습니다.

음식궁합과 함께 음식을 먹을 때 피해야 할 자세에도 신경을 쓰도록 했는데 성종의 어머니 소혜왕후가 펴낸 《내훈》에는 "임신부가 밥상을 받으면 밥상의 모서리에 앉지 않고, 한가운데에 앉아 몸가짐을 단정히 하며, 구부려서 먹지 않는다. 또 반듯하게 썰지 않은 것은 먹지 않는다"라는 기록이 보입니다. 약 먹을 때의 금기도 있는데 고려 시대의 《향약구급방》에는 약을 먹을 때 익히지 않은 것, 성질이 찬 것, 기름기가 많은 음식을 금하라고 합니다. 음식금기란 음식물

상호작용에 관한 것이긴 하지만 한편으로는 되는 대로 먹지 말고 항상 바른 먹을거리를 생각하도록 반듯한 마음가짐을 지니라는 뜻도 들어 있는 듯합니다.

1월 28일

운세풀이는 어디까지나 재미로 보아야겠지요

음양오행 그리고 재미 삼아 보는 종로 다방의 사주풀이

우리 겨레는 예부터 음양오행의 철학을 믿으며 살았습니다. 음양陰陽은 하늘과 땅 그리고 낮과 밤, 남자와 여자, 따뜻함과 차가움으로 이해하면 되지만 오행은 무엇이고 또 상생과 상극은 무엇일까요?

오행을 한자로 쓰면 음양이 걸어가는 다섯 가지 걸음을 뜻합니다. 오행은 나무(木), 불(火), 흙(土), 쇠(金), 물(水) 다섯 가지의 관계와 변화에 대한 이론을 체계화한 것을 말하며, 행行은 고정되지 않고 변화한다는 뜻을 말하지요. 또 상생相生은 서로 도와 이롭게 하는 것이고, 상극相剋은 서로 맞서거나 해를 끼치는 것입니다. 예를 들면 목생화木生火란 나무가 없으면 불이 존재할 수 없다는 뜻이고, 수생목水生木이란 나무는 물이 있어야 산다는 뜻입니다. 또 수극화水剋火에서 물은 타오르는 불을 끄는 것이며, 금극목金剋木에서 쇠는 나무를 자르는 것입니다.

이러한 이치를 토대로 옛사람들은 남녀 사이의 궁합을 보기도 하고 사람의 일생을 점치는 사주팔자를 보기도 했습니다. 현대 과학문명에 사는 우리지만 부부관계나 남편의 출세, 자식의 미래, 자신의 운명 따위를 알고 싶어 인터넷의 운세풀이에 기웃거리거나 음양오행을 인생사에 접목해 풀어내는 동양철학관을 찾기도 하지요. 음양오행이 먼 옛날이야기 같지만 요즈음도 종로 다방 한쪽에서 재미삼아 봐주는 운세풀이로 그 맥을 잇고 있습니다.

1월 29일

술자리 잦은 새해, 좋은 예법으로 마시고 싶습니다

훌륭한 사람은 취하면 착한 마음을 드러내고, 조급한 사람은 취하면 사나운 기운을 나타낸다

세밑이 다가오면 술 마실 기회가 많습니다. 과연 조선 시대에는 지금과 다른 술 마시는 예법이 있었을까요? 조선 실학자 이덕무는 선비들을 위하여 만든 수양서 《사소절》에서 "술이 아무리 독하더라도 눈살을 찌푸려서는 안 된다. 또 술은 빨리 마셔도 안 되고, 혀로 입술을 빨아서도 안 된다"라고 했습니다.

또한 실학자 박지원의 《양반전》을 보면 "술을 마셔 얼굴이 붉게 해서도 안 되며, 손으로 찌꺼기를 긁어 먹지 말고 혀로 술사발을 핥아서도 안 된다. 남에게 술을 굳이 권하지 말며, 어른이 나에게 굳이 권할 때 아무리 사양해도 안 되거든 입술만 적시는 것이 좋다"고 썼습니다.

이덕무는 더 나아가 "훌륭한 사람은 술에 취하면 착한 마음을 드러내고, 조급한 사람은 술에 취하면 사나운 기운을 나타낸다"고 말합니다. 훌륭하게 사회생활을 하고 회사에서 인정받는 사람이라 할지라도 술자리에서 '사나운 기운'를 내보여 기껏 쌓아온 공을 하루아침에 무너뜨리는 사람이 있습니다. 참으로 안타까운 노릇이지요. 술을 마시더라도 '착한 마음'을 드러내며 마시는 세밑이면 좋겠습니다.

1월 30일

추운 겨울이야말로 책과 데이트할 때입니다

초가에 찾아온 극심한 추위, 책으로 이불 삼다

"지난 경진년 · 신사년 겨울에 내 작은 초가草家가 너무 추워서 입김이 서려 성에가 되어 이불깃에서 와삭와삭 소리가 났다. 나의 게으른 성격으로도 밤중에 일어나서 창졸간에 《한서》 1질帙을 이불 위에 죽 덮어서 추위를 조금 막았으니, 이러지 아니하였다면 거의 뒷산의 귀신이 될 뻔하였다. 어젯밤에 집 서북구석에서 독한 바람이 불어 들어와 등불이 몹시 흔들렸다. 한참을 생각하다가 《노론》 1권을 뽑아서 바람을 막아놓고 스스로 변통하는 수단을 자랑하였다."

조선 후기 학자 이덕무의 수필집 《청장관전서》 권 48~53에 실려 있는 〈이목

구심서 1〉 일부입니다. 이목구심서는 귀와 눈으로 듣고 본 것, 입과 마음으로 말하고 생각한 것을 모은 것이라는 뜻이지요. 일정한 체제나 형식을 갖추지 않고, 책 읽고 연구하는 중에 뜻에 맞거나 중요하다고 생각한 부분을 수록한 것입니다.

이덕무는 말합니다. 옛사람이 갈대꽃으로 이불을 만든 것, 금은金銀으로 상서로운 금수禽獸를 조각하여 병풍을 만든 것, 왕장王章이 우의牛衣를 덮은 것과 두보杜甫가 마천馬韉을 덮은 것은 자신의 경사經史로 만든 《한서》이불과 《노론》병풍보다 못하다고 말입니다. 당시에는 성에가 이불깃에서 와삭와삭 소리가 날만큼 추웠나 봅니다. 그 추위를 막으려고 책으로 이불을 해서 덮었다는 게 실감이 나질 않습니다. 점점 날씨가 추워져 갑니다. 이 겨울은 방에 따스한 불을 피우고 재미와 해학과 깊은 철학이 깃든 고전과 데이트를 즐겨보는 것은 어떨는지요.

청자상감운학국화문병형주자. 호림박물관 소장.

1월 31일

박물관 나들이로 새해 첫 달을 마무리하려 합니다

청자, 백자, 분청사기의 차이

우리의 도자기에는 크게 청자, 백자, 분청사기가 있는데 이것은 서로 어떻게 다를까요? 먼저 청자

青瓷, 青磁는 푸른 빛깔의 자기를 말합니다. 특히 고려 시대에 만든 청자는 기술과 무늬가 독창적이고 섬세한데 흔히 비색翡色으로 불리는 그 푸른 빛깔의 아름다움은 세계가 홀딱 반할 정도입니다.

백자白瓷는 주로 조선에 와서 유행한 자기로 순백색의 바탕흙 위에 투명한 유약을 발라 구워 만든 새하얀 자기입니다. 청자에 견주어 깨끗하고 담백하며, 검소한 아름다움을 풍기는 것으로 이면에 성리학 정신이 깔렸다고 합니다.

그리고 분청사기粉靑沙器는 회색 바탕흙 위에 백토진흙을 바른 다음 유약을 입혀서 구워내는 것으로, 자유스러우면서 실용적인 형태와 다양한 분장기법粉粧技法이 그 특징입니다. 새해도 분주히 지내다보니 한 달이 훌쩍 지나갔습니다. 박물관 나들이로 마음을 살찌우고 2월을 맞이하면 어떨는지요.

형들이 달을 보고 소원을 빌라 했다.
망설이다 달집만 타들어갔다.

선달그믐에는 담치기를 하지요

적선은 어릴 때부터 가르쳐야 몸에 밴다

음력으로 한 해가 저물어갑니다. 언제나 그렇지만 세상에는 추운 겨울을 나기 어려운 사람들도 많습니다. 특히 설밑이 되면 그들은 더욱 힘들어집니다. 한 해를 마무리하면서 주변의 어려운 이들을 돌아보는 시간을 가져보는 것도 좋을 일입니다.

새해를 맞이하기 전 선달그믐날 아이들의 세시풍속 가운데 담치기라는 것이 있습니다. 아이들이 집집이 돌아다니며 풍물을 치면애기풍장 어른들은 쌀이나 잡곡을 내주었지요. 이를 자루에 모아 밤중에 노인들만 계신 집, 환자가 있거나 쌀이 없어 떡도 못하는 집들을 찾아다니며, 담 너머로 던져주곤 합니다. 누가 던져 넣었는지 아무도 몰랐고, 알고도 모른 체했지요. 이웃의 고통을 나눠 가지

© 이무성 화백

려는, 그러면서 드러내지 않고 숨어서 하는 아이들의 따뜻한 마음일 것입니다.

옛 아이들의 이런 세시풍속을 오늘에 되살리면 좋지 않을까요? 연말이면 나타나는 구세군 냄비에 작은 고사리손들도 천 원짜리 한 장이라도 넣으려 합니다. 나누고자 하는 마음이 있다면 그 아이는 벌써 이웃과 더불어 있는 것이고 부모의 아름다운 마음을 물려받은 셈입니다.

2월 2일

액막이연으로 묵은해의 액을 날리겠습니다

새해를 새롭게 맞이하려고 지난 일을 훌훌 털다

하늘 닿게 올려라 높이 올려라 / 엄니 가신 그곳까지 높이 올려라
북풍 찬설 배곱 나와 춥다 하며 솜누비 해주시던 울 엄니
연줄 따라 출렁이는 저승길 / 높은 곳 엄니 계신 곳까지
연을 날려라 / 높이 날려라

❀ 최수련, '연을 날려라'

연을 날려보셨나요? 한국의 연, 특히 방패연은 그 형태와 구조면에서 다른 나라의 연과 달리 바람과의 관계가 매우 과학적인 구조로 이루어져 있습니다. 방패연은 다른 나라의 연에는 없는 독특한 방구멍이 있지요. 이 방구멍은 맞바

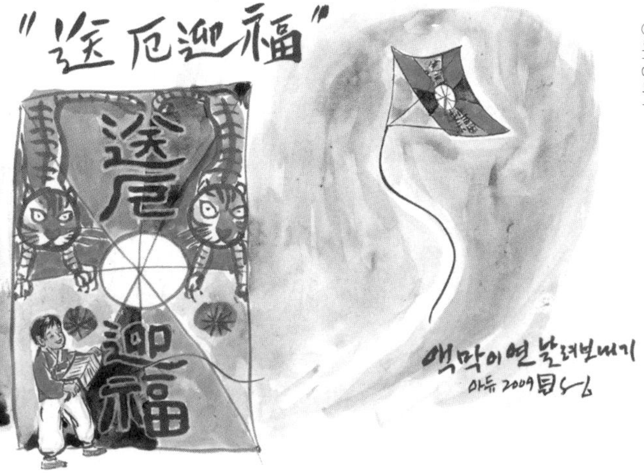

ⓒ 이무성 화백

람의 저항을 줄이고, 뒷면의 진공상태를 메워주기 때문에 연이 빠르게 움직일 수 있을 뿐만 아니라, 강한 바람을 받아도 잘 빠지게 되어 있어 웬만한 강풍에서도 연이 잘 상하지 않습니다.

중국, 일본에서는 연을 높이 띄우거나 그림, 모양에 관심을 두는 것과는 달리 한국의 경우, 연을 날리는 사람의 조종에 따라 올라가기나 내려가기, 왼쪽이나 오른쪽으로 돌기, 급하게 올라가기나 내려가기, 앞으로 나아감과 뒤로 빠짐이 가능합니다. 한국 연은 연 날리는 사람에 따라 자유자재로 움직이는 기동력을 갖는 특성 때문에 연싸움연줄 끊기도 할 수 있습니다.

그리고 우리 겨레는 액막이연을 날리는 풍속이 있습니다. 액막이연의 경우, 연에 厄액 또는 送厄송액, 送厄迎福송액영복이라 쓴 뒤 자기의 생년월일이나 이름을 적습니다. 그런 다음 연줄을 끊어 하늘로 날려 보내거나 불에 태워버리면 나쁜 액을 쫓을 수 있다는 믿음이 있었지요.

2월 3일

설풍습 하나
설의 유래

낯선 일을 다루듯 조심조심 맞이하다

'설날'의 '설'이란 말이 어디서 유래했을까요? 먼저 '섦다', 곧 한 해가 지남으로써 점차 늙어가는 처지를 서글퍼한다는 뜻입니다. 다음은 '사리다慎, 삼가다'의 '살'에서 비롯했다는 것으로 이는 삼가고 조심하는 날, 곧 몸과 마음을 바짝 죄어 조심하고 가다듬어 새해를 시작하라는 뜻이지요. 나이를 말하는, 곧 '몇 살歲' 하는 '살'에서 비롯됐다는 연세설年歲說도 있습니다. 산스크리트어는 해가 바뀌는 연세年歲를 살이라 하고, 이 살이 '설'로 바뀌었다고도 말합니다.

'설다, 낯설다'의 '설'이라는 어근에서 나왔다는 말도 있는데 처음 가보는 곳, 처음 만나는 사람은 낯선 곳이며 낯선 사람입니다. 따라서 설은 새해라는 정신적, 문화적 낯섦의 의미로 '낯 설은 날'로 생각되었고, '설은 날'이 '설날'로 바뀌었다는 말이지요. 이 밖에 한 해를 새로이 세운다는 뜻의 '서다'라는 말에서 시작되었다고도 합니다.

어느 말에서 왔는지 정확히는 알 수 없지만 '조심하고 삼가며 낯선 일을 다루듯 조심조심 맞이하는 것'을 설의 뜻으로 봐도 될 것 같습니다.

2월 4일

설풍습 둘
올바른 세배법

올바른 절로 어른을 공경하는 세배

우리 겨레의 큰 명절 설날에는 세배를 하는 것이 중요한 세시풍속입니다. 그런데 절하는 방법을 제대로 배우지 못한 탓에 엉터리로 절하는 이가 많습니다. 이왕이면 제대로 된 세배를 해야 바람직할 것입니다.

먼저 여자의 세배를 보면 오른쪽 무릎을 세우고 어깨너비 정도로 손을 내려뜨리며 절을 하는 것이 바른 예법입니다. 양손을 어깨폭만큼 벌리고 손가락은 모은 채 약간 바깥쪽으로 향하게 한 뒤 서서히 몸 전체를 굽힙니다. 갑자기 목만 떨어뜨려서는 안 되며 머리는 땅바닥에 닿을 듯 말 듯하게 하지요. 이것을 우리는 평절이라고 하는데 혼례, 회갑과 같은 큰일을 뺀 나머지, 곧 명절을 비롯하여 평상시는 평절을 하는 것입니다. 남자의 절은 큰절, 평절 구분이 없습니다. 또 손을 잡는 법을 공수법拱手法이라 하며 남자는 왼손을 오른손 위에 포개고 여자는 반대로 오른손을 왼손 위에 포갭니다.

그리고 흔히 세배를 하면서 세배를 받는 어른에게 "새해 복 많이 받으십시오"처럼 명령투의 말을 하는데 이것은 예절에 맞지 않습니다. 세배를 한 뒤 일어서서 고개를 잠깐 숙인 다음 제자리에 앉지요. 그러면 세배를 받은 어른이 먼저 덕담을 들려준 뒤 이에 화답하는 예로 겸손하게 이야기를 하는 것이 좋습니다. 덕담은 덕스럽고 희망 섞인 이야기만 하는 게 좋으며 지난해 있었던 나쁜 일은 굳이 꺼내지 않는 게 미덕이지요.

2월 5일

설풍습 셋
윷놀이

식구들과 함께 어우러져 신명나게 놀다

동방의 풍속이 예로부터 세시를 중히 여겨
흰머리 할아범, 할멈들이 신이 났네
둥글고 모난 윷판에 동그란 이십팔 개 점
정正과 기奇의 전략전술에
변화가 무궁무진하이
졸拙이 이기고 교巧가 지는 게 더더욱 놀라우니
강強이 삼키고 약弱이 토함도 미리 알기 어렵도다
늙은이가 머리를 써서 부려볼 꾀를 다 부리고
가끔 다시 흘려 보다 턱이 빠지게 웃노매라

고려 말 학자 목은 이색이 쓴《목은고》에 나오는 시입니다. 이웃 사람들의 윷놀이를 구경하면서 쓴 시로 윷놀이는 고려 시대에도 많은 사람이 즐겼음을 알 수 있습니다. 목은은 윷놀이를 두고 "변화가 무궁무진하다"라고 표현합니다. 또 "졸이 이기고 교가 진다"고 하여 서툰 사람이 이기고, 노련한 사람이 지는 게 놀랍다고 합니다. 그러면서 윷놀이를 오랫동안 해왔던 늙은이가 아무리 머리를 써서 온갖 꾀를 다 부려보아도 지기도 하는 것이 윷놀이로, 턱이 빠지게

웃을 정도로 재미있다는 것입니다.

결국, 윷놀이는 늙은이가 잘한다는 법도 없으며, 어린아이가 이길 수도 있어서 식구 모두 남녀노소 구분 없이 재미있게 놀 수 있는 놀이입니다. 요즘은 윷가락을 사람으로 하는 '인간 윷놀이', 말판 몇 곳에 '임신' 또는 '풍덩' 자리를 정하는 훨씬 재미있는 윷놀이로 발전했습니다. 명절엔 식구들이 모여 윷놀이 한판 신나게 놀면 좋을 일입니다.

2월 6일

설풍습 넷
양괭이 물리치기, 원일소발, 청참, 오행점

다양한 놀이로 새해를 즐겁게 한 풍속들

설에는 예부터 재미있는 세시풍속이 전해옵니다. 그 가운데 특히 '양괭이 물리치기'는 어른들도 재미있어 합니다. 양괭이는 한자로는 야광귀夜光鬼라고도 하는데 이 귀신은 설날 밤, 사람들의 집에 내려와 아이들의 신을 두루 신어보고 발에 맞으면 신고 가버립니다. 그러면 그 신의 주인에게 불길한 일이 일어난다고 해서 아이들은 이 귀신이 무서워 신을 감추거나 뒤집어놓고 잠을 잤지요. 그리고 체를 마루벽이나 장대에 걸어 두었습니다. 그렇게 해두면 야광귀가 와서 아이들의 신을 훔칠 생각을 잊고 체의 구멍이 신기하여 세고 있다가 닭이 울면 도망간다고 생각했기 때문입니다.

또 다른 풍속으로는 원일소발元日燒髮도 있었습니다. 원일소발은 남녀가 한 해 동안 빗질할 때 빠진 머리카락을 모아 빗상자 속에 넣었다가 설날, 해가 어스름해지기를 기다려 문밖에서 태움으로써 나쁜 병을 물리친 풍습입니다. 그 밖에 새해의 시작인 설날에는 길흉을 점치는 풍속도 있었습니다. 설날 꼭두새벽 거리에 나가 맨 처음 들려오는 소리로 한 해의 길흉을 점치는 것을 청참聽讖이라 합니다. 또 장기짝같이 만든 나무토막에 오행인 금 · 목 · 수 · 화 · 토를 새긴 다음 이것을 던져서 점괘를 얻어 새해의 신수를 보는 오행점五行占도 있었습니다. 그리고 민가에는 벽 위에 닭과 호랑이 그림을 붙여 액이 물러가기를 빌고, 남녀의 나이가 불길한 때, 곧 29, 39 따위의 아홉수를 당한 사람은 매 세 마리를 그려 문설주에 붙였지요. 잠자면 눈썹이 하얘진다 하여 밤을 새우는 '해지킴' 또는 '수세守歲'와 복조리 다는 풍속도 있었습니다.

2월 7일

설풍습 다섯
설음식과 술

설 대표음식 떡국, 한 그릇에 나이 한 살 더

세배하러 온 사람에게는 설음식세찬, 歲饌과 설술세주, 歲酒, 떡국 따위를 대접합니다. 떡국은 꿩고기를 넣고 끓여야 하지만 꿩고기가 없을 땐 닭고기를 넣고 끓이는데 그래서 '꿩 대신 닭'이라는 말이 생겼습니다. 설을 쇨 때 반드시 떡국을 먹는 것으로 여겨 나이를 더 먹는 떡이라는 뜻의 첨세병添歲餠이라고도 합니다.

또한 차례상에 오를 음식으로는 고사리, 숙주나물, 도라지 같은 나물류, 녹두전, 동태전 따위의 전류, 소고기산적과 같은 적류와 한과류도 빼놓을 수 없으며 식혜와 수정과 같은 마실 거리도 준비하여 음식의 조화를 이루게 하는 게 전통 설음식이었지요.

설날에도 추석처럼 술을 마시는데 특히 설술은 데우지 않고 세주불온歲酒不溫이라고 하여 찬술을 한 잔씩 마십니다. 이것은 새해 초부터 봄이 든다고 보았기 때문에 봄을 맞으며 일할 준비를 해야 한다는 뜻에서 생긴 풍습입니다. 설에 마시는 술인 도소주屠蘇酒는 한약재인 육계, 산초, 한약재 백출을 만드는 풀인 흰삽주뿌리, 도라지, 방풍 같은 여러 가지 약재를 넣어서 만든 술이어서 이 술을 마시면 병이 전혀 생기지 않는다고 믿었습니다.

2월 8일

입춘풍습 하나
입춘대길

24절기의 첫날을 맞아 이웃과 더불어 좋은 일이 생기기를 빌다

입춘立春은 24절기 가운데 봄절기를 시작하는 날인데 양력으로는 2월 4일 무렵입니다. 음력으로는 섣달12월에 들기도 하고 정월에 들기도 하며, 윤달이 들어있는 해에는 반드시 섣달과 정월에 입춘이 두 번 들게 됩니다. 이것을 복입춘複

立春, 또는 재봉춘再逢春이라고 합니다. 입춘 전날은 절분節分으로 불리고, 계절의 마지막이라는 의미로 해넘이라고도 합니다.

입춘이 되면 새봄을 맞이하는 뜻으로 대궐에서는 신하들이 지은 춘첩자春帖子를 붙이고, 민간에서는 손수 새로운 글귀를 짓거나 옛사람의 아름다운 글귀를 따다가 써서 봄을 축하하는데 이를 춘련春聯이라 하지요. 이 춘련들은 집 안의 기둥이나 대문, 문설주에 두루 붙입니다.

춘련에 흔히 쓰이는 글귀는 입춘대길건양다경立春大吉建陽多慶으로 '입춘에는 크게 좋은 일이 있고, 새해가 시작됨에 경사스러운 일이 많기를 바랍니다' 라는 뜻입니다. 또 수여산부여해壽如山富如海는 '산처럼 장수하고, 바다처럼 부유해지기를 바랍니다' 라는 뜻이지요. 그밖에 소지황금출개문백복래掃地黃金出開門百福來, '땅을 쓸면 황금이 나오고, 문을 열면 온갖 복이 들어오기를 바랍니다' 라는 뜻의 글귀도 써 붙입니다. 이렇게 쓴 글씨는 자기 집은 물론 남의 집에도 선물하는 풍습이 있었는데 복을 받아도 자신만 받지 않고 이웃과 더불어 살고자 하는 우리 겨레의 고운 심성에서 나온 것이지요.

2월 9일

입춘풍습 둘
아홉차리와 적선공덕행

몸을 부지런히 움직여 남을 위함이 곧 자신을 위하는 길

입춘엔 적선공덕행積善功德行이라는 독특한 세시풍속이 있습니다. 적선공덕행은 입춘이나 대보름날 전날 밤에 많은 사람에게 도움이 되는 좋은 일을 해야 일 년 내내 액을 면한다는 풍속이지요. 예를 들면 밤중에 몰래 냇물에 가 건너다닐 징검다리를 놓는다든지, 거친 길을 곱게 다듬어놓는다든지, 다리 밑 거지 움막 앞에 밥 한 솥 지어 갖다 놓는 일 따위를 실천하는 것이지요. 특히 이 적선공덕행은 아무도 몰래 해야 하는데, 나중에 죽어서 염라대왕에게 적선공덕행을 했는지 심판받는다고 믿었습니다.

또한 아홉차리라는 풍습도 있습니다. 글방에 다니는 아이는 천자문天字文을 아홉 번 읽고, 나무꾼은 아홉 짐 나무를 하며, 노인은 아홉 발 새끼를 꼽니다. 계집아이들은 나물 아홉 바구니를, 아낙들은 빨래 아홉 가지를, 길쌈을 해도 아홉 바디를 삼고, 실은 감더라도 아홉 꾸리를 감지요. 또 밥을 먹어도 아홉 번, 매를 맞아도 아홉 번을 맞았습니다. 아홉 번 한다는 뜻은 우리 조상이 '9' 라는 숫자를 가장 좋은 양수陽數로 보았기 때문입니다.

아홉차리가 지니는 뜻은 꼭 아홉 번을 해야 한다기보다는 각자 맡은 일을 부지런히 해서 그동안 부족했던 것들을 보충하고 새롭게 일머리를 잡아가자는 뜻이 담긴 것이지요. 몸을 부지런히 움직여서 이웃에게나 자신에게 덕이 되는 삶을 살라는 조상의 슬기로움이 입춘에 숨어 있는 깊은 뜻일 겁니다.

2월 10일

음력 정월 초이렛날에 이레놀음을 합니다

이웃에 헐벗은 어르신은 없나 돌아볼 시간

음력 정월 초이렛날에는 '이레놀음'이란 풍습이 있었습니다. 이 풍습은 친한 이웃끼리 쌀을 성의껏 거두어 모둠밥을 해먹고, 윷놀이를 하며 하루를 보내는 것입니다. 모둠밥이란 여자들이 아침부터 쌀자루를 메고, 집집마다 돌아다니며, 생활 정도에 따라 쌀을 거두어들여 지은 밥입니다. 거둔 쌀 가운데 밥 할 것만 남기고, 모두 팔아 김, 조기 같은 반찬거리를 사고 술도 조금 마련합니다. 그렇게 하여 동네 어른들에게 바치고, 이웃끼리 오순도순 한자리에서 밥을 나눠 먹지요.

옛날에 살기가 어려운 서민들은 명절이나 제삿날이 아니면 쌀밥은 물론 별다른 반찬 한 가지 제대로 먹을 수 없었습니다. 그래서 이날 하루라도 어른을 즐겁게 해드리려는 배려에서 생긴 풍속이 이레놀음이지요. 이처럼 우리 겨레는 어려운 이웃을 생각했을 뿐만 아니라 겨울철 들짐승을 위해 까치밥이라 해서 감나무 가지에 열린 감 여남은 개를 남길 줄도 알았습니다.

또한 '고수레'라는 풍습도 있었는데 땅의 신에게 음식을 나누는 것을 일컫는 말입니다. 《신한민보》 1917년 3월 15일 '고시네속칭 고슈레'라는 제목으로 "농부들이 들에셔 밧갈다가 뎜심을 먹게 되면 반다시 만져 한 술을 떠 던지며 빌어 가라대 '고시네' 하나니 이는 단군 때에 고시가 밧일을 맛하 백셩을 심으난 것을 가라친고로 후인이 그 근본을 닛지 안이하야 몬져 제사함이니라"고 쓴 기사에서 볼 수 있듯이 고수레는 지금부터 100여 년 전만 해도 밭두렁에 앉아 점심 먹을 때도 행하던 나눔의 아름다운 풍습입니다. 지금은 이런 풍습과 더불어 이레놀음이라는 말조차 생소하지만 산천초목과 날짐승에게조차 베풀려 했던 조상의 따뜻한 마음만은 오래오래 기억되었으면 합니다.

2월 11일

우리는 500여 년 전부터 한겨울에 채소를 기르고 있었습니다

유럽 최초의 난방온실인 독일 하이델베르크보다 170년 앞서다

《성종실록》 13권, 2년1471 11월 21일에 "장원서掌苑署에서 영산홍 한 분盆을 올리니, 임금이 '꽃과 열매는 각각 그 시기가 있는데, 제때에 핀 것이 아닌 꽃은 인위적인 것으로 내가 좋아하지 않으니 앞으로는 바치지 마라' 하였다"는 기록이 있습니다. 이 기록은 겨울에도 인위적으로 꽃을 기르는 온실이 있었다는 것을 알려줍니다.

조선 시대 초기 의관醫官이었던 전순의의 요리책이자 종합농업서적인 《산가요록》에는 동절양채冬節養菜, 겨울에 채소 키우기 항목에 온실건축에 관한 기록이 나옵니다. 기록을 보면 남쪽을 제외한 삼면을 진흙과 볏짚으로 만든 흙벽돌로 벽을 쌓고, 바닥은 구들로 하고 그 위에 30cm 정도의 배양토를 깔았으며 45° 로 경사진 남쪽 면은 창살에 기름 먹인 한지韓紙를 붙여 막았습니다. 유럽 최초의 난방

온실인 독일 하이델베르크보다 무려 170년이나 앞선 세계 최초의 난방온실이 500여 년 전 조선 땅에 있었지요.

이보다 후대의 이야기지만 현종 11년1670에 정부인 안동 장 씨가 쓴 조리서 《음식디미방》에도 겨울철에 새싹채소를 길러 먹은 이야기가 나옵니다. 책에서는 "마구간 앞에 움을 파고 거름과 흙을 깔고 신감채辛甘菜, 산갓山芥, 파, 마늘을 심고 그 움 위에 거름을 펴부으면 움 안에 생긴 열로 땅속 싹이 자라는데, 이것을 겨울에 썼다"는 대목이 있습니다. 곧 안동 장 씨가 겨울에 봄나물 맛을 느끼려고 특별히 기른 나물이지요. 요즘 새싹채소가 부쩍 인기를 끄는 모양입니다만 우리 겨레는 새싹잎이 몸에 좋은 것을 일찍부터 알았던 것이지요.

2월 12일

한국의 집시, 풍각쟁이의 2월은 잔인합니다

떠돌이 삶이지만 음악을 사랑하며 한 시대를 살다간 진정한 자유인

서양에는 유랑민족인 집시가 있는데 이들은 보통 대장장이, 거간, 마술사, 점쟁이, 악사 따위로 생활한다고 합니다. 조선 시대에도 유랑민인 풍각쟁이가 있었습니다. 이들 풍각쟁이는 돌아다니며 노래하고, 악기를 연주해 얻는 수입으로 생활하는데 고려 중기부터 있었던 것으로 보입니다.

악기는 해금, 가야금, 피리, 퉁소, 북 따위를 쓰며, 삼현육각三絃六角인 피리

둘, 대금, 해금, 장구, 북이 각각 하나로 편성되는 풍류로 치기도 합니다. 또 판소리를 하거나 검무, 법고춤을 추기도 했지요. 이들은 여럿이서 무리를 지어 풍악을 울리면서 판놀음을 하기도 했으며, 퉁소잽이, 해금잽이로 독립하여 한 명 또는 두 명씩 짝을 이뤄 돌아다니기도 했습니다. 이들에게 2월은 혹독한 날들입니다. 추위가 이들의 배를 더욱 주리게 하기 때문이지요.

일종의 유랑악단인 풍각쟁이는 일제강점기인 1938년 가수 박억별박향림, 1921~1946이 '오빠는 풍각쟁이'를 불러 세상에 다시 부각됩니다. 정착하기 어려운 유랑극단의 서글픈 삶을 대변하듯 그는 25살의 꽃다운 나이에 생을 마감합니다. 비록 떠돌이 삶을 살다 갔지만 풍각쟁이는 음악을 사랑하며 그 어느 곳에도 매이지 않고 살다간, 어쩌면 우리 시대의 진정한 예술가였는지도 모릅니다.

2월 13일

새해 벽두부터 공짜 바라기라뇨

명예욕에 날개 돋친 듯 팔리던 공명첩의 시대

예나 지금이나 일확천금을 꿈꾸는 사람들은 있기 마련입니다. 옛날 서양의 연금술사도 그렇고 가끔 TV 화면을 장식하는 사기꾼들도 그런 류지요. 이런 사람은 조선 시대 경종 때에도 있었습니다. 이태화라는 사람이 현학도사를 자처했는데 호랑이가 나오던 심산유곡 속리산 석굴에서 왔노라며 사람들을 홀렸습니다. 그는 자신이 둔갑술에 능하고, 100리 밖의 사실을 능히 알아내며, 귀신을 부려서 어떤 물건이든 가져올 수 있다고 자랑했습니다. 많은 사람이 그를 따르기 시작했습니다.

그러자 그가 본색을 드러내기 시작했는데 자기를 따르던 사람들 가운데 관리로 있던 이에게서 관리도장이 찍힌 종이를 십여 장 받아 공명첩을 만든 것입니다. 임진, 병자 양란 이후, 나라는 모자라는 재정을 보충하려고 이름은 적혀 있지 않고 별장이란 벼슬 이름만 적힌 둔별장첩, 곧 공명첩을 돈으로 팔고 있었습니다. 당시 돈은 많은데 명예를 얻고 싶어 하는 사람들에게 공명첩은 날개 달린 듯 팔려나갔다지요. 현학도사는 은화를 도술로 만들어낸 것이 아니라 공명첩을 가짜로 만들어 마구 팔아넘겼습니다.

하지만 머지않아 그것은 들통 나고 현학도사는 물론 그를 따르던 사람들이 60여 명이나 끌려가 모진 고문을 당하고 많은 사람이 숨지게 됩니다. 종이로 은을 만든다는 어처구니없는 말로 남을 속이고 일확천금을 꿈꾸던 현학도사의 헛된 꿈은 이로써 사라지게 되었습니다.

2월 14일

수천 년 겨레와 함께해온 꿀맛 같은 시루입니다

제사와 잔치 때 빠지지 않는 시루떡

어렸을 때 솥 위에 시루를 얹어놓고 떡을 찌던 어머니가 그립습니다. 시루는 떡을 만들 때 쓰는 한국 고유의 찜기인데 떡시루 말고도 집에서 콩나물을 길러 먹을 때 쓰던 콩나물시루도 있지요. 우리나라 시루 가운데 가장 오래된 것은 청동기 시대의 유적인 나진 초도 조개무지에서 출토된 것입니다. 상고 시대의 시루 모양은 지금과는 조금 다른데 바닥 구멍은 꽃잎 모양으로 뚫려 있고 쇠뿔 모양의 손잡이가 달렸습니다.

1935년 3월 《개벽》 신간 4호에는 김유정이 쓴 소설 〈금따는 콩밧〉이 실려 있는데 떡을 하는 부부의 이야기가 나옵니다.

떡을 찔 때 쓰는
한국 고유의 찜기 시루.

"부부는 떡을 하러 나왓다. 남편은 절구에 쿵쿵 빠앗다. 그러나 체가 없다. 동내로 돌아다니며 빌려 오느라고 안해는 다리에 불풍이 낫다. 떡을 찌다가 얼이 빠저서 멍허니 앉엇는 남편이 밉쌀스럽다. …… 닭이 두 홰를 치고 나서야 떡은 되엇다. 안해는 시루를 이고 남편은 겨드랑에 자리때기를 꼇다. 그리고 캄캄한 산길을 올라간다."

그들이 시루떡을 해서 올라가는 곳은 산중턱의 콩밭으로 그들은 콩밭에 시루를 놓고 산신께 빕니다. 산신제사 때도 떡 한 시루가 쓰이고, 외동딸 혼례식 때 함 들어오는 날에도 시루떡이 쓰입니다. 가을걷이의 풍년제 때도, 몇 달이고 비가 안 내려 가물 때 지내는 기우제 때도 빠지지 않습니다. 우리 겨레의 중요한 행사 때마다 함께해온 시루지요.

시루는 바닥에 있는 구멍을 통하여 뜨거운 김이 올라와 시루 안의 음식이 쪄지게끔 되어 있습니다. 시루바닥과 둘레가 꼭 맞는 솥을 골라 물을 붓고 시루를 앉힙니다. 이때 시루와 솥이 닿는 부분에서 김이 새는 것을 막으려고 밀가루나 멥쌀가루를 반죽하여 지름 1cm 정도로 시룻번을 바릅니다. 군것질거리가 별로 없던 시대, 이 시룻번도 꿀맛으로 알고 먹었습니다. 제사떡을 맞춰 먹는 시대에 시루는 구경조차 하기 어렵지만 시루는 수천 년 겨레와 함께해온 정든 그릇입니다.

2월 15일

정월대보름 풍습 하나
약밥, 찰밥, 조리밥

갖은 나물과 갖은 밥으로 한겨울 밥상을 풍요롭게 하는 대보름

둥그런 달이 떠오르는 2월 중순 정월대보름의 먹을거리로 단연 돋보이는 것은 약밥입니다. 약밥은 찹쌀을 밤, 대추, 꿀, 기름, 간장과 섞어서 함께 찐 후 잣을 섞어 먹으면 고소한 맛을 더합니다. 요즈음은 전기압력밥솥에다 밥하듯이 해도 맛있게 만들어 먹을 수 있지요. 약밥은 지방에 따라 오곡밥, 잡곡밥, 찰밥, 농사밥으로 대신하기도 합니다.

정월대보름에 해먹는 약밥의 유래는 《삼국유사》에 전해옵니다. 신라 21대비처왕혹은 소지왕 시절, 왕이 천천정天泉亭에 나가자 쥐가 "이 까마귀가 가는 곳을 찾아가보시오"라고 말합니다. 해서 신하를 시켜 까마귀를 따라가보았습니다. 이때 돼지 두 마리가 길거리에서 싸우고 있어 이를 구경하다가 그만 까마귀 간 곳을 잃었는데 그때 한 늙은이가 연못 가운데서 나와 글을 줍니다. 읽어보니 "열어보면 두 사람이 죽을 것이요, 열어보지 않으면 한 사람이 죽을 것이다"라고 쓰여 있었지요. 고민 끝에 열어보니 '궁중의 거문고 갑을 쏘라(射琴匣)' 고 적혀 있었습니다. 쏘고 보니 갑 안에는 웬 중과 자신의 후궁이 들어 있는 게 아닙니까. 내전에서 분향수도하던 중이 후궁과 은밀하게 간통을 하고 있었던 것입니다. 그래서 임금은 이들을 처형하고 이러한 사실을 알려준 까마귀를 위해 대보름을 까마귀날(烏忌日)로 삼아 찰밥으로 제사를 지냈다는 이야기가 전해옵니다.

조선 후기 실학자인 홍대용洪大容, 1731~1783의 《담헌서》에도 약밥에 대한 이야기가 나오지요. "초하룻날에는 과일 두 그릇이고, 보름날에는 과일 한 그릇이다. 설날에는 탕과 떡이 각 한 그릇이고, 상원에는 약밥이 각 한 그릇이고, 유두流頭에는 수단水團이 각 한 그릇이고, 백종百種에는 상화霜花가 각 한 그릇이고, 3월 3일에는 화전花煎이 각 한 그릇이고, 9월 9일에는 국전菊煎이 각 한 그릇이고, 동지冬至에는 두죽豆粥이 각 한 그릇이다"라는 기록이 있습니다.

민간에서는 이날 세 집 이상 성姓이 다른 사람 집 밥을 먹어야 그해의 운이 좋다고 했으며 평상시에는 하루 세 번 먹는 밥을 이날은 아홉 번 먹어야 좋다고 믿었습니다. 또 이날 아침 아이들이 체, 얼맹이, 조리 따위를 들고 보름밥을 얻으러 다니는데 이를 조리밥더윗밥이라고 하며 이 밥을 먹으면 더위를 타지 않는다고 믿었지요. 이처럼 대보름엔 약밥, 찰밥, 오곡밥, 조리밥과 관련한 이야기가 풍성하게 전해지고 있습니다.

2월 16일

정월대보름 풍습 둘 부럼 깨기

부스럼을 방지하고 이와 턱의 건강을 생각했던 우리 겨레

정월대보름 하면 으레 떠오르는 것이 부럼 깨기 행사입니다. 대보름이 다가오면 온 나라에 호두 · 잣 · 밤 · 땅콩 · 은행 같은 부럼용 견과류가 쏟아져 나오지요. 이날 아침 일찍 일어나 부럼을 나이 수대로 깨물면서 "1년 내내 무사태평하고 부스럼종기이 나지 않게 해주소서" 하고 빌면 1년 내내 부스럼이 나지 않는다고 믿는 풍습이 있습니다.

이유원李裕元, 1814~1888의 《임하필기》 34권 〈정월 대보름날의 잡사〉에 "더위 팔기賣暑라는 것이 있다. 당唐 · 송宋 사람들은 어리석음을 팔았으니, 이것은 더위 팔기와 같은 것이다. 또 다리 밟이踏橋라는 것이 있는데, 고려의 풍속에서 다리병을 물리치는 놀이로 했던 것이다. 속담에 '하룻밤에 열두 다리를 밟으면 열두 달의 재액을 없앨 수 있다' 했는데, 임진왜란 후에 이 풍속이 점점 사라졌다. 보름달의 두껍고 엷은 상태를 가지고 그해의 풍흉을 점쳤는데, 그 유래가 오래되었다. 곡식이삭 늘어놓기, 부럼 깨물기, 줄다리기 놀이는 모두 신라와 고려의 옛 풍속이자 명절놀이의 한 행사다"라고 기록한 것으로 보아 부럼 깨기의 역사가 오래되었음을 알 수 있습니다.

나라를 빼앗긴 일제강점기에도 우리의 부럼 깨기 풍속은 이어져 《동아일보》 1935년 2월 17일 기록을 보면 싸전쌀 파는 가게 앞에 호두랑 땅콩을 수북하게 쌓아 두고 있는 흑백사진이 사회면 머리기사로 올라와 있는 광경이 펼쳐집니다. 지

금은 호두, 땅콩 따위를 연중 살 수 있어 관심도 적지만 먹을 것이 적었던 당시 부럼 깨기는 상대적으로, 특히 어린아이들이 기다리는 연중행사였을 것입니다. 실제로 먹을 것이 넉넉지 않았던 시절 영양상태가 좋지 않아 곧잘 부스럼이 나고 버짐이 피었는데 호두나 땅콩 같은 영양가 높은 음식을 미리 먹여 피부병에 걸리지 않도록 하려는 것이 부럼 깨기라고 말하는 견해도 있습니다. 또 단단한 것을 깨물면 이가 튼튼해지고, 이 덕분에 머리에도 좋은 영향을 준다고 하지요. 이번 보름에는 부럼을 듬뿍 사서 식구들과 부럼 깨기를 해보면 어떨는지요.

2월 17일

정월대보름 풍습 셋

달집태우기, 쥐불놀이, 월견상극

한 해 액을 태워버리고 새날을 비는 마음으로

짚을 한 줌 쥐고 나이 수대로 묶었다 / 열두 줄이었을 게다
형들이 달을 보고 소원을 빌라 했다 / 망설이다 달집만 타들어갔다
덩그마니 뜬 달 / 빌어볼 소원도 없던 그때 그 형들
지금 육십 줄에 뜬 / 저 달 보고 있을까?

❀ 김광인, '달집태우기'

이 시를 보니 그때 형들 따라 뒷동산에 올라 달집을 태우던 기억이 새롭습니다. 저녁 밥술을 뜨는 둥 마는 둥 뒷산으로 올라가서 둥그런 대보름달이 떠오르기 전, 지푸라기로 옛적 달걀꾸러미 엮듯 달집을 만들었습니다. 그리고 밤새 달집을 태우며 놀았지요. 그때 달집이 훨훨 타면 집안이 평안하고 마을이 태평하고 풍년이 든다고 믿었습니다. 이때에 아낙들은 소원을 적은 종이나 입고 있는 새 옷의 동정을 떼어 달집에 태우면서 자신의 액이 없어지기를 빌기도 했지요.

요즈음은 지방마다 마을단위로 달집태우기 행사를 합니다. 마치 캠프파이어처럼 말입니다. 나무로 틀을 엮고 짚을 씌운 달집을 마을 동산에 세우지요. 영주의 무섬마을 같은 곳은 냇가 모래사장에 세우기도 합니다. 형태는 지방에 따라 약간씩 다르나 대개 간단한 구조로 한쪽 면만을 터놓고 다른 두 면은 이엉으로 감쌉니다. 터놓은 쪽을 달이 떠오르는 동쪽으로 향하게 하고, 가운데 새끼줄로 달 모양을 만들어 매달고는 달이 솟아오르는 것을 처음 본 사람이 불을 댕겨 달을 향해 절을 하고 태우지요. 전라도 지방에서는 대나무 매듭을 태워 폭죽소리같이 툭툭 소리가 나도록 했는데 이는 잡귀와 액을 쫓기 위함입니다.

이에 앞서 정월 대보름 전날에 논둑이나 밭둑에 불을 붙이고 돌아다니며 노는 놀이도 있었는데 이를 쥐불놀이라고 했습니다. 특히, 밤에 아이들이 기다란 막대기나 깡통불을 담아 줄에 매달아 빙빙 돌리며 노는 모습은 인상적이지요. 이를 서화희, 쥐불놓이라고도 했습니다. 쥐불은 논과 밭의 해충을 태워 없애주어 한 해 농사를 준비하고 새 출발을 다짐했던 조상의 슬기가 담겨 있는 놀이입니다

특이한 풍속으로는 월견상극月犬相剋이란 것이 있었습니다. 이는 달과 개가 상극이란 생각에서 나온 것으로 정월 대보름날엔 개에게 온종일 밥을 주지 않

거나 혹은 저녁밥 한 끼를 주지 않습니다. 옛사람들은 개에게 밥을 준다는 것은 여자의 본질인 음의 에너지원을 개에게 빼앗기는 것으로 보았으며 월식달가림조차 개가 달을 먹었기 때문이라 여겼지요.

2월 18일

정월대보름 풍습 넷
보름 달떡 나누기

떡은 우리 겨레의 잔치음식, 나눠 먹을 때 더 맛좋다!

"왔더니 가래떡, 올려놓고 웃기떡, 정들라 두텁떡, 수절과부 정절떡, 색시 속살 백설기, 오이서리 기자떡, 주늑 드나 오그랑떡, 초승달이 달떡이지."

"정월보름 달떡이요, 이월한식 송편이요, 삼월삼짇 쑥떡이로다. 사월팔일 느티떡 오월단오에 수리치떡 유월유두에 밀전병이라 칠월칠석에 수단이요, 팔월가위 오려송편 구월구일 국화떡이라 시월상달 무시루떡 동짓달 새알병요, 섣달에 골무떡이라."

우리 겨레가 불렀던 떡타령들입니다.

떡은 빚는 방법에 따라 종류가 달라집니다. 먼저 찌는 떡은 다른 말로는 시루떡이라고도 하는데 가장 오래전부터 만들어 먹던 떡입니다. 여기에는 찰편, 수리치떡, 느티떡, 무시루떡, 물호박떡, 두텁떡 따위가 있습니다. 또 절구에 치는 떡은 인절미, 개피떡, 수리치절편, 꿀편이 있으며, 또 낟알가루를 반죽하여 빚어 찌거나 끓는 물에 삶은 다음 고물을 입혀 만드는 떡은 송편, 석이단자, 밤단자, 쑥굴리, 수수경단 따위가 있지요. 그런가 하면 찹쌀, 차, 수수와 같이 찰기가 있는 낟알가루를 반죽하여 모양을 만들어 기름에 지진 떡으로는 주악, 화전, 부꾸미 따위가 있습니다.

무엇보다도 떡은 우리 겨레의 잔치음식입니다. 명절이나 생일, 또는 굿판이 벌어질 때면 반드시 떡을 했습니다. 그래서 "귀신 듣는 데 떡 소리한다", "떡 본 김에 제사 지낸다", "떡 해먹을 집안"이란 말들이 있지요. 특히 집안이 편치 못하면 귀신이 먹을 떡을 만들어 고사를 지내야 하는데 이때 귀신에게 올렸던 떡은 아무리 먹어도 체하지 않는 '복떡' 이었습니다. 그럴 때 이웃에서 떡을 가져오면 어른들은 "웬 떡이냐?" 하고 묻곤 했지요. 나눔의 떡 가운데 보름 달떡에는 달처럼 이웃과 원만하게 지내라는 뜻이 들어 있습니다.

2월 19일

대동강물이 풀리는 소리가 들리시나요, 우수

꽃샘추위가 남아 있지만 갓난아기의 이빨 나듯 새싹이 파릇파릇 움트는 시기

24절기의 둘째는 우수雨水로, 봄으로 들어서는 입춘立春과 겨울 잠자던 개구리가 놀라서 깬다는 경칩驚蟄 사이에 있는 절기입니다. 우수는 '눈이 녹아서 비가 된다' 는 말로 이때가 되면 추운 겨울이 가고 대지에는 봄기운이 돌기 시작합니다.

옛사람들은 우수 때를 삼후三候로 나누어 초후에는 수달이 물고기를 잡아다 놓고, 중후에는 기러기가 북쪽으로 날아가며, 말후에는 풀과 나무에 싹이 튼다고 했습니다. 이는 곧 우수 무렵이 되면 그동안 얼어 물고기 사냥이 쉽지 않던

ⓒ 이무성 화백

수달이 얼음 녹은 물속에서 물 위로 올라오는 물고기를 잡아 먹이를 마련한다는 뜻이며 원래 추운 지방이 고향인 기러기는 봄기운을 피하여 다시 추운 북쪽으로 날아간다는 뜻이지요.

흔히 양력 3월에 꽃샘추위가 기승을 부리지만 예부터 '우수, 경칩에 대동강물이 풀린다' 고 할 만큼 이맘때는 날씨가 많이 풀리고 봄바람이 불기 시작하는 때로, 새싹이 파릇파릇 나기 시작하지요. 마치 갓난아기에게 귀여운 이가 나듯 말입니다.

봄에 잎과 꽃이 필 무렵 겨울 대감추위동장군는 선뜻 물러나지 않겠다는 듯 꽃이 피는 것을 시샘하여 꽤 쌀쌀하게 추운 바람을 불어냅니다. "꽃샘, 잎샘 추위에 반늙은이설늙은이 얼어 죽는다"는 속담이 있습니다. 계절에 나누는 전래인사에도 "꽃샘 잎샘에 집안이 두루 안녕하십니까?"라는 것도 있지요. 이 꽃샘추위를 꽃 피는 것을 샘하여 아양을 피운다는 뜻을 담은 한자로 화투연花妬姸이라 합니다. 그러나 꽃을 시샘하는 추위도 서서히 한풀 꺾이고 대지엔 바야흐로 봄기운이 서서히 오르는 때가 우수지요.

2월 20일

옛날에는 요새로 치면 모피 격인 갖옷이 있었습니다

사치옷이라 하여 조선 시대에 금했던 방한복

우리나라에도 예전에 동물가죽으로 만든 방한복이 있었습니다. 갖저고리, 갖두루마기로, 이를 '갖옷'이라 했는데 한자로 초구貂裘, 초복貂服이라고 합니다. 부여 시대에는 여우, 너구리, 검은 원숭이의 가죽을 썼으며, 쥐, 양, 표범, 담비, 소, 개 따위의 가죽이 쓰였습니다.

《중종실록》 13년1518에 "담비가죽으로 만든 웃옷이 없는 사람은 문족회門族會, 한 집안의 모임에 들어가지 못하는 일도 있었다. 다행히 임금이 못하게 하여 이 폐습이 그전 같지는 않다"는 기록이 있네요. 또 같은 책 중종 9년에 "갖옷을 입지 못하게 함은 사치를 금하고 백성의 고생을 줄이고자 하는 것"이라는 기록으로 보아 조선 시대에는 가죽옷이 사치의 상징이었으며, 이 풍조를 없애려고 노력했던 것으로 보입니다.

지금도 가죽옷이나 모피는 값비싼 옷으로 쉽게 입을 수 없는 옷인데 하물며 조선 시대에 문족회에 예사로 입고 드나들었다니 사치라고 이를 수밖에 없었을 겁니다. 모피는 옷의 재료기도 하지만 오늘날은 손가방, 목도리, 모자와 같은 장신구에 사용되기도 하여 그 쓰임새가 늘어나고 있어 동물멸종을 불러일으킨다는 비판과 함께 동물학대의 원인으로 지목되기도 합니다. 동물의 희생이 있어야 한다는 점에서는 좋지 않은 일입니다.

2월 21일

석류탕에는 석류가 없습니다

겨울철에 먹는 꿩고기 요리, 석류탕

정부인 안동 장 씨1598~1680가 펴낸 음식 조리서 《음식디미방》을 보면 17세기 우리 겨레가 어떤 음식을 만들어 먹었는지 잘 알 수 있습니다. 여기엔 먼저 면병류, 곧 떡과 빵으로 만든 음식, 각종 고기음식인 어육류, 주국방문酒麴方文, 곧 술 빚는 법과 기타 식초 만드는 법이 있습니다.

그 가운데는 석류탕石榴湯이란 것이 있는데, 이는 꿩고기나 닭고기를 썰어 두드리고, 무나 미나리, 파와 두부, 표고, 석이버섯을 함께 두드려 기름간장에 후춧가루를 넣고 볶아 만두속처럼 만듭니다. 밀가루를 곱게 다시 쳐서 물에 반죽하여 지지되, 얇게 만두피를 빚듯이 합니다. 거기에 고기 볶은 것과 잣가루를 함께 넣어 작은 석류모양처럼 둥글게 집습니다. 그리고 맑은 장국을 안쳐 푹 끓거든 국자로 뜨되 한 그릇에 서너 개씩 떠 술안주로 쓰라고 내놓습니다. 이 석류탕은 석류 모양으로 빚는다는 것이지 석류는 재료에 들어가지 않습니다.

이 석류탕은 원래 궁중에서 겨울철에 주로 먹던 만두 종류의 귀한 요리입니다. 석류탕 외에 궁중요리 가운데 만두 종류를 보면 해삼 모양으로 생겼다 해서 '미만두' 라고도 하는 여름철에 쪄 먹던 '규아상' 도 있습니다. 밀가루를 반죽하여 얇게 민 만두껍질에 육류와 채소로 된 소를 넣고 해삼 모양으로 빚은 만두입니다. 요즈음은 일반인들도 마음만 먹으면 즐길 수 있는 꿩요리, 예전에는 궁중음식이었습니다.

2월 22일

우리나라 최초의 신문광고는 무엇일까요?

광고가 아니라 고백

요즘은 신문보다 방송이 더 큰 위력을 발휘하는 시대지만 아직도 책이든 식료품이든 전자제품이든 상품을 판매하려면 신문광고를 무시할 수 없습니다. 신문은 그만큼 많은 사람이 즐겨 보는 매체이기 때문일 것입니다. 그러면 우리나라 최초의 신문광고는 무엇이었을까요?

《한성주보》1886년 2월 22일 발행를 보면, '덕상德商 세창양행世昌洋行 고백告白' 이라는 이름으로 우리나라 최초의 신문광고가 등장합니다.

광고는 한문으로 쓰였는데 그 내용은 "세창양행은 누구에게나 친절히 대하겠고, 정직한 상거래를 하겠으며, 세창양행 상표를 확인하고 물건을 사면 잘못이 없을 것입니다"였지요. '광고' 라는 말 대신 '고백' 이라는 말을 썼지만 독일계 무역상사 세창양행의 신용과 상표를 널리 알리려 했던 분명한 광고입니다. 이 광고는 같은 해 23호7월 5일까지 약 여섯 달 동안 실렸습니다.

《한성주보》는 우리나라 최초의 근대신문인 《한성순보》1883년 10월 31일 창간가 갑신정변으로 폐간되자, 그 뒤를 이어 나온 신문입니다. 지금은 종이신문에 이어 인터넷 신문까지 등장하여 정보가 넘치지만 120여 년 전만 해도 신문사도 귀하고 신문광고 또한 순박하던 시대였습니다.

2월 23일

은장도는 중국 가는 사행원들이 뇌물로 많이 썼지요

천 년이 넘은 은장도 기술, 중요무형문화재로 지정되다

은장도銀粧刀는 주머니 속에 넣거나 옷고름에 늘 차고 다니는, 칼집이 있는 작은 칼을 말합니다. 은장도를 차는 풍습은 고려가 원나라에 복속한 뒤부터 시작되어 조선 시대에는 널리 퍼졌습니다. 보통은 여성들이 호신용으로 차고 다녔습니다만 원래는 남녀 구분 없이 평복에 차는 노리개의 하나였지요.

《승정원일기》 인조 3년1625에는 "은장도銀粧刀 200자루柄, 석장도錫粧刀 400파把는 전혀 수량을 채울 방도가 없습니다. 이 뒤에 또 무슨 변괴가 있을지 모르겠습니다. 매우 걱정스럽습니다. 감히 아뢥니다"라는 기록이 보입니다.

은장도는 중국에 사절단으로 가는 사행원들이 일종의 국경 검문소인 책문柵門에서 통관절차를 집행하는 봉성장군鳳城將軍과 그 아랫사람들에게 주는 뇌물로 많이 쓰였습니다. 또 사행원과 직접 접촉하는 북경숙소의 제독提督이나 예부禮部의 관리들이 사적으로 많이 요구했답니다. 금과 은은 당시 존비귀천을 가리는 기준이 되었기에 누구나 욕심을 냈고 그래서 사행원들은 고마움을 표하는 예물이나 뇌물 용도로 자주 썼지만 은장도를 대야 하는 조정에서는 골치 아팠을 겁니다.

지금 이 은장도를 만드는 장인은 1978년 2월 23일 중요무형문화재 60호로 지정된 장도장粧刀匠인데, 전남 광양의 박용기 선생이 천 년의 맥을 잇고 있습니다.

2월 24일

신학기를 앞두고 배우는 옛 선비의 자세 하나

공부방 엿보기

옛 선비들의 사랑방은 기숙형 인재 양성소

안방이 여성들의 공간이라면 사랑방은 남성들의 공간입니다. 이곳은 잠을 자는 외에도 책 읽고 그림 그리며, 거문고를 뜯고 손님을 맞이하는 공간이지요. 부유한 양반집안은 사랑채가 따로 있고 사랑채에는 사랑방과 사랑대청 그리고 다락처럼 높게 만든 누마루도 갖추었습니다. 그러나 보통의 민가에서는 주로 대문 가까이 있는 바깥쪽 방을 남자들이 새끼 꼬고 짚신 삼던 사랑방으로 사용했습니다.

사랑방은 매우 간소하게 꾸며져 보통 방석 몇 개와 작은 서안책상 그리고 다과, 책, 꽃병을 올려놓는 네모반듯한 사방탁자, 편지를 꽂아두는 고비와 문방사우가 있었으며 공부방으로 활용되기도 했습니다.

박동량朴東亮의 《기재잡기》에서 "우리 증조부가 홍문관사로서 사가四佳 서거정徐居正 밑에서 거의 20년이나 일했는데, 하루는 종이에 글을 써서 종을 시켜 서거정에게 올렸더니, 서거정이 다 읽고 나서 '어디에서 난 것이냐' 고 묻자, '서리전 아무개가 주었습니다' 했다. 공이 즉시 불러 묻기를 '이것은 누가 지은 것이냐' 하니, 꿇어 앉으면서 '소인의 아들이 나이가 열여덟이온데 글을 좀 배웠습니다마는 그 문장이 과거에 합격하게 될는지 몰라서 한번 시험해보려고 한 것입니다' 했다. 공이 극구 칭찬하면서 '네게 이와 같은 아들이 있었으면 왜 진작 우리 집 애들과 한곳에서 같이 공부시키지 않았느냐. 빨리 불러 오너라. 내가 직접 가르치겠노라' 했다. 그의 자제들과 사랑방에 함께 거처하게 하면서 매우 부지런히 공부를 시켜 날로 성취되었고, 오랫동안 공의 곁에 있으면서 글씨 쓰는 일을 전적으로 맡아 보았다"라는 기록을 볼 때 예전 사랑방은 좋은 인재를 키우던 공간 노릇도 톡톡히 했음을 알 수 있습니다.

2월 25일

신학기를 앞두고 배우는 옛 선비의 자세 둘
재충전의 기회 사가독서제

몸을 가다듬고, 뜻을 옳게 품으며, 마음을 바로잡던 곳

조선 시대에 젊은 문신들에게 휴가를 주어 학문에 전념하게 한 사가독서제賜暇讀書制가 있었습니다. 그 시작은 세종대왕 때였는데 세종 6년1424 집현전 학사 가운데 젊고 재주가 있는 사람을 골라 출근하지 않고 집에서 학문연구에 전념하게 한 데서 비롯되었지요. 바로 재충전 기회를 준 것입니다.

처음에는 특별한 장소를 만들지 않고 문을 닫은 절집이나 자신의 집에서 책을 읽도록 했습니다. 그러나 그런 곳에서는 공부에 몰두할 수 없다고 확인되자 독서당을 짓게 됩니다. 《성종실록》 277권, 24년1493 5월 11일 기록을 보면 "용산강龍山江의 독서당讀書堂이 낙성되었으므로 그 편액扁額과 기記를 내일 안에 걸어야 하겠으니, 홍문관弘文館의 관원이 죄다 그곳에 모이게 하라. 내가 주악酒樂을 내리겠다"는 기록이 있습니다. 이에 사헌부 지평司憲府持平 홍한洪瀚은 "독서당에 술을 내려 뜻대로 놀고 즐기게 하면 풍속風俗에도 관계가 있다" 하여 끝내 성종의 후의를 되돌려 보낼 정도로 엄격한 공부 분위기를 만들어갑니다.

웬만하면 맞장구쳐서 낙성식을 빌미로 질탕하게 놀았으련만 조선의 선비들은 이런 자세로 독서당에서 학문을 닦았던 것이지요. 몸을 가다듬고, 뜻을 옳게 세우며, 마음을 바로잡는 일을 실천하는 선비들이 모여 공부하던 남호독서당은 성종 때 일어난 갑자사화 이후 없어졌습니다. 중종 때 두모포豆毛浦, 옥수동에 동호독서당이 다시 지어졌을 때는 임금의 지원이 튼튼했지요.

2월 26일

신학기를 앞두고 배우는 옛 선비의 자세 셋
사랑방 가구 서안

고요함 속에서 무한 에너지를 창출하던 옛 선비의 책상

예전 선비들은 책과 멀리 떨어져서 살 수 없었습니다. 그래서 책을 읽을 때 꼭 있어야 하는 서안書案은 선비의 벗이었지요. 서안은 글을 읽거나 글씨를 쓰거나 간단한 편지를 쓸 때 사용하는 낮은 책상으로 모양에 따라 궤안机案과 경상經床 두 종류로 나뉩니다.

궤안은 보통 선비들이 쓰던 것으로 단순한 형태인데 비해, 경상은 절에서 불경을 얹어놓는 것으로 여의주 무늬, 당초무늬를 새겼습니다. 하지만 후에는 이의 구별이 뚜렷하지 않았고 선비들도 경상을 사용했지요. 서안은 주로 사랑

손님과 마주 대하는 주인의 위치를 말해주기도 하나, 지체 높은 집에서는 안방에도 갖춰놓고 사용했습니다.

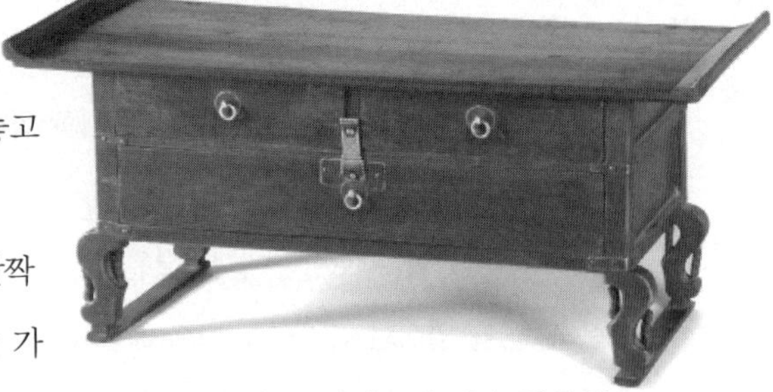

선비의 서안.

한옥처마처럼 양끝이 위로 살짝 비켜 올라간 서안은 수수하지만 가볍지 않은 품위가 느껴집니다. 기와처마, 저고리의 섶코, 버선코와 같은 한국의 아름다움이지요. 언뜻 보아도 단단하게 보이는데 제주도의 산유자나무, 전라도의 먹감나무, 대청도의 늙은 뽕나무로 만든 것을 으뜸으로 알아줬습니다. 조선의 서안은 장인들의 솜씨와 선비들의 멋이 어우러져 소박하면서도 품위 있는 한국의 미를 보여줍니다. 서안에 단정히 앉아 글 읽는 선비의 모습은 한 폭의 그림 같습니다.

2월 27일

신학기를 앞두고 배우는 옛 선비의 자세 넷
어머니방 군불 때며 그 불빛으로 책을 읽다

세종, 《구소수간》 한 권을 천 번 이상 읽다

"구산이 팔뚝을 들어 보이며 말하기를, '나의 이 팔뚝이 책상에서 떠나지 않은 지 30년이 된 연후에 도道에 나아감이 있었다' 하였고, 장무구張無垢가 귀양 가서 매일 새벽에 책을 안고 창 아래에 서서 14년을 읽었는데 돌 위에 두 발자국이 남았다. 조중봉趙重峰 헌憲이 발두둑에 나무를 걸쳐놓고 책을 펴놓고는 소를 몰고 오가면서 섭렵涉獵하였다. 밤에는 또 어머니 방에 넣는 불빛에 책을 보았으니, 옛사람은 공부를 이처럼 열심히 하여 남보다 크게 앞섰다."

이 글은 이덕무의 《청장관전서》 48권에 나오는 것입니다. 옛사람들이 얼마나 공부를 치열하게 했는지 알 수 있지요. 세종은 어려서부터 몸이 허약하면서도 글 읽기를 그치지 아니하여 병이 점점 심해졌습니다. 그러자 태종이 내시에게 명하여 세종 처소에 가서 책을 모두 거두어 오게 했지요. 이때 구양수歐陽脩와 소동파蘇東坡가 쓴 편지글을 모은 책 《구소수간》 한 권만이 병풍 사이에 남아 있었는데, 세종은 이 책을 1,100번 읽었다고 합니다.

그런가 하면 머리가 나쁘기로 유명했던 조선 중기의 시인 김득신金得臣, 1604~1684은 《사기》와 《백이열전》을 1억 1,100번이나 외웠다 하여 호가 억만재億萬齋일 정도였다고 하지요. 또 고웅척이란 이는 벽으로만 둘러싸인 빗장이 없는 집을 만들고 3년간 《대학》과 《중용》을 읽고 담을 헐고 나왔으며, 지영智永이란 이는 천자문을 800번이나 베껴 썼다고 합니다. 이렇게 옛사람들은 공부를 머리로만 했던 게 아니라 무서울 만큼 강한 정신력과 노력으로 뜻을 이뤘지요.

2월 28일

우리 문학을 독자적으로 해석한 책

삼국 시대 이래 조선 초까지의 문학자료를 모은 《동문선》

동해 바다 바로 비단결 같이 고와져
다시 태양을 받아 청명해지며
이무기 · 용 · 새우 · 게 그 생리를 즐기노라
임의 성스러운 덕택 속에 놀아 헤엄치게 할꼬

이는 석재石齋 박효수朴孝修의 시로 《동문선》 7집에 수록되어 있습니다. 한시 '흥해송라도중관해도興海松蘿途中觀海濤' 는 고려 말 문신이자 시인인 석재 선생이 영일만 풍광에 매료되어 지은 것으로 포항시 흥해읍 오도리 사방기념공원 관해루 아래 세워진 시비 속에서 만날 수 있습니다. 스님 29명과 저자를 밝히지 않은 작품을 포함해서 모두 500명에 이르는 작가들의 작품이 실려 있는 《동문선》은 1478년성종 9 2월 28일 서거정과 강희맹 같은 학자들이 편찬한 130권 45책으로 우리나라 역대 시문선집입니다.

《동문선》은 이 책 외에도 1518년에 신용개申用漑가 편찬한 것과 1713년 송상기宋相琦가 편찬한 것을 합해 모두 세 종류가 편찬되었는데 서거정의 것을 정편正編《동문선》, 신용개의 것을 《속동문선續東文選》, 송상기의 것을 신찬新撰《동문선》이라고 구별하여 부르기도 합니다.

《동문선》은 문체 종류만도 55종이나 되어 중국의 《문선》 39종보다 많으나 성현成俔은 "이것은 정선精選한 것이 아니고, 유취類聚한 것이다"라고 했고 이수광李睟光은 "《동문선》의 작품 선정은 범위는 넓으나 주선자主選者가 좋아하고 싫어함에 따라 취사되었다"며 공평성이 부족함을 비판하기도 했습니다. 그럼에도, 삼국 시대 이래 조선 초까지의 문학자료를 나름대로 책 한 권에 집대성했다는 점과 우리 문학을 독자적인 것으로 인식했다는 점은 높이 사고 있으며 신라 · 고려 시대의 기록과 도교, 불교 관계 자료는 중요한 자료로 인식되고 있습니다.

2월 29일

독립군의 어머니 남자현 여사를 기억합니다

생전에 독립을 보지 못하면 자손에게 유언하라

"만일 너의 생전에 독립을 보지 못하면 너의 자손에게 똑같은 유언을 하여 내가 남긴 돈을 독립 축하금으로 바치도록 하라."

일평생을 오로지 조국의 자주독립과 민족의 자존을 위하여 싸우다 옥고로 순국한 남자현南慈賢, 1872.12.7~1933.8.22 여사의 유언입니다. 여사는 효부, 열녀, 열사로 불리며 지조와 도덕 · 예지가 만인의 귀감이 될 만한 독립군의 어머니지만

많이 알려져 있지는 않습니다. 1933년 2월 29일은 여사가 만주국 건국일인 3월 1일 행사에 참석할 예정인 주만주국 일본전권대사 무토 노부요시武藤信義를 제거하려다가 미행하던 일본영사관 소속 형사에게 붙잡혀 투옥된 날입니다.

1872년 12월 7일 경북 안동군 일직면 일직동에서 영남의 석학인 부친 남정한南珽漢의 3남매 중 막내딸로 태어난 여사는 열아홉 살 때 김영주金永周에게 시집가 단란한 가정을 꾸렸으나 "나라가 망해가는데 어찌 집에 홀로 있을 것인가. 지하에서 다시 보자"면서 결사보국決死報國을 결심하고 의병운동에 뛰어든 남편 김 씨가 전투 중 전사하게 되면서 운명이 바뀝니다.

남편의 전사소식을 듣고 복수심에 불탔지만 3대 독자 유복자인 아들과 시부모 봉양을 위해, 바로 나서지는 못합니다. 양잠을 하며 손수 명주를 짜 내다 팔아 가계를 이어나가던 중 여사의 나이 마흔일곱 살 때 3 · 1운동이 일어납니다. 이에 3월 9일에 아들과 함께 압록강을 건너 중국 요녕성 통화현通化縣으로 이주해 서로군정서에 가입, 독립군의 뒷바라지를 시작하지요.

1925년에 사이토 마코토 총독을 죽이려고 국내에 잠입한 바 있으며, 투옥 중인 안창호, 김동삼 선생을 비롯하여 많은 애국지사를 옥바라지 했고 항일운동하면서 병 들고 상처받아 고생하는 애국청년들에게 항상 어머니와 같은 자애로운 손길로 간호하며 위로를 아끼지 않았습니다. 1932년 9월 국제연맹조사단이 침략진상을 파악하려고 하얼빈에 파견된다는 소식을 접하고 일제의 만행을 조사단에게 직접 호소하고자 왼손 약손가락 두 마디를 잘라 흰 천에다 '조선독립원朝鮮獨立願' 이라는 혈서를 쓴 뒤 잘린 손가락 마디와 함께 조사단에 전달하여 민족의 강인한 독립정신을 인식시킨 일화도 있습니다. 남자들도 행동에 옮기기 쉽지 않은 일입니다.

옥중에서 여사는 "사람이 죽고 사는 것이 먹는 데 있는 것이 아니고 정신에 있다. 독립은 정신으로 이루어지느니라"는 유언을 남기고 단식으로 버티다 후유증으로 1933년 8월 22일 향년 예순 살을 일기로 세상을 떠났지만 그의 높은 기개는 영원히 새겨지고 있습니다.

봄

불어라! 불어라! 만파식적이여

오래도록 신라의 넋을 전하라! 찬란히 그리고 영원히.

한가히 옥 말판을 가져다가 쌍륙놀이하고
취하여 비파를 잡고 열세 줄을 희롱하네

3월 1일

아, 김동인 그대는 만세 부르던 날 무얼 하셨나요

광복 직전 김동인이 조선총독부에 간 까닭

아베 씨 내 좋은 아이디어가 있소
광복 두 시간 전 총독부 학무국
동인이 찾아간 사무실 안 침묵이 흐른다

아 아베 씨 좀 보소
그걸 만듭시다
시국에 공헌할 작가 단을 꾸리자구요

아베
머리 절레절레 흔든 뜻은
이런 쓰레기 같은 조선놈
세상이 어찌 돌아가는지도 모르고
아부하기에 바쁜 조선놈
어서 꺼졌으면 싶었겠지

그리고

이윤옥 시인이 쓴 친일문학인 풍자시집《사쿠라 불나방》에 나오는 시 '광복 두 시간 전까지 친일하던〈김동인〉'의 일부입니다.《배따라기》,《감자》,《발가락이 닮았다》따위로 알려진 김동인창씨명 곤도후미히토, 1900~1951은 평양갑부의 아들로, 호사스러운 생활을 했지요. 그가 평양에서 서울을 드나들며 명월관에서 기생 수십 명과 놀아난 이야기는 월탄 박종화의《오만한 천재 김동인의 풍류》에도 나옵니다.

김동인이 평양에서 서울을 드나들던 시대는 나라를 빼앗기고 그 울분을 삭이지 못해 일제의 총칼 앞에 맨손으로, 만세로써 저항하던 시대요, 유관순처럼 나이 어린 소녀들조차 분연히 일어서던 시대입니다. 이러한 때에 호화로운 사치생활을 누리던 김동인은 1920년대 후반에 접어들면서부터 차츰 가세가 기울어 급기야는 평양에서 가장 컸던 400평 규모의 집을 팔게 되지요. 이러한 생활 변화는 우울증을 가져왔고 그는 수면제, 최면제 같은 약을 지나치게 복용함으로써 나중에는 마약에까지 손대기 시작합니다.

그러다가 1939년에는 성전종군작가로 황군위문을 자청한 이래 조선문인보국회 간사로 활동하게 되는데 이때부터 김동인은 친일의 길로 들어섭니다. 1944년에는《성암의 길》같은 친일작품을 발표하지요. 그러나 이러한 사실은《브리태니커》사전에는 전혀 언급이 없을 뿐 아니라 18줄에 이르는 설명은 그에 대한 찬양 일색이라고 시인 이윤옥 씨는 시집에서 밝히고 있습니다. 김동인의 소설을 사랑하는 독자층은 넓겠지요. 3 · 1절만큼은 그가 한때 조국을 배반하고 친일의 길로 들어서서 써댄 글들을 읽어보는 것도 의미가 있을 것입니다.

이 시집에는 이 밖에도 20명에 이르는 친일문학인들이 소개되고 있습니다. 우리 겨레가 항일독립 정신을 기억하는 한, 친일 부역자들의 행적도 잊어서는 안 될 것입니다.

3월 2일

영원한 신라 천 년의 소리가 모든 근심, 걱정을 잠재웁니다

만파식적으로 시름을 잠재우다

저녁 어스름 감은사 터를 돌아 이견대에 선다
먼바다 끝자락 파도는 넘실대는데 갈매기는 날지 않네
천년 피리소리
파도소리 타고 나그네 귓전을 때리는 밤
솔바람에 옷깃 여미는데
수중릉 가까이서 우러른 하늘가에 유난히 반짝이는 별
오! 그 별 피리불어 우환 잠재운 그 넋
찬란한 신라 왕 문무의 화신이여!
불어라! 불어라! 만파식적이여
오래도록 신라의 넋을 전하라! 찬란히 그리고 영원히

김명수 시인의 '만파식적'이란 시입니다. 만파식적萬波息笛이란 《삼국사기》와 《삼국유사》에 나오는 신라 시대 전설상의 피리인데 이를 불면 적병이 물러가고 병이 낫고 나라의 모든 근심, 걱정이 사라진다고 하는 신비한 악기지요. 사람들은 여기서 말하는 피리를 대금의 원형으로 봅니다.

이에 얽힌 이야기로는 "신라 31대 신문왕이 아버지 문무왕을 위하여 동해변에 감은사를 지어 추모했는데, 죽어서 바다용이 된 문무왕과 하늘의 왕이 된 김유신이 함께 용을 시켜 동해 가운데 한 섬에 대나무를 보냈다. 이 대나무는 낮이면 갈라져 둘이 되고, 밤이면 합하여 하나가 되었다. 이를 기이하게 생각한 임금에게 용이 나타나 '이 갈라지는 두 대나무를 합해놓으면 소리가 난다'고 예언을 했다. 왕이 궁궐로 돌아와 그 대나무로 피리를 만들어 불었더니 적병이 물러가고 병이 나았으며, 가뭄에는 비가 오고 장마 지면 날이 개며, 바람이 멎고 물결이 가라앉았다"는 기록이 전해옵니다.

해마다 3월이면 만세저항운동과 독립운동을 하던 선열들을 기리는 목소리로 우렁찹니다. 만파식적처럼 적병을 물리치고 상처 난 백성의 가슴을 치유할 피리소리가 이 시대에 다시 그리워집니다.

3월 3일

숫자 3과 우리 겨레 하나
우리 겨레는 왜 유달리 3을 좋아했을까요

완성의 수로 안정을 희구하던 우리의 정서

우리 겨레는 오랜 옛날부터 3이라는 숫자를 좋아하고 신성시했습니다. 《상고사》를 보면 환인은 환웅에게 천부인 세 개와 3,000명을 주어 사람 세상으로 내려가도록 했고, 환웅은 풍사, 우사, 운사 셋을 거느리고 사람들을 다스렸습니다. 그런가 하면 요즘에도 가위바위보를 할 때에 삼세 번 합니다. 이렇게도 3을 좋아한 까닭이 무엇일까요?

우선 숫자 1은 모든 사물의 시초이며, 어떤 수와도 섞이지 않은 순양純陽의 수입니다. 이어서 숫자 2는 처음 순음純陰의 수이며, 음과 양, 하늘과 땅, 남자와 여자처럼 둘이 짝하여 하나가 된다는 화합과 대립의 수입니다. 여기에 숫자 3은 1과 2가 처음 결합하여 생겨난 변화의 수이며, 음양의 대립에서 하나를 보탬으로써 완성과 안정을 나타내지요.

일상에서는 받침대를 3발이라 하여 가장 안정된 다리 수로 보았고, 하늘 · 땅 · 인간을 의미하는 완벽한 수로 독립선언을 한 33인도 예사롭지 않습니다. 한국을 벗어나서 보면 성서에도 3은 등장하는데 동방박사 세 명의 예방을 받은 아기 예수는 33살에 죽어 3일 만에 부활한 것으로 나옵니다.

우리 겨레가 즐겨 쓰던 숫자 3은 그 어느 누구도 따라올 수 없을 만큼 생활 속에 많이 남아 있습니다. 3은 완성수로서 안정을 희구했던 우리의 정서를 반영한 것이 아닐까요? 강남 갔던 제비가 돌아온다는 3월 3일은 삼짇날로 그 기준은 양력이 아니라 음력으로 기립니다.

3월 4일

숫자 3과 우리 겨레 둘
삼신할머니와 백일떡

어머니와 할머니가 만들어주신 떡은 무병장수의 뜻

어여쁜 아기가 태어난 지 100일째 되는 날 아침, 아기를 점지하고 산모와 아기를 돌본다는 세 신령, 곧 삼신할머니에게 그동안 무탈하게 돌봐줘서 고맙고 앞으로도 보살펴달라는 뜻으로 삼신상을 차려드립니다. 아기에게도 무병장수하라고 목에 명주실 타래를 걸어주기도 하지요. 또 이날은 백일떡을 친척과 이웃에 돌렸는데 100명과 나눠 먹어야 아기가 명命을 사서 백수百壽, 곧 오래 산다고 믿었습니다.

백일떡으로는 백설기, 수수팥떡, 인절미, 송편을 씁니다. 이때 백설기는 장수를 뜻하고 정결, 신선함을 나타낸 것이며, 수수팥떡은 부정을 막는다는 뜻이 있지요. 또 인절미는 찹쌀로 만들어 차지고 단단하기에 끈덕지고 여물기를 비손하고, 송편은 속이 꽉 차라는 뜻을 담아 속을 넣은 것과 속이 넓으라는 뜻을 담아 속을 넣지 않은 것 두 가지로 만듭니다.

요즈음은 집에서 떡을 거의 하지 않고 떡집에 맞추지만 제가 어렸을 때만 해도 어머니가 집에서 손수 떡을 만드셨습니다. 이런 떡 만드는 일은 손자가 태어나도 여전하셨는데 팔순 나이에도 여러 손자의 백일떡을 손수 만드셨지요. 백일 되는 아침엔 팥을 삶아 계피를 내시고 찹쌀가루로 한 입 크기의 동그란 알심을 만들어 펄펄 끓는 물에 삶아내어 팥고물이나 수수고물을 알맞게 묻혀놓았는데 어머니 곁에서 하나둘 받아먹던 조카들 백일떡은 세상에서 먹어본 떡 가운데 가장 맛나는 것이었습니다. 백일떡이 예전에 비해 가짓수도 많고 화려해지긴 했지만 만든 이의 정성으로 친다면 할머니나 어머니의 정성만 한 것도 없을 겁니다.

3월 5일

음력 2월 초하루는 머슴날입니다

아랫사람들의 노고를 돌아보고 이들을 위로한 조선의 마음

바위고개 언덕을 혼자 넘자니

옛 임이 그리워 하도 그리워

십여 년간 머슴살이 하도 서러워 진달래꽃 안고서 눈물집니다.

머슴살이의 고달픔을 나타낸 이흥렬1900~1980의 '바위고개' 가사입니다. 이런 머슴살이는 누가 하는 것일까요? 《세종실록》 25권1461을 보면 '외롭고 가난한 사람으로 의탁할 곳이 없어서 혹은 남의 고공雇工이 되는 자' 란 말이 나오는

데 여기서 '고공' 이란 오늘의 머슴살이를 말합니다.

머슴은 부잣집에서 먹여주고 재워준다는 까닭으로 죽어라 궂은일을 도맡아야 했지요. '새경' 이라 해서 주인이 주는 약간의 수고비가 있긴 했지만 그들의 고단한 삶을 오늘의 우리가 모두 이해하기는 어려울 것입니다. 이러한 머슴들의 노고를 알아주고 이들의 수고를 위로하려고 음식을 대접하며 즐기도록 해주었는데 이날이 노비일 또는 머슴날입니다. 머슴들은 가을걷이가 끝난 겨울 동안에는 크게 힘든 일 없이 지내지만 2월부터는 서서히 농사준비를 시작해야 합니다. 그래서 고된 일이 시작되기에 앞서 머슴들을 하루 쉬게 하여 즐겁게 놀도록 하는 것이지요.

이날 머슴들은 풍물굿을 울리며 노래와 춤으로 하루를 즐기는데, 주인들은 머슴들에게 돈을 주어 쓰도록 합니다. 《동국세시기》를 보면 많은 노비를 거느린 부잣집에서는 정월대보름에 세웠던 볏가릿대를 내려서 그 속에 넣었던 곡식으로 떡과 음식을 장만하여 머슴들에게 나눠주었다고 합니다. 이처럼 머슴날은 평소에 대접받지 못하던 머슴들에게 위로와 용기를 주는 행사로 그해의 농사에 전념하도록 하려는 의도에서 여는 농경의례의 하나였습니다. 일을 호되게 시키고 월급은 거의 안 주었지만 그래도 잠시나마 이들의 노고를 생각해주는 머슴날은 그래서 뜻깊은 날이지요.

3월 6일

개구리 깨어나는 경칩은 토종 연인의 날입니다

은행씨앗을 선물하고, 은행을 나누어 먹던 옛 연인들이여

24절기 가운데 셋째로 맞이하는 날, 경칩驚蟄은 '일어나다' 라는 경과 '겨울잠 자는 벌레' 라는 뜻의 칩이 어울린 말입니다. 곧 겨울잠 자는 벌레나 동물이 깨어나 꿈틀거린다는 뜻이지요. 계칩啓蟄이라고도 합니다.

경칩에는 개구리 알을 먹으면 허리 아픈 데 좋고 몸에 좋다고 해서 이날 개구리 알 찾기에 눈이 벌게지는데 지방에 따라선 도룡뇽 알을 건져 먹기도 합니다. 단풍나무나 고로쇠나무에서 나오는 즙을 마시면 위병이나 성병에 효과가 있다고 해서 약으로 먹는 지방도 있지요.

© 이무성 화백

흙일을 하면 탈이 없다고 해서 이날 담벽을 바르거나 담장을 쌓습니다. 또 경칩 때 벽을 바르면 빈대가 없어진다고 해서 일부러 흙벽을 바르는 지방도 있고, 빈대가 심한 집에서는 물에 재를 타서 그릇에 담아 방 네 귀퉁이에 놓아두면 빈대가 없어진다는 믿음이 전합니다.

옛날 경칩에 젊은 남녀들이 서로 사랑을 확인하는 징표로써 은행씨앗을 선물로 주고받으며, 은밀히 은행을 나누어 먹는 풍습도 있었습니다. 이날, 날이 어두워지면 동구 밖에 있는 수나무, 암나무를 도는 사랑놀이로 정을 다지기도 했다고 전해지지요. 그래서 경칩은 정월대보름, 칠월칠석과 함께 토종 연인의 날입니다.

3월 7일

심지 곧은 독립투사를 기리는 3월 하나 만해 한용운

조선총독부와 마주하기 싫어 북향으로 지은 집, 심우장

만해 한용운. 그는 3 · 1만세운동 선언자 33명 가운데서 변절하지 않은 지사로 알려져 있습니다. 만해에 관한 일화는 참으로 많은데 그를 회유하려고 조선총독부가 성북동 일대 나라숲 20만 평을 넘겨주겠다는 것을 한마디로 거절하고, 총독부의 지시를 받은 청년이 돈보따리를 들고 오자 뺨을 때려 쫓아 보냈다고 하지요.

또 최린과 3 · 1운동을 주도했던 그는 감옥에서 일부 민족대표들이 사형당할 것을 두려워하자 "목숨이 그토록 아까우냐?"라며 똥통을 뒤엎기도 했고, 그토록 가까웠던 최린, 최남선, 이광수가 변절하자 얼굴조차 보지 않았습니다. 벽초 홍명희는 "만해 한 사람 아는 것이 다른 사람 만 명을 아는 것보다 낫다"고 했으며, 만공선사는 "이 나라에 사람이 하나 반밖에 없는데 그 하나가 만해"라고 했지요.

그 만해가 1933년부터 1944년까지 살았던 집 심우장尋牛莊이 서울 성북동에 있습니다. 심우장은 서울기념물 7호로 지정되었는데 심우장이란 이름은 선종禪宗의 '깨달음' 경지에 이르는 과정을 잃어버린 소를 찾는 것에 비유한 열 가지 수행 단계 가운데 하나인 심우尋牛에서 유래한 것입니다.

보통 집들은 남향으로 짓는데 이 심우장은 북향으로 지었습니다. 남향으로 터를 잡으면 조선총독부와 마주 보게 되므로 이를 마다하고 반대편 산비탈의 북향터를 선택했기 때문이지요. 그런 만해가 해방을 한 해 앞두고 세상을 뜬 것은 참으로 안타까운 일입니다.

3월 8일

심지 곧은 독립투사를 기리는 3월 둘
한규설

을사늑약을 끝까지 반대한 참정대신 한규설의 집

을사늑약은 1905년 일본이 대한제국을 강탈하려고 강제로 맺은 조약으로, 외교권 박탈과 통감부 설치를 주요내용으로 한 조약입니다. 이 조약으로 대한제국은 명목상으로는 일본의 보호국이나 사실상 일본의 식민지가 되었지요. 당시 한성판윤 · 참정대신을 지냈던 한규설韓圭卨, 1848~1930은 이 을사늑약을 끝까지 반대해 파면되었습니다. 그 뒤 일제가 준 귀족의 작위를 거부한 채 집에 묻혀 살았습니다.

한규설이 살았던 집은 중구 장교동에 있었는데 도시개발에 따라 철거위험에 놓인 것을 정릉동 국민대학교 옆으로 옮겨, 1980년 12월 20일 완공했지요.

장교동에 있을 당시에는 큰길에서 서북방으로 들어서면 동남향의 솟을대문을 마주하게 되고, 이 솟을대문을 들어서면 행랑마당에 이르게 되어 있었습니다. 행랑마당의 서쪽에는 사랑채, 북쪽에는 안채와 사당 그리고 별채가 있었지요. 대쪽 같은 정신으로 조선인의 자존심을 끝까지 지켜낸 한규설의 집은 조선후기 건축양식을 잘 보여주며 현재는 국민대학교에서 명원민속관으로 쓰고 있습니다.

3월 9일

선비의 애간장을 태우던 과거시험

과거시험이 끝나면 낙방지는 어디에 썼을까

3월은 신학기가 막 시작하는 달입니다. 이 무렵이 되면 그 많던 수험생들이 쓰던 시험지의 행방이 궁금해지기도 합니다. 종이가 귀하던 예전에는 시험지를 어떻게 했을까요?

"보통 비변사에서 시험관에게 알려 낙방지를 남김없이 북쪽 변방에 실어 보내게 하고 있습니다. 그런데 매번 300장 정도로 책임만 면하고 있으니 아주 온당치 못합니다. 낙방지를 서울과 지방의 시험관들이 자기가 차지하거나 남에게 주는데, 이는 재물횡령에 가깝습니다. 그러니 시험장에 들어왔던 사람 수를 보고해서 사사로이 쓰지 못하게 하소서."

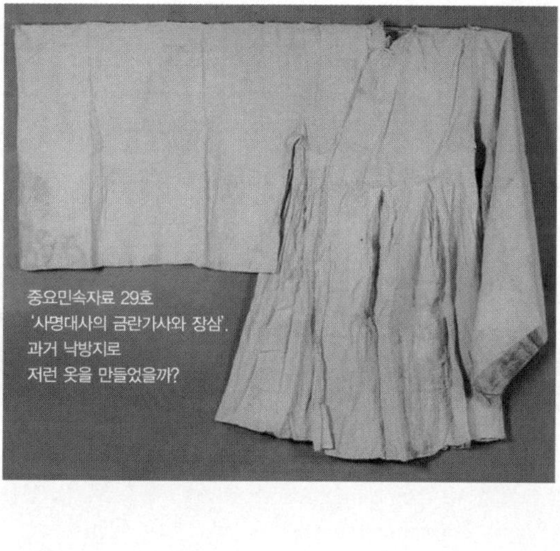

중요민속자료 29호 '사명대사의 금란가사와 장삼'. 과거 낙방지로 저런 옷을 만들었을까?

출처: 문화재청

《광해군일기》 9년 6월 22일 기록입니다. 과거시험장에서 낙제한 사람들의 시험지를 버리지 않고 관청용품으로 쓰거나 옷감 대신 군사옷을 만드는 데도 썼는데 이를 빼돌린 사람이 많았던 모양입니다. 옷감이 모자란 때여서 과거시험의 낙방지가 납의衲衣, 곧 누비 방한복으로 변신한 것입니다. 그래서 과거시험을 자주 치를수록 군사들은 따뜻하게 지낼 수 있었지요.

이 낙방지로 만드는 납의는 원래 스님들이 입는 회색웃옷을 말합니다. 납의의 납은 누덕누덕 기웠다는 뜻이지요. 낡아서 버린 낡은 헝겊을 이것저것 모아 빨아서 바늘로 기워 꿰매거나 누벼서 회색물을 들여 입었던 스님들의 옷에서 납의 〉 나비 〉 누비가 된 것이지요. 이처럼 과거시험 낙방지는 옷감이 귀한 시절 옷감대용으로 쓰였다는 게 흥미롭습니다.

3월 10일

커피 한 잔으로 정담을 나누고 싶습니다

맨 처음 커피 맛을 본 한국인, 고종 황제

요즘 커피는 전통차를 밀어내고 가장 인기 있는 음료가 되었습니다. 이 커피가 우리나라에 처음 들어온 것은 언제고, 누가 처음 마셨을까요? 우리나라에 커피가 처음 들어온 것은 대략 1890년 전후로 알려졌으며, 이는 예멘의 양치기가 커피를 발견한 지 1,000여 년 뒤고, 네덜란드 사람이 일본에 커피를 전한 지 180년 뒤의 일이라고 하지요. 그리고 전하는 이야기로는 1895년 명성황후 시해사건으로 고종이 러시아 공사관에 피신해 있을 때 러시아 공사 웨베르가 고종과 담소하면서 커피를 권했다고 합니다. 이후 고종은 환궁 이후에도 커피 맛을 잊지 못해서 정헌관이라는 서양식 집을 짓고 그곳에서 커피를 마시곤 했습니다.

그런데 고종이 러시아 공사관에 피해 있을 동안 세도를 부렸던 김홍륙이 하루아침에 날개가 부러지자 앙심을 품고 고종과 뒷날 순종이 되는 세자를 독살하려고 했습니다. 그래서 덕수궁 주방에서 요리사, 곧 숙수로 있는 사람을 매수하여 커피에 독을 타도록 했습니다. 다행히 고종은 독이 들어 맛이 이상한 커피를 뱉어 무사했지만 순종은 한 모금 마신 탓에 이후 허약체질이 되었고 자식을 낳지 못했다고 하지요.

처음 커피가 조선에 들어왔을 당시 커피를 마실 수 있었던 층은 임금뿐 아니라, 최고의 직위에 있던 양반관료들도 있었습니다. 1902년 고종의 시중을 들던 독일 여인 손탁은 옛 이화여고 본관이 들어서 있던 중구 정동 손탁호텔 안에 최초로 커피 다방을 두었다지요. 당시 커피 다방에 가장 많이 다녔던 사람은 이완용을 중심으로 나라를 팔아먹는 데 앞장섰던 을사오적이었습니다. 요즈음 국산차보다 즐기는 서양차, 커피에는 이러한 대한제국 말기의 어수선한 정경들이 담겨 있습니다.

3월 11일

사내 녀석들 귀에 달린 귀걸이요? 예전에도 있었습니다

남녀 구분 없이 귀를 뚫던 풍습, 선조 때 사라지다

엄격한 유교적 신분사회였던 조선 시대에도 몸치장에 유행이 있었습니다. 그 가운데 하나가 남자가 귀걸이를 하는 풍조입니다. 《선조실록》 6권, 5년1572 9월 28일 기록을 보면 젊은 사내들이 앞 다투어 귀를 뚫고 귀걸이를 하는 이야기가 나옵니다.

> "몸과 머리털 그리고 피부 모두는 부모에게 물려받은 것이니 감히 상하지 않도록 하는 것이 효孝의 시초라고 하였다. 우리나라의 젊은 사내아이들이 귀를 뚫고 귀걸이를 달아 중국 사람에게 비웃음을 사니 부끄러운 일이다. 이후로는 오랑캐의 풍속을 일체 고치도록 안과 밖에 깨달아 알아듣도록 타일러라."

또한 《문소만록》에는 '우리나라 풍속에 남녀가 어릴 때에 귀를 뚫어 귀걸이를 다는 것이 있어서 오랑캐 풍속과 유사했다. 이것은 전해온 지가 오래여서 고치려 하는 자가 없었다. 이에 선조 초년에 오랑캐 풍속을 고쳐야 한다는 명이 있었다. 그래서 귀한 이든 천한 이든 아이를 낳으면 모두 귀를 뚫지 않았는데, 계집아이만은 혹 모양을 내려고 그대로 귀걸이를 하는 일도 있다' 라는 기록이 보입니다. 조선 시대 선조에서 광해군 시절의 문신 윤국형이 지은 《문소만록》은 임진왜란을 앞뒤로 해서 나라 안에서 일어난 크고 작은 일들과 지은이가 직접 당하고 보고 들은 이야기들을 사실 그대로 쓴 수필집입니다.

지금이야 남자들의 귀걸이는 예사며 남자 초등학생들까지 귀를 뚫어주는 젊은 엄마들이 늘고 있다지요. 남성용 화장품도 그 가짓수가 여성 뺨 칠 만큼 많은 세상입니다. 성형수술도 흔한 세상이니 격세지감이로군요.

3월 12일

단군세기의 정신, 후손을 따라 면면히 흐릅니다

《단군세기》를 지은 이암 선생

행촌 이암 자화상. 묵죽과 석죽을 배경으로 하여 정자에서 책을 보는 모습이다.

행촌공杏村公 이암李巖, 1297~1364 선생은 고성 이씨 9세로 고려 말 충신입니다. 고려 최고의 명필이요, 공민왕 때 수문하시중지금의 국무총리을 지냈고, 서북면병마도원수지금의 참모총장로 홍건적 4만 명을 물리친 대단한 인물이지요. 하지만 이암 선생은 행촌3서, 곧 역사서인 《단군세기》, 도학심법서인 《태백진훈》, 경세실무서인 《농상집요》를 펴낸 대학자이기도 했습니다.

그 이암 선생의 친필을 우리나라에는 찾아볼 수가 없었다고 합니다. 일제강점기 일제가 모조리 빼앗아 가 현재 야마구치여자대학 도서관에 '데라우치문고'로 보관하고 있기 때문입니다. 한문수 선생이 찾아낸 이 책에는 "고려국 문하시중 분정 행촌 이암 공의 친필진본"이라는 확인과 함께 영인하였다는 도서관의 관인이 찍혀 있다고 합니다. 아마도 일제가 《단군세기》를 우리 겨레의 자존심으로 생각하여 감추고, 대신 식민사관을 심으려고 한 짓이 아닌가 생각됩니다.

이암 선생의 후손으로 고성 이씨 30세인 석주 이상룡1858~1932 선생이 있습니다. 석주 선생은 일제강점기 상해 대한민국 임시정부 초대 국무령대통령을 지낸 분으로, "나라를 찾기 전에는 내 유골을 고국으로 가져가지 말라"고 유언했을 만큼 평생을 독립운동으로 보낸 분입니다. 퇴계학에 밝았으며 을미의병 때부터 참여하여 무너진 나라를 일으키려고 온 정성을 쏟았으나 1910년 나라를 빼앗기자 99칸의 집과 논밭을 팔아 친인척 50여 명을 이끌고 만주로 건너갑니다. 거기서 최초의 해외 독립운동단체인 경학사를 만들고 무장투쟁을 위해 신흥무관학교를 세웠지요. 조국광복을 위해 온몸을 불사른 석주 선생의 나라사랑 정신은 행촌 이암 선생으로부터 말미암은 것이라는 생각이 듭니다. 그동안 대부분의 역사학자는 《단군세기》와 같은 민족 역사서를 위서라고 부정해왔는데 이제라도 행촌 선생의 업적은 재조명을 해야 할 것입니다.

3월 13일

부여에서 출토된 이 그릇, 모양이 이상합니다

예술성이 넘치는 백제 이동용 소변기, 호자

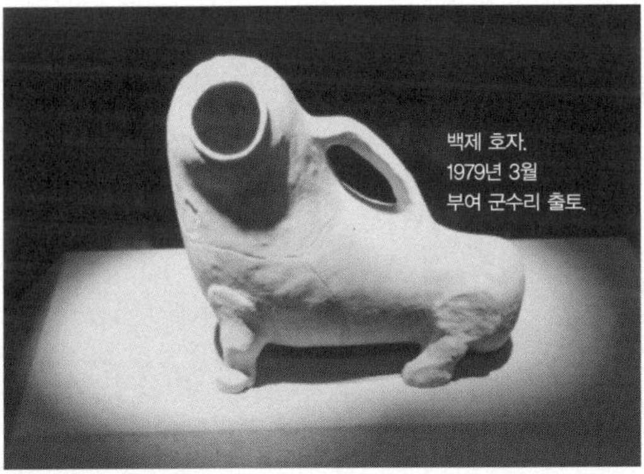
백제 호자.
1979년 3월
부여 군수리 출토.

국립부여박물관 소장.

1979년 3월 부여 군수리에서 모양이 이상한 그릇이 출토되었습니다. 마치 동물이 앉아 있는 모습으로 얼굴 부위에는 둥그렇게 구멍이 뚫려 있지요. 현재 국립부여박물관에 소장되어 있는 이것은 높이가 25.7cm, 주둥이의 지름은 6.6cm입니다.

도대체 이 그릇은 무엇에 쓰던 물건이었을까요? 이 그릇은 호자虎子라고 부른 남성용 소변기로 짐작하고 있습니다. 그 까닭은 중국에서 이와 같은 것들이 발굴되었는데 문헌에 소변통이라고 확인되기 때문입니다. 중국 역사서를 보면 옛날에 기린왕이라는 산신이 호랑이의 입을 벌리게 하고, 거기에 오줌을 누었다고 전하며, 새끼호랑이 모양을 하고 있다고 해서 호자라고 불렀다는 이야기가 있습니다. 호자 이야기는 우리나라에도 있습니다.

밤에 선의를 입고 앉았노라니 夜擁禪衣坐

흡사 선정에 들어간 중 같구나 端如入定僧

고양이는 따스운 자리를 같이하고 狸奴同煖席

요강은 쇠잔한 등불을 함께하네 虎子共殘燈

위는 고려 말 뛰어난 문장가 목은 이색의《목은시고 8》〈즉사〉에 나오는 시입니다. 여기서도 호자라는 말이 보이며 요강으로 쓰이고 있음을 알 수 있습니다. 다만 호자를 가리켜 이동용 소변기가 아니고, 물이나 술 또는 차를 끓일 때 썼던 그릇으로 주장하는 사람들도 있다 하니 옛 물건의 용도를 확인하는 일은 쉽지 않습니다. 다만, 예전에 쓰던 물건들을 찬찬히 들여다보고 있자면 하나같이 예술성이 높다는 사실은 부정하기 어려울 듯싶습니다.

3월 14일

봄바람 살랑이면 여인들은 밖으로 나돌고 싶었겠지요

엉덩이로는 어느 집 계집인 줄 알아도 얼굴로는 알 수 없다

봄바람이 살랑입니다. 겨우내 집 안에서만 있던 사람들은 밖으로 나돌고 싶어지는 계절입니다. 특히 여성들의 설렘은 컸을 겁니다. "계집은 돌리면 버리고, 그릇은 빌리면 깨진다"는 속담이 있습니다. 이는 조선의 남성들이 만든 말로 혹시나 자기 집 아낙네들이 잘못될까봐 걱정한 탓에 생긴 말입니다. 그런 걱정 탓에 한옥의 구조는 먼저 대문을 들어서면 남성공간인 사랑채가 있고, 사랑채

혜원 신윤복의 '월하정인'.
조선 시대 여성들은 어렵게 외출을 하더라도 그림에서처럼 쓰개치마로 얼굴을 가려야만 했다.

를 지나면 내외벽, 소문小門이라는 출입문을 들어서야 그 안에 여성들의 공간인 안채가 있었지요.

양갓집 처녀를 규수閨秀라고 했는데 색시 규閨 자에는 흙 토土가 포개져 있지요. 이는 담장이 쌓여 있는 깊은 곳에서 사는 처녀를 말하는 것입니다. 그 안채는 식구들이라도 남성은 드나들기 어려웠고, 만약 안채에 자주 드나드는 사내가 있으면 '암띤 사내' 라는 놀림을 받아야만 했습니다. 또 "사내가 부엌에 드나들면 불알 떨어진다" 고도 했지요.

이렇게 갇힌 공간에서 살았던 여성들은 특별한 날이 아니면 바깥출입을 못했으며, 굳이 나갈 일이 있으면 쓰개치마로 얼굴을 가려야 했습니다. 얼굴을 가린 채 엉덩이만 봐야 하는 답답함이 오죽 컸으면 "엉덩이를 보면 어느 집 계집인 줄 알아도 얼굴을 보면 알 수가 없다"라는 말이 생겨났을까요? 얼굴은 말할 것도 없고 치마길이도 짧아질 대로 짧아진 데다가 웃옷도 배꼽이 드러나는 옷을 입는 시대이고 보면 조선 시대 이야기가 먼 나라 이야기처럼 들리지 않는지요.

3월 15일

그때 종로 혜정교에 모였을 사람들은 무얼 느꼈을까요

조선 시대 탐관오리 공개처형 방식, 팽형

서울 광화문우체국 북쪽에 혜정교惠政橋라는 다리가 있었습니다. 세종 16년1434에 오목해시계인 앙부일구仰釜日晷를 처음으로 혜정교와 종묘宗廟 앞 거리에 설치하여 백성으로 하여금 보고 시각을 알게 했다는 기록이 있습니다. 그런데 이 다리 위에서는 부정부패를 저지른 탐관오리를 벌주는 팽형, 곧 끓는 가마솥 속에 죄인을 넣어 삶는 공개처형을 하기도 했지요.

팽형절차를 보면 혜정교 한가운데에 임시로 높다란 부뚜막을 만들고, 사람이 들어갈 수 있을 만큼 큰 가마솥을 겁니다. 솥에는 물을 붓고 아궁이에는 불을 땔 수 있도록 장작을 넣습니다. 그 앞쪽에 천막을 치고, 포도대장이 앉으면 팽형이 시작됩니다. 그러나 진짜 팽형을 하는 건 아니고 죄인을 가마솥에 담고 솥뚜껑을 닫은 다음 구령에 따라 장작불을 지피는 시늉만 하고 실제로 불을 붙이지는 않습니다.

© 이무성 화백

하지만 솥 속에 든 죄인은 그 순간부터 살아 있는 주검이 되어야 합니다. 그런 다음 꺼내 살아 있는 주검을 식구들에게 넘기면 식구들은 미리 준비해간 칠성판에 이 살아 있는 주검을 뉘여 집으로 데리고 가 격식대로 장례를 치릅니다. 이렇게 장례가 끝나면 호적이나 족보에 죽은 사람으로 오르는 것이지요. 물론 먹고사는 일은 할 수 있고 아이도 낳을 수 있지만 살아 있는 시체의 아이는 태어나도 아비 없는 사생아가 됩니다. 요샛말로 생매장하는 셈이지요. 살아 있으되 산 사람이 아닌 주검을 만드는 팽형은 부정부패를 저지른 탐관오리에게는 죽음과 같은 벌이라는 경고성 형벌이며 이로써 부정부패의 근원을 뿌리 뽑으려는 효과를 노린 형벌로 생각됩니다. 요즈음 과거 탐관오리보다 더한 사람들한테도 솜방망이 벌을 내려 국민을 실망시키는 것에 견주면 조선 시대 형벌은 상당히 의미가 있었던 듯합니다. 탐관오리가 날뛰는 세상이다보니 혜정교의 팽형이 다시 그리워지려고 하는군요.

3월 16일

봄으로 가는 길목의 민속신앙 하나
영등할매 오시면 꽃샘바람 몰아친다

영등굿, 비바람 잠재우다

"바람이 심하면 농촌보다 어촌이 더 문제다. 배를 띄울 수 없어 고기잡이를 할 수 없다. 자연히 어촌에서는 영등굿이 더 드세다. 돌과 바람, 여자가 많다고 하는 제주도 영등굿은 특히 유명하다. 잠녀해녀들이 해산물을 풍부하게 채취할 수 있게 해달라고 빌며 초하루부터 보름까지 영등굿을 했는데, 요즘은 영등이 내리는 날과 올라가는 날에만 굿을 한다. 물질하는 잠녀들이 영등할망을 정성껏 섬기는 굿이기도 하지만 잠녀들 스스로 신명풀이를 하는 한마당 잔치이기도 해서 영등굿을 잠녀굿이라도 한다."

이는 안동대 민속학과 임재해 교수의《영등할매 오시면 꽃샘바람 몰아친다》에 나오는 말입니다.

음력 2월 초하루는 '영등일' 또는 '영등할매날' 이라고 하는데 옛사람들은 하늘에 있는 영등할매가 이날 땅에 내려왔다가 스무날20일이면 다시 올라간다고 믿었습니다. 이러한 영등신앙은 주로 영남과 제주도 지방에 전승되었는데 영등할매가 거친 비바람을 몰고 온다고 생각했지요.

그런데 이날 바람이 불면 영등할매가 딸을 데리고 오는 것으로 치마가 나풀대어 더 예쁘게 보이려고 바람을 불게 하며, 흉년이 든다고 여겼습니다. 만일 비가 오면 며느리가 곱게 차려 입은 명주치마를 얼룩지게 하려고 비를 뿌린다고 생각했으며 비가 오면 풍년이 든다고 믿었지요. 그래서 사람들은 며느리를 데리고 오게 하려고 초하룻날 부엌에 떡을 쪄 정성껏 음식을 차려놓고 빌었습니다. 또 초하룻날 첫 새벽에 세 곳의 샘물을 떠서 장독대에 짚을 깔고 상 위에 올려놓습니다.

따스한 봄기운 가운데 찾아오는 꽃샘바람은 산신이나 용신처럼 한 곳에 머무는 게 아니라 잠깐 며칠 땅에 내려왔다가 올라가는 게 특이합니다. 영등내리기와 영등올리기 또는 영등맞이굿과 영등전송굿이 이를 말해주지요. 왔다가 다시 가는 그래서 길게 심술을 부리지 않는 것도 우리가 영등할매를 친근하게 느끼게 하는 요소일지 모릅니다. 비바람을 과학적인 분석으로 밝혀내는 서양 천문학에 견주어, 꽃샘바람이라는 말을 만들고 이것이 영등할매의 조화라고 생각했던 우리 겨레의 따스한 마음은 언제 봐도 아름답습니다.

3월 17일

봄으로 가는 길목의 민속신앙 둘
공동체 안녕을 기원하는 제사들

지금도 이어지는 풍어제, 대동굿, 별신굿

우리 겨레는 지역에 따라 서낭당, 산신당, 풍어당과 같은 마을을 보살펴주는 당신을 모셨고, 마을 들머리에는 장승, 솟대 따위를 세웠습니다. 또 어려운 일이 있을 때나 한 해를 시작하고 마무리하는 때에는 마을 사람들이 하나가 되어 제사를 지냈지요. 이 제사에는 뱃사람들이 고기를 많이 잡기 위함과 안전을 비손하는 풍어제, 가뭄이 들 때 비가 내리기를 비손하는 기우제, 집안의 편안함을 비손하는 안택고사 따위가 있었으며 제사에서 모시는 신은 다양합니다.

1921년 8월 1일자 《개벽》 14호 〈팔자설을 기초로한 조선민족의 인생관〉이라는 논설문에 조선인들이 모시는 신을 설명하는데 "산신, 목신, 수신, 마울, 대감, 서낭당가튼 자연물의 신, 또 그러한 자연물에 접하는 신, 제석천, 삼신, 부텨, 보살, 염라사신가튼 서역으로서 이주하야 조선화한 제신, 남귀, 여귀, 아귀, 독갑이 가튼 사람 죽어 된 귀신, 다음에는 조선祖先숭배에서 온 조선의 혼령, 다음에는 도교에서 들어온 천지일월성진의 모든 선관, 신제, 또는 집의 모든 부분을 지키는 귀신, 즉 수문장, 왕신, 성조신, 마당귀신, 울안귀신 이러한 무수한 신"이 있다고 합니다.

산신, 나무신, 물신을 비롯하여 서낭신, 조상신, 심지어는 독갑이도깨비, 마당귀신까지 듣고 보니 정말 다양합니다. 이러한 신들을 제사하는 몇몇 제사는 무형문화재로 보호 · 전수되고 있는데 이에는 풍어제중요무형문화재 82호, 동해안 별신굿82-1호, 서해안 배연신굿 · 대동굿82호-2호, 위도 띠뱃놀이82-3호, 남해안 별신굿 82-4호 따위가 있습니다. 지정은 안 받았지만 지금도 시골 할머니들이 하는 장독굿이라는 게 있는데, 이는 된장, 고추장, 간장을 잘 보살펴주고 음식맛을 좋게 해달라고 비는 굿으로 이조차 점점 보기 어려워졌습니다.

미투리.

3월 18일

학문하는 자세란 미투리 신고 책을 끼고 걷는 겸소함이지요

태사혜 신고 말 타고 종 부리며 학문 이루기란 어렵다

요즈음은 대학생들도 자가용으로 통학하는 일이 많다고 들었습니다. 옛날 선비들은 어땠을까요?

"옛날 선비는 미투리麻鞋를 신고 책을 끼고 걸어다니면서도 뜻을 겸손히 하고 학문에 힘썼사오나, 지금은 그렇지 아니하여 생원生員 · 생도生徒들이 책을 끼고서 걸어다니는 것을 수치스럽게 여겨, 모두 말을 타고 종을 시켜 책을 끼고 다니게 하며 아침에 갔다가 저녁에 돌아오니, 이 때문에 심지心志가 교오驕傲하고 학문하는 마음이 전일專一하지 못 하와 국학國學이 허술해지니, 청컨대 말을 타고 다니는 것을 금하여 그들이 심지를 억제하여 학업學業에 전심하게 하소서."

위는 《세종실록》 41권, 10년1428 9월 1일 기록에 나오는 글로 대사헌 조계생의 상소입니다. 그러나 세종은 답하기를 '나도 학생들이 종을 거느리고 말 타는 것은 좋지 않다고 보지만 그렇다고 법으로 말타기를 금하기는 곤란하다' 라고 합니다. 문제가 있긴 하지만 그럴 때마다 법을 만들 수는 없다는 의지로 보이며 다만 사제지간에 길에서 만났을 때 제자가 말에서 내리지 않는다면 이는 문제가 있으므로 예조禮曹에서 다스리도록 명합니다.

세종 전까지만 해도 선비가 미투리를 신는 것은 예사였는데 이후에는 양반들은 태사혜신코와 뒤축부분에 흰 줄무늬를 넣은 신, 당혜당초무늬가 있는 부녀자들의 신 같은 고급 가죽신도 신었습니다. 미투리는 생삼으로 삼은 신인데 짚신보다 조밀하게 삼았고, 결이 매우 고와 양반과 상인들이 즐겨 신은 신입니다. 짚신은 마한 시대의 문헌에 나타날 만큼 오랜 역사를 지닌 신입니다. 짚신은 짚 외에 삼, 칡, 닥껍질로 만들기도 하는데 비 오는 날에는 신기가 불편하고, 쉽게 헤지는 단점이 있습니다. 소박한 미투리를 신고 겨드랑이에 책 보따리를 끼고 유유히 걷는 선비 그리고 태사혜를 신고 말 타고 종을 부리는 선비, 누가 더 학자다운지는 쉽게 판가름이 나겠지요.

3월 19일

사진 찍기 좋은 달입니다

명재상 한음의 손자 복암 선생, 집 안에 암실을 차리다

조선 후기 실학자 다산 정약용의 문집인 《여유당전서》를 보면 다음과 같은 이야기가 나옵니다. "복암茯菴이 일찍이 선중 씨의 집에 칠실파려안을 설치하고, 거기에 비친 거꾸로 된 그림자를 취하여 화상을 그리게 했다. 공은 뜰에 놓은 의자에 해를 마주하고 앉았다. 털끝 하나만 움직여도 초상을 그릴 길이 없는데, 흙으로 만든 사람처럼 굳은 채 오래도록 조금도 움직이지 않았다."

암실을 만들어 사진기법을 연구하게 한 실학자 복암 이기양은 한음의 7대 손인데 할아버지 한음의 인물평을 보면 "근세에 율곡이 돌아가시자 성균관의 학도들이나 말단군졸들까지 모여들어 슬프게 울었고, 서애 유성룡의 죽음에도 저자 사람들까지 모여들어 울었으며, 한음이 죽자 꼭 같은 일이 벌어졌다. 도대체 무슨 은혜를 베풀었기에 위아래 사람 모두가 그렇게 울고 있단 말인가. 성인이 말했듯이 산 사람에게서는 뜻을 뺏을 수 없듯이 죽은 사람에게서는 명성을 빼앗을 수 없어서 그렇다"라는 말이 전해옵니다. 명재상 한음이 세상을 떠난 지 150년 뒤에 태어난 복암과 막역하게 지냈던 조선 최고의 학자 다산 정약용은 복암의 할아버지 한음을 흠모하여 '한음의 화상畵像에 바치는 찬양의 글'을 짓기도 합니다.

조선에 사진이 처음 등장한 것은 정약용과 같은 실학자들이 현대 사진기의 전신인 카메라 옵스큐라camera obscura, 바늘구멍상자를 칠실파려안이라 이름 붙이고 연구했던 때로 봅니다. 여기에서 칠실漆室은 '매우 캄캄한 방', 파려玻瓈는 '유리', 안眼은 '보다'로, '캄캄한 방에서 유리 렌즈를 통해서 본다'는 뜻인데 이 기구는 바늘구멍상자의 유리에 비친 화상에 종이를 대고 그린 것으로 복암 이기양이 선구자인 셈입니다.

3월 20일

슬슬 다가오는 농사철 하나
정겨운 짚풀문화, 부개기

짚으로 만든 제주도의 씨앗 갈무리, 부개기

제주도 하면 '물허벅' 이나 '물구덕' 을 떠올립니다. 제주 해녀가 등에 지고 있는 그림으로 더 잘 알려졌지요. 이렇게 허벅은 예부터 물이나 죽 또는 씨앗을 담아 쓰던 요긴한 생활용구였습니다. 그러나 씨앗을 담는 경우에는 공기가 잘 통하지 않아 생겨난 것이 부개기입니다. 부개기는 씨앗을 갈무리해주는 씨앗 주머니인 셈이지요. 짚으로 망태기 엮듯 만든 것인데 제주도의 작은 물동이인 '대배기' 와 비슷합니다. 특이한 모습이 귀엽기까지 한데 '씻부개', '씻부개기' 라고도 부릅니다.

부개기.

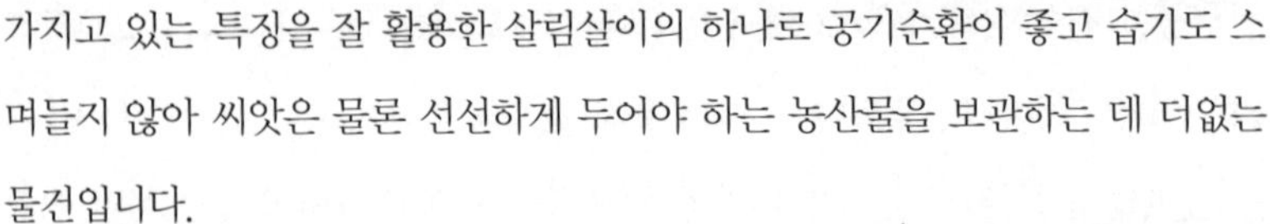

씨앗을 부개기에 담아 갈무리하면 공기가 선선하게 잘 통하여 한겨울 동안 갈무리해두어도 그 속에서 움이 트거나 썩는 일이 없습니다. 부개기는 짚이 가지고 있는 특징을 잘 활용한 살림살이의 하나로 공기순환이 좋고 습기도 스며들지 않아 씨앗은 물론 선선하게 두어야 하는 농산물을 보관하는 데 더없는 물건입니다.

제주 어른들은 통통하면서도 귀엽게 생긴 아이들을 만나면 "어! 그놈 부개기처럼 복시락허다"라고 했다는데 이는 부개기의 통통하면서도 귀엽고 앙증스러운 맛을 말함입니다. 옛말에 "굶어 죽어도 씨앗은 먹지 않는다"거나 "씨 뿌리는 곁에서는 군소리를 하면 안 되고 그 앞을 가로 지나가서도 안 된다"고 했습니다. 이로 미루어 보면 옛사람들은 씨앗을 아주 소중히 여겼고 더불어 부개기도 아꼈을 것으로 생각됩니다.

3월 21일

슬슬 다가오는 농사철 둘 춘분

좋지 않은 일은 춘분 전에 털어버려라

춘분春分은 24절기 가운데 넷째로 해의 중심이 춘분점 위에 왔을 때인데 흔히 낮과 밤의 길이가 같다고 하지요. 한국에서는 대개 입춘부터 봄이라고 하지만 유럽은 춘분부터 봄으로 칩니다. 양력으로는 3월 22일 전후지만 음력으로는 2월이라 꽃샘추위가 남아 있는 때로 "2월 바람에 김치독 깨진다", "꽃샘에 설늙은이 얼어 죽는다"라는 속담에서 보듯이 이때 한차례 남은 추위는 동짓달처럼 매섭고 찹니다.

춘분을 즈음하여 농가에서는 농사준비에 바쁜데 농사의 시작인 애벌갈이논밭을 첫 번째 가는 일를 엄숙하게 행하여야만 한 해 동안 걱정 없이 풍족하게 지낼 수 있다고 믿어왔으며 불교에서는 춘분 전후 7일간을 '봄의 피안彼岸' 또는 '피안의 시기'라 하여 극락왕생의 때로 봅니다.

《중종실록》 1514년 2월 26일을 보면 어미를 구타한 이수지라는 사람을 참형하게 되는데 참형시기를 춘분에 맞추었지요. 참형에는 부대시참형不待時斬刑이라 해서 판결 확정 후에 바로 집행하는 참형이 있고 사형집행을 기다려서 하는 대시참형待時斬刑이 있는데 대시참형의 경우는 대개 춘분이 되기 전에 집행합니다. 이는 춘분을 1년의 새로운 출발로 보아 사형처럼 좋지 않은 일은 춘분 전에 끝내려 한 뜻이 아닌가 합니다. 만물이 소생하는 봄의 길목에서 농사를 준비하고 어둡고 좋지 않은 일을 춘분 전에 털어버리려 한 것을 보면 예전에 춘분은 상당한 의미가 있던 절기로 생각됩니다.

3월 22일

슬슬 다가오는 농사철 셋
정겨운 짚풀문화, 꼴망태

수천 년 겨레의 숨결을 담아낸 꼴망태

언제부터 걸려 있었나 잿간 흙벽에 외로이 매달린 작은 꼴망태기 하나
그 옛날 낫질 솜씨 뽐내셨을 할아버지의 거친 숨결이 아버지의 굵은 땀방울이
찐득찐득 배어들어 누렇게 누렇게 삭아버린 꼴망태기 하나
할아버지가 아버지가 나무지겟짐 세워놓고 떡갈잎 물주걱 만들어
시원하게 목축이다 흘리신 바윗골 약수랑 싱그러운 들꽃 향기랑
소릇이 배어들어 바작바작 삭어버린 꼴망태기 하나

최병엽 작사, 한동찬 작곡의 동요 '꼴망태기'의 일부입니다. 망태기는 우리 겨레가 오랫동안 써온 것인데 새끼로 꼬아 만든 주머니입니다. 여기에 씨앗 따위를 담아 매달아 두기도 했으며 망탁, 망태라고도 하고, 지역에 따라 구럭, 깔망태, 망탱이라고도 하지요. 어깨에 멜 수 있도록 양끝에 길게 고리를 달기도 했습니다.

망태기는 쓰임새와 모양에 따라 이름도 달라집니다. 말과 소에 먹이는 풀을 담는 꼴망태가 있고, 장기짝을 넣어두는 조그마한 망태기인 장기망태기도 있습니다. 망태기와는 모양이나 쓰임새가 다른 삼태기도 있는데 쓰레기, 거름, 흙, 곡식 따위를 담아 나르는 그릇이지요.

그밖에 망태기와 관련한 재미난 말도 있는데 갓난아기들을 망태기에 넣어서 데려간다는 망태할아버지도 있고, 황해도 사투리 가운데 얼굴 망태기는 곰보를 말하지요. 우리 겨레가 오랜 세월 써오던 망태기는 이제 플라스틱 바구니에 밀려 보기 힘들게 되었지만 촘촘히 망태기를 짜던 할아버지가 슬슬 농사채비를 하던 계절이 돌아오고 있습니다.

3월 23일

우리 술 이야기 하나
바위틈 맑은 물과 녹두가루로 빚은 향온주

새 출발하는 계절 3월, 우리 술로 축하를

우리 전통술은 참 다양했습니다. 하지만 일제강점기 일제가 그 맥을 끊어 잊힌 것들이 많지요. 그러나 곳곳에 전승돼오는 것들이 그나마 남아 있어서 다행입니다. 향온주香醞酒도 바로 그 가운데 하나인데 서울무형문화재 9호로 지정되었습니다. 특히 향온주는 임금이 마시고 신하에게도 내렸던 술로 유명합니다. 사온서라는 관청에서 궁중어의들의 관리 아래 술을 빚어 대궐 안으로 들여보냈던 술입니다.

전해오는 이야기로는 인현왕후가 폐비가 되어 사가에 갇혔다가 복위되어 환궁하려 할 때 일어설 수가 없었는데 대궐에서 가지고 온 향온주를 마신 뒤 기운을 차렸다고 하지요. 이후 인현왕후 외할머니 집안인 하동 정씨 가문에 전해 내려와 이름을 얻게 되었는데 일제강점기에 맥이 끊겼다가 1988년 고 정해중 선생이 재현했습니다.

향온주는 《규곤시의방》, 《고사찰요》, 《요록》 같은 고문헌 열세 군데에 나옵니다. 이 술의 특징은 바위틈에서 나오는 석간수石間水만을 쓴다는 점입니다. 차맛과 술맛은 물이 좌우한다고 해도 지나치지 않을 만큼 물은 예전부터 까다롭게 골랐지요. 여기에 원료로 쓰는 녹두는 차게 해서 빚기에 일반 술과는 달리 술이 익는 데 적어도 여섯 달 이상 걸립니다. 정성이 듬뿍 담긴 우리의 술로 손님접대를 해보는 것은 어떨지요.

3월 24일

우리 술 이야기 둘
정겨운 주막집이 사라진 까닭

주막이 사라진 자리

"1916년 무렵만 해도 조선에서는 거의 주막에서 술을 만들어 팔았는데 그 당시 주막은 12만 개에 이르렀습니다. 그러던 것이 일제의 간섭으로 차츰 줄어서 1919년에는 7만여 개, 1925년에는 3만여 개, 1930년에는 5,000개 이하로 줄어들었습니다. 그 결과 술 수요에 맞추지 못하게 되자 일제는 군 단위에 10~20개의 이른바 주류 배급소를 만들었는데 조선 전체로는 5,000~6,000여 개에 이르렀지요."

단원 김홍도의 '주막'.

1932년 조선총독부가 펴낸 《조선주조사》에 나오는 내용입니다. 내용에서 보면 우리 겨레가 오랫동안 술과 음식을 함께 팔던 주막 12만 개가 15년 만에 5,000개로 줄어들어버린 것입니다. 주막은 오늘날 고속도로 휴게소처럼, 일정 거리마다 있던 쉼터죠. 한나절 걷는 시간, 아침에 출발하여 점심 무렵에 도달하는 거리에는 어김없이 주막이 있었습니다. 온 나라 산밑과 강나루와 장터와 마을에 거미줄처럼 퍼져 있던 주막이 일제강점기를 지나면서 파괴되어버린 것입니다.

20세기 초반까지 우리 술문화는 양조장이 아닌 주막과 가정집이 이어왔습니다. 특히 집에서 제사 지낼 때와 명절 때 그리고 농사지을 때 술을 빚어 마셔 온 것입니다. 특히 제사에 쓸 술은 집에서 정성껏 담그는 술이 아니면 안 된다는 생각을 지니고 있었습니다. 그러던 우리의 술문화가 1909년 일본인이 마음대로 주세법을 만들고 1916년에 강화된 주세령이 발령되면서 파괴된 것입니다. 구체적으로 최저 생산량을 규정하여 이에 미달하는 제조장을 없애거나 통합했지요. 주류 제조장의 술과 자가용 술을 분리하여 자가용 술제조를 위축시키고, 술제조장에서 음식과 함께 파는 것을 제한함으로써, 주막의 몰락을 가져왔습니다. 일본에 가면 지금도 엄청나게 많은 전통술이 만들어지고 팔립니다. 그에 견주면 우리의 전통술은 겨우 명맥을 유지한 정도인데 참으로 안타깝습니다.

3월 25일

우리 술 이야기 셋
빚는 방법에 따라 다양한 한국 전통술

와송주, 신선벽도춘, 송하주, 죽통주……

우리 전통술을 제조방법에 따라 나눠보면 속성주, 감주, 가향주, 약용약주, 혼성주, 혼양주, 이양주 따위가 있습니다. 전통사회에서는 제사용 술과 농사용 술을 늘 갖춰두는 것이 관례였습니다. 집안에 큰일이 있어 갑자기 많은 손님을 대접해야 할 때는 많은 양의 술을 한꺼번에 빨리 빚어 마련하기도 합니다. 이때 빚는 술을 속성주라 하지요. 감주甘酒는 술에 약한 사람들이 빚어 마시는 도수가 낮고 단맛이 나는 술입니다. 이 감주는 알코올이 없는 식혜와는 다른 것입니다.

그리고 가향주佳香酒, 加香酒는 꽃이나 과일, 열매와 같은 자연재료가 내는 향기를 보탠 술이며, 약용약주는 인삼, 당귀, 구기자 따위의 여러 가지 약재를 넣어 빚는 술입니다. 또 혼성주混成酒는 여러 종류의 증류주나 알코올에 과일, 약초, 향초의 추출물이나 향료, 색소를 보태 빚은 술로 서양에서는 리큐어Liqeur라고 불리지요.

그밖에 혼양주와 이양주는 독특한 술입니다. 먼저 혼양주混養酒는 일반 곡주를 빚는 방법으로 소주를 만들어 두었다가 발효 중인 술에 첨가하여 발효, 숙성시킨 술로 발효주인 청주와 증류주인 소주가 섞인 상태의 술을 말합니다. 이 혼양주의 대표적인 술은 과하주過夏酒인데 "여름이 지나도록 변하지 않는 술"이란 뜻으로 봄에 빚어 마심으로써 여름을 건강하게 지낼 수 있는 술이라 하지요. 또 이양주異醸酒는 술을 빚는 방법이 일반적이지 않은 특별한 재료나 기법으로 빚은 술로 누운 소나무로 빚은 와송주臥松酒, 소나무의 꽃가루를 이용한 술 신선벽도춘神仙碧桃春, 솔뿌리를 넣고 빚은 송하주松下酒, 대나무로 만든 죽통에 빚은 죽통주竹筒酒 따위가 있습니다.

3월 26일

매달 6일, 16일, 26일은 변소각시가 측간을 지키는 날입니다

변소 지키던 변소각시는 어디로

옛사람들은 뒷간을 맡는 귀신인 변소각시가 있다고 믿었습니다. 지방에 따라 측신, 칙간조신, 부출각시, 칙시부인, 칙도부인이라고 하며, 젊은 여자귀신이라고 생각했지요. 이수광의 《지봉유설》에는 매달 6일, 16일, 26일은 측신이 뒷간을 지키는 날이므로 뒷간출입을 삼가라고 되어 있습니다. 이를 지키려면 음식도 적게 먹어야 했겠지요.

우암尤菴 송시열宋時烈, 1607~1689의 《송자대전》을 보면 자고신紫姑神 이야기가 나옵니다. '자고라는 여인은 남의 첩이 되었는데 그 정실부인의 시기를 받아 늘 측간청소하는 일을 하다가 그만 죽게 되었다. 훗날 사람들은 이를 측신厠神이라 부르며 그 신이 영험하다 하여 그가 죽은 1월 15일 측간에 제사하고 모든 일을 점쳤다' 는 기록이 보입니다.

이 측신각시는 머리카락이 길어서 그것을 자기 발에 걸어놓고 세는 것이 일이었습니다. 그러다가 사람이 뒷간에 올 때 자기를 놀라게 하면 그 머리카락을 뒤집어씌우는데 그러면 그 사람은 병이 든다고 생각했습니다. 그래서 밤에 뒷간에 갈 때는 헛기침을 한다고 하지요. 강원도에서는 뒷간을 지으면 길일 밤을 택해서 뒷간에 불을 켜고, 그 앞에 음식을 차린 다음, 측신부적을 써놓고 제를 지냈습니다. 오늘은 26일, 예전 같으면 뒷간에 변소각시가 있어 마음대로 화장실을 못 다닐 일이지만 시대가 바뀌니 측신각시도 사라지고 말았습니다.

3월 27일

밀쳐놨던 《춘향전》을 읽다가 허구 하나를 발견했습니다

새로운 시각으로 고전을 읽으면 새로운 시야가 트인다

판소리 '춘향가'로 우리에게 익숙한 소설 《춘향전》은 그 속에 허구가 곳곳에 스며 있습니다. 그 가운데 두 가지만 찾아보겠습니다. 먼저 이도령이 과거에 장원급제하여 암행어사로 나간다는 대목입니다. 원래 과거에 급제하면 종9품 벼슬을 받고 장원급제를 하면 종6품 벼슬을 받습니다. 장원급제를 하면 동기생보다 보통 4~5년 앞서 나갑니다. 그런데 암행어사로 나갈 수 있는 것이 종6품부터니 자격은 되지만 암행어사는 임금이 비밀리에 지시한 일을 처리해야 하는 자리이므로 임금을 가장 가까이에서 모시는 신하를 내보내는 것이 순리입니다. 따라서 이제 갓 과거에 급제한 새내기를 암행어사로 보내는 경우는 없었습니다.

또 하나는 이도령이 남원에 파견된다는 것이 허구입니다. 조선 시대에는 상피제相避制가 엄격히 적용되어 자신의 출신지에 암행어사로 파견되지 않는 것이 관례였습니다. 연고지역에 나가 안면이 있는 벼슬아치들의 청탁을 받는다면 공정하게 일을 할 수가 없지요. 그래서 이 상피제는 부정과 청탁을 원천적으로 차단하기 위한 제도로 조선 시대 내내 지켜졌습니다. 특히 암행어사의 파견지를 결정할 때는 추생抽栍이란 엄격한 추첨제도를 적용했는데 이는 곧 제비뽑기입니다. 그런데 춘향전의 배경인 조선 후기 온 나라의 군현은 400여 개로 이도령이 남원으로 암행어사를 떠나는 것은 1/400이란 확률에 따라 극히 어려운 이야기입니다. 하지만 《춘향전》은 어디까지나 소설이기에 이도령이 남원으로 어사출도를 할 수가 있었습니다. 이렇게 우리의 옛 소설에서 허구를 찾아보는 것, 재미있지 않은가요.

3월 28일

슬슬 다가오는 월말이 힘들 때 하나 가마 타기

머슴 딸린 가마 한번 타볼까나?

조선 시대 탈것의 하나인 '가마'는 임금이 타던 것으로 좌우와 앞에 주렴珠簾, 구슬을 꿰어 만든 발이 있는 '연', 공주가 타던, 연과 비슷한 '덩', 임금이 타는 또 다른

사인교.

가마로 말 두 마리가 끄는 '가교', 네 사람이 메는 것으로 민간에서 혼례 때 신부가 타는 '사인교' 가 있습니다.

또한 사람이 아닌 물건을 실어 나르던 것들로 나라의 귀중한 것을 옮길 때 쓰던 용정자龍亭子와 채여彩輿, 음식물이나 곡물, 흙을 담아 나르는 갸자, 종묘에서 위패를 봉안할 때 쓰던 신여神輿 따위의 가마도 있지요.

그 밖에 외바퀴 수레인 초헌軺軒, 의자 밑에 두 개의 약간 긴 채를 꿰어 붙인 남여藍輿, 네 기둥을 세워 사면으로 휘장을 둘렀고 뚜껑은 정자亭子의 지붕모양인 보교步轎, 소의 등에 고정하여 한 사람이 뒤채를 잡고 소를 몰고 가는 독교獨轎, 초상 중에 상제가 타던 삿갓가마도 있었습니다. 복잡한 일이 많은 월말, 더도 덜도 말고 머슴 두 명 딸린 가마 타고 뒷짐 한번 져보았으면 싶습니다. 자! 가마 한번 타보실까요?

3월 29일

슬슬 다가오는 월말이 힘들 때 둘 쌍륙놀이

바둑이나 장기처럼 유행했던 놀이, 쌍륙

> "우리나라 풍습에 바둑 · 장기 · 쌍륙을 잡기雜技라고 부른다. 바둑알은 바닷물에 씻겨 반질반질하게 된 검은 돌과 흰 조개껍데기를 쓰고, 장기의 말은 나무로 차 · 포 · 마 · 상 · 사 · 졸 등의 말을 깎아 글자를 새기고 색을 칠해 쓴다. 쌍륙은 흑백의 말을 나무로 깎아 뼈로 만들어 쓴다."

위는 조선 중기의 문인 심수경沈守慶, 1516~1599의 수필집 《견한잡록》에 있는 내용입니다. 쌍륙雙六은 지금 거의 잊혔지만 조선 중기에는 바둑, 장기와 어깨를 견줄 만한 놀이였습니다. 장기와 바둑은 주로 남성들의 놀이인데 반해, 쌍륙은 여성들도 즐기는 놀이였지요. 쌍륙은 쌍륙판에 말을 놓고, 그 말을 움직여 상대방의 궁에 먼저 들어가는 쪽이 이기는 놀이입니다. 말을 앞으로 가게 하는 방법은 6면체의 주사위 두 개를 던져 나오는 숫자에 따릅니다. 따라서 '6면체 주사위가 둘 있다' 라는 뜻으로 쌍륙이라 한 것이지요.

고려 시대 이규보李奎報, 1168~1241의 문집인 《동국이상국집》에 시 '쌍륙' 이 보입니다.

문을 닫고 손의 옷을 끌어당겨 만류하고 閉閤留賓手挽衫

빚은 술을 살며시 잔질하니 쪽처럼 푸르구나 細斟家醞綠如藍

한가히 옥 말판을 가져다가 쌍륙놀이하고 閑呼玉局爭雙六

취하여 비파를 잡고 열세 줄을 희롱하네 醉把朱絃弄十三

이 밖에 《조선왕조실록》에도 쌍륙놀이가 나오고 화가 신윤복의 《혜원전신첩》에도 '쌍륙에 빠지다' 란 그림이 있는 것으로 보아 당시에는 쌍륙이 남녀노소, 빈부귀천 가리지 않고 놀던 놀이였음을 알 수 있습니다. '한가히 옥 말판' 으로 망중한을 즐기던 옛사람들을 그려보는 것도 바쁠 때 잠시 즐기는 여유입니다.

혜원 신윤복의 '쌍륙에 빠지다'. 간송미술관 소장.

3월 30일

1964년, 또 하나의 국보가 탄생했군요

하회탈을 쓰고 마음껏 비판과 풍자를

설운 사람은 나와라 / 분통 터지는 사람도 나와라
이 탈 쓰고 / 반반한 양반 놈 골려줍세
뻔뻔한 중놈도 골려줍세 / 나라 판 놈도 골려주고
왜놈 순사도 욕해줍세 / 껍질만 사람인 놈들 골려줍세

❀ 추영훈, '하회탈'

경상북도 안동시 하회마을에는 하회 별신굿 탈이 전승되어 내려옵니다. 이 탈들은 11세기 때 작품으로 추측되는데 섬세하면서도 대담한 선들은 감히 오늘의 솜씨로는 흉내조차 낼 수 없을 정도로 살아 있는 작품이란 평가를 받습니다. 우리나라 다른 지방의 탈들은 바가지나 종이로 만들었지만 하회탈들은 오리나무로 만들었습니다.

하회탈은 1964년 3월 30일 국보 121호로 지정되어 국립중앙박물관에 소장되어 있습니다. 하회탈은 현재 남아 있는 각시, 양반, 부네, 중, 초랭이, 선비, 이매, 백정, 할미 아홉 가지 외에 떡달이, 별채, 총각 세 가지가 더 있었는데 일제강점기에 일본에 빼앗겼다고 전해집니다. 하회탈은 해마다 정월대보름 때 하던 별신굿놀이에 썼던 것입니다. 평상시에는 입에 담지 못하던 신랄한 비판과 풍자를 탈을 쓴 채 마음껏 했겠지요. 이는 어쩌면 양반들에게 고통받고 살던 민중의 한을 대신 풀어준 한풀이일 것입니다.

3월 31일

어머니는 새싹 파릇하게 올라오는 장독대를 닦습니다

숨 쉬는 옹기 항아리가 옹기종기 모여 있는 장독대

별 잘 드는 양지쪽 깨끗한 곳에
아버지 항아리 놓아 주시고
어머니 구수한 메주 쑤어 깊은 맛 우리신 곳
할머니 정화수로 기도로 익어가는 장
낮에는 햇님이 밤에는 별님이 놀다 가는 곳
뒤란 장독대 위 맴도는 고추잠자리

❀ 최순분, '장독대'

장 담그기는 음력 정월 그믐이 좋다고 전해지지만 《산림경제》에는 우수 전후하여 담근 장맛이 좋다 했습니다. 그러나 사정에 따라 2월장, 3월장을 담을 수 있으며 기온의 차이에 따라 늦게 담글수록 소금을 더 많이 넣어야 맛이 변하지 않는다고 합니다. 이렇게 담근 장은 정갈한 장독대에 놓인 옹기그릇에서 익어갑니다.

예전엔 집집마다 뒤란 한편에 장독대가 있었습니다. 시골집 어머니가 날마다 아침 일찍 일어나 장독대 항아리를 어루만지며 깨끗이 닦아주시던 기억이 새롭습니다. 옹기 항아리는 된장의 발효를 돕지요. 옹기 항아리는 현미경으로 들여다보면 곳곳에 동그란 조직, 곧 숨구멍이 보입니다. 장독을 날마다 닦아주는 것은 숨구멍을 터주는 일입니다. 어머니가 아침마다 정성스럽게 장독을 보살핀 까닭은 식구의 건강을 챙기는 사랑이었던 것이지요.

이쁜 손녀 세상 나온 날 할배는
뒤란에 오동나무 심었다.

4월 1일

태평양전쟁의 표준복 몸뻬가 조선에 들어왔습니다

1938년 4월 1일 공포한 국가총동원법은 몸뻬 입는 것까지 강제했다

일제는 태평양전쟁이 어려워지자 국가총동원법1938과 비상시 국민생활개선기준1939 등을 통해 허리와 발목 부분을 고무줄로 처리한 부인 표준복 몸뻬もんぺ를 입으라고 강요하고, 화려한 화장과 파마를 못하게 했습니다. 심지어 1944년엔 몸뻬를 입지 않으면 버스와 전차도 못 타고, 관공서나 극장도 드나들지 못하게 했으며, 여학생 교복으로도 입게 합니다.

몸뻬의 원형은 모모히키ももひき라고 해서 엉덩이 쪽은 헐렁하고 종아리로 내려오면서 조붓해지는 타이즈 모양에서 유래했습니다. 이것은 도요토미 히데요시 시대에 포르투칼에서 전해진 '칼사오'라는 옷을 모방한 것으로 일본의 축제 마츠리 때 남자들이 입는 바지입니다. 이를 좀 더 펑퍼짐하게 변형한 것이 몸뻬로, 우리 겨레가 예전에 입던 속고쟁이와 언뜻 보면 비슷합니다. 이걸 일본에선 여성들이 겉옷으로 입었는데 조선에까지 들여와 입게 한 것이지요.

몸뻬를 입은 당시 여성들.

당시 언론들도 일제의 몸뻬 정책에 적극적으로 협력했습니다. 《매일신보》 1942년 6월 13일에는 "몸뻬는 조선 부인이 입는 옷과 비슷한

점이 많다"라고 했으며, 잡지 《신여성》 1944년 11월호는 "나라가 원하는 여성이란 근검과 절약을 실천하고, 나라와 사회를 위해 자기의 욕구를 기꺼이 희생하는 사람"이라며 몸뻬 입기를 부추겼습니다. 해방 뒤에도 일할 때 좋다고 여전히 이 태평양전쟁을 위한 옷, 몸뻬를 입는 사람이 있었지요.

4월 2일

조선판 '사랑과 영혼 이야기' 원이엄마의 편지를 읽습니다

조선 시대 아내가 남편을 부른 호칭, 자내

자내 샹해 날드려 닐오되
둘히 머리 셰도록 사다가 함께 죽자 하시더니
엇디하야 나를 두고 자내 몬져 가시노
날하고 자식하며 뉘긔 걸하야
엇디하야 살라하야
다 더디고 자내 몬져 가시는고
자내 날 향해 마음을 엇디 가지며
나는 자내 향해 마음을 엇디 가지런고
매양 자내드려 내 닐오되

한데 누어 새기보소 ……

이 한글편지는 1998년 4월 경북 안동에서 택지조성을 위해 분묘이장을 하던 중 한 남자의 관에서 나온 것입니다. 관의 주인은 이응태1555~1586. 부인원이엄마이 31살의 젊은 나이로 숨진 남편에 대한 그리움을 편지로 적어 1586년 7월 16일 관 속에 함께 넣어둔 것이지요. 또한 자신의 머리카락과 삼으로 만든 미투리가 들어 있었는데 '신어보지도 못하고' 갔다는 글이 들어 있어 보는 사람들의 눈시울을 뜨겁게 했지요.

이 글을 현대글로 옮겨보면 "당신 언제나 나에게 '둘이 머리 희어지도록 살다가 함께 죽자' 고 하셨지요. 그런데 어찌 나를 두고 당신 먼저 가십니까? 나와 어린아이는 누구의 말을 듣고 어떻게 살라고 다 버리고 당신 먼저 가십니까? 당신 나에게 마음을 어떻게 가져왔고 또 나는 당신에게 어떻게 마음을 가져왔었나요? 함께 누우면 언제나 나는 당신에게 말하곤 했지요"란 뜻입니다.

여기서 아내 원이엄마는 남편을 '자내' 라고 부르고 있습니다. 요즘 같으면 '당신' 일 테지만 이 편지에서는 '자내' 라고 부릅니다. 물론 당시에는 아내가 남편을 부르는 이름으로 '자내' 말고도 '게셔, 나으리' 따위도 쓰였습니다만 '나으리' 에 비해 '자내' 는 부부 사이에 대등한 호칭으로 여겨집니다. 조선 사회는 중기까지 딸이 아들과 동등하게 제사를 지냈고, 유산도 같이 물려받았다는 사실을 미뤄 볼 때 이들 부부의 '자내' 호칭은 당시 부부간의 평등을 엿볼 수 있는 중요한 자료로 생각됩니다.

4월 3일

조선 시대에는 소방관을 멸화군이라 불렀지요

조선 시대 최초의 소방관서 금화도감 설치되다

우리나라 최초의 소방관청 금화도감禁火都監이 1426년세종 8 2월 26일양력 4월 3일 설치되었습니다. 2월 15일 한성부 남쪽에서 집 2,170채와 행랑채 106칸을 태우고 32명이 불에 타 죽는 큰불이 났었지요. 이에 세종은 명을 내려 금화도감을 설치하고 집 사이에 방화장防火墻, 불을 막는 담을 쌓고, 곳곳에 우물을 팠으며, 초가집을 기와집으로 개량했지요. 이 금화도감은 수성금화도감修城禁火都監이 되었다가 성종 12년1481 수성금화사修城禁火司로 고쳤습니다.

수성금화사에는 멸화군滅火軍이란 상근 소방대원이 있었는데 '불을 없애는 군사'라는 말이 재미있습니다. 정원은 50명이었고 24시간 대기하고 있다가 불이 나면 관원의 인솔 아래 즉시 출동해서 불을 끄는 소방관이었습니다.

조선에서 방화放火는 대부분 사형이었고 대사령大赦令 때도 사면되지 않는 상사소불원常赦所不原에 해당했습니다. 잘못해서 불을 냈을 때도 엄벌했는데 자기 집을 태운 사람은 볼기 40대, 남의 집을 태운 사람은 볼기를 50대 맞았습니다. 종묘宗廟와 궁궐을 태운 자는 실수라도 목을 매 죽였지요.

4월 4일

암행어사 출두 때 역졸들은 어디 숨어 있다 나오나요

영조의 사랑을 듬뿍 받은 어사 박문수

"암행어사 박문수 책을 읽다가 궁금해서요. 암행어사는 백성으로 변장한 역졸들을 데리고 다니는데 그 수가 많으면 의심을 사기 쉬워 한두 명만 거느린다고 들었어요. 그런데 나중에 '암행어사 출두야!' 라고 할 때 역졸들이 벌떼처럼 나오던데 역졸들은 어디 숨어 있었던 건가요?"

참 재미난 질문입니다. 1756년 4월 4일 숨진 암행어사 박문수에 대한 자료 검색을 하던 중 초등학생쯤 되어 보이는 어린이의 질문이 인터넷 누리집에 올라와 있네요.

어사 박문수朴文秀, 1691~1756는 조선 중기의 문신으로 본관은 고령입니다. 1723년경종 3 문과에 급제하여 1727년 영남 암행어사가 되어 부정한 관리들을 찾아냅니다. 영조 임금은 특히 박문수를 무척 아꼈는데 영조 6년에는 참판이 되어 왕을 가까이 모시지요. 박문수는 해박하고 성격이 곧아 바른말을 잘한 것으로 알려졌습니다. 하루는 좌의정이 박문수를 꾸짖은 적이 있는데 상감마마 앞에서 고개를 숙이지 않은 것을 트집 잡은 것이지요. 그때 박문수는 "임금과 신하가 마주 보고 이야기하면 한결 부드럽고 거리감 없이 진심을 주고받을 수 있다. 간신이나 고개를 숙이는 법"이라고 해서 그 뒤 영조와는 특별히 마주 보며 이야기했다는 일화가 있습니다.

암행어사의 주된 임무는 3정전정, 군정, 환곡의 문란을 살피는 일이었습니다. 동헌군청에 출두할 때는 부하 또는 역졸을 지휘하여 군청에 와서 "암행어사 출두"를 소리치게 합니다. 암행어사는 임무를 마치면 내용을 서면으로 써서 왕에게 보고합니다. 이를 서계라고 하는데 전 · 현직 관찰사, 수령의 비리행위와 치적을 구체적으로 기록하고, 별단에는 자기가 살핀 민정, 군정의 실정과 숨은 미담이나 열녀, 효자의 행적 따위를 기록했습니다.

4월 5일

청명에 '내나무'를 심습니다

'한식에 죽으나 청명에 죽으나', 하루 차이로 있는 한식과 청명

이쁜 손녀 세상 나온 날
할배는 뒤란에 오동나무 심었다
곱게 키워
시집보내던 날
아버지는
오동나무 장 만들고
할배와 어머니는
서리서리 고운 꿈 실어
담아 보냈다.

이고야 시인의 '오동나무' 라는 시입니다. 청명淸明 때 아이를 낳으면 그 아이 시집갈 때 농짝을 만들어줄 재목감으로 나무를 심었는데 이를 '내나무' 라고 부릅니다. 또 연정戀情을 품은 아가씨가 있으면 그 아가씨의 내나무에 거름을 주는 것으로 사랑을 표시하기도 했습니다. 오늘날의 식목일도 따지고 보면 예부터 나무 심기 좋은 절기를 따르는 셈이지요.

청명은 24절기 가운데 입춘을 기준으로 다섯째로 찾아오며 동지부터 100일 되는 날로, 한식 때와 같이 조상의 산소에 성묘를 하기도 합니다. 청명 때가 되면 농사가 본격적으로 시작되며, 논밭둑을 손질하는 가래침을 품앗이로 합니다. 청명과 한식은 겹치거나 하루 차이여서 '한식에 죽으나 청명에 죽으나' 라는 속담이 있습니다.

땅에 물이 촉촉하게 올라오는 청명엔 나무 심기 좋은 때인데 우리 겨레가 즐겨 부르던 나무타령 민요를 보면 힘든 나무 심기도 즐겁게 했을 것만 같습니다. 나무타령을 한번 들어볼까요?

> "청명 한식 나무 심자. 무슨 나무 심을래. 십리 절반 오리나무, 열의 갑절 스무나무, 대낮에도 밤나무, 방귀 뀌어 뽕나무, 오자마자 가래나무, 깔고 앉아 구기자 나무, 거짓 없어 참나무, 그렇다고 치자나무, 칼로 베어 피나무, 네 편 내 편 양편나무, 입 맞추어 쪽나무, 양반골에 상나무, 너하구 나하구 살구나무, 아무 데나 아무나무……"

4월 6일

한식에는 새 불을 백성에게 나눠줍니다

설, 단오, 한가위와 더불어 4대 명절의 하나, 한 해 농사가 시작되는 절기

《동국세시기》의 기록에 따르면 청명에 버드나무와 느릅나무를 비벼 새 불을 일으켜 임금에게 바칩니다. 임금은 이 불을 정승, 판서, 문무백관과 360 고을의 수령에게 나누어주는데 이를 사화賜火라 했습니다. 수령들은 한식寒食에 다시 이 불을 백성에게 나누어주게 되는데 묵은 불을 끄고 새 불을 기다리는 동안 밥을 지을 수 없어 찬밥을 먹는다고 해서 한식이라고 했지요. 이렇게 하여 온 백성이 한 불을 씀으로써 같은 운명체로서 겨레의식을 다졌습니다. 불은 꺼지기 쉬운 것이어서 뱀이나 닭껍질로 만들어 습기나 바람에 강한 불씨통장화통, 藏火筒에 담아 팔도로 보냈는데 보온력이 강한 은행이나 목화씨앗 태운 재에 묻어 운반했다고 합니다.

중국 춘추시대 제나라 사람들은 한식을 냉절 또는 숙식이라고도 불렀는데 이는 충신 개자추介子推 이야기에서 비롯된 것이지요. 춘추시대에 공자公子 중이重耳가 떠돌다가 진나라 임금 문공文公이 되어 충신들을 포상했는데 문공이 굶주렸을 때 자기 넓적다리 살을 베어서 바쳤던 충신 개자추가 포상자 중에 들지 못하자 이를 부끄럽게 여기고 산속에 들어가 숨어버렸습니다. 문공이 뒤에 잘못을 뉘우치고 그를 찾았으나 산속에서 나오지 않으므로 불을 놓으면 나올 것이라는 생각에서 불을 질러버렸는데 개자추는 끝내 나오지 않고 홀어머니와 함께 서로 껴안고 버드나무 밑에서 불에 타 죽었습니다. 이에 그를 애도하는 뜻에서 이날은 불을 쓰지 않고 찬 음식을 먹는 풍속이 생겼다고 전합니다.

이날 우리나라 사람들은 성묘를 했습니다. 《승정원일기》 인조 4년1626 기록을 보면 "본 도감의 군병들은 매달 3일과 9일에 모여 진법陣法을 연습하는 것이 정식인데, 오는 9일은 한식입니다. 군병들이 모두 부모의 산소에 가 제사를 올리고 싶어 하니, 그들의 소원대로 이달 9일에는 진법연습을 하지 말고 제사를 지낼 수 있게 하는 것이 어떻겠습니까?"라는 상소에 임금이 이를 수락했다는 기록이 보입니다. 설, 단오, 한가위와 더불어 4대 명절의 하나인 한식은 계절적으로는 한 해 농사가 시작되는 철이기도 하며, 겨우내 무너져 내린 무덤을 보수하는 때이기도 합니다.

4월 7일

삼짇날 풍습 하나
제비에게 절을 하고 옷고름을 풀었다 여미는 날

위로는 임금에서 아래로는 백성에 이르기까지 함께 더불어 즐긴 날

음력 3월 3일은 삼짇날로 이날은 설날1월 1일, 단오5월 5일, 칠석7월 7일, 중양절9월 9일처럼 양수陽數가 겹치는 좋은 날입니다. 삼짇날은 봄을 알리는 명절인데 강남 갔던 제비가 돌아오고, 뱀이 겨울잠에서 깨어나 나오기 시작하는 날로 뱀 사巳 자를 넣은 상사上巳 · 원사元巳 · 중삼重三 · 상제上除라고도 합니다.

세종 11년1429에 "고려에서는 당나라의 법을 본받아 3월 3일, 9월 9일을 영절

© 이무성 화백

令節로 정하고 문무文武대소 관원들과 일반 백성에 이르기까지 모두 마음대로 즐기게 했습니다. 3월 3일은 원야原野에서 노니는데 이를 답청踏青이라고 하고, 9월 9일은 산봉우리에 올랐는데 이를 등고登高라고 했습니다. 이것은 태평성시太平盛時를 즐기게 하려는 것이었습니다"라는 기록이 보입니다. 또 "오늘이야말로 선비는 학교에서 노래하고 농부는 들에서 노래하여 태평을 즐겨 하기에 알맞은 때입니다. 성상께서 밝게 살피소서"라는 말로 봐서 상하귀천 없이 위로는 임금에서부터 아래로는 백성에 이르기까지 함께 더불어 즐긴 날임을 알 수 있습니다.

민간의 풍속으로는 나비를 보고 점을 치기도 하는데 노랑나비나 호랑나비를 먼저 보면 소원이 이루어진다고 하고, 흰나비를 먼저 보면 부모의 상을 당한다고 생각했습니다. 삼짇날 머리를 감으면 머리카락이 물이 흐르듯 아름다워

진다고도 했지요. '제비맞이'라는 것도 있는데 봄에 제비를 처음 보았을 때, 그 제비에게 절을 세 번 하고 왼손으로 옷고름을 풀었다가 다시 여미면 여름에 더위가 들지 않는다는 재미난 믿음도 있었습니다.

4월 8일

삼짇날 풍습 둘
곡수에 술잔 띄우고 화전 부쳐 먹는 날

사내아이들은 물 오른 버들가지 꺾어 피리 불던 때

삼짇날 장을 담그면 맛이 좋다고 하지요. 이날 집을 수리하고 농경제農耕祭란 제사를 지내 풍년을 비손합니다. 대표적인 풍속은 화전놀이이며, 사내아이들은 물이 오른 버들가지를 꺾어 피리를 만들어 불거나 여자아이들은 풀을 뜯어 각시인형을 만들어 각시놀음을 즐깁니다. 이날 선비들은 정원의 곡수曲水, 구부러져서 흐르는 물길에 술잔을 띄우고 자기 앞으로 떠내려올 때까지 시를 읊던 곡수연이란 운치 있는 놀이를 즐겼습니다.

홍석모의 《동국세시기》에는 "이날 진달래꽃을 따다가 찹쌀가루에 반죽, 둥근 떡을 만드는데 그것을 화전花煎이라고 한다. 또 진달래꽃을 녹두가루에 반죽하여 만들고, 녹두로 국수를 만들기도 하며, 녹두가루에 붉은색 물을 들여 그것을 꿀물에 띄운 것을 수면水麵이라고 하는데 이것들은 시절음식으로 제사상에도 오른다"라는 기록이 있습니다.

이밖에 '산떡' 이라 하여 방울모양으로 흰떡을 만들어 속에 팥을 넣고, 떡에다 다섯 가지 색깔을 들여, 작은 것은 다섯 개씩 큰 것은 세 개씩 이어서 구슬처럼 꿰는 떡도 있습니다. 또 찹쌀과 송기 그리고 쑥을 넣은 '고리떡' 이 있고 부드러운 쑥잎을 따서 찹쌀가루에 섞어 쪄 떡을 만드는 '쑥떡' 도 있지요. 지금은 사라진 명절이지만 우리 겨레는 삼짇날 많은 풍습을 즐겼었지요.

4월 9일

덕혜옹주의 떨잠은 조국과 어머니를 상징하는 것이었겠죠

어머니와 조국이 그리울 때마다 꺼내 본 떨잠

2010년에 조국과 일본이 모두 외면했던 망국의 황녀 덕혜옹주의 가슴 아픈 삶을 그린 소설이 나와 화제를 뿌렸지요. 책에서는 덕혜옹주의 어머니 복녕당 양귀인이 덕혜옹주에게 떨잠을 줬는데 덕혜옹주는 일본 유학 중에도 어머니와 조국이 그리울 때마다 떨잠을 꺼내보며 마음을 달랬다고 합니다.

떨잠은 큰머리, 어여머리의 앞 중심과 양 옆에 꽂은 머리꾸미개인데 '떨철반자' 라고도 합니다. 원형, 각형, 나비형의 옥판에 칠보, 진주, 보석 따위로 꾸미고, 은실로 가늘게 용수철을 만들어 끝에 은으로 만든 꽃, 새 모양의 떨새를 붙입니다. 떨잠은 옥판 위의 떨새가 움직일 때마다 흔들리기 때문에 생긴 이름이며, 이때 떨새의 모양은 무척 아름답게 보이지요.

조선 시대 궁중 왕비들이나 후궁 같은 왕실의 지체 높은 여인들이 어여머리에 떨잠을 달았으며 왕비는 최고의 권력을 상징하는 나비떨잠을 거꾸로 달지 않고 제대로 달았고, 후궁 같은 이는 나비떨잠을 거꾸로 꽂았습니다. 《순종실록부록》 17권, 19년1926 4월 8일에는 왕세자 부부와 덕혜옹주가 순종의 환후가 심하다는 것을 전달받고 돌아온다는 기록이 보이나 나라를 침탈당한 왕실의 옹주인지라 떨잠은커녕 서양 신식옷을 입지 않았을까 합니다.

4월 10일

장 담글 때는 지켜야 할 것이 많습니다

정월 장이나 삼짇날 전후 장이 맛있는 까닭

우리 겨레의 오랜 먹을거리인 장醬은 음력 정월부터 삼월까지 적당한 시간에 담지만 지역마다 장 담그는 시기는 약간씩 다릅니다. 정월장이 맛있다거나 삼짇날 장이 더 맛있다고 하는 이야기가 있는데 장맛은 담그는 시기와 지역에 따라 다릅니다.

경남 창원지역 장 담그는 날의 특징은 이렇습니다. 첫째, 손 없는 날 담글 것 둘째, 소날이나 말날과 같이 유모일有毛日을 택하거나 네 발 달린 동물에 해당하는 날 담글 것 셋째, 삼월 삼짇날에 담가야 좋다고 합니다. 특히 달이 밝은 날 장을 담그면 벌레들이 활동하기 쉬워서 아예 달이 뜨지 않는 날 벌레를 피해 장을 담는 것이 일반적입니다.

창원시 북면 마산마을에서는 정월 손 없는 날이나 말날에 주로 담그는데, 말이 콩을 잘 먹기 때문에 장맛이 있다고 합니다. 그러나 가족 가운데 말띠가 있는 집은 그날 장을 담그지 않았으며 월백마을에서는 정월 말날이나 3월 말날에 주로 담급니다. 외감마을에서는 정월 말날이나 털이 있는 동물날에 장을 담그며 뱀날에 장을 담그면 장맛이 없다고 하지요.

홍만선의《산림경제》를 보면 전통음식의 대표 격인 된장은 우수 전후에 담가야 맛이 좋고, 담그는 날은 병인 · 정묘일 해가 뜨기 전이 좋습니다. 장을 담그는 여자는 사흘 전부터 외출을 삼가고, 다른 사람의 출입을 금할 만큼 신중을 기했습니다. 장 담그기에 대한 신중함 역시 그려집니다.《태종실록》22권, 1411년에는 '묵은 콩 500 석으로 장을 담가 굶주린 백성을 도왔다' 라는 기록이 있는데, '나누는 아름다운 마음' 까지 들어 있는 우리 먹을거리가 맛이 없을 리 없습니다.

4월 11일

나라이름이 대한민국이 된 사연

1919년 상해에서 나라이름을 정하고 임시정부를 설립하다

우리나라 이름들에는 단군조선부터 고구려, 백제, 신라, 가야를 거쳐 고려, 발해와 조선 그리고 대한제국이 있었습니다. 지금은 대한민국입니다. 그럼 대한민국이란 이름은 언제 정해졌을까요? 그 사연을 제대로 알려면 대한민국 임시

정부 역사를 더듬어야 합니다.

1919년 3 · 1만세운동이 일어난 지 한 달여 뒤인 4월 10일, 중국 상하이 프랑스 조계租界, 외국인 거주지인 진선푸루金神父路의 허름한 집에 독립지사 29명이 모였습니다. 독립지사들이 밤새워 논의를 한 끝에 11일, 우리나라 최초 민의기관인 임시의정원과 임시정부 수립이 결정되었습니다. 지금 4월 13일을 임시정부 수립일로 기념하고 있지만, 13일은 신문에 실려 세상에 공포된 날일 뿐, 실제 수립일은 11일로 보아야 합니다.

임시정부가 구성된 이 역사적인 자리에서는 나라이름도 논의되었습니다. 독립지사들은 먼저 고려, 조선 같은 여러 이름을 후보로 올렸는데 뒤에 임시정부 교통총장, 《조선일보》 사장을 지낸 신석우 선생이 '대한민국'을 제안하게 됩니다. 이때 여운형 선생이 '대한'은 조선왕조 말기에 잠시 쓰였다가 망한 이름이라며 반대하자 신석우 선생이 "대한으로 망했으니 다시 대한으로 일어나자"라고 주장한 끝에 표결에 부쳤습니다. 이때 대한민국이 나라이름으로 정해졌고, 정부이름도 '대한민국 임시정부'가 된 것입니다. 대한민국 국민이라면 적어도 우리나라의 이름이 정해진 배경에 관심을 둬야 할 것입니다.

4월 12일

아리랑 고개로 나를 넘겨만 주소

남북이 사이좋게 만든 '아리랑' 탄생

날 좀 보소 날 좀 보소 날 좀 보소 동지섣달 꽃본듯이 날 좀 보소 아리아리랑 쓰리쓰리랑 아라리가 났네 아리랑 고개로 넘어간다 (밀양아리랑)

·아리랑 아리랑 아라리요 아리랑 고개로 나를 넘겨만 주소. 강원도 금강산 일만 이천 봉 (정선아리랑)

문경새재는 웬 고갠가 굽이야 굽이굽이가 눈물이 난다 아리아리랑 쓰리쓰리랑 아라리가 났네 아-리랑 흥 …… 아라리가 났네 (진도아리랑)

아리랑은 본조아리랑, 진도아리랑, 밀양아리랑, 정선아리랑처럼 우리나라 대표적인 민요답게 지역마다 불리는 그 종류도 다양합니다. 그 아리랑과 관련한 사건이 근현대사에 두 번이 있었지요. 하나는 1926년 개봉한 영화 〈아리랑〉이고, 또 하나는 1991년 남북이 세계무대에서 함께 쓴 단가 '아리랑' 제작입니다.

먼저 1926년 10월 1일 서울 단성사에서 나운규 감독 · 주연인 〈아리랑〉이 개봉되었습니다. 이 영화의 개봉은 그 자체가 하나의 사건이었는데 개봉 첫날부터 관중이 유례없이 인산인해를 이루었다고 하지요. 주연을 맡았던 여배우는 당시의 정황에 대해 "관객들이 너무나 감동이 벅차서 목 놓아 우는 사람, 아리랑을 합창하는 사람, 심지어 조선독립만세를 외치는 사람까지 그야말로 감동의 소용돌이"였다고 말했습니다. 당시 주제가인 민요 아리랑은 마치 조국을 잃은 겨레가 애국가처럼 부르게 되었지요. 한마디로 말해서 〈아리랑〉은 항일 저항 정신을 필름에 아로새긴 민족영화였다는 평을 받습니다.

사건은 1991년에 또 생겼지요. 아직 통일은 이루어지지 않았지만 남북이 한 겨레임을 드러내는 노래가 아리랑임을 온 세상에 선언한 일입니다. 4차에 걸친 판문점 회담 끝에 1991년 단일팀 구성을 공식 합의했습니다. 곧 선수단 호칭은 '코리아', 선수단 단가는 '아리랑', 선수단 단기는 '흰색 바탕에 하늘색 한반도 지도'로 합의를 보았는데 이를 바탕으로 북한이 악보를 보내오고 남한이 제작한 '아리랑'이 1991년 4월 12일 탄생한 것입니다. 어쩌면 남북한 공동의 '아리랑의 날'이 새롭게 만들어진 셈이지요.

4월 13일

자살하는 백성이 나오지 않게 하라

죽은 뒤에 휼전을 베푸는 것은 애당초 죽음이 없도록 하는 것만 같지 못하다

태풍이나 큰비는 물론 큰 화재가 났을 때 조정에서는 백성에게 휼전恤典을 내립니다.

《순조실록》 6권, 3월 4일1804년 양력 4월 13일 기록을 보면 "한성부漢城府에서 '마포麻浦 옹리甕里 등의 민가民家 326호가 불탔다'라고 아뢰니, 특별히 따로 휼전을 거행해주라 명하고, 선전관宣傳官을 보내 적간摘奸하게 하였다"라는 기록이 보입니다. 휼전은 어려운 일을 당한 백성에게 부족한 식량을 주고 노역을 면해주며 세금을 감해주고 관리가 가서 위로해주는 일인데 백성사랑이라는 정신이 없으면 행하기 어려운 일일 것입니다.

《영조대왕실록》 30권, 12월 13일 기록에 "고양에서 북한산성의 적곡糴穀을 먹은 이가 독촉에 몰려 자살하자 휼전을 베풀다"라는 글이 있습니다. 그 내용은 고양에 사는 장張가 성을 가진 한 백성이 북한산성北漢山城에 쌓아둔 적곡을 먹었는데, 현관縣官의 독촉에 몰려 결국은 스스로 목매달아 죽은 데 따른 것입니다. 이 일이 알려지자 임금이 이재민을 구제하기 위한 특전인 휼전을 베풀라고 명하면서 말하길, "죽은 뒤에 휼전을 베푸는 것은 애당초 죽음이 없도록 하는 것만 같지 못하다. 여러 도道에 단단히 타일러서 경계하여 적곡을 받아들임에 있어 너무 독촉을 하지 말도록 해 백성의 힘을 펴주게 하라"고 했습니다.

또한 《정조실록》 4권, 1777년에는 "관북關北에 수해가 생겼다. 안변安邊 고을 등의 수해 입은 민호民戶의 적곡과 신포身布를 정지하여 연기해주고, 익사溺死한 백성의 적곡과 신포를 탕감해주도록 명하였다"는 기록이 있는 것으로 보아, 조정은 항상 백성의 어려움에 귀를 기울였던 것으로 보입니다.

4월 14일

나그네 창자는 박주로 씻습니다

세조도 즐겨 마신 겨레의 소박한 술, 막걸리

《세조실록》 8년1462 4월 14일 기록을 보면 "내가 젊었을 때에 화천군花川君의 집에 이르러, …… 막걸리 두어 잔을 마시고 나왔다"라는 말이 보입니다. 또 고려 명문장가 이규보의 글에도 나오는 것을 보면 막걸리는 우리 겨레가 오랫동안 마셔온 전통술로 그 역사가 깊으며 농민뿐만 아니라 임금도 마셨던 술임을 알 수 있습니다.

막걸리는 빛깔이 쌀뜨물처럼 희고 탁한데 도수가 6~7도로 알코올 성분이 적은 술이며, 여러 가지 이름으로 불렸습니다. 이규보는 "나그네 창자는 박주薄酒로 씻는다"라는 시구를 남겼는데 이 박주가 막걸리라고 하지요. 박주에 대한 기록은 또 있습니다. 중종 때 김전이라는 청백리가 있었는데 그는 아량이 넓고 깨끗해서 지위가 재상에 이르렀으나 집안이 가난했지요. 성품이 술을 즐겨 손님이 오면 담박한 찬과 박주를 내놓고 맨발로 다니며 술을 따라주는 모습이 마치 소탈한 시골노인 같았다고 전합니다.

막걸리의 딴 이름으로는 배꽃 필 때 누룩을 만든다 해서 이화주梨花酒, 그 밖에 탁주濁酒 · 농주農酒 · 백주白酒 · 회주灰酒도 있지요. 그런가 하면 제주도에 유배된 인목대비 어머니 노씨가 술지게미를 재탕한 막걸리를 팔아 생계를 유지했다 해서 모주母酒라는 이름도 얻었다고 합니다.

4월 15일

봄바람에 앞집 처녀 시집가고 뒷집 총각 목매러 간다

한바탕 한스러운 풀이를 하면 정화되는, 민요 한가락이 주는 위안

"조개는 잡아서 젓절이고 가는 님 잡아서 정들이잔다." 이 노래는 서도민요 가운데 '긴아리'의 한 대목입니다. 서도민요는 평안도와 황해도 지방에서 불리는 민요를 말하는데 위 가사처럼 재미난 것이 많습니다. 많이 불리는 서도민요에는 수심가, 엮음수심가, 배따라기, 영변가, 긴아리, 자진염불, 긴난봉가, 자진난봉가, 사설난봉가, 사리원난봉가, 몽금포타령 따위가 있지요.

노래는 거의 일정한 장단이 없으며, 간혹 있더라도 사설을 따라서 적당히 쳐주는 불규칙한 장단법입니다. 창법은 콧소리로 얕게 탈탈거리며 떨거나 큰 소리로 길게 뻗다가 갑자기 속소리로 가만히 떠는 방법들이 있으며, 애절한 느낌이 들기도 하지만 그 속에는 해학이 그득합니다. 요즘은 중요무형문화재 29호 전수조교 유지숙 명창이 토종소리극 '항두계놀이'와 창작소리극 '채봉전'과 같은 연극형태의 작품을 무대에 올려 큰 인기를 끌고 있습니다.

나를 버리고 가시는 님은 십 리도 못가서 발병이 나고 이십 리 못 가서 불한당 만나고 삼십 리 못 가서 되돌아오누나. 앞집 처녀가 시집을 가는데 뒷집의 총각은 목매러 간다. 사람 죽는 건 아깝지 않으나 새끼 서발이 또 난봉나누나.

유지숙 명창이 공연하는 전통 소리극 '항두계놀이'.

이는 '사설난봉가'의 가사입니다. 지금 같으면 바람난 임을 그리 쉽게 놔줄 리 없고 심하면 칼부림까지 나는 세상이지만 민요 속에 흐르는 정서는 그저 마음으로 새겨 노래로 풀어낼 뿐입니다. 한바탕 한스러운 풀이를 하고 나면 정화되는 민요 한가락은 메마른 우리 마음을 촉촉하게 해주는 청량제가 되지 않을까요?

4월 16일

조선 시대에 인기 끌었던 이야기꾼을 아시나요

청계천에 전문 이야기꾼 '전기수' 등장 아뢰오

요즘은 인터넷이 발달하여 저 멀리 미국이나 영국의 소식도 즉시 알 수 있는 지구촌 시대가 되었습니다. 하지만 통신이 발달하지 못한 옛사람들은 한양에서 일어난 일을 저 아래 남도사람이 알려면 몇 날 며칠을 기다려야 하거나 아니면 상당한 세월이 흘러야 했지요.

그래서 옛사람들은 그렇게 세상소식에 목말라 했는데 조선 후기쯤 오면 전문적으로 책을 읽어주는 이야기꾼, 곧 전기수, 강담사 또는 강청사, 재담꾼이라고도 하는 사람들이 많이 생겼습니다. 그들이 장터에서 《장화홍련전》 이야기를 하거나 《수호지》를 읽어줄 때 나쁜 놈의 역할을 어찌나 그럴듯하게 했던지 이야기를 듣던 사람이 격분하여 칼로 이야기꾼을 찔러 죽였다는 기록이 《조선왕조실록》에 나올 정도입니다.

이 전기수가 현대에 다시 등장해 사람들을 즐겁게 해주고 있습니다. 서울시설공단에서 청계천 유적들에 얽힌 이야기를 소개하는 전기수를 2009년 4월 3일부터 운영해오고 있지요. 전기수는 4~6월, 9~11월 매주 금 · 토요일에 광통교, 장통교, 오간수교, 영도교, 이렇게 청계천 다리 네 곳에서 활동하지요. 사람 사는 세상은 조금씩 다를 뿐 세상소식을 애타게 기다리는 사람이 있고 또 그를 전해주는 사람이 있다는 것이 흥미롭습니다.

4월 17일

천재시인 이상이 날개를 접었습니다

26년 7개월을 불꽃처럼 살다간 천재시인

만 26년 7개월을 살다간 '날개를 펴지 못한 시인' 이상본명 김해경은 1910년 9월 23일 서울 사직동에서 아버지 김연창金演昌과 어머니 박세창朴世昌의 장남으로 태어났습니다. 당시 아버지는 이발소를 했는데 운영이 신통치 않았던지 이상은 두 살 때부터 대를 이을 아들이 없는 큰아버지 집으로 옮겨가 삽니다.

잘나가는 총독부 관리였던 큰아버지네는 꽤나 큰 한옥으로 본채와 행랑채, 사랑채까지 딸린 300여 평짜리 넓은 집이었습니다. 여기서 가난한 아버지 곁을 떠난 것과 부자인 큰아버지 그리고 고종 때 벼슬을 한 증조부에 대한 심적 부담이 커졌다는 견해도 있습니다. 그의 시 '오감도' 2호에 '나는왜드디어나와나의아버지와나의아버지의아버지와나의아버지의아버지의아버지노릇을한꺼번에하면서살아야하는것이냐' 라는 구절은 그래서 나온 것인지도 모릅니다.

1933년부터 폐병이 악화되는 가운데 1934년에는 김기림, 정지용, 박태원 같은 이들과 사귀면서 《조선중앙일보》에 그 유명한 시 '오감도'를 연재했습니다. '미친 수작', '정신병자의 잡문' 이라는 혹평과 비난 때문에 연재가 중단되기도 했지요. 건강 악화와 사업 실패, 사상범으로 몰리는 등 행복하지 않은 26년 7개월이라는 짧은 생을 살다 갔지만 《이상한 가역반응》, 《날개》, 《지주회시》, 《봉별기》, 시 '오감도', '지비' 같은 많은 작품은 한국문학의 수준을 파격적으로 올려놓았다는 평가를 받고 있습니다. 4월 17일은 천재시인 이상이 이 세상을 하직하고 푸른 하늘로 날개를 펼쳐 날아간 날입니다.

4월 18일

봄비가 촉촉이 내리는 계절, 비의 우리말 이름을 찾아봅니다

봄비를 맞으며 키가 쑥쑥 크고 싶은 가은이

겨울 내내 목이 말랐던 꽃들에게 / 시원하게 물을 주는 고마운 봄비

봄비가 내려준 물을 마시고 / 쑥쑥 자라는 예쁜 꽃들

어쩜 키가 작은 나도 / 봄비를 맞으면 / 키가 쑥쑥 자라지 않을까?

봄비야! 나에게도 사랑의 비를 내려서 / 엄마만큼, 아빠만큼 크게 해줄래?

❀ 홍가은, 강릉 남강초교 3년

파릇파릇한 새싹을 키우는 봄비는 대지를 촉촉이 적시고 가은이의 꿈도 쑥쑥 자라게 합니다. 우리 토박이말 가운데에는 비에 관한 예쁜 말이 참 많습니다. 봄에는 '가랑비', '보슬비', '이슬비'가 내립니다. 모종철에 맞게 내리는 '모종비', 모낼 무렵 한목 오는 '목비'도 정겹군요. 여름에 비가 내리면 일을 못하고 잠을 잔다는 '잠비', 더위가 기승을 부릴 때 내리는 시원한 '소나기', 비가 갠 뒤에 바람이 불고 시원해지는 '버거스렁이'란 말도 비와 관련이 있지요. 그러나 한여름 폭우인 '무더기비'는 달갑지 않습니다.

가을에 비가 내리면 떡을 해먹는다고 '떡비'가 있고 겨우 먼지나 날리지 않을 정도로 찔끔 내리는 '먼지잼'도 있습니다. 또한 비가 오기 시작할 때 떨어지는 '비꽃', 볕이 난 날 잠깐 뿌리는 '여우비', 아직 비올 기미는 있지만 한창

내리다 잠깐 그친 '웃비' 따위가 있습니다. 그리고 세차게 내리는 비는 '달구비', '자드락비', '채찍비', '날비', '발비', '억수' ……. 아름다운 토박이말의 매력을 비에서도 느낍니다.

4월 19일

안견의 몽유도원도에서 세월을 잊습니다

'몽유도원도' 는 지금 외출 중

이맘때쯤이면 앞산, 뒷산 불그스레한 복숭아꽃이 곱게 필 때입니다. 안견의 '몽유도원도' 에 등장하는 복숭아꽃도 그런 예쁜 꽃이었을까요? '몽유도원', '무릉도원' 처럼 신비하고 아름다운 절경에 반드시 등장하는 도원桃源이라는 복숭아꽃밭은 중국 송나라 시인 도연명의 '도화원기' 에 나오는 말로 '이상향', '별천지' 를 뜻합니다. 내용은 "진나라 때 호남 무릉의 한 어부가 배를 저어 복숭아꽃이 아름답게 핀 수원지로 올라가 굴속에서 진나라의 난리를 피하여 온 사람들을 만났는데, 그들은 하도 살기 좋아 그동안 바깥세상의 변천과 많은 세월이 지난 줄도 몰랐다' 는 줄거리지요.

이것을 그림으로 그린 것이 조선 초 화가 안견의 '몽유도원도' 입니다. 1447년 4월 20일 세종의 셋째 아들 안평대군이 도원을 꿈꾸고 나서 안견에게 설명하여 그리게 했던 몽유도원도는 왼편 하단부의 현실세계를 보여주는 야산에서부터 오른편 도원의 세계에 이르기까지의 전체적인 경관이 짙은 안개로 서로 분

'몽유도원도'.

리되어 있는 듯하면서도 서로 잘 조화된 것이 특징으로 평가 받고 있습니다. 또한 이 그림에는 안평대군의 발문跋文과 시문 이외에도 정인지, 신숙주, 박팽년, 서거정, 성삼문 같은 당시의 쟁쟁한 문사들의 찬시가 곁들여 있는 것으로 유명합니다.

그뿐만 아니라《세종실록》119권, 30년1448에는 세종이 명하기를 "무릇 예기禮器를 만들 때 처음에는 비록 지극히 상세하나, 전傳하기를 오래 하면 반드시 그 참을 잃게 된다. 이제 대소가의장도大小駕儀仗圖를 조사해본즉 모두 잘못되어 고의古儀에 맞지 아니하니, 지금 만든 바의 동궁의장東宮儀仗은 호군護軍 안견安堅으로 하여금 법에 의하여 그 대소가의장도를 그리게 하고, 또한 그로 하여금 개정改正하게 하여 잘 단장해서 책을 만들고, 신 · 구관新舊官이 서로 교대할 때에는 장부를 두어 인수인계하게 하라"는 내용이 있습니다. 세종 임금도 안견의 그림솜씨를 높이 사고 있음을 알 수 있습니다. 조선 시대 산수화의 최고 화풍을 자랑하는 안견의 몽유도원도는 그러나 지금 많은 미술 작품이 그러하듯 한국에 없고 일본 덴리대학에 소장되어 있습니다.

4월 20일

곡우가 왔습니다, 백곡이 기름질 것입니다

경칩의 고로쇠물은 남자에게 좋고, 곡우물은 여자에게 좋다

24절기의 여섯째. 봄의 마지막 절기로, 양력으로 4월 20, 21일 무렵입니다. 청명과 입하立夏 사이에 들며 백곡(穀)을 봄비(雨)가 기름지게 한다 하여 붙은 말이지요. 그래서 '곡우에 가물면 땅이 석 자가 마른다' 라는 말이 있습니다. 옛날에는 곡우 무렵에 못자리 할 준비로 볍씨를 담그는데 볍씨를 담은 가마니는 솔가지로 덮어둡니다. 밖에 나가 부정한 일을 당했거나 부정한 것을 본 사람은 집 앞에 와서 불을 놓아 악귀를 몰아낸 다음에 집 안에 들어오고, 들어와서도 볍씨를 볼 수 없게 했지요. 만일 부정한 사람이 볍씨를 보게 되면 싹이 트지 않고 농사를 망치게 된다는 믿음이 있었습니다.

곡우 무렵엔 나무에 물이 많이 오릅니다. 곡우물은 주로 산다래, 자작나무, 박달나무에 상처를 내서 흘러내리는 수액입니다. 몸에 좋다고 해서 전라도, 경상도, 강원도에서는 깊은 산속으로 곡우물을 마시러 가는 풍속이 있지요. 경칩의 고로쇠물은 여자 물이라 해서 남자에게 좋고, 곡우물은 남자 물이어서 여자들에게 더 좋다고 합니다. 자작나무 수액인 거자수는 특히 지리산 밑 구례 등지에서 많이 나며 그곳에서는 곡우 때 약수제까지 지냅니다.

이때 서해에서 조기가 많이 잡히지요. 흑산도 근해에서 겨울을 보낸 조기는 곡우 때면 북상해서 충청도 격렬비열도쯤에 올라와 있고 이때 잡는 조기를 곡우살이라 부릅니다. 곡우살이는 아직 크지는 않지만 연하고 맛이 있어 남해의 어선까지 모여듭니다.

4월 21일

일제는 창경궁에 동물우리를 만들어 원숭이를 들였습니다

궁궐을 뜯어내고 동물우리를 만든 까닭

원숭이랑 곰이 재주를 떤다 / 조선인들 좋아라 손뼉 치는 밤
손에 든 과자 하나 던져주면 / 신명은 하늘을 찌르고
피어 문드러진 / 사쿠라 꽃잎 사이로
저것들 똥냄새 묻어나와 / 어느새
새하얀 궁궐을 뒤덮는 밤 / 1909년 순종마음 달래려
구중궁궐 헐어내고 / 동물 우리 만들었다네
고약한 왜놈 / 손에 들린 사진기
요자쿠라* 보러 나온 / 조선인 모습
칼라엽서 만들어 / 내지**에 보내질 때
식자 놈들 말했겠지 / 그리고
웃었겠지 / 1984년까지 줄곧.

*밤벚꽃놀이

**일제강점기에 일본을 내지, 조선을 반도라 함

전순자 시인의 '1909년 창경궁을 헐다' 입니다. 그랬습니다. 우리는 일제가 창경궁을 허물고 지은 창경원에서 밤 벚꽃놀이나 즐기는 철없는 겨레였습니

다. 1909년 4월 21일 일제는 순종의 마음을 달래려고 창경궁 안에 동물원을 만들고 사쿠라를 심었다고 하는데 그때 순종의 나이는 35살이었습니다. 궁궐을 부수고 동물우리를 들이는 뻔뻔함을 사과하기는커녕 황제를 위한 동물원이었다니 궁궐을 아끼는 사람들로서는 참으로 안타까운 일입니다. 이런 내막도 모르고 사람들은 벚꽃과 원숭이 재롱을 보러 삼삼오오 몰려들었으니 참으로 부끄러운 일입니다.

원래 창경궁은 종로구 와룡동에 있는 조선 시대 궁궐로 도성 내 동쪽에 있으므로 창덕궁과 함께 동궐東闕이라고도 불렸습니다. 성종 14년1483 옛 수강궁壽康宮 터에 창건하기 시작하여 이듬해 완공했는데 처음에는 세조의 비妃 정희왕후貞熹王后 윤 씨尹氏를 모셨습니다. 이때 세워진 건물은 명정전明政殿 · 문정전文政殿과 같은 숱한 건물이 있었고 일부 화재와 중건이 있었지만 고종 때까지는 본래의 모습을 유지했습니다. 당시 펴낸 《궁궐지》를 보면 모두 2,379칸에 이를 정도로 규모가 거대한 궁궐이었습니다.

그러나 순종 3년1909 일본인들이 궁궐의 여러 전각을 헐고 일본식 건물과 동물원, 식물원을 만들어 궁은 크게 변형 · 개조되기 시작하여 궁궐로서의 원형을 잃게 됩니다. 광복 후에도 여전히 창경원 밤 벚꽃놀이를 즐기다가 1984년에 가서야 궁의 복원사업에 착수, 동물원과 식물원을 철거하고 이름도 창경원에서 본래대로 창경궁으로 고쳤습니다. 허물어진 일부 건물을 복원하고 명정전 남쪽에 있던 편전인 문정전과 명정전과 정문 사이 좌우 행각도 복원되었지요. 늦었지만 참으로 다행한 일입니다.

4월 22일

뇌물 받은 관리의 인명록 《장오인록안》을 펼쳐볼까요

도굴하여 그릇을 훔친 현감을 기록하다

성종 7년1476 3월 29일양력 4월 22일 기록에 이런 일이 있었습니다. "사헌부司憲府에서 아뢰기를, '임은林垠이 흥덕 현감興德縣監이 되었을 때에 오래된 무덤을 발굴發掘하여 살이 썩어 없어진 뼈를 그대로 드러내놓은 채 많은 은그릇과 유기그릇를 훔쳐 몰래 본가本家로 보냈으니, 청컨대 벼슬을 거두고 장안贓案, 《장오인록안》에 기록하여 길이 다시 쓰지 않게 하소서' 하니, 그대로 따랐다."

이 기록에서 보이는 것처럼 조선 시대 뇌물을 먹은 관리들의 이름을 적은 《장오인록안》이란 책이 있었습니다. 여기서 장오贓汚란 뇌물을 포함해 관리가 백성의 것을 가로채는 것을 말합니다.

조정에서는 뇌물을 받은 관리를 엄중히 다스리려고 이 책에 이름을 적어놓고, 본인뿐 아니라 자손까지 좋은 자리에 앉히지 않았다고 합니다. 의정부, 육조, 한성부, 승정원, 관찰사, 수령 따위엔 오를 수가 없었던 것입니다. 세종 때 황희 정승은 영의정일 때 자신이 뇌물을 받았다는 투서가 들어오자 비록 무고였음에도 사직을 청했을 정도였고, 역시 세종 때 대사헌 윤형은 임금에게 올린 글에서 '악한 것은 장오보다 더 큰 것이 없다' 고 말했습니다. 이 시대 공직자 가운데에도 황희 정승과 같은 생각을 하는 사람이 물론 있겠지요?

4월 23일

향기로운 쑥 향기, 쑥버무리의 추억이 되살아납니다

보리는 아직 익지 않았고 쌀독은 빈 지 오래인 시절의 음식

봄이 오면 들판에서 나물을 캐는 아낙들이 많습니다. 냉이, 달래, 씀바귀, 쑥과 같이 파릇파릇 싹이 올라오는 들판에는 먹을거리가 즐비했지요. 지금은 냉이며 쑥도 잘 포장해서 상품으로 팔고 있지만 예전에는 바구니를 들고 나가 논둑이나 밭고랑에서 허리가 아프도록 나물을 캐다가 식구들 밥상에 올렸지요. 그 가운데서도 쑥은 배고픈 시절에 쑥버무리나 쑥개떡을 만들어 먹었는데 나이 든 어르신들은 이 음식에 대한 추억이 많이 있을 겁니다.

쑥개떡은 쑥을 삶아 쌀가루나 보릿가루를 섞어 반죽한 뒤 손으로 둥글납작하게 개어 만든 떡이고, 쑥버무리는 삶은 쑥에 싸라기 가루를 섞어 채반에 찐 것입니다. 쑥은 메마른 땅에서도 비료나 농약 없이 스스로 자라는 완전 무공해 식물로 비료, 농약 같은 독소를 분해해서 몸 밖으로 내보내는 구실도 합니다. 또 강한 알칼리성 식품으로 산성체질을 개선하는가 하면 피를 맑게 하는 작용을 하는 것으로 알려져 요즈음은 건강식품으로 인기지만 예전에 쑥은 배고픔을 달래주던 음식이었습니다.

1931년 6월 7일 《동아일보》 기사를 보면 '300여 호 화전민이 보릿고개를 못 넘겨 사경을 헤맨다'는 기록이 보입니다. 아직 보리는 익지 않았고 쌀독은 빈 지 오래인 시절에 쑥개떡은 주린 배를 채워주기에 좋은 음식이었지요. 《승정원일기》 고종 5년1868에는 "안산 군수 정기석이 맥령, 곧 보릿고개 때 한강이북에

쌀이 품귀해질 폐단을 생각하여 3,000냥을 경내 백성에게 꾸어주어 스스로 곡식을 사서 일제히 수송해오도록 하였다"라는 기록이 보입니다. 이처럼 쑥버무리로 허기진 배를 채워야 할 때 가난구제 이야기가 함께 나오는 것을 보면 우리 겨레의 '더불어 정신'은 저 옛날부터 빛나고 있었나 봅니다.

4월 24일

윤달은 혼인하고 수의하기 좋은 달이지요

여벌달, 공달, 덤달은 궁중에서 조하례 쉬던 달

조선 후기의 학자 홍석모洪錫謨가 쓴 《동국세시기》에는 "윤달은 혼인하기에 좋고 수의壽衣 만들기에 좋다. 모든 일을 꺼리지 않는다"라는 기록이 있습니다. 이 윤달은 예부터 썩은 달이라고 하여, "하늘과 땅의 신이 사람들에 대한 감시를 쉬는 때로 불경스러운 짓을 해도 신의 벌을 피할 수 있다"고 믿었습니다. 이 때문에 윤달에는 이장移葬, 곧 산소를 옮기거나 주검에 입히는 수의壽衣를 짓지요.

윤달을 여벌달, 공달 또는 덤달이라고도 합니다. 《증보문헌비고》 악고樂考에 "금琴, 현악기은 줄이 다섯이니 오행을 상징한 것이고…… 휘暉가 열셋이니 12율律을 상징하고 나머지 하나는 윤달을 형상화한 것이다"라고 한 것처럼 악기 만들 때도 윤달을 넣었습니다. 윤달의 형상화란 여분을 말하는 것이지요.

《세종실록》 85권1439에는 "윤달은 여분餘分을 취하여 이루어진 것이오니 따로 한 절기節氣를 이룬 것이 아니옵고, 실로 달의 남는 날을 붙인 것입니다. 윤閏의 글자는 왕王이 문 가운데 있는 형상을 취하였고, 천후天候에는 이달이 없사오니, 윤달에 조하례를 두 번 하는 것은 부당합니다"라는 의정부의 간언이 보입니다. 이로 미루어 윤달은 정상적인 달 축에 끼지 못함을 알 수 있습니다. 신의 감시도 풀리고 조정에서는 공달이라 조하례도 하지 않던 달은 홀가분했던 달이었을 것입니다. 특히 동짓달은 윤달이 들지 않는 달인데 이 틈을 타 사기꾼들은 "윤閏 동짓달 초하룻날 꾼 돈을 갚겠다"라고 사람들을 속였다지요.

4월 25일

오늘 점심은 나주소반에 조촐한 한식으로 하겠습니다

조그마한 밥상 하나에 예술성이 뚝뚝 묻어나다

소박한 나주소반의 기품.

조그마한 밥상을 '소반'이라고 하는데 겸상이 아닌 외상 또는 독상으로 혼자 받는 작은 것입니다. 소반은 만드는 곳의 지명에 따라 나주반, 통영반, 해주반, 충주반 따위가 있습니다. 또한 쓰임에 따라 식반食盤, 음식을 차려놓는 상, 주안상酒案床, 술상, 공고상公故床, 번을 들 때 자기 집에서 차려 내오던 밥상인 '번상'을 높인 이름, 돌상, 교자상사각형의 큰 상이 있습니다.

1926년 11월 1일 창간하여 1934년 3월 1일 통권 101호를 끝으로 폐간된 잡지《별건곤》12호 〈백두산에서 한라산까지 횡橫으로 본 조선의 미〉라는 글을 보면 "전주로 가서 망경대를 구경한 후 김제 만경의 대평야를 건너 정읍 내장산에 오면 호남의 별풍경이라, 장성을 지나 나주소반에 점심 먹고 광주 무등산에 오르면……"이란 구절 속에 '나주소반'에 차린 밥상 이야기가 나옵니다. 금강산도 식후경이라고 아담한 나주소반 위에 농익은 술 한 잔을 곁들이면 조선팔도 아름답지 않은 곳도 없을 것입니다.

조선의 상은 다리 모양이나 개수로도 나누는데 다리가 하나인 상은 외다리소반독각반, 獨脚盤, 다리가 셋인 것은 삼각반, 다리 모양이 개의 발 같은 것은 개다리소반구족반, 狗足盤, 범의 발 같은 것은 호족반虎足盤, 대나무 마디같은 것은 죽절반竹節盤, 잔치 때에 쓰는 다리가 높은 상은 고각상高脚床이라고 합니다. 또 소반의 판을 돌릴 수 있는 것은 회전반, 붉은 칠을 한 것은 주칠반朱漆盤, 판에 자개를 박은 것은 자개상이라 합니다. 우리의 밥상은 이처럼 종류도 많을뿐더러 예술적 가치가 높은 상들이 많았습니다.

4월 26일

보릿고개는 넘기 힘든 고개지요

조선 시대에는 두 끼가 기본, 조석은 여기서 유래

지금 동서양을 막론하고 하루 세 끼를 먹는 것이 보통입니다. 의사들은 하루 세 끼 먹는 것이 중요하다고 하지만, 어떤 사람은 살을 빼려고 밥을 굶기도 합니다.

삼국 시대는 왕실에서만 하루 세 끼를 먹었고, 그 밖에는 보통 두 끼를 먹었습니다. 또《고려도경》의 기록을 보면 고려 시대에도 두 끼를 먹었다고 하지요. 조선 시대에 나온 많은 문헌을 보면 조선 시대에는 두 끼가 기본이었다고 합니다. 그래서 식사를 조석朝夕이라고도 부른 것입니다. '점심' 은 배고픔을 요기하며 마음에 점을 찍고 넘겼다는 뜻과 한 끼 식사 중 다음 요리를 기다리는 동안에 먹는 간단한 음식이란 뜻을 동시에 지니고 있습니다. 오희문이 임진왜란 때 쓴 일기《쇄미록》에서도 간단히 먹을 때는 점심이라 쓰고, 푸짐하게 먹을 때는 낮밥이라 써서 점심과 구분합니다. 궁중에서도 아침, 저녁에는 수라를 올리고 낮에는 간단하게 국수나 다과로 낮것을 차렸다고 하지요.

앞에서도 썼듯이, 끼니 수는 계절에 따라 달랐습니다. 19세기 중반 이규경이 지은《오주연문장전산고》에는 대개 2월부터 8월까지 일곱 달 동안은 세 끼를 먹고, 9월부터 이듬해 정월까지 다섯 달 동안은 하루에 두 끼를 먹는다고 되어 있습니다. 곧 해가 긴 여름 그리고 농사철에는 활동량이 많았으므로 세 끼를, 해가 짧은 겨울, 농한기에는 두 끼를 먹었다는 것입니다. 우리 겨레는 이미 운동 정도에 따라 열량을 조절하는 슬기로움이 있었습니다.

4월 27일

비운의 장군, 탄금대에서 뛰어내리다

기암절벽을 휘감아 돌며 유유히 흐르는 남한강이 말없이 그날의 역사를

우륵, 박연, 왕산악은 우리나라 3대 악성으로 꼽히는데 이 가운데 우륵은《삼국사기》에서 가야국 출신으로 가실왕의 명을 받아 12현금인 가야금을 만들고 수많은 곡을 작곡했다고 전해집니다. 하지만 그는 나라가 어지러워지자 가야금을 들고 이웃나라 신라에 망명합니다. 진흥왕이 기뻐 우륵을 충주에 살게 했는데 그곳을 우륵이 가야금을 타던 곳이라 하여 탄금대라 불렀습니다. 그 미묘한 소리에 사람들이 모여 마을을 이루었습니다. 아름다운 소나무숲이 울창한 이곳은 2008년에는 국가지정문화재인 명승 42호로 지정될 만큼 빼어난 경관이 자랑입니다. 그러나 이곳은 임진왜란 때 신립장군이 왜군과 전투하다 투신한 아픈 역사를 간직하기도 한 곳이기도 합니다.

신립申砬 장군은 1546년에 태어나 22살에 무과에 급제한 뒤 여진족을 두만강 건너 소굴까지 가서 소탕하여 함경북도 병사에 이어 평안병사를 거치면서 그 용맹함을 인정받았습니다. 그는 46살에 터진 임진왜란 때 군사 8,000여 명을 거느리고 왜장 가토 기요마사加藤清正와 고니시 유키나가小西行長의 군대를 맞아 탄금대에서 격전을 치렀습니다. 탄금대 북쪽 남한강 언덕의 열두대라고 하는 절벽은 신립장군이 12번이나 오르내리며 활줄을 물에 적시어 쏘면서 병사들을 독려한 곳으로 유명합니다. 온 힘을 다해 싸웠으나 전세가 불리하여 패하게 되자 신립장군은 그만 달천강에 투신하여 목숨을 끊었습니다.

지금 이곳에는 신립의 충의심을 기리는 탄금대비를 비롯하여 신립장군순절

비, 조웅장군기적비, 악성우륵선생추모비가 들어서 있으며 가야금의 대명인 우륵과 신립장군의 넋을 기리는 사람들의 발걸음이 끊이질 않고 있습니다. 4월 27일은 우국충정을 기리던 신립장군이 더러운 왜놈들의 칼을 피해 몸을 날려 자결한 날로 기암절벽을 휘감아 돌며 유유히 흐르는 남한강은 그날의 슬픈 역사를 말없이 전해주고 있습니다.

4월 28일

이순신 장군의 생일을 아시나요

세상에 나와 나라에서 써주면 죽음으로써 충성을 다하라

수도 서울 한복판에 동상을 세워 기리는 충무공 이순신 장군은 구국의 영웅이자 우리 겨레의 위대한 스승입니다. 공은 1545년 4월 28일 태어나 1598년 11월 19일 노량해전에서 적탄에 맞아 "지금 싸움이 한창 급하니 내가 죽었단 말을 하지 마라. 군사를 놀라게 해서는 안 된다"는 유명한 말을 남기고 53살의 길지 않은 나이로 생을 마감합니다. 충무공은 병조판서 김귀영이 딸을 자신에게 시집보내려고 중매인을 보내자 그 자리에서 중매인을 돌려보냈습니다. 이처럼 공은 권세와 돈을 따라다니는 아첨배에 붙어 부정한 방법으로 출세하고자 하는 일을 단호히 거절할 정도로 자신에게 엄격했던 분입니다.

충무공의 이름은 이순신李舜臣인데 충무는 인조 21년1643 장군의 순국 뒤 내린 시호諡號입니다. 충무공은 22살에 들어서 무예를 연마하기 시작하여 32살 때 비로소 무과에 올랐습니다. 식년무과에 합격하고는 "대장부로 세상에 나와 나라에서 써주면 죽음으로써 충성을 다할 것이요, 써주지 않으면 야인이 되어 밭갈이하면서 살리라丈夫出世 用則效死以忠 不用則耕野足矣"고 말합니다. 이는 임용발령을 조용히 기다리며 한 말로 자신의 보직이나 출세를 위하여 권문세가에 아첨하거나 영화를 탐내지 않기로 한 결심으로 보입니다.

충무공이 쓴 《난중일기》는 그의 개인적 전장체험뿐만 아니라 전쟁 전의 상황과 임진왜란 당시의 전황을 알 수 있는 객관적 사료로서 높이 인정받고 있지요. 예를 들어, 임진년의 일기를 간단히 살펴보면 전라좌수사로 부임한 이순신이 임진왜란 발발 전까지 전쟁준비에 충실했다는 것을 알 수 있으며 나라의 제삿날에도 업무에 임하는 열정, 진지와 병영관리에 게으르거나 소홀한 부하관리를 문책, 벌하는 엄중함도 엿보입니다. 또한 거북선의 제작과정과 개전초기의 전황, 4차 출전부산포 해전까지의 전투도 상세하게 기록되어 있습니다.

"한 번 승리하였다 하여 소홀히 생각하지 말고 다시 정비해두었다가 변경의 정보를 듣는 즉시 전장에 나아가 처음과 끝을 한결같이 하라."

1592년 6월 14일 4차 당항포해전에 승리하고 나서 충무공이 한 이 말씀은 우리의 본보기가 됩니다.

4월 29일

4억 중국인이 해내지 못하는 일을 한국인 한 사람이 해냈습니다

아! 윤봉길

"4억 중국인이 해내지 못한 위대한 일을 한국인 한 사람이 해냈다." 1932년 4월 29일 상하이 홍구공원에서 일본국왕을 향해 폭탄을 던진 24살 청년 윤봉길의 거사를 두고 중국의 지도자 장제스蔣介石는 이렇게 격찬한 바 있습니다. 조선 청년의 기개를 세계만방에 알리고 일제의 식민정책을 온몸으로 저항한 영원한 청년 윤봉길! 그는 현장에서 일본군에 체포되어 일본 군법회의에서 사형을 선고받고 오사카 형무소에 수감된 뒤 1932년 12월 19일 총살형을 당합니다. 12월 19일은 윤봉길이 왜놈 땅에서 형장의 이슬로 사라진 날이지만 그의 나라사랑 정신은 이후 독립운동가들의 영혼에 불을 붙이는 계기가 되었으니 결코 그의 죽음은 헛되지 않은 것이었지요.

윤봉길은 1918년 덕산보통학교에 입학했으나 다음 해 3·1운동 뒤 식민지 교육을 거부하고 학교를 자퇴했습니다. 한학을 배운 뒤 농민계몽을 위해 《농민독본》을 쓰고 야학을 조직하여 농촌의 어려운 청소년을 가르쳤습니다. 또 짧은 생애 가운데 농촌의 발전을 위해 부흥원復興院 따위의 농민단체를 만들어, 몸이 건강해야 농촌이 발전하고 민족독립 정신을 기를 수 있다는 신념으로 농민들의 건강증진 활동에도 관심을 쏟았습니다.

"장부丈夫가 집을 나가 살아 돌아오지 않겠다"는 편지를 남기고 충남 예산 고향을 떠난 것은 그의 나이 22살 때인 1930년 3월 6일. 그는 3·1운동 뒤 독립운동의 거점이 중국으로 옮겨지면서 항일운동이 중국, 만주에서 진행되자 조국을 위해 목숨을 바쳐 무엇인가 큰일을 해야겠다는 신념으로 대륙을 향해 떠납니다. 그리고 대한민국 임시정부를 찾아가 1932년 4월 26일 한인애국단에 입단하여 김구와 함께 거사를 구상하기에 이르렀고 이를 실천에 옮기게 된 것이지요. 1932년 4월 29일은 조선청년의 기개와 독립의지를 만방에 알린 청년 윤봉길의 거사 날임을 기억해야겠습니다.

4월 30일

선조를 살리려고 불타야 했던 화석정

10만 양병설 율곡의 화석정, 선조를 위해 불타다

숲 속 정자에 가을이 이미 깊으니 시인의 생각이 한이 없어라
먼 물은 하늘에 닿아 푸르고 서리 맞은 단풍은 햇빛 받아 붉구나
산은 외로운 달을 토해내고 강은 만리 바람을 머금는다
변방 기러기는 어디로 가는가 처량한 울음소리 저녁구름 속에 그치네

경기도 파주 화석정에 걸린, 율곡 이이가 여덟 살 때 지었다는 '팔세부시八歲賦詩' 입니다. 화석정은 임진강가 벼랑 위에 자리 잡은 경치가 빼어난 곳이지만 최근에 이 앞쪽으로 새로이 길이 생겨 예전의 빼어난 절경은 구경할 수 없습니

다. 그러나 율곡 이이가 즐겨 찾던 발자취를 찾아 발걸음을 옮기는 이들이 요즈음도 많습니다.

유서 깊은 이곳은 선조와도 관련이 있는데, 선조는 율곡 이이처럼 자연경치를 벗하며 여생을 보내기 위한 것이 아니라 물밀듯이 쳐들어오는 왜놈들을 피해 피신하다 1592년 오늘 바로 이곳에 다다르지요. 선조는 왜구의 침공에 대비해 '10만 양병설'을 주장한 율곡 이이의 상소를 받아들이지 않는 바람에, 궁궐을 빼앗기고 의주 땅으로 피난길에 이르러 화석정에 다다릅니다. 앞에는 천길 벼랑 물길에 막히고 뒤로는 왜군에 쫓기는 위태로운 상황에서, 신하들은 화석정을 불태워 임금이 무사히 임진강을 건너도록 하지요. 선조 임금이 좀 더 왜적을 대비했더라면 하는 아쉬움이 듭니다.

그 뒤 덩그마니 빈터로 남아 있던 화석정은 80여 년이 지난 1673년현종 14에 율곡의 증손인 이후지李厚址, 이후방李厚坊이 한차례 복원했으나 1950년 한국전쟁으로 또다시 타버리는 수모를 겪게 됩니다. 현재의 모습은 1966년 파주시 유림들이 복원한 것을 1973년 율곡 선생과 신사임당 유적지 정화사업의 하나로 정부가 재정비한 것입니다. 경치가 매우 아름다웠다는, 당나라 때 재상 이덕유李德裕의 별장 평천장平泉莊의 기문記文에 보이는 '花石'을 따서 이름으로 삼았다는 화석정은 선조의 피난용 불쏘시개로 쓰였으니 아픈 기억일 수밖에 없습니다.

촉촉히 나리는 곡우비에도
벼 심을 논배미 없는 삼수진 사람들

5월 1일

효 되새기기 하나
소문난 효자 영조

무수리 출신 어머니에게서 배운 인간 평등

"붓을 잡고 글을 쓰려 하니 눈물과 콧물이 얼굴을 뒤덮는다. 옛날을 추억하노니 이내 감회가 곱절이나 애틋하구나." 영조는 효성이 지극한 임금으로도 알려져 있습니다. 어머니 숙빈 최씨소령묘갈淑嬪崔氏昭寧墓碣을 직접 썼을 뿐만 아니라 여막을 짓고 시묘살이를 하기도 했지요. 묘갈은 무덤 앞에 세우는 둥그스름한 작은 비석으로, 여기에 죽은 이의 이름, 행적, 출생 등을 씁니다.

어린이날, 어버이날, 스승의 날 등이 자리한 5월은 흔히 가정의 달이라고 합니다. 특히 5월은 어버이날이 있어 평소 부족했던 효심을 되돌아보는 달이기도 하지요. 효자이야기로 빼놓을 수 없는 분이 조선 21대 영조 임금입니다. 영조의 어머니는 숙빈 최 씨로 무수리 출신이지요. 당시 무수리는 궁중하인 중에서도 직급이 가장 낮아 흔히 '궁녀의 하인'으로 불렸는데 어머니의 천한 신분 때문에 영조는 같은 왕자면서도 이복형이었던 왕세자, 훗날 경종과는 전혀 다르게 주위의 멸시를 은근히 받으며 자랍니다.

1724년 병약하던 경종이 후사 없이 33살에 죽자 그 뒤를 이은 영조는 어머니의 품계가 낮아 위패를 모실 수 없게 되자 무덤지위를 소령원昭寧園, 사적 358호으로 높였습니다. 소령원은 경기도 파주시 광탄면 영장리에 자리하고 있는데 이곳은 영조의 효성이 담긴 곳으로, 그의 어머니 사랑이 5월의 신록과 함께 푸르러지는 곳입니다.

5월 2일

효 되새기기 둘
효자 김주신

충과 효가 다르지 않다

효자에 속하는 초나라 현인 노래자老萊子는 70살에 아이옷을 입고 아이 같은 장난을 하여 부모를 즐겁게 했습니다. 그런 효자가 우리나라 숙종 때에도 있었지요. 숙종의 계비 인원왕후의 아버지 김주신金柱臣, 1661~1721은 아버지 김일진이 세상을 뜨자 경기도 고양시 대자동에 모셨는데 아버지 묘에서 십 리4km 정도 떨어진 송강고개에 당도해 묘가 보이면 말에서 내려 걸어갔다는 일화가 있습니다.

김주신은 본관이 경주로, 5살에 아버지를 여의고 어머니의 사랑을 받고 자랐습니다. 아버지가 없는 것을 한으로 여겨 글공부에 전념했는데, 어머니가 밤늦도록 글 읽는 것을 안쓰럽게 여기자 김주신은 밤늦은 시간에는 목소리를 낮추어 어머니의 걱정을 덜었을 만큼 어머니에 대한 효도를 게을리하지 않았습니다. 돌아가신 아버지 무덤을 만들 때는 비석을 소 등에 얹어 실어 날랐는데 소가 숨이 차서 혀를 빼물고 헐떡이는 것을 보고 측은히 여겨 그 뒤부터는 소고기를 입에 대지 않았다고 할 만큼 인정이 넘치던 선비였지요.

김주신은 딸이 숙종의 왕비가 되었음에도 거들먹거리지 않고 겸손했으며 항상 예의 바른 몸가짐으로 궁궐 안팎의 칭송을 받았다 합니다. 이는 딸에 대한 예우를 통해 임금에 대한 예를 갖추는 것으로, 충과 효는 둘이 아니라 하나임을 잘 대변하는 사례지요.

5월 3일

효 되새기기 셋
아버지 무덤가 송충이를 깨문 정조

미물인 송충이마저 아버지를 괴롭힌다

경기도 화성시 안녕동에는 사도세자의 묘인 '융릉'이 있고 그 옆에는 그의 아들인 조선 22대 임금 정조1752~1800와 그 왕비 효의왕후1753~1821 김 씨를 합장한 건릉健陵이 있습니다. 정조는 그 누구보다도 지극한 효심으로 백성의 존경을 한몸에 받았지요. 임금자리에 오르자마자 아버지의 원혼을 달래려고 할 수 있는 일이라면 무엇이든 했습니다. 뒤주 속에서 죽어가야 했던 사도세자의 최후를 어린 11살에 목격한 정조는 아버지의 극락왕생을 빌고자 경기도 양주 배봉산에 묻힌 아버지 묘를 화산융릉으로 옮기면서 용주사를 짓습니다. 용주사는 능원을 수호할 목적으로 세운 능침사찰陵寢寺刹이자 효행불찰孝行佛刹로 아버지 사도세자를 향한 정조의 애절한 효성이 곳곳에 배어 있는 곳입니다.

이곳에는 소나무숲이 조성되어 있는데 융건릉 주변 소나무들은 송충이 피해를 입지 않는다는 유명한 이야기도 정조의 효와 관련이 있어 더욱 애틋합니다. 전해지는 이야기로는 어느 해 여름 융릉 뫼절성묘을 마친 정조가 무덤 주변을 거닐고 있을 때, 솔잎을 갉아 먹는 송충이를 보고 미물인 송충이까지도 아버지를 괴롭힌다고 생각하여 이로 깨물어 죽였다지요. 이후 무덤지기들이 송충이 구제작업을 철저히 했음은 두말할 나위도 없었을 것입니다. 살아생전에 하지 못한 효는 무덤가의 소나무 하나에까지 세심한 보살핌으로 나타났습니다.

또한 어머니 혜경궁 홍 씨에 대한 극진한 효성은 김홍도가 그린 회갑연 그

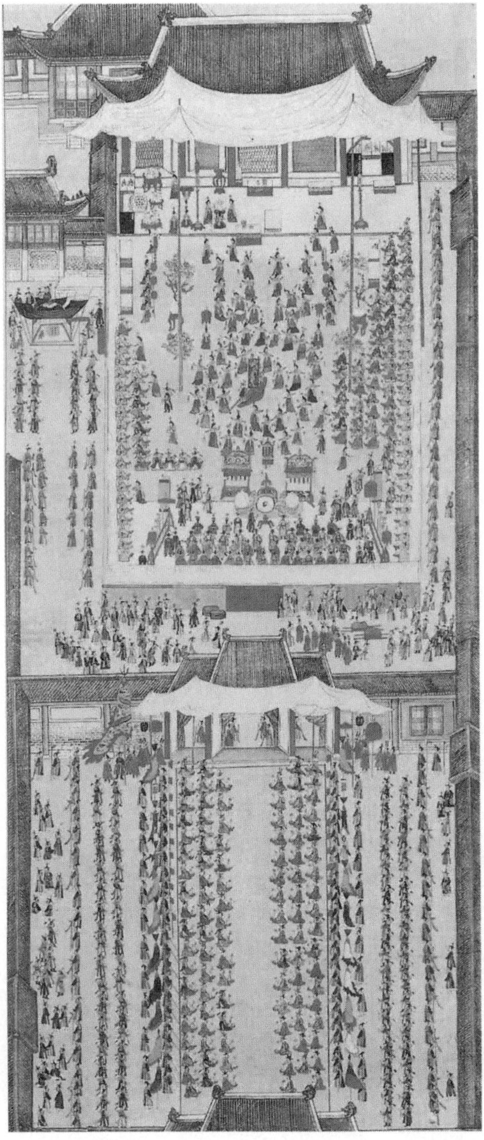

림인 '봉수당진찬도奉壽堂進饌圖'를 보면 잘 나타나는데 비운의 아버지 사도세자에게 다하지 못한 효를 지극 정성으로 어머니에게 쏟았음을 알 수 있습니다. 남편인 사도세자의 참사를 중심으로 자신의 한 많은 일생을 회고하며 쓴 자서전인 《한중록》으로 유명한 어머니 혜경궁 홍 씨. 그에 대한 정조 임금의 효성 또한 지극한 것이었지요. 지금은 화성시에서 정조의 효성스러움을 대대적으로 알리고 있지만 그의 어버이 사랑은 지금도 솔바람, 솔향기를 타고 많은 이들에게 전해지고 있습니다.

혜경궁 홍 씨의 회갑연 '봉수당진찬도'.

5월 4일

효 되새기기 넷
효성 깊은 대문장가 유희경

쟁쟁한 사대부와 시를 겨룬 천민

유희경劉希慶, 1545~1636은 13살 되던 해에 아버지가 세상을 떠났는데, 어린 나이에 홀로 흙을 날라다 장사지내고 3년간 여막살이를 하며 3년상을 마쳤습니다. 그러고 나서도 병으로 앓아누운 어머니를 30년간이나 모신 효자였지요. 여막살이를 할 때 마침 수락산 선영을 오가던 서경덕의 문인 남언경에 눈에 띄어 《주자가례》를 배운 뒤 예학禮學에 밝아진 그는 국상이나 사대부가의 상喪 때는 으레 초빙되었지요.

하룻밤 마음고생에 귀밑머리 희었어요
소첩의 마음고생 알고 싶으시다면
헐거워진 이 금가락지 좀 보시구려

이 시는 선조 때의 유명한 여류시인 매창梅窓, 1573~1610이 그의 정인情人 유희경을 그리워하며 지은 '금가락지' 입니다. 얼마나 애타게 그리웠으면 가락지 낀 손가락이 여위었을까요? 매창이 그리워 한 촌은村隱 유희경은 허균의 《성수시화》를 보면 다음과 같이 소개되어 있습니다. "유희경이란 자는 천한 노비다. 그러나 사람됨이 맑고 신중하며 충심으로 주인을 섬기고 효성으로 어버이를 섬기니 사대부들이 그를 사랑하는 이가 많았으며 시에 능했다."

미천한 신분이라 관직 없이 시를 지으며 지내다 부안지방에 이르러 명기 매창을 만나 사랑에 빠졌습니다. 임진왜란을 맞아서는 의병을 모집하여 활동하는 한편 호조의 비용을 마련코자 부녀자의 반지를 거둬 충당케 한 공로로 선조에게서 통정대부通政大夫직을 받게 됩니다. 이후 인목대비에게서 여러 번 술과 안주를 받게 되며 시문학에도 뛰어나 정업원淨業院 하류에 침류대枕流臺를 짓고 시를 읊으며 당시에 쟁쟁한 사대부들과 교류했지요. 노비출신이지만 효성이 지극하고 《주자가례》에 통달했으며 나라의 위태로움에 발 벗고 나선 유희경은 장수하여 80살에 금강산을 유람하고 92살의 나이로 숨을 거두었습니다. 그는 보기 드문 천민 출신 선비요, 학자였습니다.

5월 5일

1923년에는 어린이날이 5월 1일이었지요

서른세 해 짧은 생을 어린이와 함께한 방정환

"작보한 바와 가티 재작 23일 오후 7시에 세상을 떠난 소파 방정환 씨에 대한 영결식은 금 25일 오후 1시에 부내 경운동 천도교당에서 거행하얏다. 장지는 시외 홍제원 경성부 화장장이라 한다."

《동아일보》 1931년 7월 26일 신문 한켠에는 〈故고 方定煥氏방정환씨 今日금일 永訣式영결식〉이라는 간단한 기사가 실려 있습니다. 여기에 소개된 방정환 선생은 1931년 7월 9일 갑자기 코피를 쏟고 입원하여 2주 만에 숨을 거두었습니다. 33년의 짧은 생이었습니다.

소파 방정환 선생. 1899년 11월 9일 서울 종로구 당주동 야주개夜珠峴에서 태어나 15살에 선린상고지금의 선린인터넷고등학교에 입학했다가 가난으로 2년 만에 중퇴하고 19살에 천도교 3대 교주인 의암 손병희의 셋째 딸과 결혼합니다. 이후 보성전문을 나와 일본 동양대학을 마친 뒤 귀국하여 어린이를 위한 사업에 뛰어듭니다.

방정환은 1923년에 잡지 《어린이》를 만들고 그해 5월 1일을 어린이날로 삼았지만, 1939년 일제가 금지해버리는 통에 한동안 지낼 수 없었습니다. 그러다 해방 후인 1946년에 5월 5일로 법령으로 공포하여 부활되었지요. 초기에 만들어진 어린이를 위한 결의문 7조가 있습니다.

첫째, 씩씩하고 참되고 인정 많은 사람이 됩시다.

둘째, 거짓말하거나 나쁜 말 하는 사람이 되지 맙시다.

셋째, 반드시 손수건과 수첩을 가지고 다닙시다.

넷째, 광고지를 찢거나 벽에 낙서하지 맙시다.

다섯째, 나무와 풀과 동물을 사랑하고 구호합시다.

여섯째, 나쁜 구경 다니지 말고 좋은 책을 읽읍시다.

일곱째, 솟는 해와 지는 해를 잊지 말고 보기로 합시다.

손수건과 수첩을 가지고 다니라든지 나쁜 구경 다니지 말자는 말이 흥미롭습니다. 어린이라는 말을 처음 만들고 한국 최초의 순수 아동잡지 《어린이》를 창간했으며 최초의 아동문화운동단체인 색동회를 조직하기도 한 그의 서른세 해 짧은 생은 말 그대로 어린이와 함께한 삶이었다 해도 지나친 말이 아닙니다.

5월 6일

오늘은 입하, 여름이 성큼 다가섭니다

활짝 핀 꽃을 즐기고 완숙한 차를 마시며 여름을 맞다

입하立夏는 '여름夏에 든다入'는 뜻으로, 24절기 가운데 일곱째 절기입니다. 푸르름이 온통 산과 강을 뒤덮어 여름이 다가옴을 알리는 절기지요. 이맘때는 곡우에 마련한 못자리도 자리를 잡아 농사일이 좀 더 바빠집니다. 서울 송파지역에서는 세시풍습의 하나로, 쑥무리를 시절음식으로 만들어 먹기도 합니다. 밭작물 가운데 보리와 밀은 곡우에 씨를 뿌려 망종 뒤에 거두고, 그 외의 밭곡식과 목화 따위는 입하에 씨를 뿌려 추석 무렵에 거둬들이지요.

이익李瀷, 1681~1763의 《성호사설》 5권을 보면 명나라 《오잡조》를 인용하여 "소한 이후 입하 이전은 한 절기에 세 차례씩 화신풍이 부는데, 매화 · 산다 · 수선 · 서향 · 난화 · 산반 · 영춘 · 앵도 · 망춘 · 채화 · 행화 · 이화 · 도화 · 체당 · 장미 · 해당 · 목란 · 동화 · 맥화 · 유화 · 목단 · 도미 · 연화의 24가지 꽃이 핀다"고 했습니다. 절기상 입하는 바야흐로 꽃의 계절임을 알리기도 하는 것이지요.

또 이때쯤이면 햇차가 나올 때입니다. 흔히 마시는 녹차는 곡우 전에 딴 우전차를 최상품으로 치지만 한국의 다성茶聖 초의艸衣선사는 "우리 차는 곡우 전후보다는 입하 전후가 가장 좋다"고 했습니다. 곧 전통차에서는 완숙하면서 깊은 여름차가 더 잘 맞는다는 말입니다. 입하는 활짝 핀 꽃을 즐기고 완숙한 차를 마시며 다가오는 여름을 맞이하는 절기입니다.

5월 7일

남의 아이에게 또 다른 부모가 되어줍니다

자기 부모도 모시지 않으려고 하는 요즘 세태

수양부모收養父母를 사전에서 찾아보면 '수양아버지와 수양어머니를 아울러 이르는 말. 자식을 낳지 않았으나 데려다 길러준 부모를 이른다'고 풀이합니다. 예부터 자식이 없는 사람이 남의 자식을 친자식처럼 생각하여 수양부모를 자처하기도 했었고, 자식의 수명을 길게 하려고 친부모가 있어도 수양부모를 삼기도 합니다.

갓난아이 사망률이 높았던 예전에는 아이가 태어나면 스님이나 무당에게 물어봐서 태어난 아이의 명을 길게 하려고 친부모가 있음에도 수양부모를 삼아줍니다. 이때 수양부모는 아이와 운이 닿는 사람으로 정해야 하는데 특히 친부모의 나이가 젊으면 수양부모는 나이 많은 사람으로 고릅니다. 아이 친부모보다 수양부모가 먼저 돌아가신다면, 아이의 부모는 이미 돌아가신 셈이 되므로, 진짜 부모는 오래 살 수 있다고 생각한 것입니다.

수양부모를 삼고 나면 아이의 친부모는 그 수양부모에게 선물을 하며, 수양부모도 아이에게 선물을 합니다. 그렇게 인연을 맺으면 두 집안은 서로 왕래하며 실제 친부모같이 지냅니다. 그리고 수양부모가 돌아가시면 수양아들은 친아들과 마찬가지로 상복을 입지요. 수양부모 풍습의 유래는 다양하지만 자기 부모도 모시지 않으려고 하는 세태에 남의 부모까지 섬기는 풍습이었으니 아름답다고 볼 수 있습니다.

5월 8일

새색시 첫 친정 나들이 땐 효도버선을 드립니다

어버이날, 효도버선 만들던 옛 여인 마음 새겨보다

한복을 입고 생활했던 옛날엔 양말이 아닌 버선을 남녀노소 모두 신었지요. 아직 걸음을 잘 걷지 못하는 어린아이에겐 수를 놓고 술을 달아 예쁘게 꾸민 타래버선을 신겼습니다. 그런데 '효도버선' 이라고 들어보셨나요?

새색시가 혼인을 하고 처음 친정에 나들이를 하면 문중 어른께 버선 한 켤레씩을 소중한 예물로 드렸습니다. 시댁으로 돌아올 때도 역시 같은 선물을 드리지요. 이 버선을 효도버선이라고 하는데 이 효도버선을 받은 웃어른들은 '효도봤다' 라면서 기뻐합니다. 이때 짝이 섞이지 않도록 켤레마다 한복판에 한자로 '八十' 이라는 글자를 붉은 실로 뜹니다. 80살까지 오래 사시라는 뜻인데 요즘은 80이 아니라 '上' 이라는 글자를 떠야 하지 않을까요? 상수는 120살, 중수는 100살, 하수는 80살이라고 했으니 말입니다.

버선과 관련한 재미있는 말들이 있습니다. 남에게 의심받았을 때 "버선목이라도 뒤집어 보일까?" 또는 "버선목이라 (오장을) 뒤집어 보이지도 못하고" 라는 말이 있습니다. 그리고 "버선목에 이 잡을 때 보아야 알지" 라는 말도 있는데 이 말은 '지금 잘산다고 너무 자랑하고 뽐내지 말라' 는 뜻입니다.

오늘 어버이날, 버선 한 켤레를 정성껏 만들어드리던 옛 여인의 그 마음을 다시 새겨봅니다.

5월 9일

푸른 5월은 혼인의 계절 하나
우리 겨레의 혼인

100년 전만 해도 데릴사위제가 있었다

우리 겨레가 오랫동안 해온 전통혼례를 보면, 신랑은 자신의 집에서 신부를 맞이하는 것이 아니라 신부집에 가서 혼례를 올리고 그곳에서 머물러 살았습니다. 그래서 "장가든다" 라는 말이 나왔는데 고구려의 데릴사위제도 그런 전통의 하나입니다. 이러한 습속은 고려 말 관冠·혼婚·상喪·제祭, 곧 사례四禮에 관한 규정을 담은 《주자가례》가 들어오면서부터는, 그 규정대로 신부 집에 가서 혼례를 치른 다음 바로 신부를 데려오는 것으로 바뀝니다. 하지만 관습은 그렇게 쉽게 바뀌지 않았지요.

율곡 이이를 낳은 조선 중기의 예술가인 신사임당申師任堂, 1504~1551의 남편도 혼인한 뒤 한동안 강릉 처가에서 살았다는 기록이 있으며, 《중종실록》 24권, 11년1516에는 "친영사위가 처가로 가는 것의 예禮는 좋은 법이고 아름다운 뜻인데도 사대부들이 아직도 구습에 젖어 거행하는 사람이 없으니, 법을 세우지 않으면 끝내 시행되지 않을 것입니다. 법사로 하여금 규찰하게 하는 것이 어떻겠습니까?"라는 기록이 보입니다. 이는 '장가든다' 는 것을 법으로 규정하라는 상소지요.

'장가든다' 는 표현은 손진태의 《조선솔서혼제고》에도 나옵니다. 그는 1932년 여름 평안도를 여행하는데 그곳 성천成川지방의 차원술60살이라는 노인에게서 30~40년 전까지만 해도 데릴사위제도가 있었다는 증언을 듣게 됩니다. 차 노인은 "당시는 일반으로 데릴사위제도가 많았으며 특히 화전민 사이에는 비록 아들이 있어도 딸을 위하여 데릴사위를 들였으며 사위는 짧게는 5~6년, 길면 십수 년간 처가에 생활하였다"라는 사실을 논문에 싣고 있습니다. 오늘날은 '시집간다' 는 말처럼 여자가 남자 집으로 가서 살지만 예전에는 남자가 '장가가는' 형태로 혼인이 이뤄졌던 것이지요.

5월 10일

푸른 5월은 혼인의 계절 둘
혼인할 수 있는 나이

12살 조혼의 시대는 막을 내리고 이제는 삼십을 훌쩍 넘기는 것도 예사

지금 우리나라에서 결혼할 자격이 있는 나이는 민법으로 남자 만 18살, 여자 만 16살 이상입니다. 조선 시대에는 어땠을까요? 《세종실록》 99권, 25년 1월 7일 기록을 보면 "남녀의 부모 중 한 사람이라도 나이가 50이 넘으면, 남녀가 다 12살 이상으로 혼인할 수 있도록 하라"는 대목이 나옵니다.

조선 시대엔 원래 남자는 16살 이상, 여자는 14살이면 혼인을 할 수 있었습니다. 그런데 부모의 나이가 50이 넘어서 사정상 혼인시킬 것을 원하는 사람은 남자나 여자 모두 12살 이상이면 관에 고하고 혼인을 시킬 수 있었습니다. 하지만 이렇게 해도 문제가 생기자 남녀의 부모 가운데 한 사람이라도 50이 넘으면 남녀 모두 12살 이상 혼인할 수 있도록 하라고 예조에 지시한 것입니다. 조선 시대는 가난한 백성들이 혼인하지 못하는 경우가 많아서 나라에서 보조금을 주어 강제로 혼인시키는 일도 있었습니다.

시대가 내려오면 이러한 조혼풍습이 좋지 못하다는 글이 많이 보입니다. 《동아일보》 1920년 6월 22일 〈조혼의 폐해와 그 책임자〉라는 조우 씨의 글도 그런 주장을 담고 있습니다. 여기서 그는 민법에서 남자는 17살, 여자는 15살이라고 규정했는데 이것이 지켜지지 않고 남자는 12살만 되면 혼인을 시킨다고 개탄합니다. 지금 생각해도 12살은 혼인하기에 너무 어리지 않은가 합니다. 이러한 조혼풍습은 현대사회로 넘어 오면서 사라지고 지금은 만혼시대를 넘어 아예 독신으로 지내는 사람도 늘고 있다니 참으로 묘합니다.

5월 11일

푸른 5월은 혼인의 계절 셋
공주의 혼인을 검소하게

어려운 집안 처녀에게 혼수를 내리다

사간원이 다음과 같이 임금에게 아룁니다. "혼인이란 부부의 시작이요, 만복의 근원이므로 반드시 존경과 예의로 해야 합니다. 또 옷이나 집의 사치스러움을 자랑으로 삼아서는 안 됩니다. 이번 공주의 혼인 예식은 내탕임금이 개인적으로 쓰는 돈이 마르고 백성이 어려워진 것을 생각하면 지금이야말로 전하께서 순박하고 검소한 옷으로 모범을 보여 신하들을 이끌 때입니다. 그리고 여러 왕실과 사대부, 서민까지도 혼인할 때 사치가 벌써 걷잡을 수 없는 폐단이 되었으니, 법으로 엄히 금하지 않을 수 없습니다. 그래도 범하는 자가 있으면 가장의 죄를 다스리게 하소서" 하니 임금이 그대로 따랐다는 기록이 《인조실록》 3권, 1년1623 9월 2일에 보입니다.

요즘도 호화혼수가 문제가 되지만 그래도 예전에는 집안이 어려운 경우 나라가 혼수를 도왔지요. 《세종실록》 10년1428에는 "비록 부모 형제가 있으나, 가난하여 혼수를 마련할 수 없기 때문에 때를 놓치는 자도 또한 간혹 있습니다. 청컨대 부모, 형제가 있고 없음을 따지지 말고, 그 사람의 세계世系가 높고 낮음과 빈궁한 정도가 가볍고 무거움을 구분하여, 국고의 묵은 쌀을 주어서 혼수를 마련하게 하고, 그리하여 성혼한 여자의 수와, 부父의 관직 · 성명과, 관급官給한 혼수비용의 액수를 경중에서는 한성부가, 외방에서는 감사가 매년 세초歲抄 때에 기록하여 보고하게 하며, 그의 내 · 외사촌 이상의 친속親屬으로서 함께 혼수를 준비하여 주지 않은 자와 혼수를 영令에 좇지 않고 지나치게 사치하게 하는 자는 모두 《육전》의 규정에 의거하여 자세히 밝혀서 고찰하게 하소서"라는 기록이 보입니다. 사치는 막되 어려운 사람은 도우려는 마음이 잘 드러나며, 나라에서 이런 부분까지 신경 쓰고 있는 점이 오늘날에 비춰볼 때 돋보입니다.

5월 12일

푸른 5월은 혼인의 계절 넷
혼수 때문에 아내를 버린 이야기

삼국 시대엔 재물을 받는 사람이 있으면 흉을 보았다

아직도 잊을 만하면 혼수문제로 파혼이 되었다는 기사를 보게 됩니다. 또 여전히 TV 드라마의 소재로도 인기가 높은 것이 혼수문제지요. 조선 시대에도 이런 문제는 많았습니다. 《세종실록》 110권1445을 보면 혼례예물이 적다는 이유로 딸을 버린 사위가 괘씸해 참지 못하고 상소를 올린 예가 있습니다. 현감을 지낸 정우鄭瑀라는 사람이 박연의 아들 박자형을 사위로 삼았는데, 박자형이 혼례예물이 적은 것에 불만을 품고 자기 딸을 버렸음에도 딸이 키가 작고 뚱뚱하다는 것을 핑계를 내세운 데에 화가 나 관가에 고한 사건입니다. 임금은 이 사건을 이렇게 판결합니다.

"사위 자형이 이불과 의복이 화려하지 못하고 혼수가 적다며 아내를 버린 것이 분명하다. 딸이 정말 몹쓸 여자라면 사위 자형은 그날 밤에 당연히 곧 버리고 갔을 것이다. 그러나 그대로 그 집에서 자고 아침이 되어 사위 집에서 사람이 왔을 때 예물禮物을 주어 보냈으니, 혼례는 이루어진 것이다. 자형이 이불, 요와 의복이 화려하지 못한 것을 보고, 빈한貧寒한 것을 싫어하여 남의 집 딸을 버리는 것은 부당하다." 사위 자형에게는 매 60대와 징역 1년의 벌까지 더해졌습니다.

삼국 시대 혼수에 대한 기록도 살펴볼까요. 당나라 이연수가 펴낸 역사서 《북사》를 보면 "신랑 집에서는 돼지와 술을 보낼 뿐 다른 예절이 없고 혹 재물을 받는 사람이 있으면 모두 이를 흉보았다"는 말이 나옵니다. 그 옛날에 이런 아름다운 풍습이 있었건만 어느 때부터 호화로운 혼수가 나타난 것일까요. 이럴 때 본래 혼수가 갖는 소중한 의미를 새겨보는 것은 어떨는지요.

5월 13일

푸른 5월은 혼인의 계절 다섯
신부가 연지를 찍는 까닭

연지와 곤지가 잡귀를 물리친다

'연지' 는 잇꽃의 잎으로 만든 붉은 물감입니다. 잇꽃은 두해살이풀로, 홍람紅藍, 홍화紅花, 이꽃, 잇나물이라고도 하지요. 연지는 뺨에 찍는 것을 말하고, 곤지는 이마에 둥글게 찍는 것을 말합니다. 고구려 시대 고분인 수산리 벽화 무덤 행렬도와 쌍기둥 무덤 행렬도에 나타난 귀족 여성들의 모습에서도 연지와 곤지를 볼 수 있습니다. 이익이 쓴 백과사전《성호사설》에는 연지풍속이 흉노에서부터 들어왔다고 합니다. 연지풍속이 고려 때 원나라에서 들어온 것이라고 주장하는 사람도 있기는 하지만 고구려 고분벽화에 연지풍속이 있었음을 알 수 있기에, 원나라 유입설은 잘못된 것이겠지요. 또 삼국사기에도 고구려 악공들은 이마에 붉은 칠을 했다고 했습니다.

그런데 이 연지는 대단한 사치품이어서 상류층 부인들만 사용할 수가 있었다고 합니다.《세종실록》에 따르면, 잇꽃이 희귀하므로 연지를 금지해야 한다는 상소를 사간원에서 올리고 있습니다. 사실 연지 찍기는 우리만이 아니라 흉노족 그리고 몽골족, 티베트계 유목민족인 탕구트족도 좋아했다고 하지요.

그럼, 연지와 곤지는 왜 찍었을까요? 붉은색이 잡귀를 물리친다는 믿음 때문일 것입니다. 동짓날 팥죽을 쑤어 문지방과 문설주에 뿌리는 것, 중양절에 붉은 산수유 열매를 머리에 꽂는 것, 산간지방에서 전염병 예방을 위하여 곤지를 찍거나 붉은 색종이를 오려붙이는 것도 붉은 빛깔이 귀신을 물리친다는 믿음과 관련이 있습니다. 또 마을제사洞祭를 지낼 때 제관으로 뽑힌 사람의 집 앞에 황토를 뿌리는 것, 아기를 낳았을 때 대문 앞에 금줄을 치는데 이때 다는 붉은 고추도 같은 믿음에서 비롯합니다. 이제 혼인을 하는 신부가 연지와 곤지를 찍는 일은 없지만 그 유래만은 알아두면 좋겠습니다.

5월 14일

비 온 뒤 쑥쑥 크는 죽순철입니다

대나무밭 세 마지기면 남부럽지 않다

죽순竹筍은 대나무의 땅속줄기 마디에서 돋아나는 어린순을 말합니다. 우후죽순雨後竹筍이라는 말처럼 봄비가 촉촉이 온 이후에 쑥쑥 자라는 죽순은 그 맛이 부드럽고 순해 선비들의 많은 사랑을 받았습니다. 죽순 맛을 못 잊은 평양감사가 한겨울에 죽순을 구해오라는 명령을 내리자 하인들이 대바구니를 삶아 올렸다는 이야기가 있다지요.

'대나무밭 세 마지기면 부럽지 않은 부자다' 라는 말이 있을 만큼 대나무는 담양의 주요 농산물입니다. 담양은 5월에서 7월 사이에 무척 바쁜데 바로 죽순을 거두기 때문이지요. 이 시기에 비라도 한번 내리고 나면 죽순 크는 소리가 들릴 정도라 하는데, 많이 자랄 때는 하루 최대 150cm까지 자란다고 하지요.

여름철에 쑥쑥 크는 이 죽순이 한겨울에 나올 수 있을까요? 일제강점기 무렵엔 나라가 흉흉해서인지 12월 26일에 경북 칠원지방에서 죽순이 나와 화제가 된 적이 있습니다. 1938년 겨울에는 여러 농가에서 죽순이 자랐다고 《동아일보》는 보도하고 있습니다. 60 평생 그런 희한한 일은 처음 본다며 동네 노인들은 불길한 징조인지 좋은 징조인지 모르겠다고 고개를 저었다는 기사지요.

죽순으로 만드는 음식은 죽순나물, 죽순물김치, 죽순냉채, 죽순회, 죽순구이, 죽순장아찌, 죽순주, 무죽순말이 따위가 있습니다. 통통하고 껍질에 솜털이 많고 이삭 끝이 노란 것, 뿌리 사마귀는 작고 검지 않은 것을 고르는 것이 죽순을 제대로 고르는 비법입니다. 죽순은 고혈압, 동맥경화, 심장병 예방에 좋은 음식이지만 평소 설사를 자주 하거나 몸이 찬 사람은 많이 먹지 않는 것이 좋습니다. 또 죽순에는 섬유질이 많아 변비에 좋고, 대장암을 예방한다고 합니다.

5월 15일

겨레의 스승 세종대왕 하나
5월 15일은 세종대왕 태어나신 날

스승의 날이 세종대왕 탄신인 까닭

5월 15일 하면 으레 스승의 날을 먼저 떠올리지만, 이날은 세종이 태어나신 날이기도 합니다. 세종은 우리의 삶에 끼친 공이 지대하지요. 그런데 세종대왕이 언제 어디서 태어났는지 아는 사람은 적습니다. 《세종실록》 총서에는 "태조 6년 정축 4월 임진에 한양 준수방俊秀坊 잠저潛邸에서 탄생하였다"고 나옵니다. 서기로는 1408년 5월 15일양력 태어나셨고 이름은 도祹, 자는 원정元正이고, 시호는 장헌莊憲으로 태종과 원경왕후元敬王后 민 씨閔氏의 셋째 아들로 태어나셨지요.

이날을 모든 학교에서 스승의 날로 기념하는 까닭도 세종대왕과 관계 깊습니다. 1965년 청소년 적십자 중앙학생협의회RCY가 세종대왕 탄신일인 5월 15일을 스승의 날로 정했기 때문입니다. 한글을 만든 세종대왕이야말로 우리의 영원한 스승이라 여겼기 때문이지요.

국제천문연맹IAU 소행성 분과위원회는 1997년 말, 세종대왕 탄신 600돌을 맞아 일본인 천문학자 와타나베 카즈오渡邊和郎가 발견한 'QV1'이라는 소행성에 '7365 SEJONG세종'이라는 이름을 붙여 세계 천문학계에 공포했습니다. 세종대왕에 대해 누구보다 조예가 깊은 동경천문대 기치로 후루카와高川麒一郎 교수가 이 소행성 발견자인 와타나베에게 이 이름을 강력히 추천했지요. 세종대왕 탄신 600돌이라는 뜻깊은 해에 발견된 소행성이 '세종'이라는 이름을 갖게 된 것은 세종대왕이 자연과학사에 남긴 업적이 세계 천문학계에서도 인정받았음을 의미하는 매우 뜻깊은 일입니다.

한데 그가 태어난 곳 준수방은 지금의 어디일까요? 준수방은 현재 종로구 통인동 137번지로, 경복궁 서쪽문인 영추문길 맞은편 의통방 뒤를 흐르는 개천 건너편입니다. 청운동을 흘러내리는 한줄기 맑은 물과 옥인동으로 내려오는 인왕산 골짜기의 깨끗한 물줄기가 합치는 곳이지요. 현재는 경복궁 전철역에서 북쪽으로 200여 m쯤 가면 길가에 '준수방터'라는 표지석 하나만이 달랑 있을 뿐입니다. 별로 행적이 없는 사람들도 생가 하나쯤 복원해두는 세상인데 우리 겨레의 위대한 스승이신 세종대왕의 생가가 복원되지 않고 있는 것은 매우 부끄러운 일입니다.

5월 16일

겨레의 스승 세종대왕 둘
세종의 백성 사랑

지극한 사랑이 훈민정음 창제로 이어지다

"이조판서 허조가 '신은 폐단이 일어날까 두렵습니다. 간악한 백성이 율문을 알게 되면, 죄의 크고 작은 것을 헤아려서 두려워하고 꺼리는 바가 없이 법을 제 마음대로 농간하는 무리가 일어날 것입니다'라고 하자, 임금이 '그렇다면 백성으로 하여금 알지 못하고 죄를 짓게 하는 것이 옳겠느냐? 백성에게 법을 알지 못하게 하고, 그 범법한 자를 벌주게 되면, 조사모삼朝四暮三의 술책에 가깝지 않겠는가. 더욱이 조종祖宗께서 율문을 읽게 하는 법을 세우신 것은 사람마다 모두 알게 하고자 함이니."

훈민정음을 창제하기 1년 전인 1432년 11월 7일 《세종실록》의 기록입니다. 세종이 큰 죄의 조항만이라도 뽑아 적고, 이를 이두문으로 번역하여 백성에게 반포하려 하자 이조판서 허조가 백성이 법을 알면 법을 마음대로 농간하는 무리가 생길까 두렵다며 반대하는 내용입니다. 그러자 세종은 백성이 알지 못하게 하여 자신도 모르게 죄를 짓게 하는 것은 옳은 일이 아니라고 반박하고 있습니다.

세종은 훈민정음을 창제하기 전에도 백성과 소통하기를 원했습니다. 그 하나가 효도를 가르치는 《삼강행실도》를 만들어 보급한 것이고, 또 하나는 오목해시계를 만들어서 사람들이 많이 다니는 혜정교에 놓아둔 것입니다. 두 가지 모두 글자가 아닌 그림으로 소통하려 한 사례입니다. 그러다 세종은 백성에게 그림이 아닌 글자생활을 하도록 하는 것이 근본적인 대책임을 알고 훈민정음을 창제한 것입니다. 백성을 향해 지극한 사랑을 실천한 것이지요.

5월 17일

겨레의 스승 세종대왕 셋
시각장애인에게 벼슬을 주다

그림으로라도 소통하려 한 세종의 마음

세종은 모든 일을 백성을 사랑하는 마음과 연결 지었나 봅니다. 일식이 하늘의 경고라고 보고 구식례救食禮를 행하려다 중국에 맞춘 예보가 1각 늦어 예보관이 매를 맞은 일이 있었지요. 예보관의 잘못이 아니라고 생각한 세종은 천문기구와 시계를 만들도록 했습니다. 또 파루를 치는 군사가 깜박 졸다가 시계를 못 봐 파루 치는 시간을 놓쳐 벌을 받는 것을 보고 자명종 시계인 자격루를 만들도록 했다는 이야기가 있습니다. 세종의 백성사랑이 어느 정도인지를 가늠케 해줍니다.

특히 오목해시계, 곧 앙부일구仰釜日晷는 그저 해시계가 아니라 그 안에 십이지신 그림을 그려 넣어 한문을 모르던 백성도 시간을 알 수 있도록 한 백성사랑의 한 표현입니다. 곧 세종 16년1434에 장영실, 이천, 김조 등이 만들었던 오목

2007년 복원된 자격루.

해시계는 임금이 백성과 시간을 공유했다는 데 큰 뜻이 있습니다. 시계를 지배층만 독점하지 않고 글을 모르는 무지렁이 백성도 알게 한 것이죠. 이미 한글창제 9년 전, 세종은 글자로 소통하기 이전부터 그림으로라도 백성과 소통하려 했고, 그런 세종의 마음이 결국 위대한 훈민정음 창제로 이어진 것입니다.

세종 18년1435에는 시각장애인 지화에게 종3품 벼슬을 주었고, 시각장애인을 위한 관청인 명통사에 쌀과 콩을 주어 시각장애인을 지원한 기록도 있습니다. 장영실은 관노였지만 세종이 정4품 호군까지 올려놓았지요. 절대군주 세종은 이렇게 따뜻한 사람이었습니다.

5월 18일

겨레의 스승 세종대왕 넷
명나라에 지성으로 사대했다?

명나라에 말 3만 마리, 소 1만 마리를 보낸 것은 훈민정음 창제전략

《세종실록》을 보면 세종은 중국황제가 죽었을 때 사흘만 입어도 되는 복을 스무이레 동안이나 입었습니다. 또 신하들의 반대에도 명나라의 요구에 응해 중요한 군수물자인 말을 3만 마리나 보내고, 농사에 지장을 줄까봐 걱정하면서도 소 1만 마리를 보냈습니다. 신하들의 반대에 세종은 "조선은 예부터 예의의 나라라고 하여 정성껏 사대하였다"라고 반박했습니다. 이런 세종의 태도를 보면 자칫 세종을 사대주의자로 몰아갈 수도 있습니다.

하지만 세종의 사대는 훈민정음 창제를 위한 고도의 전략이었습니다. 훈민정음 창제사실을 명나라에서 알게 되면 어떻게든 방해를 할 것임을 생각하여 명에 끔찍이 사대하는 모양새를 갖춘 것이지요. 우리의 세종은 백성을 위해 많은 고민 속에서 명나라에 지성으로 사대한 것입니다.

뜻밖에 명나라는 명에 복속한 여진족을 정벌할 때도 아무런 문제제기를 하지 않았습니다. 그러나 그보다 더 큰 효과는 훈민정음 창제에 대해 시비를 하지 않았다는 것입니다. 명은 훈민정음을 오랑캐 나라의 하찮은 글자라며 무시했을 수도 있지만 세종의 지성사대에 속았을 것입니다. 이를 보면 세종은 정말 뛰어난 전략가입니다.

5월 19일

겨레의 스승 세종대왕 다섯
절대음감의 소유자

절대음감, 창제에 중요한 몫을 하다

> "중국의 경磬은 화하고 합하지 아니한데 지금 만든 경磬이 옳게 된 것 같다. 경석磬石을 얻는 것은 다행인데, 지금 소리를 들으니 또한 매우 맑고 아름다운 것은 물론 율律을 만들어 음音을 견준 것은 뜻하지 아니한 데서 나왔기에, 매우 기뻐하노라. 다만 이칙 1매枚가 그 소리가 약간 높은 것은 무엇 때문인가?"

《세종실록》 59권, 1433년 1월 1일 기록에는 위와 같은 내용이 나옵니다. 세종은 박연에게 모든 악기의 기본음, 곧 황종음을 내는 세로 관대인 황종율관을 새로 만들어 설날 아침 회례음악에 연주하게 했습니다. 그런데 연주를 마치자 세종은 동양음악 12율十二律 가운데 아홉째 음인 이칙夷則 하나가 다른 소리가 난다고 지적한 것입니다. 이는 도공이 황종율관에 친 먹줄이 채 마르지 않았기 때문이었습니다. 음악 전문가인 박연은 물론 회례연에 참석한 사람 아무도 알지 못했지만 세종은 이를 알아챈 것입니다. 가히 절대음감의 소유자였지요.

학자들은 말합니다. 세종이 문자학, 음운학, 음성학 등 학문에 뛰어났기에 훈민정음을 창제한 것이지만 이렇게 절대음감을 지녔다는 점도 훈민정음 창제에 중요한 몫을 차지한다고 말입니다.

5월 20일

5월의 좋은 뽕을 먹고 크는 누에는 조선의 보배입니다

왕비가 양잠의 본을 보여 비단생산에 힘쓰다

조선은 농사의 나라였습니다. 그래서 임금은 해마다 경칩驚蟄 뒤의 첫째 해일亥日에 제사를 지낸 뒤 친히 쟁기를 잡고 밭을 갈아 보임으로써 농사의 소중함을 만백성에게 알리는 의식을 행했지요. 그런가 하면 왕비는 몸소 궁궐 안팎 여성들을 거느리고 양잠의 본을 보여 비단생산에 힘쓰는 궁중의례인 친잠례親蠶禮를 했습니다.

세종은 양잠을 크게 장려하여 각 지방에 적당한 땅을 골라 뽕나무를 심도록 한 것은 물론, 잠실蠶室, 누에 치는 방을 한 곳 이상 지어 누에를 키우게 했지요. 중종 1년1506에는 지방의 잠실을 서울 근교로 옮기게 했습니다. 현재의 송파구 잠실동 일대는 그런 잠실이 있던 지역입니다. 대한제국 말기까지 이 일대에는 나이가 300~400살이나 되는 뽕나무가 있었지요.

또 성종 2년1471에는 뽕나무가 잘 크고 살찐 고치로 좋은 실을 얻게 하여 달라는 기원을 드리려고 동소문東小門 밖에 선잠단先蠶壇을 지었습니다. 단에는 대를 모으고 중국 황제의 왕비인 잠신蠶神 서릉씨西陵氏의 신위神位를 모셨지요. 그리고 단의 앞쪽 뜰에 상징적인 뽕나무를 심고 궁중의 잠실에서 키우는 누에를 먹이게 했습니다. 1908년에 선잠단 신위는 선농단先農壇의 신위와 함께 사직단으로 옮겨졌고 선잠단터는 일제강점기에 개인 땅이 되었습니다. 현재는 성북초등학교 옆 길거리에 여러 집에 둘러싸인 조그만 터만 남아 있는데 사적 83호로 지정되었지요. 해마다 5월이면 성북구에서는 전통문화 행사로 선잠제례 행사를 치릅니다.

5월 21일

소만에는 논갈이로 사람과 소가 분주해집니다

새참 이고 나가는 아낙, 뒤를 따르는 삽살이 한 마리

24절기의 여덟째인 소만小滿은 5월 21일 무렵 찾아옵니다. 소만은 '만물이 점차 자라서 가득 찬다' 는 뜻이 있습니다. 이때부터 여름 기운이 들기 시작하는데 가을보리를 거두고 이른 모내기를 하며 밭농사의 김매기를 하게 됩니다. 이때 즐겨 먹는 냉잇국은 시절음식으로 이름이 높습니다. 또 죽순竹筍을 따다 고추장이나 양념에 살짝 찍어 먹는가 하면, 꽃상추과에 속하는 여러해살이풀인 씀바귀의 뿌리나 줄기, 잎을 이 시기에 먹기도 합니다.

© 이무성 화백

60여 년 전 소만 풍경을 《동아일보》 1947년 5월 22일 기사를 통해 들여다보겠습니다.

"여름은 차츰 녹음이 우거지고 철 맞춰 내린 비로 보리와 밀 등 발곡식은 기름지게 자라나고 못자리도 날마다 푸르러지고 있으나 남의 쌀을 꿔다 먹고 사는 우리 고향에 풍년이나 들어주어야 할 것 아닌가? 농촌에서는 명년 식량을 장만하고자 논갈이에 사람과 소가 더 한층 분주하고 더위도 이제부터 한 고비로 치달을 것이다."

해방 후 어려운 농촌 풍경이 수채화처럼 그려집니다. 소 모는 농부와 어린 아들 앞세워 논둑으로 새참 이고 나가는 아낙, 뒤를 따르는 삽살이 한 마리가 우리의 정서를 자극합니다. 도회지 생활에 잊힌 듯하지만 누구나 고향풍경은 손대면 톡 하고 터질 듯한 그런 그립고 아름다운 정경이 아닐는지요. 천지가 푸르러지는 이 무렵 유일하게 대나무는 푸른빛을 잃고 누렇게 변합니다. 이는 새롭게 탄생하는 죽순에 자기의 영양분을 공급해주기 때문이지요. 마치 부모가 어린 자식들을 키우느라 자신을 돌보지 않는 것과 같습니다. 봄의 누런 대나무를 가리켜 죽추竹秋, 곧 '대나무 가을'이라고 합니다만 늙으신 부모님이 소만에 논배미에서 애쓰시는 고마움을 이날 돌아보는 것도 뜻깊지 않을까요?

5월 22일

어제는 부부의 날, '부부' 보다 '가시버시' 가 좋습니다

"어떠한 일이 있어도 저희 가시버시는 헤쳐 나가겠습니다."

5월 21일은 절기상 소만이자 '부부의 날' 이었습니다. 현대에 들어서면서 많은 기념일들이 만들어지고 있습니다만 부부의 날은 한 가정을 이룬 부부를 기념하는 날로 의미가 있을 듯합니다. 그런데 이 부부라는 말보다 정겨운 말이 있습니다. '가시버시' 라는 말입니다. 이 말을 들어보셨나요? 부부를 낮추어 부르는 말입니다. '가시' 는 '계집', '마누라' 와 함께 아내를 가리키는 옛말인데, 요즘에는 '각시' 라는 말로 바뀌었습니다. 또 어떤 남쪽지방에서는 시집가지 않은 여자를 '가시내' 라고도 합니다. 이것은 '가시' 가 '아내' 뿐만 아니라 보통 여성을 낮추어 부르는 데도 쓰인다는 점을 보여줍니다. 참고로 남편을 낮춰 부르는 말은 '남진' 입니다. 여자를 '계집' 이라고 낮춰 부르는 남자가 있으면 '남진' 이라고 되받아쳤으면 좋겠습니다.

부부와 관련한 재미난 말을 더 살펴볼까요? 정식으로 결혼하지 않고 우연히 만나서 어울려 사는 남녀, 곧 동거하는 남녀를 '뜨게부부' 라고 합니다. '뜨게' 는 '흉내 내어 그와 똑같게 하다' 라는 뜻으로 '흉내 낸 부부' 를 말하지요.

손윗사람이나 여러 사람 앞에서 자기 부부를 낮추어서 말할 때 "저희 부부는"보다 "저희 가시버시는"이라고 말한다면 훨씬 좋지 않을까요. "오늘 혼인하는 저희 가시버시는 살아가면서 어떤 어려운 일을 당하더라도 서로 사랑하는 마음으로 꿋꿋이 헤쳐 나가겠습니다"라고 청첩장에 쓴다면 참 멋질 것입니다.

5월 23일

보릿고개 이야기 하나
보릿고개의 유래

다이어트가 화두인 세상에서

들판의 모는 아직 푸르고 보리도 거두려면 더 있어야 할 때, 먹을거리는 없고 오뉴월 해는 길기만 합니다. 1년 가운데 봄철 이런 때를 가리켜 보릿고개라 이른 적이 있습니다. 1950~1960년대 까지만 해도 지금보다 식량사정이 안 좋아 굶는 사람들이 많았지요. 그래서 그 당시엔 '보릿고개' 라는 말이 언론에 자주 등장했습니다. 그런데 대관절 보릿고개란 말은 언제부터 쓰였을까요?

맨 먼저 보이는 기록은 《세조실록》 11권, 4년1458 2월 7일의 춘기春饑인데 '봄의 가난한 때' 라는 뜻입니다. 또 《명종실록》 11권에는 궁춘窮春이란 말이 나오는데 이 궁춘이 《조선왕조실록》에는 가장 많이 나옵니다. 그밖에 《명종실록》에는 춘빈春貧, 《현종실록》 춘기春飢, 《숙종실록》의 춘기근春飢饉과 춘궁春窮, 《고종실록》 궁절窮節 등 다양한 이름으로 불렸습니다.

특히 보릿고개라는 이름으로 딱 들어맞는 맥령麥嶺은 《정조실록》에 보입니다. 일제강점기 기록인 1931년 6월 7일 《동아일보》의 〈300여 호 화전민 보릿고개를 못 넘어 죽을 지경〉이라는 기사를 보면 당시에도 보릿고개는 넘기 어려웠던 듯합니다. 이를 보면 보릿고개는 1950~1960년대에 생기거나 그때 처음 불린 것이 아니라 이미 조선 시대부터 쓰이던 '맥령' 을 우리말 '보릿고개' 로 바꾼 것입니다. 그나저나 살이 쪄서 살빼기가 주요 이야깃거리인 요즘에도 여전히 굶는 사람이 있다는 기사가 보이는데, 굶주림이 어서 사라지고 보릿고개란 말이 옛말로만 남게 되길 바랍니다.

5월 24일

보릿고개 이야기 둘

가난한 사람들을 도운 활인서와 환곡

백성의 안위를 살펴 어려울 때 환곡마저 탕감해주다

조선 시대 관청에 활인서活人署라는 것이 있었습니다. 태조 1년1392에 만든 것으로, 가난한 병자를 무료로 치료해주던 곳이었지요. 이것은 고려 초에 있던 혜민국 제도를 이은 것입니다. 돈이 없어 병이 나도 치료를 받지 못하는 가난한 사람들에게는 정말 고마운 존재였을 겁니다.

그런가 하면 환곡還穀도 가난한 농민들에게 꼭 필요한 제도입니다. 흉년 또는 춘궁기春窮期라고 해서 묵은 곡식은 다 떨어지고 햇곡식은 나지 않아, 먹을 것이 없는 봄철에 가난한 사람에게 곡식을 빌려주고, 풍년이나 가을걷이 뒤에 되받는 것이 환곡입니다.

《고종실록》을 보면, 경상감사 서헌순이 보고한 밀양부密陽府 민가가 불에 탄 일과 관련하여 고종은 "보고를 들으니 몹시 애처롭다. 원래의 휼전 외에 각별하게 더 돌보아주고 불에 타 죽은 사람이 생전에 내지 못한 신포身布와 환곡還穀이 있을 경우에는 모두 탕감해주며, 즉시 집을 지어 편안하게 살게 할 방도에 대해 묘당에서 말을 만들어서 분부하라"는 전교를 내립니다. 백성의 안위를 살펴 어려울 때 환곡마저 탕감해준 이야기는 오늘 우리에게도 귀감이 되는 이야기가 아닐는지요.

5월 25일

보릿고개 이야기 셋
밀

우리 밀은 미국 밀의 조상님

지금 우리가 먹는 밀가루는 대부분 서양에서 수입된 것들입니다. 토종 우리 밀이라고 해봤자 생산량은 1%가 될까 말까 한 정도입니다. 1970년대만 해도 농촌에 가면 보리와 함께 밀이 자라는 것을 쉽게 볼 수 있었지요. 그러나 미국산 잉여농산물이 물밀듯 들어오면서 우리 밀은 자취를 감추고 말았습니다. 그러던 것이 1989년 농민 12명이 종자 한 가마로 시작한 우리 밀 운동이 결실을 보면서 조금씩 생산량이 늘기 시작한 것입니다.

우리 토종밀은 키가 50~80cm로 앉은뱅이밀이라고 하지요. 1933년에 펴낸 《조선 주요 작물의 품종명》이란 책에는 이 앉은뱅이밀이 지방에 따라 밀양 · 자소맥 · 난쟁이밀과 같이 10여 가지나 되는 것으로 나타납니다. 앉은뱅이밀은 키가 작고 줄기가 굵어 바람에 잘 쓰러지지 않는 장점이 있습니다. 또 서양 밀에 견주어 고소한 것이 일품이지요.

이 앉은뱅이밀을 1905년 즈음 일본인들이 가져가 '달마' 라는 이름으로 개량하고 1936년에는 농림 10호를 탄생시켰습니다. 이를 미국의 생물학자인 사몬 박사가 1945년 미국으로 가져가 녹색혁명의 바람을 일으킨 '소노라'를 만들어낸 것입니다. 현재 미국에서 재배하고 있는 밀의 90%가 이 앉은뱅이밀의 유전자를 이어받은 것이라니, 이제라도 우리 것의 소중함을 잊지 말아야 하겠습니다.

5월 26일

보릿고개 이야기 넷
쑥버무리

히로시마 잿더미 속에서도 가장 먼저 자란 생명력

봄이 오면 들판에 나물을 캐는 아낙들이 많습니다. 아낙들이 캐는 나물 중에서 쑥은 약으로도 쓰이고, 여러 가지 음식을 해먹습니다. 1950~1960년대 보릿고개 시절은 정부가 "전국 농가의 4분의 1인 50만 가구가 식량이 떨어져 초근목피풀뿌리와 나무껍질로 연명한다"고 발표할 정도로 어려운 때였습니다. 이때 쑥은 쑥국은 물론 쑥개떡과 쑥버무리를 해먹는 귀중한 음식이었지요.

뛰어난 봄철 식품 중의 하나인 쑥은 쑥된장국, 쑥버무리, 쑥개떡, 쑥영양밥 등으로 다양하게 해먹습니다. 약재로 쓰는 쑥은 단오 때 캐서 말린 것이 효과가 크며, 강화도 인진쑥과 사자발쑥을 최고로 칩니다. 쑥 성분 가운데 베타카로틴과 알테미시닌은 항암효과가 있다지요. 또 치네올은 혈액순환을 촉진하고, 몸을 따뜻하게 해줘 복통과 생리통에 효과가 있으며, 몸을 데워주어 손발이 차거나 아랫배가 차가운 사람에게도 효과가 있습니다. 한의학에서 쑥은 뜸의 중요한 재료이며, 쑥의 연한 잎을 말려 찐 다음 즙을 만들어 마시면 해열, 진통에 효과가 있고, 혈압을 내려주기도 합니다. 이렇게 뛰어난 약효 덕분에 쑥을 의초천연초라고도 합니다. 그건 폐허에서도 잡초처럼 살아남는 쑥의 끈질긴 생명력 때문입니다. 2차 세계대전 당시 원자폭탄이 떨어졌던 히로시마의 잿더미 속에서도 가장 먼저 자란 식물이 쑥이었지요. 어쩐지 우리 겨레의 생명력을 닮은 것만 같아 더욱 정이 갑니다.

5월 27일

보릿고개 이야기 다섯
패랭이꽃

관리도 찾지 않는 삼수진 사람들의 삶

때는 인조 8년 / 삼수진 사람들은

패랭이 심어 / 목숨을 부지했다네

땅은 거칠고 / 산은 험한 곳

관리도 오지 않는 땅

촉촉히 나리는 곡우비에도 / 벼 심을 논배미 없는

삼수진 사람들은 패랭이 심어 / 목숨 연명했다네

❀ 이고야, '패랭이'

패랭이꽃은 석죽화石竹花·대란大蘭·산구맥山瞿麥·구맥瞿麥이라고도 불리는 토종 들꽃으로, 낮은 지대의 건조한 곳이나 냇가, 모래땅과 같은 척박한 땅에서 자랍니다. 꽃은 6~8월에 피고 가지 끝에 한 개씩 달리며 분홍빛이지요. 꽃을 뒤집으면 옛날에 역졸, 부보상들이 쓰던 패랭이처럼 생겼다고 해서 패랭이꽃입니다. 석죽화라는 이름은 바위틈 같은 메마른 곳에서도 잘 자라고, 대나무처럼 줄기에 마디가 있어서 그런 이름이 붙었습니다.

1630년 《인조실록》 23권에는 "삼수진은 두 강 사이에 끼어 있는데 지대가 높고 척박하며 기후는 추워서 농사가 되지 않습니다. 성 안의 민가가 7~8가구도 못 되며, 다만 구맥패랭이꽃을 심어서 살아가고 있습니다"라는 기록이 보입니다. 패랭이꽃으로 살아간다는 것은 지금처럼 꽃꽂이용으로 팔아 먹고살았다는 이야기가 아니지요. 교맥蕎麥이라 해서 메밀처럼 식용으로 키운 것이니 쌀 구경을 못하는 백성의 구황식물흉년에 곡식 대신 먹을 수 있는 식물인 셈이지요.

패랭이꽃은 자라는 곳이나 모양에 따라 종류도 많습니다. 바닷가에 자라는 갯패랭이꽃, 구름이 떠 있는 높은 산에서 자라는 구름패랭이꽃, 백두산에서 자라는 키가 작은 난쟁이패랭이꽃, 울릉도 섬패랭이꽃, 꽃잎이 붉은 각시패랭이꽃, 꽃잎이 술처럼 잘게 갈라진 술패랭이꽃, 꽃받침을 둘러싼 부분이 수염처럼 생긴 수염패랭이꽃 등이 그것입니다. 패랭이꽃은 관상용으로도 사랑받고 있지만, 여러 가지 빛깔의 예쁜 패랭이꽃을 바라다볼라치면 인조 때 삼수진 사람들의 고달픔이 전해지는 것만 같습니다.

5월 28일

철도는 조선인들을 위해 만들어졌다고요?

70여 만 조선인들의 땀과 노동

어린 시절 철도여행에 대한 추억을 떠올려봅니다. 붐비는 완행열차 속 비좁은 틈을 타고 찐 달걀과 과자류를 담은 수레를 끌고 왔다 갔다 하던 홍익회 아저씨가 떠오르네요. 좌석 하나에 서너 명씩 앉혀 떠나던 수학여행 길이었습니다. 경부선 완행열차의 이러한 풍경은 요즘처럼 KTX가 초고속으로 실어다주는 시대에는 이해하기 어려울 것입니다.

1905년 5월 28일 경부선 철도 개통식 이후 100여 년이 지난 지금, 철도의 변모는 눈부십니다. 그러나 당시 상황은 호락호락하지 않았습니다. 1898년 9월 철도부설권을 장악한 일제가 경부철도를 놓으려 한 가장 큰 목적은 러일전쟁을 위한 군대와 군수품 수송이었습니다.

1891년부터 러시아가 시베리아 횡단철도부설공사를 시작했고, 영국이 이에 대항해 중국에서 경봉철도북경-봉천를 착공하면서 극동에서 열강들의 다툼이 철도를 매개로 날카롭게 전개되자 일본은 한국철도를 먼저 장악해 일본의 군사력을 한반도에까지 진출시켜 이들 두 세력을 견제하려 했던 것이지요. 일본은 바로 경부선 노선답사를 마치고 서울과 주요항구를 잇는 철도부설권과 경인 · 경부 철도부설권을 요구했으나 우리 정부는 처음에 이를 거절합니다.

1895년 1월 일본은 경부 · 경인철도 세목협정교섭안細目協定交涉案을 우리 정부에 제출하고 체결을 강요했지요. 갖은 수단을 동원한 일본은 1898년 9월 전문 15개조로 이루어진 경부철도합동조약京釜鐵道合同條約을 강제하고 경부철도부설권을 완전히 거머쥐고 말았습니다.

경부철도 부설은 경부철도합동조약 이후 3년 만인 1901년 8월 20일 서울 영등포와 9월 21일 부산의 초량 두 곳에서 각각 기공식을 열고 공사를 시작해 1902년 10월에 초량-구포 간, 1903년 12월에는 서울-수원 간 그리고 1904년 11월에는 서울-대전 간이 개통되었으며 난공사였던 대구-대전 간이 가장 늦게 개통되습니다. 드디어 1905년 5월 28일, 착공 3년 9개월 만에 서울 남대문역에서 경부선 개통식이 열렸지요.

잊지 말아야 할 것은 철도공사에 강제 동원되어 중노동에 시달린 연간 70만 명에 이르는 조선인들의 땀과 노동력입니다. 또한 일제는 경부선을 만들 당시 현금 대신 어음에 해당하는 500냥짜리 군표를 발행해 이것으로 조선 사람들의 땅을 사고 완공 후 현금으로 지불하겠다고 했습니다. 물론 개통 후 우리 국민들은 땅을 판 돈을 한 푼도 받지 못했으며 이 때문에 백성들 사이에는 경부선 철도를 비꼬는 타령조 가락이 한동안 유행하기도 했지요(《자동차생활》 2006년 4월호 참조).

경부선, 경부선의 철도 역사는 굉장하다.

산 뚫고 1000여 리에 지반가地盤價 뉘 받았노.

군표 제조비는 500냥 들었다네, 500냥 자본으로 경부철도 놓았다네.

5월 29일

바다의 탱크 거북선 이순신 이전에도 기록이 보입니다

조선수군의 자존심, 거북선

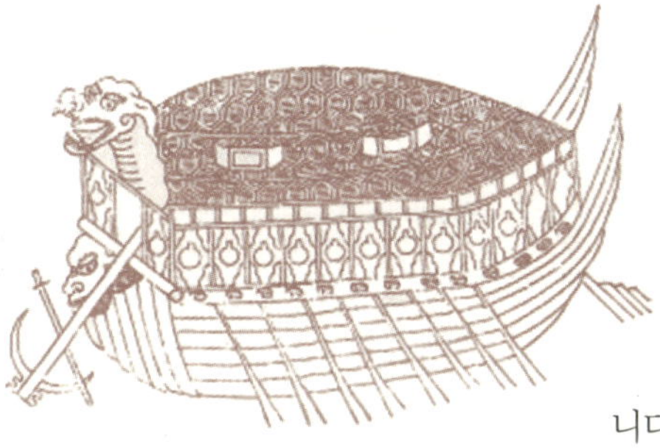

전라좌수영 거북선 모습.

임진왜란 때 이순신이 개발하여 일본수군을 격파한 것으로 알려진 거북선. 그런데 현존하는 문헌 가운데 거북선(龜船)을 처음 기록한 《조선왕조실록》은 《태종실록》입니다. 태종 13년1413 5월 초에 "거북선이 싸우는 모습을 보았다"고 했고, 2년 후에는 다시 "거북선이 매우 견고하여 적선이 해치지를 못한다"고 되어 있습니다. 그 후 180여 년간 거북선에 관한 기록이 보이지 않다가 이순신 장군의 일기인 《난중일기》 1592년 2월 8일 "거북선에 사용할 돛베(帆布) 29필을 받다"는 기록이 나옵니다.

《난중일기》에 따르면 거북선에 비치한 포砲를 처음 발사한 날은 임진년 3월 27일이며, 처음 해전에 참가한 것은 장계狀啓에서 "5월 29일 사천해전泗川海戰"이라 기록되어 있습니다. 이 거북선이 임진왜란 때 돌격전선으로서 큰 힘을 발휘하였고, 전란 후에는 그 모양이 조금씩 변하여 용머리(龍頭)는 거북머리(龜頭)로 바뀌고, 치수도 일반적으로 장대해지는 등 차차 크게 건조되었습니다. 정조 19년 1795에 간행된 《이충무공전서》에는 전라좌수영 거북선, 통제영 거북선의 그림과 함께 건조에 필요한 부분적인 치수가 어느 정도 기록되어 있습니다.

 거북선의 장점은 내부 전투원을 보호할 수 있다는 점과 앞뒤 그리고 오른쪽과 왼쪽에 무려 14개의 화포가 달려서 적선에 포위된 때에도 얼마든지 공격할 수 있다는 것이지요. 또 배 위에 철판이 씌워져 있어 적군을 막는 데 뛰어나기 때문에 적선이 접근전을 펼쳐도 쉽게 막아낼 수 있습니다. 그 까닭에 거북선이 맹렬히 돌진하여 닥치는 대로 포를 쏘고, 용머리를 이용하여 적선을 깨뜨리는 작전도 펼칠 수 있었지요. 밀려드는 왜군을 격파하는 데 큰 공을 세운 거북선은 충무공 이순신과 더불어 잊을 수 없는 겨레의 자랑스러운 배임에 틀림없습니다.

5월 30일

데라우치가 약탈한 조선 책은 몇 권일까요

해결책은 깨끗하게 제자리로 돌려주는 것

일제강점기 초대총독으로 내정된 데라우치 마사다케寺內正毅, 1852~1919는 그 뒤 다시 3대 조선통감으로 1910년 5월 30일 부임합니다. 그는 강력한 무력을 쓴 총독으로 악명이 높은 데다가 고문서와 같이 중요한 서책들을 대량으로 약탈해간 것으로도 유명합니다.

"일제강점기 초대총독이었던 데라우치는 중국, 조선, 일본의 고문서 1만 8,000여 점을 수집했다. 데라우치 사후 그의 아들 수일壽一이 1922년 고향인 야마구치시에 이 책들을 모아 데라우치문고를 설립했다. 이 문고는 1957년 야마구치현립대학에 기증되었다."

이 글은 도쿄에 있는 고려박물관에서 나온《잃어버린 조선 문화유산》이란 책 21쪽에 소개된 '데라우치문고' 첫머리에 나오는 이야기입니다. 고려박물관을 운영하는 사람들은 95%가 순수 일본인으로, 일본인 가운데서도 가장 양심 있는 사람들이 만든 박물관입니다.

"조선관계 자료수집은 데라우치의 조선총독 취임 뒤 바로 시작되었다. 그는 책 전문가인 구도우工藤將平 씨를 곁에 두고 조선고서묵적류朝鮮古書墨蹟類와 함께 창덕궁 안에 있던 규장각의 엄청난 도서와 자료들을 조사시켰으며 이때 많은 책을 수집했다."

데라우치문고 중 하나인 조선 중기 화가 이경윤의 '연자멱시도'.

점잖게 표현해서 그렇지, 한국인이 이 일을 기록했다면 '그때 웬만한 책은 다 훔쳐갔다'고 썼을 것입니다. '규장각 도서조사'라는 말도 우스운 말입니다. 재고책 조사도 아닌데 그동안 잘 있던 규장각 도서를 무엇 때문에 조사한다는 것인지 이해하기 어렵습니다. 데라우치가 약탈해간 1만 8,000여 권은 아무 데서나 볼 수 있는 시시한 책이 아니었습니다. 그 분량도 어마어마한 것이지요.《잃어버린 조선 문화유산》에서는 데라우치를 포함한 이토 히로부미 같은 수많은 총독부 인물들이 조선의 값진 문화유산을 싹쓸이하다시피 가져갔다고 밝히고 있습니다. 고려불화 90%를 비롯하여 세계문화유산에 빛나는 값진 물건들이 도쿄박물관을 가득 채우고도 모자라 동경대학, 동경예술대학, 교토대학, 오사카시립 동양도자미술관, 야마구치현립대학 등등을 채우고 있는 게 현실입니다. 해결책은 모두 깨끗이 제자리로 돌려주는 일입니다. 일본의 양심은 이미 실험대에 오른 지 오래입니다. 공소시효 없이 말입니다.

5월 31일

정조 임금과 정약용은 골초였지요

세계보건기구가 정한 '담배 없는 날'

담배는 17세기 초에 우리나라에 들어와 급격히 퍼졌습니다. 조선 후기 학자 한치윤은 "조정의 높은 벼슬아치부터 부녀자, 어린아이, 종들까지도 담배 피우기를 좋아한다"고 했습니다. 또 순조도 "요즘에는 담배 피우는 습관이 고질이 되어 남녀노소를 막론하고 담배를 즐기지 않는 사람이 없고, 어린애 티를 벗기만 하면 으레 담뱃대를 문다. 세상에서 하는 말인즉 '팔진미는 안 먹어도 담배만은 끊을 수 없다'"고 했으니 당시 담배유행이 어느 정도인지 짐작할 수 있습니다.

문제는 담배가 크게 유행하다보니, 농가에서는 곡식을 심지 않고 너도나도 돈이 되는 담배를 재배하는 것이었습니다. 심지어 서초西草, 곧 평안도와 황해도 담배는 품질이 아주 좋아 값이 비쌌던 까닭에 그 지방의 좋은 땅이 거의 담배를 심는 부작용이 생겼습니다. 그래서 영조는 경상 · 충청 · 전라도 관찰사에게 담배를 심지 못하도록 하라는 명을 내리기까지 했지요. 하지만 2년 뒤인 영조 10년에 장령 윤지원이 담배의 해독은 술보다 더 심하니 시골에서는 심지 못하게 하고 가게에서 팔지 못하게 해야 한다고 주장하는 것을 보면 담배 심기를 금한 일은 실패했나 봅니다.

특히 학자임금인 정조와 책을 무려 549권 펴낸 다산 정약용도 골초였다고 하지요. 반대로 《성호사설》을 쓴 성호 이익과 《청장관전서》를 쓴 청장관 이덕무는 대표적인 흡연 유해론자입니다. 이익은 "담배는 안으로는 정신을 해치고 밖으로는 듣고 보는 것을 해친다"고 말했으며, 이덕무는 "간혹 자식에게 담배를 가르치는 부모가 있는데, 이는 무식한 부모요, 부모가 금하는데도 몰래 담배를 피우는 자식은 불초한 자식이다"라고 강조했습니다. 현대에 들어와서는 세계보건기구WHO가 담배는 해롭다며 5월 31일을 '담배 없는 날'로 지정했습니다. 정조와 정약용이 살아 있었다면 이날에 과연 어떻게 반응했을지 궁금하기만 합니다.

여름

엄마는 아침부터 밭에서 살고

아빠는 저녁까지 논에서 살고

아기는 저물도록 나가서 놀고

오뉴월 긴긴 해에 집이 비어서

더부살이 제비가 집을 봐주네

오뉴월 긴긴 해에 집이 비어서
더부살이 제비가 집을 봐주네

6월 1일

무더운 여름의 시작을 이열치열로 다스립니다

한 해의 절반 보내는 마음 조급하지 않게

6월은 본격적인 무더위가 시작되는 달입니다. 예부터 무더운 여름을 무사히 보내기 위해 우리 겨레는 이열치열以熱治熱을 많이 활용했습니다. 복날이면 뜨거운 삼계탕 따위로 몸보신을 했고, 양반들까지 팔을 걷어붙이고 김매기를 도왔지요. 그 까닭은 무엇일까요?

여름철이면 우리 몸은 외부의 높은 기온 때문에 체온이 올라가는 것을 막기 위해, 살갗 근처에 다른 계절보다 20~30% 많은 양의 피를 모읍니다. 이에 따라 위장을 비롯하여 여러 장기는 피가 모자라게 되고 몸 안의 온도가 떨어지는데, 이렇게 되면 식욕이 떨어지면서 만성피로와 같이 여름을 타는 증세가 나타나기 쉽습니다. 이때 차가운 음식만 먹게 되면 번열증煩熱症이 생긴다고 합니다. 번열증은 나쁜 열이 속에 들어가서 생긴 병으로, 이때 열이 나고 가슴이 답답하며 갈증, 구역질, 수면불안을 느낍니다. 치료법으로는 땀을 내어 풀어버리거나 토하게 하는 약과 똥오줌을 누게 하는 약을 쓰도록 하지요. 몸속의 땀을 내는 데는 삼계탕같이 뜨거운 음식이 제격입니다. 예부터 무더위에 땀을 뻘뻘 흘리면서 뜨거운 음식을 먹은 것은 바로 이 원리를 응용한 지혜였지요.

옛사람들은 더위를 이기는 지혜로, 더운 차를 마시고 조급한 마음을 버리며 과식하지 말 것을 권했습니다. 1년의 반을 가르는 6월 초하루, 더위를 잘 다스리는 것이 한 해의 후반부를 잘 다스리는 일이겠지요.

6월 2일

어머니 사랑이 개구멍바지로 숭숭 들어옵니다

편하면서도 바람이 통하는 바지

할매가 골무를 낀다 / 오늘은 무얼 만들까

바늘귀 꿰주며 / 가만히 바라본다 할머니 손을

할매가 신들린 듯 하늘 높이 / 바늘을 뽑았다

할매는 칼잡이 무당 / 신굿 한바탕에

동생 입을 개구멍바지 하나 뚝딱 / 오호 할매는 신굿 무당

❀ 최용희, '개구멍바지'

눈이 어두운 할머니 곁에서 바늘귀를 끼워주며 할머니의 개구멍바지 만드는 모습을 바라다보는 귀여운 손자 모습이 한 폭의 그림 같습니다. 예전에 '개구멍' 이란 말이 있었습니다. 개구멍은 담이나 울타리 또는 대문 밑에 개가 드나들도록 터진 작은 구멍을 말합니다. 그런데 이 개구멍에 덧붙인 개구멍바지, 개구멍받이, 개구멍서방 같은 재미있는 말을 들어보셨나요?

개구멍바지는 오줌이나 똥을 누기에 편하도록 밑을 터서 만든 대여섯 살 어린 아이들이 입던 한복바지를 이르는 말입니다. 튼 구멍을 개구멍에 비유한 것이 참 재미있습니다. 이 개구멍바지와 비슷한 풍차바지도 있습니다. 뒤가 길게 터지고, 그 터진 자리에 풍차좌우로 길게 대는 헝겊조각를 달아 만든 바지입니다. 이 밖에

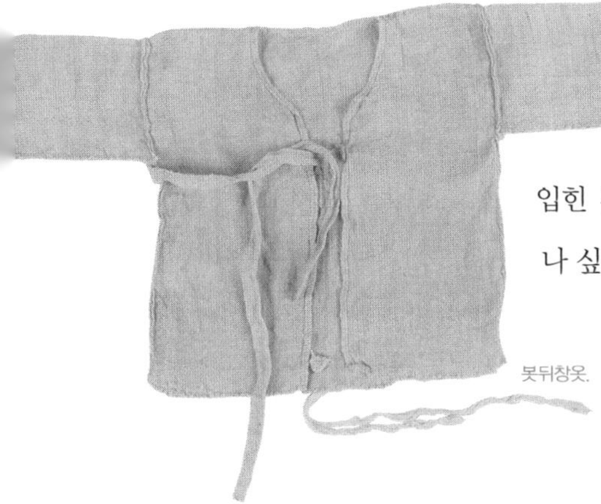

갓난아이가 입는 두렁이와 봇뒤창옷, 배냇저고리깃저고리도 있었는데 특히 아래를 터서 입힌 것은 통풍을 고려한 어머니의 사랑이 아니었나 싶습니다.

봇뒤창옷.

6월 3일

추사 김정희 선생이 세상에 나온 날입니다

평생 벼루 열 개, 붓 1,000자루 갈아치운 노력

붓글씨에 관한 한 따라올 사람이 없다는 추사 김정희金正喜, 1786~1856, 한데 그가 천하의 명필이 되기까지 낯선 유배지에서 쓰라리고 고독한 시간 속에서 자신을 담금질하면서 부단히 노력한 사실은 잘 알려지지 않은 듯합니다. 그는 화날 때에도 붓을 들고, 외로울 때도 붓을 들었으며, 슬프고 지치고 서러움이 북받칠 때도 붓을 들었다지요. 그리고 어쩌다 한 번씩 반가운 편지와 소식이 올 때에는 자다가도 일어나 붓을 들었다고 합니다.

추사 김정희는 1786년 6월 3일 충청남도 예산에서 병조판서 김노경의 아들로 태어나 24살 되던 해에 청나라 연경燕京에 가서 당시 이름난 학자인 완원, 옹방강에게 금석학과 실학을 배우고 돌아옵니다. 6살 때부터 입춘첩立春帖을 써 붙인 글씨가 예사롭지 않음을 실학자 박제가가 보고 명필이 될 것이라 예언했다

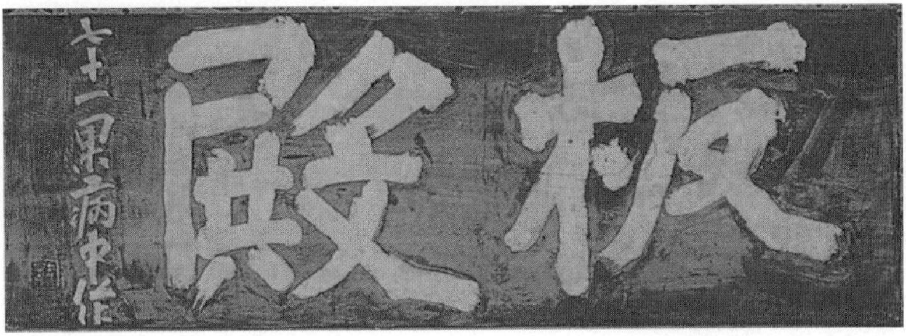

추사가 죽기 3일 전에 쓴 봉은사 판전 현판.

는 일화는 유명합니다. 다만 그가 명필가의 반열에 오른 것은 부단한 자기 노력이 있었음을 잊어서는 안 됩니다.

그는 중국의 비석 글씨 309개를 베끼고 베끼면서 고전과 글씨를 익혔고 70살로 생을 마감할 때까지 벼루 열 개를 갈아치우고, 붓 1,000자루를 닳도록 썼다고 하지요. 한번은 친구 김유근이 자신의 벼루에 추사의 글씨를 새기겠다고 글씨를 부탁하자 추사는 마음에 들 때까지 글씨체를 연습했다지요. 또 후배 윤정현이 붓이름호를 써달라고 하자 윤정현이란 인물에 걸맞은 글씨체를 찾으려고 고민하다 무려 30년 만에 글씨를 써주었을 정도로 자신의 글씨에 철저했습니다.

흔히 추사체는 변화무쌍함과 괴이함에 그치지 않고 잘되고 못되고를 따지지 않는다는 불계공졸不計工拙의 경지에 도달했다고 합니다. 추사는 죽기 3일 전까지 글을 썼는데 봉은사 판전板殿이란 글씨가 그것으로, 이는 아무 기교도 부리지 않은 어린아이 같은 순수함이 느껴진다는 평가를 받습니다.

6월 4일

옹기는 그릇뿐만이 아니에요

질박함이 느껴지는 서민의 다용도 그릇

옹기甕器는 삼국 시대 이전부터 만들어 쓴 것으로 짐작되는 우리의 독특한 그릇입니다. 옹기를 사전에서 찾아보면 '질그릇과 오지그릇을 통틀어 이르는 말' 이라고 풀이합니다. '사람의 손길조차 닿지 않았던 것 같은 원시 그대로의 자연성이 있다' 라는 설명도 있습니다. 옹기는 깨지면 바로 흙으로 돌아가기 때문에 그런 느낌이 나는가 봅니다.

옹기는 숨구멍 역할을 하는 원형조직이 공기 중에서 젖산균과 대장균을 억제하는 기공을 끌어들이기에 김치를 오래 저장해주는 그릇으로 쓰입니다. 그뿐만 아니라 옹기는 술을 발효하는 그릇부터 간장, 된장을 담는 장독, 물독, 떡시루 따위의 커다란 그릇은 물론 뚝배기, 종지 따위의 작은 그릇, 굴뚝, 촛병, 등잔, 기와, 주전자, 소줏고리소주를 내리는 데 쓰는 재래식 증류기, 장군물, 술, 간장, 똥, 오줌 등 액체를 담아서 옮길 때 쓰는 그릇으로 다양하게 써왔습니다. 이렇게 좋은 그릇, 옹기는 어떻게 유통되었을까요?

지금은 옹기 전문점도 있고 대형 마트에 가면 소품 정도야 얼마든지 살 수 있지만 예전에는 사정이 달랐습니다. 1925년 6월 4일 《동아일보》에는 '남자 일곱 명이 옹기 장사하는 시골여자를 방에 가둬두고 윤간輪姦했다' 는 큼지막한 기사가 눈에 띕니다. 남편이 있는 스무 살의 앳된 아낙 김이순은 생활고를 해결하려고 옹기장사 길로 나섰습니다. 일제강점기 여인의 피폐한 삶이 느껴지는군요. 그날도 여인은 옹기를 팔러 나가 충북 청주의 민도식이란 사람 집에서 옹기를 사준다는 말을 듣고 들어갔다가 봉변을 당하고 맙니다. 가녀린 여인의 등에 업혀 기구한 사연을 담았던 옹기. 옹기는 조선 가정에서 없어서는 안 될 그릇이었으며 삶의 애환이 묻어 있는 그릇입니다.

6월 5일

충무공의 발자취를 따라가봅니다

치열한 전투를 기억하는 바다, 당항포

경남 고성군 회화면과 동해면 사이의 당항만은 만灣 특유의 안온한 바다 정경이 한 폭의 그림처럼 아름다운 곳입니다. 바다는 잔잔하고 주변 우거진 소나무숲 속에서는 언제나 해풍에 마음을 내맡긴 솔내음이 가득한 곳이지요. 언뜻 보면 예사로운 바다지만 400여 년 전 이곳에서는 성웅 이순신 장군과 왜군의 치열한 전투가 두 차례나 있었습니다.

1차 해전은 1592선조 25년 6월 5일부터 6일까지 이틀 동안, 2차 해전은 1594년 3월 4일 하루 벌어졌습니다. 1차 해전 때 이순신의 총지휘 아래 전라좌수영 전선 23척, 이억기의 전라우수영 전선 25척, 원균의 경상우수영 전선 3척 등 총 51척이 참가하여 대승리를 거두었고 2차 때도 이순신의 지휘 아래 학익진鶴翼陣 전법으로 적을 대파한 곳이 당항포해전입니다.

이러한 충무공의 혼이 깃든 당항포 대첩지를 후손에 길이 전하고자 고성군에서는 1981년 성금을 모아 대첩지를 만들어 1987년 11월에 개장했습니다. 누구나 이곳을 찾아 이순신 장군의 기개를 엿볼 수 있도록 전시실과 휴식공간 그리고 당항포 앞바다를 에둘러 만든 산책길을 걸으며 충무공을 그려볼 수 있게 했지요. 또한 이곳에서는 해마다 '당항포대첩 축제'를 열어 충무공 이순신 장군의 당항포대첩의 영광을 새기고 그날의 승전함성을 재현함으로써 풍전등화의 위기에 선 조국을 굳건히 지켜낸 이 충무공의 애국애민 정신과 이름 없이 죽어간 조선 수군들의 투혼을 기리는 행사를 열고 있습니다.

6월 6일

망종풍습 하나
모내기와 보리 베기

발등에 오줌 쌀 만큼 바쁘다

망종芒種은 24절기 가운데 아홉째에 해당하며 양력으로는 보통 6월 5~6일 무렵입니다. 소만小滿과 하지夏至 사이에 들어 있으며 우리나라의 현충일은 망종날짜와 망종에 지내던 제사에서 유래했다는 이야기가 있습니다. 《동아일보》 기사에 따르면 마침 1962년 6월 6일은 현충일과 단오와 망종이 한날에 겹쳤던 날이지요. 망종은 벼, 보리같이 수염이 있는 까끄라기 곡식의 씨앗을 뿌려야 할 적당한 때라는 뜻으로, 이 시기는 모내기와 보리 베기에 알맞은 때지요. "보리는 망종 전에 베라"는 속담이 있습니다. 망종까지 보리를 모두 베어야 논에 벼도 심고 밭갈이도 하게 된다는 뜻이지요. 또 망종을 넘기면 보리가 바람에 쓰러지는

© 이무성 화백

수가 많으니 이를 경계하는 뜻도 담고 있습니다. "보리는 익어서 먹게 되고, 볏모는 자라서 심게 되니 망종이요", "햇보리를 먹게 될 수 있다는 망종"이라는 말도 있지요.

엄마는 아침부터 밭에서 살고
아빠는 저녁까지 논에서 살고
아기는 저물도록 나가서 놀고
오뉴월 긴긴 해에 집이 비어서
더부살이 제비가 집을 봐주네

이 동시는 이문구의 '오뉴월' 입니다. 바쁜 망종의 농촌풍경을 잘 노래하고 있습니다. 모내기와 보리 베기가 겹치는 이 무렵에는 보리농사가 많은 남쪽일수록 더욱 바쁩니다. 그래서 "발등에 오줌 싼다"고 할 만큼 한 해 가운데 가장 바쁜 시기입니다. 또 망종에는 농사일이 끊이지 않고 이어져 일을 멈추는 것을 잊는다고 망종이라고도 했습니다. 이렇게 바쁘다보니 자연 "불 때던 부지깽이도 거든다", "별 보고 나가 별 보고 들어온다"는 말까지 생겼지요.

6월 7일

망종풍습 둘
망종 때의 가뭄과 풍습

파종 때 가뭄을 임금도 걱정하다

망종에는 모내기가 한창인데 이때 오랜 가뭄이 들면 기우제를 지냈습니다. 《세종실록》 7년1425에는 "이제 밀, 보리가 결실할 때인데, 비가 내리지 아니하므로 매우 민망하게 여긴다. 지난 계묘년에도 역시 이같이 가물었는데, 5월 초3일에 현릉에 참배하고 돌아오는 길에 밀, 보리가 말라 상했을까 염려하여 사람을 시켜 돌아보게 했더니 상하지는 않았는데, 금년에는 어떠한가? 이날 이전에 비가 내려서 파종만 하게 되면, 내 근심이 좀 풀어지겠다"라는 기록이 보입니다. 임금도 걱정하던 모내기철의 정경이 눈에 그려집니다.

또한 망종풍습은 지역마다 다른데 전남에서는 '보리그스름보리그을음'이라 하여 풋보리를 베어다 그을음을 해서 먹으면 이듬해 보리농사가 풍년이 든다는 믿음이 있으며 보리를 밤이슬에 맞혔다가 다음 날 먹으면 허리 아픈 데 약이 되고, 그해에 병 없이 지낼 수 있다는 이야기가 전해옵니다.

제주도에서는 망종 풋보리 이삭을 뜯어 와서 손으로 비빈 다음, 솥에 볶고 맷돌에 갈아 채로 쳐 그 보릿가루로 죽을 끓여 먹는 풍습이 있는데 이렇게 하면 여름에 보리밥을 먹어도 배탈이 나지 않는다는 민간신앙도 전해 내려오지요.

6월 8일

단오풍습 하나
그네 뛰고 씨름하는 명절

단오는 설날, 한식, 한가위와 더불어 4대 명절

음력 5월 5일인 단오는 우리 겨레 4대 명절 가운데 하나입니다. 단오는 단오절, 단옷날, 천중절天中節, 포절蒲節, 단양端陽, 중오절重午節, 重五節이라고 불리기도 하며, 우리말로는 수릿날이지요. 단오의 단端은 첫째를 뜻하고, 오午는 다섯이란 뜻으로, 단오는 초닷새를 뜻합니다. 중오重五는 오五의 수가 겹치는 5월 5일을 뜻하는 것으로, 양기가 왕성한 날이라고 생각하는데 음양사상陰陽思想에 따르면 홀수를 '양陽의 수'라 하고, 짝수를 '음陰의 수'라 하여 '양의 수'를 좋은 숫자로 여겼습니다. 양의 수가 중복된 명절은 단오 말고도 설1월 1일, 삼짇날3월 3일, 칠석7월 7일, 중구9월 9일가 있지요.

이날은 쑥떡을 해 먹는데, 쑥떡 모양이 수레바퀴처럼 만들어졌다고 해서 토박이말로는 수릿날이라고 불립니다. 수리란 고高, 상上, 신神 따위를 뜻하는 우리의 옛말로 '신의 날', '최고의 날' 이란 뜻에서 불렀다는 이야기도 있으며, 모함을 받은 중국 초楚나라 굴원屈原이 지조를 보이려고 수뢰水瀨, 급류에 빠져 죽었는데 이날을 기려 제사를 지냈다는 뜻으로 수릿날이라 부르게 되었다는 설도 있지요.

예부터 단오는 설날, 한식, 한가위와 함께 4대 명절로 지냈습니다. 이날의 세시풍속으로 남성들은 씨름을, 여성들은 그네 타기와 창포물에 머리 감기를 즐겨 했습니다. 또 이날에는 다가올 여름에 더위를 타지 말고 건강하라는 뜻으로 부채를 선물하기도 합니다. 단옷날 정오에 대추나무 가지를 치거나 가지 사이에 돌을 끼워놓아 더 많은 열매가 열리기를 기원하는 '대추나무 시집보내기' 풍습도 있습니다.

6월 9일

단오풍습 둘
단오의 세시풍속과 시절음식

수리떡과 앵두화채를 해 이웃과 먹고 마시다

예전에 단오는 우리 겨레의 큰 명절이었는데 이날에는 여러 가지 세시풍속들이 있었습니다. 특히 농가의 부녀자들은 단오장端午粧, 단옷날의 화장이라 하여 창포뿌리를 잘라 비녀로 만들어 머리에 꽂아 두통과 나쁜 일을 막고, 창포를 삶은 물에 머리를 감아 윤기를 냈지요. 또 단옷날 새벽 상추잎에 맺힌 이슬을 받아 분을 개어 얼굴에 바르면 버짐이 피지 않고 피부가 고와진다고 생각했습니다. 남자들은 단옷날 창포뿌리를 허리에 차고 다니는데, '귀신을 물리친다'는 믿음 때문이었지요.

단옷날 가운데서도 오시午時, 오전 11시~오후 1시가 양기가 가장 왕성한 시각으로 생각하여 농가에서는 약쑥, 익모초, 찔레꽃을 따서 말려둡니다. 오시에 뜯은 약쑥을 다발로 묶어서 대문 옆에 세워두면 재액을 물리친다고 믿었고, 창포술 따위의 약주를 마셔 재액을 예방하려 했습니다.

단오의 시절음식으로는 수리떡과 약떡이 있지요. 《동국세시기》에 따르면 "이날은 쑥잎을 따다가 찧고 멥쌀가루 속에 넣어 반죽을 하여 초록색이 나도록 하여 이것으로 떡을 만드는데 수레바퀴 모양으로 빚어서 먹는다"는 풍속이 전해옵니다. 이것이 바로 수리떡이지요. 전라남도에서 전하는 시절음식 약떡도 있습니다. 5월 4일 밤이슬을 맞혀두었던 여러 가지 풀을 가지고 단옷날 아침에 떡을 해먹는데, 이를 약떡이라고 하지요. 앵두가 제철인 단오 무렵이면 앵두화채를 만들어 이웃과 오순도순 나누어 먹기도 하고 새 쑥을 넣어 만든 떡으로 차례를 지냈습니다. 이제는 설, 한식, 단오, 한가위 4대 명절 중 설과 한가위만 남아 있습니다.

6월 10일

한여름 꼭 필요한 소를 파는 심정

급히 돈이 필요한 때를 빼고는 팔지 않던 소

> 콧잔등이 쌀쌀 언 새벽으로 / 누비 옷 입은 영감이 소를 몰고 간다
>
> 거리에는 밤눈이 내려 사람도 없고 / 귀신들도 돌아가고
>
> 소는 울지 않고 / 영감은 말이 없다
>
> 우시장까지는 하이얀 길이다 / 이십오 리 바람 길이다

신재경의 '우시장'이란 시의 일부인데 소를 팔러 우시장쇠전으로 가는 정경입니다.

예전에 소는 농사를 짓는 데 빠져서는 안 되었기에 중요한 재산목록이었습니다. 그래서 급히 돈이 필요한 때를 빼고는 절대 소를 팔지 않았습니다. 부득이 소를 팔 때 거간중개인에게 매깃돈출몰, 뻔돈을 주면, 거간은 살 사람에게 흥정을 합니다. 소를 평가할 때는 먼저 골격이 균형을 이루고 있는지 살피고, 뿔의 모양도 봅니다. 또 소 울음소리도 들어봅니다. 색깔은 대춧빛일 때 가장 좋다고 합니다. 한 가지 빼놓지 않는 것은 소 주인의 성격입니다. 아마 소도 주인을 닮아가기에 그렇겠지요. 이렇게 우시장은 파는 사람, 사는 사람, 거간꾼, 구경 나온 사람, 허드렛일 하는 사람으로 시끌벅적했을 겁니다. 여기서 씁쓸한 우시장 정경을 하나 소개하지요.

때는 1922년 7월 27일 황해도 황주땅 성남 우시장에서 일어난 일입니다. 당

시 성남 우시장은 청일전쟁으로 피폐한 인근 마을 160여 호 주민들의 생계터전이었는데 어느 날 황주군수 일본인 다나카와 면장 윤경혁 등이 서로 짜고 인근 지역으로 우시장을 옮기고는 장날마다 우시장에 드나드는 사람에게 토지세 27전, 소 말뚝값 3전을 합해서 30전을 받는 일이 벌어져, 이곳을 드나들며 생계를 이어가던 사람들이 황해도청으로 몰려가 항의했다는 기사입니다. 돈벌이에 눈이 어두운 일본인 군수와 일부 동포의 횡포가 그렇잖아도 일손이 필요한 소를 울며 겨자 먹기로 팔아야 하는 우시장 풍경을 더 씁쓸하게 합니다.

6월 11일

신불출이 '왜'를 없애자고 합니다

신불출, 일제강점기 최고의 만담가

노들강변 봄버들 휘늘어진 가지에다가
무정세월 한허리를 칭칭 동여매어나 볼까
에헤야 봄버들도 못 믿으리로다
푸르른 저기 저 물만 흘러 흘러서 가노라

1930년 신불출申不出, 1905~?이 작사한 '노들강변'입니다. 문호월 작곡, 박부용 노래로 서민들의 사랑을 받아 우리 음악사에 불멸의 민요곡으로 자리 잡은 노래지요. '노들강변' 은 오케레코드사에서 음반으로도 제작됐는데 1930년대 작곡가 이면상과 음악 전문가들은 협의를 거쳐 '노들강변' 을 첫 신민요 작품으로 결정했습니다.

신불출은 원래 만담가로 더욱 유명합니다. 일제강점기에 풍자와 해학으로 당대 최고의 인기를 얻었던 사람이지요. 신불출은 특유한 화술로 대중의 인기를 끌었지만 일제에 노골적으로 저항하면서 툭하면 경찰에게 끌려가 조사를 받았고 인기 높던 그의 음반은 자주 불온작품으로 걸려 판매금지를 당했습니다.

그의 만담작품 '말씀 아닌 말씀' 에는 "사람이 왜 사느냐가 문제인 것이 아니라 어떻게 살 것인지가 문제다. 그러므로 우리는 '왜' 자라는 것을 아예 없애 버려야 한다"는 내용이 있는데, 일본을 뜻하는 왜倭 자가 떠오르게 하는 중의법을 써 '왜놈을 없애야 한다' 는 뜻을 전하고자 했습니다. 또 자신의 이름을 불출不出로 바꾼 것은 '이렇게 일본세상이 될 줄 알았더라면 차라리 세상에 나지 말았어야 했다' 는 뜻에서 지었다고 합니다. 1946년 6월 11일은 좌익성향이었던 그가 6 · 10만세운동 기념 연예인 대회에서 우익청년들에게 폭행당하고 구속됐던 날입니다. 일제강점기 일본의 수탈에 고통을 받던 조선민중은 신불출의 만담으로 잠시나마 울분을 달랬습니다. 일제에 간접적으로 항거하면서 조선 민중을 보듬었던 신불출, 그는 어쩌면 또 다른 독립투사일 것입니다.

6월 12일

목침이 내 머리를 시원하게 합니다

우리 겨레의 베개

공주 무령왕릉 목관 안에서는 왕비의 머리를 받치기 위한 장의용 나무베개가 발견되었습니다. 위가 넓은 사다리꼴의 나무토막 가운데를 U자형으로 파내어 머리를 받치게 했지요. 겉에는 붉은색 칠을 하고 금박을 붙여 거북등 무늬를 만들고 베개의 양옆 윗면에는 암수 한 쌍으로 보이는 목제 봉황머리를 놓았습니다. 이 무령왕비 베개武寧王妃 頭枕는 국보 164호로 지정되어 있습니다.

이처럼 우리 겨레는 오래전부터 베개를 써왔고, 또 다양한 베개를 만들어왔습니다. 그 가운데 구봉침은 신혼부부가 쓰던 베개로, 부부금슬과 자식 많이 낳기를 기원하는 뜻으로 좌우 베갯모에 아홉 마리의 봉황식구를 화려하게 수놓은 구봉문九鳳紋이 있습니다. 또 나무를 상자모양으로 짜고 서랍을 두고 비녀나 빗 따위의 화장용구를 넣어두는 '퇴침', 여름철 주로 서민층에서 썼고, 상류사회에서 쓰던 것으로 세공이 뛰어난 '목침' 도 있습니다. 또 자기로 만든 것으로 머리를 식히려고 서재에서 잠깐 쉴 때에 썼던 '도침', 긴 사각형의 부들로 엮은 작은 방석을 몇 장씩 겹쳐 만든 '면침', 6~8개의 골을 내고 골마다 수를 놓고 속에는 겨를 넣어 베갯잇을 씌운 '골침', 늙도록 눈을 밝게 해준다는 돌로 만든 '돌베개' 가 있으며, 국화꽃잎 말린 것을 베개 속에 넣은 '국화베개', 결명자를 넣어 눈을 밝게 해준다는 '결명자베개', '녹두베개' 도 있습니다.

6월 13일

목화씨를 숨겨 왔다는 건 잘못된 이야기입니다

613년 전 오늘, 문익점 선생 돌아가시다

오늘은 목화씨를 들여온 문익점文益漸, 1329~1398 선생이 돌아가신 날입니다. 한때 선생이 목화씨를 붓두껍에 몰래 숨겨 왔다는 말이 퍼진 적이 있습니다. 《고려사》 기록에도 "문익점이 원나라에 사신으로 갔다가 본국으로 돌아오면서 목화씨를 얻어가지고 와서……"라고 되어 있지 숨겨 들여왔다는 내용은 없는데 말입니다. 당시 목화는 원나라 곳곳에 널리 심어져 있는 것으로 반출금지 품목도 아니어서 붓두껍에 숨겨 가지고 들어올 물건은 아니었지요. 지금도 마찬가지지만 씨앗을 가지고 다닐 때는 손바닥에 움켜쥐고 다닐 수는 없는 노릇이므로 주머니에 넣거나 보관하기 쉬운 작은 봉투 또는 붓두껍 같은 곳에 담는 것이 상식일 텐데, 이를 두고 훔쳐 왔다는 식으로 글을 써서 퍼뜨리는 것은 선생을 마치 좀도둑으로 모는 것 같아 썩 유쾌하지 않습니다.

그럼에도 그가 원나라에서 돌아오면서 목화씨를 가지고 온 이야기는 참으로 유명하지요. 《태조실록》을 보면 "전 좌사의대부左司議大夫 문익점이 졸卒하였다. 익점은 진주 강성현江城縣 사람이다. 아버지 문숙선은 과거에 올랐으나 벼슬하지 않았다. 익점은 가업을 계승하여 글을 읽어 공민왕 경자년에 과거에 올라 김해부사록金海府司錄에 임명되었으며, 계묘년에 순유박사諄諭博士로써 좌정언左正言에 승진되었다. 계품사計稟使인 좌시중左侍中 이공수李公遂의 서장관書狀官이 되어 원나라 조정에 갔다가 돌아오려고 할 때에 길가의 목면木緜나무를 보고 그 씨 10

여 개를 따서 주머니에 넣어 가져왔다"는 기록입니다.

문익점이 가지고 온 목화씨는 재배에 모두 실패하고 문익점의 장인이 심은 하나만이 성공했다고 전해집니다. 그가 싹을 틔우지 못한 이유는 목화씨가 인도면이라 우리나라 기후와는 맞지 않았기 때문입니다. 그나마 남쪽지방 따뜻한 곳에 재배했기에 하나라도 건질 수 있었던 것이지요.

문익점이 목화를 들여오기 이전에 우리나라는 중국 신장자치지구 고창이란 곳과 함께 단군조선 때부터 초면이 자생했는데 초면은 우리의 기후와 맞는 품종이었다고 전합니다.

6월 14일

수제비는 양반집 잔칫상에서나 볼 수 있었어요

시대별 달라진 수제비의 위상

한 전직 대통령은 청와대에서 수제비를 즐겨 먹었다고 하지요. 그만큼 검소하게 보이길 원했나 봅니다. 수제비는 팥수제비, 애호박수제비, 다슬기수제비, 고구마수제비, 감자수제비, 낙지수제비, 고추장수제비, 해물수제비 따위가 있으며 그 종류가 다양한 만큼이나 서민들이 즐겨 먹는 음식입니다. 하지만 옛날엔 궁궐이나 양반집 잔칫상에서 볼 수 있었던 귀한 음식이었습니다.

서긍이 쓴 《고려도경》에는 "고려에는 밀이 적기 때문에 중국에서 수입한다. 그러나 밀가루값이 매우 비싸서 혼인이나 잔치 같은 날이 아니면 먹지 않는다"라는 기록이 보입니다. 우리 겨레의 주식은 쌀과 보리였기에 밀의 재배는 아주 적었고 그래서 값이 비싸며 귀해 일반 백성은 먹을 수가 없었던 것이지요.

일제강점기에도 수제비는 귀했습니다. 《개벽》 72호 1926년 8월 1일 기사에는 "우리가 鷄林莊계림장에서 고생하던 일을 생각해보자. 하로에 밀가루 수제비 한번을 변변히 못 먹어도 우리 깜녕에는 어느 정도까지는 자유롭고 활발하게 놀엇다! 豪言壯談호언장담으로 萬丈만장의 氣陷기함을 토하야 山河산하를 들어마시고 우주를 때려부실드키 放恣豪蕩방자호탕하게 놀지 안엇든가?"라는 글이 보입니다. 그러나 이때의 수제비는 《고려도경》의 '귀한 수제비'이기보다는 쌀, 보리를 대신하는 음식으로 느껴집니다. 지금은 다시 '별미'라는 인식이 강해졌지만 말입니다. 시대별 수제비에 대한 느낌이 다르다는 것이 퍽 흥미롭습니다. 애호박 철에 애호박을 송송 썰어 넣은 수제비 한 그릇은 여름철 별미 중 별미일 것입니다.

6월 15일

임금의 유모 집은 문전성시를 이루었지요

끗발 좋았던 종1품 봉보부인

예전에는 젖을 주는 엄마, 곧 유모를 쓰곤 했는데 그 유모 이야기입니다. 《세종실록》 68권, 17년1435 6월 15일 기록에는 예조에서 "이제부터 유모를 아름다운 이름을 써서 봉보부인奉保夫人이라 이름 하고, 종2품으로 하소서"라고 청하고 세종이 이를 수락하는 구절이 나옵니다. 또 《세종실록》 125권, 31년1449 7월 26일에는 봉보부인 이 씨의 장례를 지내는 데 쓸 물건 따위를 주도록 명했다는 내용도 있습니다.

이후 임금의 유모는 '봉보부인'이라 하였고, 나중에 예우를 높여 조선 시대 법전인 《대전회통》에는 종1품으로 기록되었습니다. 《성종실록》 234권, 20년 11월 21일에는 임금이 봉보부인 외의 사람은 남쪽담장의 대문 안에서는 말을 타지 못하게 하고 봉보부인을 알아볼 수 있도록 패를 만들어 봉보기마패奉保騎馬牌라고 새기라는 이야기도 나옵니다.

봉보부인은 임금의 탄신이나 자신의 생일 또는 나라에 기쁜 일이 있을 때마다 특별한 축하예물을 받았습니다. 심지어 포악한 임금이라고 알려진 연산군도 봉보부인만큼은 끔찍이 여겼다고 하지요. 이렇듯 사대부 집안이 아닌 일반 백성출신이었던 봉보부인 집에는 청탁꾼이 몰려 부작용도 있었습니다. 연줄을 타보려는 것이었지요.

6월 16일

다산 정약용 선생이 태어난 날입니다

어두운 시대를 아파하며 책 읽기와 글쓰기에 열중한 삶

작은 산이 큰 산을 가렸으니, 멀고 가까움이 다르기 때문 小山蔽大山 遠近地不同

다산이 일곱 살 때 지은 시입니다. 10살 때에는 경서經書와 사서史書를 배운 뒤 지은 글이 자기 키만큼 되었다는 이야기가 전하고 있으니, 어린 시절부터 글 공부에 열심인 인물이었음을 알 수 있지요. 10살 이전의 작품으로 《삼미자집》이 있다고 하나 전해지지는 않습니다.

다산은 영조 38년1762 6월 16일 광주군 초부면 마현리현재의 경기도 남양주시 조안면 능내리에서 진주목사를 지낸 정재원의 4남 1녀 가운데 4남으로, 어머니는 조선 시대 유명한 서화가인 공제 윤두서의 손녀였습니다. 흔히 알려진 약용若鏞은 관명冠名이며 자는 미용美鏞 · 송보頌甫, 호는 사암俟菴 · 다산茶山으로 전합니다. 다산이란 이름은 사도세자의 변고로 시파에 가담하였다가 벼슬을 잃은 아버지 정재원이 귀향할 때 출생하였기 때문에 지은 이름입니다. 다산은 두 살 무렵 천연두를 앓아 오른쪽 눈썹 위에 자국이 세 개 남아 스스로 호를 삼미자三眉子라고 했습니다.

다산은 정조가 죽자 정적들의 모함으로 사지에 내몰리는데 겨우 목숨을 건져 40살부터 18년간 긴 유배생활에 들어갑니다. 이때 자신의 운명에 결코 좌절하지 않고 시대의 아픔을 학문적 업적으로 승화하였습니다. 경학과 경세학 등 여러 방면의 학문연구에 힘써 500권이 넘는 책을 썼습니다. 그의 글쓰기는 당시 조선 사회의 시대적 모순을 극복하여 나라를 새롭게 하고 백성을 살리기 위한 것으로 평가받고 있지요.

42살 때 유배지에서 맞은 동짓날, 자신이 묵던 작은 방을 사의재四宜齋라 불렀는데 '생각을 담백하게 하고, 외모를 장엄하게 하고, 언어를 과묵하게 하고, 행동을 신중하게 하겠다'는 뜻입니다. 방이름 하나에서도 그의 인품이 엿보입니다.

6월 17일

태평양전쟁의 마지막 발악, 쌀 강탈작전

생존의 최후수단인 쌀수탈 하나만으로도 입증되는 악랄함

전북 군산은 《삼국사기》 지리지 백제조에 복홀군, 파부리군, 동로현, 분차군과 함께 소개되는 마사랑현으로 역사가 오래된 곳입니다. 그러나 군산이 근세에 널리 알려진 것은 일제강점기였습니다. 전국에서 생산되는 쌀이 모이는 집결지로서 쌀도시 군산의 이미지는 1925년에 일제가 출간한 《군산개항사》 내용을 통해 잘 알 수 있습니다. "세관 옥상에도, 부두에도, 길에도 눈길 가는 곳마다 곳곳에 수백 가마씩 쌓여 20만 쌀가마니가 정렬하였으니…… 오호 장하다! 군산의 쌀이여!"

1899년 5월 1일 군산항의 개항은 이후 줄곧 일본에 '조선쌀 송출항'으로 쓰였는데 1921년부터는 거의 매일 일본으로 조선쌀이 보내지고 있었습니다. 1921

년 3월 22일 《동아일보》에 따르면 현미 4만 6,141석, 정미 1만 8,209석을 오사카, 나고야, 고치현 따위로 실어 나갔으며 이는 군산항 개항 이래 신기록이라는 기사가 보입니다. 이렇게 신기록을 세울 만큼 많은 쌀을 실어 가버리고 나니 정작 조선인들의 식량사정은 나빠질밖에요. 《조선중앙일보》 1935년 1월 21일에는 〈배고픔을 참지 못해 복어알 먹고 생명위독〉이라는 기사가 눈에 띕니다.

초근목피도 어렵다는 아우성이 일자 조선총독부는 산미증산계획을 세우는데 이 역시 조선을 위한 계획은 아니었습니다. 1934년에는 그해 생산된 1,672만 석 가운데 60%에 해당하는 891만 석이 일본으로 보내졌으니까요. 그중 전라도에서 생산된 300만 석 이상이 군산을 통해 일본으로 송출되어 일본인의 배를 불렸습니다. 기름진 조선쌀을 실어나르던 군산의 경기가 얼마나 좋았으면 일제강점기가 시작되기도 전인 1907년에 이미 군산에는 일본인이 2,956명으로 한국인 2,903명보다 53명이나 더 많이 살았습니다.

이도 모자라 태평양전쟁 말기인 1944년 6월 17일에는 미곡강제공출제를 실시합니다. 두 달 후로 다가온 패전의 그림자가 길게 비추던 무렵 일제는 조선의 집 안에 쌀 한 톨을 남기지 않는 강제쌀공출제를 강행한 것입니다. 입만 열면 일제강점 역사를 '조선인을 잘살게 하기 위한 것'이라는 궤변을 늘어놓는 일본의 가증스러움은 인간생존의 최후수단인 쌀수탈 하나만으로도 그 악랄성을 짐작할 수 있는 것이지요.

6월 18일

여름 꽃 이야기 하나
비장한 사랑 그리고 순종의 꽃 금낭화

5~6월에 피는 가녀린 꽃, 금낭화 이야기

기꺼이 / 목숨 던져 / 금낭화 핀다

오롯이 / 몸 바쳐서 / 금낭화 핀다

손목을 / 함께 묶지 / 아니하려면 / 사랑하지 마라

발목을 / 함께 묶지 / 아니하려면 / 사랑하지 마라

금낭화 / 꽃피는 뜻 / 오달지게도 / 비장한 일이다

김종제 시인의 '금낭화' 일부입니다. 사랑도 저렇게 목숨을 걸어 하면 어떨까요? 금낭화가 피는 뜻은 오달지게도 비장한 일이라네요. 우리 토종들꽃 금낭화는 5~6월에 연약하고 가녀린 줄기가 길게 나와 주머니 모양의 납작한 분홍색잎을 올망졸망 매달고 있는 꽃입니다. 꽃의 모양이 심장을 닮아 영어식 이름은 'bleeding heart' 인데 우리말로 풀어보면 '피가 흐르는 심장' 이 되지요.

우리나라에서는 꽃의 모양이 여인네들이 치마 속에 넣고 다니던 주머니를 닮았다고 하여 '며느리주머니' 라고도 합니다. 그래서 금낭화錦囊花는 '아름다운 주머니를 닮은 꽃' 입니다. 또 다른 이름으로는 마치 입술 사이에 밥풀이 붙어 있는 듯하여 '밥풀꽃' 이라고도 하지요. 그래서 '꽃며느리밥풀꽃' 과 혼동하기도 하지만 그 모양새는 아주 다릅니다.

금낭화의 꽃말은 '당신을 따르겠습니다' 인데 꽃의 모양을 잘 보면 땅을 향해 고개를 숙이고 있어 겸손과 순종을 나타냅니다. 이렇게 겸손과 순종의 미를 겸비하고 있는 꽃. 그러나 그 겸손과 순종은 조건 없는 것이 아니라 진실한 것과 옳은 것에 대한 겸손과 순종이 아닐까요?

6월 19일

여름 꽃 이야기 둘
며느리와 관련한 들꽃 이야기

며느리의 서글픈 인생살이를 풀꽃에 견준 사람들

예전엔 화장지가 따로 없어서 호박잎을 따서 밑을 씻었는데 그 호박잎도 아까워서 며느리에겐 쓰지 못하게 했습니다. 가시범벅인 식물을 가리키며 "너는 저걸로 닦아라"고 해서 이름을 얻게 된 며느리밑씻개. 시어머니의 가시 돋친 구박을 다 받아내며 참고 살았을 이 땅 며느리들의 서글픈 인생살이가 훤히 보입니다. 예쁜 며느리 배꼽에 시샘이 나서, 언제든 할퀼 듯이 돋친 가시를 보고 며느리배꼽이라고 이름 붙여준 것은 애교스러운 셈입니다.

또한 밥풀 두 개를 물고 있는 모습의 꽃며느리밥풀꽃도 있습니다. 가난한 집에서 부잣집으로 시집 온 며느리가 시아버지 제삿밥이 뜸이 잘 들었나 밥풀 몇 알 맛보다 시어머니에게 들켰습니다. 시어머니는 시아버지 밥을 넘봤다며 때려서 며느리를 쫓아냈고 갈 곳 없는 며느리는 기진해서 죽었지요. 뒤늦게 묻어준 묏자리에서 피어난 꽃이 바로 밥풀을 물고 있는 듯한 꽃며느리밥풀꽃입니다.

한해살이풀로 볕이 잘 드는 숲 가장자리에서 자라며 꽃은 7~8월에 붉은 색으로 피고 가지 끝에 벼이삭 매달리듯 달려 있습니다. 무리를 이뤄 필 때는 별로 안 예뻐 보이지만 자세히 들여다보면 귀여운 게 앙증맞습니다. 새색시가 귀여움을 한 몸에 받아도 시원찮을 텐데 밥풀 하나 입에 대었다고 그런 모진 대우로 죽게 하다니 너무나 슬픈 전설의 꽃이름에 가슴이 아픕니다. 변종으로 털며느리밥풀 따위가 있는데, 털며느리밥풀은 꽃받침에 긴 털이 있고 포에 가시모양의 톱니가 많은 것이 특징이지요.

6월 20일

여름 꽃 이야기 셋.
쇠비름

작고 여려 보이지만 강한 힘을 품은 들풀

어디서나 쉽게 볼 수 있는 풀 쇠비름은 오행초五行草 · 마치채馬齒菜 · 산산채酸酸菜 · 장명채長命菜 · 돼지풀 · 도둑풀 · 말비름이라고도 합니다. 서양에서는 연한 부분을 샐러드로 이용하고 한국에서는 나물로 이용하며, 풀 전체를 민간약으로 사용하지요. 하지만 쇠비름은 예쁜 꽃이 피어도 잡초라고 합니다.

옛날 어느 마을에 민며느리로 들어간 어린 신부는 큰동서와 시어머니에게서 몹시 심한 구박을 받았습니다. 그러던 중 유행병 이질에 걸려 밭두움막으로 쫓겨났다가 쇠비름을 먹고 나았습니다. 그러는 사이 구박하던 큰동서와 시어머니는 이질로 죽었고, 잘 대해주던 둘째동서는 쇠비름으로 살렸다지요. 그 뒤 그 어린 민며느리는 행복하게 살았다는 이야기가 쇠비름에는 숨어 있습니다. 강한 생명력을 상징하는 전설과 약초로서 한 몫을 거뜬히 해낸 이야기가 재미있습니다.

작고 여려 보이지만 강한 힘을 가진 들꽃. 크고 강한 나뭇가지는 비바람에 꺾이지만 쇠비름 같은 작은 것들은 끈질긴 생명력을 가지고 있답니다. 풀이라 하여 누가 눈길조차 잘 주지 않는 쇠비름은 그런 강한 생명력을 지녔으며 약초로서도 한 몫을 하는데 키를 낮추어야 볼 수 있습니다. 우리도 이 쇠비름을 보면서 마음의 키도 더욱 낮추며 살면 어떨까요?

6월 21일

더울 땐 머리채를 쪽져 올리면 시원하지요

쪽진머리 아름답게 하는 뒤꽂이

폭염으로 숨이 턱턱 막히는 날씨입니다. 이럴 때 남자보다 머리가 긴 여성들은 더위를 더 타기 마련입니다. 늘어진 머리를 질끈 동여만 매도 시원해 보일 듯합니다. 요즈음엔 헤어스타일이라는 말이 있을 정도로 머리모양이 다양하지만 조선 시대 여성의 머리는 쪽을 졌으면 결혼한 여성이고 늘어뜨리면 미혼으로 헤어스타일이라고 할 것도 없이 단출했지요. 그러다보니 참빗자국을 내며 곱게 빗어 넘긴 머리에 뒤꽂이 장식으로 아름다움을 뽐내게 된 듯합니다. 다양한 뒤꽂이들이 그것입니다.

조선 시대 쪽진머리 뒤에 덧꽂는 비녀 외의 머리꾸미개장신구를 뒤꽂이라고 하는데 끝이 뾰족하고 다른 한 끝에는 여러 가지 형태의 장식이 딸려 있어 뾰족한 곳을 쪽에 꽂아 장식합니다. 재료나 장식의 모양에 따라 여러 종류가 있는데 일반에서 사용한 뒤꽂이는 과판이라 하여 국화모양의 장식이 달린 것, 연봉이라 하여 막 피어오르는 연꽃 봉오리를 본떠 만든 장식이 달린 것을 썼습니다. 이 밖에도 매화 · 화접 · 나비 · 천도 · 봉 모양으로 장식한 것이 있고, 산호 · 비취 · 보석 · 칠보 · 파란 진주로도 꾸몄지요.

무령왕릉에서 출토된
백제시대 금제 뒤꽂이.

장식과 함께 실용적인 면을 겸한 것으로는 귀이개 · 빗치개 · 뒤꽂이가 있는데 빗치개는 가르마를 갈라 머리를 정리하는 데 쓸 뿐만 아니라 밀기름을 바르는 도구였고, 빗살 틈에 낀 때를 빼는 데도 썼습니다. 원래는 귀지를 파내는 귀이개를 꾸미개로 써서 쪽진머리에 꽂기도 합니다.

6월 22일

하짓날은 감자 캐먹는 날, 감자환갑입니다!

하지가 지나면 오전에 심은 모와 오후에 심은 모가 다르다

하지夏至는 24절기 가운데 열째 절기로, 하지 무렵에는 장마와 가뭄대비도 해야 하므로 한 해 가운데 가을걷이 때와 더불어 가장 바쁠 때지요. 메밀씨 뿌리기, 누에치기, 감자 거두어들이기, 고추밭 매기, 마늘 거두기와 말리기, 보리 거두기와 타작, 모내기, 그루갈이용 늦콩 심기, 대마 거두기, 병충해 막기 따위가 이 무렵 해야 할 일입니다.

특히 하지가 지나면 모심기가 늦어지기 때문에 서둘러 모내기를 해야 했습니다. 그래서 "하지가 지나면 오전에 심은 모와 오후에 심은 모가 다르다"라는 속담이 있을 정도지요. 또 하지 무렵이면 본격적인 장마가 시작되는데 구름만 지나가도 비가 온다는 뜻으로 "하지가 지나면 구름장마다 비가 내린다"는 속담도 있습니다. 이날 비가 오면 풍년이 든다고 믿었지요.

강원도 평창군 일대에서는 하지 무렵 감자를 캐어 밥에다 하나라도 넣어 먹어야 감자가 잘 열린다고 합니다. "하짓날은 감자 캐먹는 날로 감자환갑이다"라는 말이 있는데, 하지가 지나면 감자알이 잘 배지 않으며 감자싹이 죽기 때문에 '감자환갑'이라고 하지요. 이날 '감자 천신한다'고 하여 감자를 캐어다가 전을 부쳐 먹고 감자떡을 해먹기도 합니다.

6월 23일

궁중혼례 이야기 하나
51살 차이, 영조와 정순왕후의 혼례

옷을 재는 상궁에게 '네가 돌아서라' 고 말한 왕비

어머니가 천한 무수리 출신이지만 극진한 효자로 소문난 영조는 계비 정순왕후와 나이 차이가 무려 51살이 난다는 이유로도 유명한 임금입니다. 1757년, 정비인 정성왕후貞聖王后가 승하하자 영조는 부왕인 숙종의 유언에 따라 후궁 가운데서 새 왕비를 책봉하지 않고 1759년 6월 9일 김한구의 딸을 왕비로 간택하여 같은 해 6월 22일 창경궁에서 혼례를 올립니다. 아마도 부왕인 숙종이 후궁이었다가 폐위된 장희빈과의 골치 아픈 일을 회상하여 절대 계비를 후궁 가운데서 뽑지 말라고 한 모양입니다.

당시 영조의 나이 66살, 정순왕후는 15살이었지요. 조선 개국 이후 임금의 혼인 가운데 가장 나이 차가 큰 혼인이었습니다. 그녀가 왕비에 책봉될 때 부모는 물론 조부 김선경도 생존하고 있었으며 심지어 1735년에 태어난 사도세자보다 열 살이나 어린 왕비였습니다. 그럼에도 정순왕후가 왕비로 간택된 까닭은 무엇일까요?

간택 당시의 일화로 영조는 간택규수들에게 세상에서 가장 깊은 것이 무엇인지 물었는데 다른 규수들은 '산이 깊다', '물이 깊다' 는 답을 했지만 유독 정순왕후는 '인심이 가장 깊다' 고 답하여 영조의 눈길을 사로잡았다고 합니다. 가장 아름다운 꽃이 무엇이냐는 질문에는 '목화꽃은 비록 멋과 향기는 빼어나지 않으나 실을 짜 백성들을 따뜻하게 만들어주는 꽃이니 가장 아름답다' 라는 말로 영조를 감탄시켰지요. 왕비 책봉 이후에도 상궁이 옷의 치수를 재기 위해 잠시 돌아서달라고 하자 단호한 어조로 "네가 돌아서면 되지 않느냐"고 추상같이 답하여 어린 나이에도 왕비의 체통을 중시했던 그녀의 면모를 알 수 있습니다.

6월 24일

궁중혼례 이야기 둘
임금과 왕비가 되어보는 궁중혼례

'가례도감의궤'를 토대로 한 궁중혼례

의궤儀軌는 조선 시대 왕실 행사의 이모저모를 기록과 함께 그림으로 정리한 책입니다. 그 가운데에서도 가장 화려한 것을 꼽으라면 단연 왕실의 결혼식, 특히 임금과 왕세자의 혼례의식을 기록한 가례도감의궤嘉禮都監儀軌지요. 이 중 가장 극적인 결혼식 장면을 담은 것이 1759년 66살의 영조가 15살밖에 안 된 어린 신부 정순왕후를 맞이한 과정을 기록한 영조정순후가례도감의궤英祖貞純后嘉禮都監儀軌입니다.

가례에 나오는 여섯 가지나 되는 절차는 먼저 간택된 예비왕비가 거처하는 별궁에 청혼하러 사자를 보내는 납채納采, 혼인이 이루어진 징표로 별궁으로 예물을 보내는 의식인 납징納徵, 길일을 택하는 고기告期가 있습니다. 또 왕비를 책봉하는 의식인 책비冊妃, 임금이 별궁으로 직접 나가 왕비를 맞이하는 친영親迎, 친영날 밤에 임금이 대궐로 맞아들인 왕비와 서로 절한 뒤 술을 주고받는 동뢰

'가례도감의궤' 가운데 영조의 가마 부분. 임금의 모습은 그리지 않는 것이 관례였다.

同牢가 있지요.

요즘 대부분의 신랑, 신부는 서양에서 들어온 예식으로 혼인을 치릅니다. 하지만 쫓기듯 별 의미 없이 치러지는 예식보다는 전통혼례 의식을 찾는 예비부부도 늘고 있습니다. 전통혼례, 민중혼례, 궁중혼례가 그것입니다. 전통혼례는 예부터 우리 겨레가 치러왔던 혼례이고, 민중혼례는 이 전통혼례가 어렵다 하여 일반인들이 쉽게 받아들이도록 바꾼 것입니다. 또 궁중혼례는 조선 시대 '가례도감의궤'에 나오는 절차 가운데 친영례와 동뢰연을 재현해보는 것이지요. 궁중혼례식을 통해 하루만이라도 임금과 왕비가 되어보는 것도 좋을 것입니다. 요즈음엔 계절과 관계없이 궁중혼례 의식을 치르는 곳이 늘고 있어 서양식 혼례에 식상한 사람들에게 인기를 얻고 있다지요.

6월 25일

상원사와 문화재를 지킨 한암스님을 기억합니다

중은 죽으면 불에 태우는 법, 나를 불태워라

"나야 죽으면 어차피 다비茶毘에 붙여질 몸이니 내 걱정은 말고 어서 불을 지르시오."

"스님! 이러시면 안 됩니다. 나오세요!"

"너희는 군인으로서 상부의 명령에 따라 불을 놓으면 되고, 나는 중으로서 마땅히 절을 지켜야 해. 본래 중들은 죽으면 당연히 불에 태우는 것이다. 그런데 내가 나이도 많고 죽을 날도 멀지 않았으니 잘된 것 아니냐. 그러니 걱정하지 말고 불을 질러라."

한국전쟁이 한창이던 1951년 1월 3일 오대산 상원암에서 76살의 한암스님과 20대 초반의 육군중위가 물러설 수 없는 한판대결을 벌이는 장면입니다. 군은 1 · 4 후퇴를 하면서 절을 불태우려 했던 것이지요. 그런데 그 상원암은 국보 36호 상원사 동종, 국보 221호 문수동자상, 국보 292호 상원사 중창권선문 따위의 문화재가 있었습니다. 한암스님이 자신까지 태우라고 하자 결국 국군중위는 절 불태우기를 포기하고 대신 상원사의 문짝 수십 개를 떼어내서 불을 지르도록 함으로써 절을 불태운 것으로 위장했습니다. 상원사와 국보 문화재들은 한암스님의 죽음으로 맞선 기세와 지혜로운 국군 장교의 결단으로 무사할 수 있었습니다.

조계종 초대종정을 지낸 한암스님1876~1951은 1876년 3월 27일에 강원도 화천군 하남면 계성리에서 태어나 22살 때 출가했습니다. 1925년 서울 봉은사 조실스님으로 있을 때 "차라리 천고에 자취를 감춘 학이 될지언정 삼춘三春에 말 잘하는 앵무새의 재주는 배우지 않겠노라" 하면서 오대산에 들어가 그 이후 열반할 때까지 상원사 산문 밖으로 한 발짝도 나오지 않고 27년간을 상원사에서 주석하시다가 앉은 채로 열반하셨으며 1·4후퇴 때 상원사를 지킨 일화는 지금도 전설처럼 전해지고 있습니다.

6월 26일

불의와 일절 타협치 않은 남명 조식 선생이 태어난 날입니다

학문을 알기만 하면 족한 것이 아니라 실천이 중요하다

"요즘 공부하는 자들을 보건대 손으로 물 뿌리고 빗자루질하는 예절도 모르면서 입으로는 천리를 말하여, 헛된 이름이나 훔쳐서 남들을 속이려 합니다. 퇴계선생 같은 어른이 꾸짖어 그만두게 하시지 않기 때문입니다. 충분히 억제하고 타이르심이 어떻습니까?"

이 글은 퇴계 이황과 함께 16세기 영남학파의 양대 산맥으로 불렸던 남명南冥 조식曺植, 1501~1572의 《남명집》〈퇴계에게 드리는 편지〉에 나오는 것입니다. 이 편지는 당시 퇴계와 고봉 기대승이 주도하고 있던 성리학 이론논쟁의 문제점을 지적하고자 보낸 남명의 충고편지입니다.

선생은 1501년 6월 26일 경상남도 합천군 삼가면 외토리 토동에서 승문원 판교 조언형의 아들로 태어나 학문연구에 열중했으나 평생 벼슬에 나가지 않고 제자를 기르는 데 힘썼습니다. 조선 중기의 큰 학자로 성장하여 이황과 더불어 당시의 경상좌·우도, 곧 오늘날의 경상남·북도 사림을 각각 영도하는 인물로 현실과 실천을 중시하며 비판정신이 투철한 학풍을 수립했습니다. 그는 학문을 알기만 하면 족한 것이 아니라 가난을 실제 몸소 체험(反躬體驗)하고 어른을 공경하는(持敬實行) 일이 중요한 것이라 주장했지요. 특히 경의敬義를 높였는데, 마음이 밝은 것을 경敬이라 하고 외적으로 과단성이 있는 것을 의義라고 하여 '경'으로써 마음을 곧게 하고 '의'로써 외부생활을 처리하여나간다는 의리철학 또는 생활철학을 표방했습니다. 일상생활에서도 철저한 절제로 일관하여 불의不義와는 일체 타협하지 않은 선비로 유명합니다. 1592년 임진왜란 때 정인홍, 곽재우, 김면 등 남명문하에서 수많은 의병장이 배출된 것은 불의를 보고 침묵하지 않은 남명의 실천적 삶과 무관하지 않을 것입니다.

6월 27일

여름 불청객 파리 박멸법을 소개합니다

파리 사러 다니는 승목사

> "무관 아무개가 공주목사가 되었는데 삼복에 파리가 많은지라 양이 이를 싫어하여 아전으로부터 기생과 종들에 이르기까지 매일 아침 파리 한 되를 잡아 바치게 하고 이를 독촉하니 위아래 할 것 없이 다투어 파리를 잡느라 쉴 겨를이 없었다. 이리하여 주머니를 가지고 파리를 사러 다니는 사람이 생겼는데 그 사람을 파리 승蠅 자를 써서 승목사蠅牧使라고 불렀다."

조선 전기 문신이며 학자인 성현成俔의 수필집 《용재총화》에 나오는 글입니다. 성현은 세조 때 급제하여 대제학에 오른 학자요, 정치가로 그가 지은 이 책은 조선 시대 수필문학의 백미白眉라는 평가를 받지요. 그는 평생에 열 가지 맹세를 했는데 "하늘을 공경하고(敬天), 홀로 있을 때 삼가고(愼獨), 마음을 바로 세우고(正心), 욕심을 적게 품고(寡慾), 과오를 고치고(改過), 수치를 알고(知恥), 검약을 세우고(守約), 간단하게 행동하고(行簡), 사람얼굴을 썼으면 사람의 짓을 하여야 하고(踐形), 예를 회복한다(復禮)"는 마음으로 살다간 사람입니다.

그가 지은 《용재총화》는 고려에서 조선 성종 대에 이르기까지의 민간풍속이나 문물제도 · 문화 · 역사 · 종교 · 예술을 비롯해 당시 사람들의 삶을 골고루 다루고 있어 민속학이나 입에서 입으로 전해온 구비문학口碑文學 연구자료로 활용되지만 승목사 이야기 같은 재미있는 내용이 많으므로 무더위에 원두막에서 파리를 쫓으며 한번쯤 읽어보는 것도 좋은 일입니다.

6월 28일

조선 후기 농업개혁의 시발점이 된 수원 축만제

조선 시대 임금의 가장 큰 관심은 농사였다

농사가 천하지대본이었던 조선 시대, 임금의 가장 큰 관심사 역시 농사였습니다. 특히 농업개혁에 정성을 쏟은 임금이 있는데, 바로 정조입니다.

정조는 수원 화성 서쪽 여기산 아래현 농업진흥청 옆에 커다란 인공저수지 곧 축만제祝萬堤를 만들고 새로운 농사법을 연구하도록 했습니다. 축만제는 이내 서호西湖로 이름이 고쳐졌지요. 축만제를 만든 뜻은 튼튼한 나라 재정을 위한 목적도 있지만 수원 백성의 어려움을 덜어주려는 목적도 컸습니다. 또 정조는 이곳을 우리나라의 표준 농업도시로 만들려 계획했습니다.

축만제를 중심으로 한 관계시설을 축만제둔祝萬堤屯 또는 서둔西屯이라고도 불렀고 지금도 이 마을 이름은 서둔동입니다. 이곳은 말하자면 우리 농업역사에서 혁신적 농업정책을 펼쳤던 시발점입니다. 현재 농업진흥청 곁 축만제둑에는 '축만제' 라는 표지석이 있습니다. 이렇게 백성을 위해 농협개혁을 이루려던 정조는 1799년 6월 28일 저세상으로 갔습니다. 시간을 내어 축만제를 찾아보는 것도 좋을 일입니다.

6월 29일

서릿발 같던 민족의 자존심, 만해 한용운 선생이 숨을 거두었습니다

왜놈이 통치하는 호적에 이름을 올릴 수 없다

"조국의 광복을 1년 앞둔 1944년 6월 29일 성북동 심우장에서 만해 한용운은 영양실조로 쓰러져 숨져갔다. 유해는 제자 박광, 김관호 등이 미아리 화장장에서 다비한 후 망우리 공동 묘지에 안장했다."

만해기념관 누리집에 올라있는 만해 한용운의 죽음에 대한 기록입니다. 만해 한용운은 조선 왕조 말 국운이 기울어가던 1879년 8월 29일 충남 홍성군 결성면 성곡리 491번지에서 한응준韓應俊과 어머니 온양 방 씨의 둘째아들로 태어났습니다. 어릴 때 이름은 유천裕天으로 여섯 살부터 서당에서 한학 공부를 시작하여 아홉 살이 되던 해에 《서경》에 능통할 정도의 실력을 쌓아 조용한 두메산골에서 신동으로 칭찬이 자자하게 퍼져 나갑니다.

그때 나라의 운명이 바람 앞에 선 등불 같을 때 아버지 한응준은 어린 유천을 불러놓고 세상형편과 국내외 돌아가는 정세를 소상히 설명하여 주지요. "아버지는 역사상 빛나는 훌륭한 사람들의 언행과 국내외 정세를 알아듣도록 타일러주셨다. 이런 말씀을 들으면서 나도 모르게 가슴이 뜨겁게 타올랐다"고 회상합니다. 만해의 올곧은 사상이 아버지에게서 비롯된 것임을 알 수 있습니다.

"나는 조선 사람이다. 왜놈이 통치하는 호적에 내 이름을 올릴 수 없다"면서 평생을 호적 없이 지냈으며 "일본놈의 백성이 되기는 죽어도 싫다. 왜놈의 학교에도 절대 보내지 않겠다"면서 집에서 손수 어린 딸을 공부시켰으며 총독부 청사를 마주보기 싫어 북향집인 심우장을 지은 일화는 유명하지요. 이곳 성북동 심우장에서 만해 한용운은 세상나이 66살, 법랍 39년의 세월을 마치고 6월 29일 조용히 눈을 감습니다.

6월 30일

갓은 양반의 품위를 상징하지요

제집 행랑아범에게도 술 한 잔, 국 한 그릇 주지 않은 노랭이 3대

"조선 사람 방에 들어가면 윗자리와 아랫자리가 있는데 처음에는 이것을 구분할 수 없다. 그런데 그것을 구분할 수 있는 비결은 갓을 넣어둔 갓집이 걸린 쪽을 윗자리라고 생각하면 큰 실수가 없다. 조선 사람은 자기가 가진 어떤 것보다도 모자를 가장 소중히 여기기 때문에 항상 윗자리의 가장 높은 곳에 갓집을 매어두기 마련이다."

1866년 한국에서 순교한 프랑스인 드브뤼 신부의 말입니다. 갓은 그만큼 벼슬하는 사람에게는 중요한 물건으로 쓰지 않을 때는 항상 갓집에 담아 드브뤼 신부 말처럼 잘 보관했었지요.

그러나 갓 이야기를 하니 조치원의 3대 장 부자富者 이야기가 떠오릅니다. 1932년에 나온《동광》35호의 이야기는 이렇습니다.

"조치원에 노랭이 장 씨가 살았다. 당시에 통정대부중추원의관대성전직원通政大夫中樞院議官大成殿直員이란 벼슬직을 사서 폼 재는 사람들이 많았는데 장 부자 역시 선대부터 탕건 한번 써보는 게 한인지라 당시 돈 300원이란 거금을 주고 벼슬을 사서 동네잔치를 했다. 잔치 때는 개 한 마리 잡고 국수 몇 근 사고, 술 한 통 받아서 물 건너 이 참봉, 재 넘어 김 주사 따위 몇을 불러 배가 터지게 먹이고 치하를 받았다. 그런데 기왕 좋은 잔치를 하면서 춘궁기에 동네사람 불러 밥 한 그릇 주는 일도 없을뿐더러 제집 행랑아범에게도 술 한 잔, 국 한 그릇을 주지 않았다는 소문이 돌았다. 잔치 이튿날 장 부자네 3대, 곧 할애비, 애비, 아들은 통영갓에 감투를 쓰고 옥관자를 턱 하니 붙이고 조치원 시장으로 벼슬했네 하고 자랑 나갔는데 지나가던 개가 다 웃었다."

3대가 의관정제하고 그 유명한 통영갓을 쓰고 뒷짐 지고 시장바닥을 걸어가는 모습이 드라마의 한 장면처럼 그려지는군요. 그들도 집에 돌아와서는 조선 시대 사대부들이 하듯 갓집에 갓을 소중히 모셔놓았을까요? 갓집의 형태는 보통 두 가지로 하나는 겉모습이 갓과 비슷한 형태로 만든 것이고, 다른 하나는 원추형으로 만들어진 것이 그것인데, 밑바닥은 원, 사각, 팔각, 12각형 모양이 있습니다. 어쨌든 갓집에 의식이 있다면 엉터리 양반들이 쓰던 갓은 맡아주기 싫었을 겁니다.

살얼음 동동 띄운 식혜 한 사발

7월 1일

7월 무더위를 보양식으로 이겨내십시오

검은빛 나는 음식은 건강을 위한 최고식품

조선 시대 임금들은 정력보강을 위한 음식으로 무엇을 좋아했을까요? 그것은 바로 검은콩, 검은깨, 오골계烏骨鷄, 흑염소에다 검정소 따위의 온통 '검은색 음식' 이었습니다. 연산군의 정력제 목록에 들어 있는 용봉탕龍鳳湯에도 오골계가 쓰였고, 장희빈에 푹 빠졌던 숙종도 오골계, 흑염소, 검은깨를 즐겨 먹었다고 하지요.

그렇게 임금이 검은색을 즐긴 까닭은 검은색이 오장 가운데 신장에 주로 작용하기 때문입니다. 한의학에서 신장은 콩팥뿐만 아니라 고환을 포함한 비뇨생식기 전부와 성호르몬을 비롯한 호르몬을 통틀은 개념으로 원기의 바탕이며 음기와 양기의 근원으로 봅니다.

우리 겨레는 식약동원食藥同源, 다시 말하면 '음식이 곧 약' 이라 생각했지요. 그런 개념을 바탕으로 궁궐에서는 검은색 음식이 뼈와 허리를 튼튼하게 하고 기억력을 좋게 하며 소변을 잘 나오게 하고 귀를 밝게 하며 머리카락을 검게 하고 정력을 강화하며 노화를 방지하는 약이기도 하다고 믿었던 것입니다.

7월 2일

식혜 이야기 하나
가뭄이 들면 임금이 먹던 식혜

조선 전기에 흔히 보던 양해, 저파식혜, 죽순식혜

전순은 세종, 문종, 세조 세 임금의 어의를 지냈으며, 의식동원醫食同源, 곧 약과 음식은 근원이 같다는 것을 중심으로 한 한국 최초의 식이요법책인《식료찬요》를 펴냈습니다. 그 전순이 1459년에 펴낸 요리책이자 농업책《산가요록》에는 식혜의 종류를 무려 일곱 가지나 소개했지요.

물고기, 쌀밥, 끓인 소금물, 밀가루가 재료인 어해와 소의 위, 후추, 소금, 쌀밥, 누룩, 꿩고기가 재료인 양해, 생돼지껍질, 소금, 쌀밥, 후추가루, 누룩이 재료인 저파식혜가 있습니다. 또 도라지, 소금, 쌀밥의 도라지식혜, 죽순, 소금, 쌀밥으로 만든 죽순식혜, 꿩고기, 소금, 밀가루로 만든 꿩식혜, 쌀을 굵게 갈아 쑨 죽인 원미죽, 물고기, 소금으로 만든 원미식혜도 보이지요. 이로 미루어 보면 식혜는 지금 일부지역에서 향토식품으로 남아 있지만 조선 시대엔 보편적인 음식이었을 것으로 생각됩니다.

《성종실록》44권, 5년1474 윤6월 28일 기록을 보면 "승정원에 전지하여 가뭄이 심하니 수라에 포육脯肉, 얇게 저며서 양념하여 말린 고기과 식혜만 올리게 하다"라는 내용이 보입니다. 이렇게 식혜는 가뭄이 들어 임금이 간소하게 수라를 들 때에도 마시는 음식이었지요.

7월 3일

식혜 이야기 둘
불볕더위에 살얼음 동동 띄운 식혜

식혜는 예부터 우리 겨레가 즐겨 마시던 전통 먹을거리

살얼음 동동 띄운 식혜 한 사발

할아버지 논배미 돌고 오셔서

받아든 사발 속 비치던 푸른 하늘

한 모금 남겨

툇마루 밑 누렁이에게 던져준 달콤한 밥알

골진 주름 사이로 흘러가던

그해 여름날 구름

이는 최효순의 '그해 여름'에 나오는 식혜 이야기입니다. 일제강점기인 1928년 12월 1일 《별건곤》 16 · 17호에는 〈팔도여자 살님사리 평판기〉라는 글이 있는데 여기에 "서울의 신선로가 명물은 명물이지만은 전주 신선로는 그보다도 명물이다. 그외 전주의 약주 비빔밥이며 순창 고초장, 광주, 담양의 죽순채, 구례, 곡성 탁주, 은어회, 고산 식혜, 남원 약주, 군산 생어찜' 이라는 음식 소개가 나옵니다. 이 글은 기자가 마을마다 명물을 먹어보러 팔도를 유람하는 내용으로 분단된 지금의 상황으로는 부러움이 절로 나는 기사입니다.

식혜는 예부터 우리 겨레가 즐겨 마셨던 음료로 조선 시대 요리서 《수문사설》, 《연세대규곤요람》, 《시의전서》에 소개되고 있습니다. 식혜를 만드는 엿기름 속에는 아밀라제 효소가 들어 있어 식혜를 감칠맛 나게 할뿐더러 소화가 잘되게 하며, 요구르트처럼 장내 세균증식을 억제한다고 합니다. 또 몸속에 맺혀 있는 멍울을 풀어주는 작용이 뛰어나기 때문에 옛날부터 출산 후 임산부들이 흔히 겪는 유방통 따위를 다스리는 데 쓰였지요. 식혜는 가마솥 불볕더위가 한창인 여름에 살얼음을 동동 띄어 먹어도 맛이 나고 한겨울 푹찐 고구마와 함께 먹어도 제격인 사철 음료입니다.

7월 4일

이 한여름 밤
선비를 독차지하는 이는
죽부인입니다

여름철 사랑받은 차가운 죽부인

대나무는 본래 대장부에 견주었고
분명히 아녀자와 가까운 것이 아니었는데
어찌하여 침구로 만들어져서
억지로 부인이라 이름 붙였나
내 어깨와 다리를 괴어 편안하게 해주었고

이불 속으로 들어와서는 벗이 되었네
비록 다소곳이 남편 시중은 못 들지만
방 안에서는 내 몸을 독차지하게 되었네

이 시는 고려 시대 문신이며, 명문장가인 이규보의 '죽부인' 일부입니다. 죽부인竹夫人은 대(竹)를 쪼개어 매끈하게 다듬어 얼기설기 엮어서 만든 옛 침구지요. 누워서 안고 자기에 알맞게 원통형으로 만들어졌습니다. 속이 비어 있어 공기가 잘 통하고, 대나무의 표면에서 느끼는 차가운 감촉 등의 특징을 살려 만든 것인데, 여름에 홑이불 속에 넣고 자면 더위를 한결 덜 수 있었지요.

죽부인을 어머니처럼 생각했기 때문에 아들이 아버지의 것을 쓰지 않는 것이 예의였습니다. 아버지가 돌아가셨을 때는 관 속에 합장하거나 불에 태웠습니다. 당나라에서는 무릎에 끼고 자는 대라는 뜻으로 죽협슬竹夾膝이라 불렀고, 송나라에 와서 죽부인이라 불렀는데 죽희竹姬, 대나무첩, 죽노竹奴, 대나무종 등으로도 불렀습니다. 그런데 왜 지어미 부婦를 쓰지 않고, 지아비 부夫를 썼을까요? '夫' 자에는 사람 인人 자가 붙어 있어서 그 뜻이 '남의 아내를 높인 말'이 되지요.

7월 5일

550년 전 한겨울에도 수박을 즐기던 비법이 궁금합니다

여름 과일의 으뜸, 수박 하나 훔치고 귀양 간 환관

세종 22권, 5년1423 10월 8일 기록에는 "환관 한문직이 주방酒房을 맡고 있더니, 수박(西瓜)을 도둑질해 쓴 까닭에 곤장 100대를 치고 영해로 귀양 보냈다"라는 기록이 보입니다. 수박은 한자말로 서과西瓜라고 했는데 주방장이 수박 하나를 훔친 죄로 귀양까지 가다니 조선 시대에는 수박이 흔한 과일은 아니었나 봅니다.

또 《세조실록》 기록에도 "'너희가 비록 각각 술을 올리지는 못한다 하더라도 이 잔을 마시면 너희의 술을 고루 마시는 셈이다' 하고, 친히 먹던 수박을 나누어 좌우의 별운검別雲劍 한명회, 구치관에게 내려주고, 큰 고기를 좌우의 재추宰樞와 야인野人들에게 나누어주었다"라는 내용이 있습니다. 이를 보면 1월 한겨울에도 수박을 먹었다는 이야기인데 저장시설이 있었는지, 남쪽 나라에서 들여왔는지 궁금합니다.

그런가 하면, 일제강점기의 잡지 《별건곤》 8호 〈녀름의 과물이야기, 녀름상식〉에도 수박 이야기가 나옵니다.

"지금은 세계가 교통이 편하게 된 고로 우리 곳에서 나는 것도 먹을 뿐 아니라 남양南洋이나 그 외에 어느 곳에 것이던지 쟈유로 슈입하게 되여서 엄동설한에도 '빠나나' 나 '수박' 가튼 것을 먹게 되엿다. 그러나 언제든지 그 계절季節에 나는 것을 그 계절에 먹어야 해가 업고 영양상, 생리상에 지극히 조흔 것이다."

이미 이 시기에도 제철 과일을 권장하고 있는데 수박 역시 시원한 원두막에서 먹는 맛이 최고일 겁니다.

7월 6일

한여름 시골집 마당에 펴던 멍석을 아시나요

모깃불을 펴놓고 세상살이 이야기하던 정겨운 이웃들 모이던 곳

지금은 전통한식점, 전통찻집에서 멋으로 둘둘 말아 한쪽 벽을 장식하는 용도로 전락했지만 멍석은 우리 겨레에게 친근한 생활도구였습니다. 멍석은 주로 짚으로 만들었으며 보통 3m×1.8m 정도의 직사각형이지만 둥근 모양도 더러 있었고, 특히 맷돌질할 때 바닥에 깔아 쓰는 맷방석이라는 둥글고 작은 것도 있습니다. 《월여농가月餘農歌》에는 관도점이라고 했으며 덕석, 덕서기, 턱성, 터서기 따위로 불렀습니다.

《개벽》 4호 1920년 9월 25일 〈농촌의 밤〉에 이런 글이 보입니다.

"저녁을 먹고 나서는 뜰이나 마루에 보리집자리나 멍석가튼 것을 펴고 왼가족이 다 나와 안습니다. 그리고 솔깡이나 겨릅가튼 것으로 우둥불을 놋습니다. 그리고는 내일은 무엇을 하느니 아무 논벼는 몃섬이 나느니 팟종자를 개량한다느니 목화바테 무명이 만히 피엇다느니 하야 한참동안 구수한 이야기를 합니다. 그리고는 부인네들은 혹 바느칠도하고 혹 삼도 삼고 혹 이야기도 합니다."

정겨운 시골 저녁 마당 분위기가 느껴집니다.

멍석은 고추, 깨, 콩 ,벼 등 곡식을 널 때도 쓰고 잔치 때나 상을 당했을 때, 굿판 같은 큰 행사 때는 마당에 깔아놓고, 많은 사람이 앉았으며, 명절에는 멍석에 윷판을 그려놓고, 윷가락을 던지며 윷놀이도 즐겼지요. 속담에 '하던 짓도 멍석 펴면 안 한다' 라는 말이 있는데 이 말은 역설적으로 '무엇을 제대로 하려면' 멍석을 편다는 뜻이 됩니다. 또한 '멍석말이' 라는 말도 있는데, 이는 간통 따위를 저지른 사람을 멍석 안에 넣고 둘둘 말아 볼기를 찰 때 쓰던 말의 흔적입니다.

7월 7일

소서 때는 새각씨도 모 심어라

먹을거리가 풍부해지는 계절, 배부르게 먹고 부지런히 일하기

소서는 24절기의 열한째로, 음력으로는 6월절六月節이고 양력으로는 7월 7, 8일 무렵입니다. 본격적으로 더위가 몰려오는 때로 이때는 장마철이라 습도가 높아지고, 비가 많이 오지요. 소서와 관련한 말에는 "소서 때는 새각씨도 모 심어라", "소서 때는 지나가는 사람도 달려든다"는 것들이 있습니다. 하지 무렵에 모내기 끝내고 모낸 20일 뒤 소서 때는 논매기인 피사리를 해주며, 논둑과 밭두렁의 풀을 베어 퇴비를 장만해야 하는 일로 바쁜 시기입니다.

《고려사절요》 4권을 보면 "소서가 가까워오니, 죄가 무거운 죄수에게는 관대히 하고 가벼운 죄수는 놓아주라"는 기록이 있습니다. 이 역시 바쁜 일손을 거들라는 뜻이겠지요. 또한《상촌 선생집》54권을 보면 소서 15일간을 3후三候로 나누어서, 더운 바람이 불어오고, 귀뚜라미가 벽에서 울며, 매가 먹이 잡는 연습을 한다고 했습니다.

이때는 채소나 과일들이 풍성해지고, 보리와 밀도 먹게 됩니다. 특히 이때의 시절음식은 밀기루 음식인데 밀이 제맛이 나는 때라 국수나 수제비를 즐겨 해먹지요. 채소류로는 호박, 생선류로는 민어가 제철입니다. 민어는 포를 떠서 먹기도 하고, 회를 떠서 먹기도 하며, 매운탕도 끓여 먹는데 애호박을 송송 썰어 넣고 고추장 풀고 수제비 띄워 먹는 맛은 입맛 없는 계절의 별미였습니다.

7월 8일

오늘은 누룽지날, 부모님 생각하며 누룽지를 먹습니다

매달 8일은 누룽지날, 누룽지 긁어주시던 어머님의 따스한 손길

옛날 서당에서 천자문을 외우던 아이들은 장난으로 "하늘 천 따 지 깜 밥 눌은 밥" 또는 "하늘 천 따지 가마솥에 누룽지"라고 했다지요? 누룽지는 별 군것질거리가 없던 옛날 아이들에게는 귀중한 먹을거리였으며,《동의보감》에는 누룽지를 취건반이라고 하여 약으로도 썼습니다. 누룽지는 북한 문화어로는 '밥가마치' 인데 전라도에서는 '깜밥', 강원도 정선에서는 '누렝기' 라고 합니다.

그런데 누룽지와 눌은밥을 구분하지 못하는 사람도 있습니다. 밥을 지을 때 물의 정도에 따라 떡밥, 고두밥, 된밥, 진밥, 누룽지가 나오지요. 여기서 누룽지는 솥 바닥에 눌어붙은 밥을 이르는 말인데, '눌은밥'은 누룽지에 물을 부어 불린 밥을 이릅니다. 물이 안 좋은 나라 가운데 중국은 차가, 독일은 맥주가 발달했지만 우리나라는 온 나라에 좋은 물이 나기에 누룽지에 물만 부어 먹어도 탈이 없었으며 숭늉은 최고의 음료수로 즐겼습니다.

언제부터인가 국적불명의 '데이'에 몸살을 앓는 요즘 아들딸들에게 누룽지를 긁어주시던 어머님의 따뜻한 손길을 떠올리며 효를 실천하자는 날 '누룽지데이'가 생겨 신납니다. 우리도 매달 8일 하루만이라도 누룽지를 즐기며 부모님을 생각했으면 좋겠습니다. 다만 누룽지데이보다는 누룽지날이 더 좋지 않을까요?

7월 9일

여름의 벗 부채 하나
더위를 쫓는 일등공신은 역시 부채

여름부채와 겨울달력을 선물하는 아름다운 풍습

선풍기와 에어컨이 나오기 전엔 더위를 쫓는 일등공신은 역시 부채였습니다. 부채는 가지고 다니기가 편리함은 물론 선비들에게는 체면치레용으로 부녀자에게는 장식품으로도 활용되었지요. 19세기 학자 이유원이 쓴 《임하필기》에는 황해도 재령 등지에서 나는 풀잎으로 엮어 만든 부채인 팔덕선八德扇의 이야기가 나옵니다. 여기서 말하는 부채의 여덟 가지 덕은 곧 맑은 바람을 일으켜주는 덕, 습기를 없애주는 덕, 깔고 자게 해주는 덕, 값이 싼 덕, 짜기 쉬운 덕, 비를 피하게 해주는 덕, 볕을 가려 주는 덕, 옹기를 덮어주는 덕입니다.

언제 어디서나 손쉽게 가지고 다니기 편리한 쥘부채, 곧 합죽선은 아주 유용한 물건입니다. 여름 더위가 막바지 기승입니다. 이럴 때 이웃에게 부채바람을 선물한다면 얼마나 좋을까요? 동지에 달력을 선물하는 것과 함께 여름에 부채 선물하는 것을 하선동력夏扇冬曆이라고 하는데 《영조실록》 40권1735을 보면 '여름철의 부채와 겨울철의 책력은 그 수량이 많은지 적은지를 비교하여 헤아려야 한다' 는 기록이 보입니다. 절기에 맞는 선물을 주되 실용성이 곁들인 여름부채와 겨울달력은 받는 이에게 두고두고 기억될 선물일 것입니다.

합죽선

7월 10일

여름의 벗 부채 둘
여덟 가지 공덕의 부채로 덕을 쌓다

판소리에서 부채는 중요한 소도구

하로동선夏爐冬扇, 곧 '여름에 난로, 겨울에 부채'란 말처럼 부채는 겨울에는 쓸모가 없지만 《고려도경》을 보면 "고려 사람들은 겨울에도 부채를 갖고 다닌다"라는 구절이 있을 만큼 우리에게 부채는 소중한 것이었습니다. 단오명절을 맞으면 주위 사람들에게 부채를 선물하는 것이 세시풍속이기도 했고요. 그러나 부채는 더운 여름 시원한 바람을 얻기 위함만은 아닙니다. 부채는 그림을 그려서 감상하기도 하고, 얼굴 가리개로도 씁니다.

특히 부채는 활짝 폈다가 접기도 하면서 분위기를 이끄는 용도로 쓰이는데 판소리 공연 중 편지 읽는 대목에서는 편지가 되고, 노를 젓는 대목에서는 노가 되며, 톱질하는 대목에서는 톱이 됩니다. 심봉사가 어린 심청이를 안고 다닐 때는 심청이가 되기도 하는 고도의 상징성을 띠는 물건이지요. 일제강점기인 1928년 7월에 펴낸 잡지 《별건곤》 14호에는 〈붓채와 애첩〉이라는 다음과 같은 글이 보입니다.

"붓채를 가지고 官職관직의 有無유무를 구별하고(전일에 관인이나 기생 이외에는 붓채에 선초를 달지 못하얏다) 婚喪혼상의 의례에도 써서 녀름 이외의 다른 철에도 장가가는 어엽뿐 신랑은 桃紅扇도홍선을 가지고 상제喪人는 布扇포선을 가지며 얼시고 좃타하고 굿을 하는 무당과 선소리 광대와 줄타는 광대는 彩色

扇채색선을 가지고 늴늬리쿵 하고 춤을 추는 기생은 花草扇화초선을 가진다. 그리하야 자연 붓채의 수용도 만흐며 따라서 붓채의 제조술도 발달이 되고 종류도 또한 만타."

7월 11일

여름의 벗 부채 셋
쌀 한 섬값이었던 부채

태극무늬가 그려진 태극선, 오동잎처럼 생긴 오엽선, 왕의 행차에 쓰이던 파초선
부채 하나에도 예술의 향기가 물씬

한겨울에 부채 선물을 이상히 여기지 말라
너는 아직 나이 어리니 어찌 능히 알겠느냐만
한밤중 서로 생각에 불이 나게 되면
무더운 여름 6월음력의 염천보다 더 뜨거우리라

조선 전기 문인 임제의 시입니다. 지금이야 선풍기나 에어컨으로 여름을 나지만 옛사람들에겐 부채가 여름을 나는 중요한 도구였습니다. 그 부채는 모양 따라 방구부채둥근 부채와 접부채로 나뉩니다. 먼저 방구부채는 부채살에 비단이나 종이를 붙여 만든 둥근 모양의 부채로 단선 또는 원선이라고도 합니다. 방구

부채에는 태극무늬가 그려진 태극선, 오동잎처럼 생긴 오엽선, 왕의 행차에 쓰이던 파초선, 부채의 모양이 연잎과 같은 연엽선, 부채바닥을 X 모양으로 나누어 위와 아래는 붉은색, 왼쪽은 노란색, 오른쪽은 파란색을 칠하고 가운데는 태극무늬를 넣는 까치선, 공작선 따위가 유명하지요.

또 접부채는 접었다 폈다 할 수 있어서 그렇게 부르는데, 접어서 쥐고 다니기 간편한 부채라는 뜻의 쥘부채, 거듭 접는다는 의미의 접첩선으로 불립니다. 접부채의 종류에는 꼭지를 스님의 머리처럼 동그랗게 만든 부채인 승두선, 바깥쪽에 마디가 있는 대를 사용한 부채인 죽절선, 부채살도 많고 퍼짐이 반원 모양으로 넓게 퍼지는 부채인 광변선, 외각선, 삼대선, 사두선 따위가 있습니다. 원래 부채는 중국에서 시작한 것으로 되어 있지만 접부채는 고려에서 발명하여 중국이나 일본에 그 기술을 전했다지요.

옛날 접부채는 쌀 한 섬값은 치러야 샀다고 합니다. 부채에 사용하는 대나무와 한지는 모두 음陰의 기운을 갖고 있기에 옛 선비들은 부채를 '첩'이라 부르며 갖은 치장을 하고 애지중지했다 하지요. 지금도 옛 선비들을 닮아 부채를 첩으로 보는 남성이 있을까요?

7월 12일

한여름의 낙락장송, 소나무에 얽힌 이야기해보렵니다

조심스럽게 다루던 조선의 소나무

그윽한 회포가 정히 근심스러워 幽懷政悄悄
그대로 얽매어 둘 수 없는지라 不可以拘囚
파리하게 병든 몸 애써 부축하여 强扶清瘦疾
갑자기 높은 언덕을 올라가서 忽爾登高丘
손으로는 등나무 지팡이를 끌고 手携藤竹杖
앉아서는 소나무 안석에 기대니 坐倚松木几
시골 정취 어이 그리 뜻에 맞는고 野情一何愜

❀《사가집》3권

19살에 과거에 급제하여 25살에 관직에 오른 이후 69살로 생애를 마칠 때까지 문장가로서 대문호大文豪 소리를 들은 서거정 시에 등장하는 소나무는 의자가 되어 등을 기댈 수 있는 반려자로 나옵니다. 소나무는 푸르고 올곧은 선비의 상징으로 알려져 예부터 우리 겨레의 사랑을 한 몸에 받았습니다. 이러한 소나무는 목재로서 중요한 위치에 있었으므로 관리 감독 또한 철저했지요.

《선조실록》17권 16년1583 기록을 보면 소나무 소문에 대한 이야기가 있습니다. 소나무는 송목금벌松木禁伐이라 하여 함부로 벨 수 없었는데, "소나무 벤 자를 적발하여 함경북도 북단 경원으로 들여보낸다는 헛소문에 경기도 안의 백성이 선동되어 소나무로 울타리를 한 자, 혹은 집을 지은 지 얼마 안 된 자들이 너도 나도 헐거나 불태우고 땅에다 묻기도 했는데, 며칠 내로 그 소문은 호남과 영남까지 번져 소란이 그치지 않았다"는 이야기였지요.

그런가 하면 영조 12년 종묘 영녕전 담장 밖의 큰 소나무가 비바람에 넘어졌는데, 그 소리가 궁궐 안에까지 들렸으므로, 위안제慰安祭라는 제사를 지내도록 했습니다. 또 정조 16년에는 바람에 쓰러진 안면도의 소나무를 소금 굽는 일에 쓰도록 허락한 이야기도 나옵니다. 이렇게 조선 시대에는 소나무와 얽힌 일들이 많았습니다.

7월 13일

복날풍습 하나 선경에 서면 삼복더위도 얼씬 못합니다

멀리 떠나는 지금 사람들과 달리, 가까운 곳에서 더위를 이겨내다

오행설에 따르면 여름철은 화火의 기운, 가을철은 금金의 기운에 해당한다고 합니다. 그런데 삼복기간은 가을의 금기운이 땅으로 나오려다가 아직 화의 기운이 강렬하므로 일어서지 못하고, 엎드려 복종하는 때입니다. 그래서 엎드릴 복伏 자를 써서 초복, 중복, 말복이라고 합니다. 찬 기운은 없고 불기운만 성한 계절은 생각만 해도 덥습니다. 이럴 때 옛 선비들은 높은 누마루로 올라갔지요.

먼지도 하나 없고 이끼도 하나 없이 也沒塵埃也沒苔

청옥과 백옥으로 누대를 지었어라 青瑤白玉做樓臺

불이 남은 부엌에선 단약이 한창 익어 가고 火殘藥竈丹應化

그늘 구르는 소나무 단엔 학이 아직 보이잖네 陰轉松壇鶴未廻

이런 선경에서야 삼복더위가 얼씬하랴 洞府堪逃三伏暑

선조 말 문인 최립崔岦, 1539~1612의 《초미록》을 보면 '선경에 서면 삼복더위도 얼씬 못한다'는 시가 나옵니다. 그뿐만 아니라 옛사람들은 탁족濯足도 즐겨 했는데 말 그대로 발을 물에 담그고 더위를 식히는 것이지요. 일제강점기인 1923년 8월 1일 《개벽》 38호 〈서울의 녀름〉을 보면 "土曜토요 日曜일요 가튼 날에는 京城 人士경성인사들이 或혹은 妓生기생을 싯고 或혹은 2, 3友우로 作伴작반하야 數수업시 몰려간다. 아마 그 中중에 가장 代表的대표적인 곳이 淸凉寺청량사일 것이다. 淸凉寺라면 일홈은 시언하게 들리지마는 其實기실 그다지 淸凉청량한 데는 아니라. 洪陵홍릉의 樹林수림과 交通교통이 便편한 것이 그리로 사람을 끄는 모양이다. 紫霞門자하문이라야 알아듯는 彰義門창의문을 나서서 洗亭세정의 濯足탁족도 날에는 꽤 有名유명하엿스나 只今지금 採石場채석장 때문에 殺風景살풍경이 되어서 別별로 가는 이가 업는 모양이다"라고 하여 세검정 계곡에서 탁족을 즐겼다는 글이 보입니다.

어느 시대건 더위를 식히기 위한 지혜는 있기 마련이지요.

7월 14일

복날풍습 둘
시절음식

개고기, 닭죽, 육개장, 임자수탕, 민어국, 염소탕, 장어백숙, 잉어, 오골계

우리 겨레는 복날 '복달임'을 해먹었는데 개고기국을 끓여 먹는 것을 말합니다. 개고기는 《농가월령가》의 〈8월령〉에 며느리가 친정으로 나들이 갈 때 "개 잡아 삶아 건져 떡고리와 술병이라"라고 했을 정도로 사돈집에 보내는 음식으로도 으뜸이었지요.

1929년 풍속을 엿볼 수 있는 잡지 《별건곤》 22호 김진구 씨의 글을 보면, 이런 이야기가 나옵니다.

"嶺南地方영남지방에서는 三伏中삼복중에 개죽엄이 굉장하다. 그래서 그 디방에서는 이런 才談재담까지 잇다. 강姜, 江, 康, 强氏씨에게 대한 욕설이다. 녀름 동안에는 강아지가 세층거리로 벼살을 한다고…… 초복에는 강아지가 죽기를 앗가워한다고 姜惜死강석사=姜碩士강석사가 되고 중복에는 강아지를 때려 죽인다고 姜搏死강박사=姜博士강박사가 되고 말복에는 강아지가 죄다 죽는다고 姜盡死강진사=姜進士강진사가 된다."

강석사, 강박사, 강진사라는 표현이 재미납니다. 또한 닭요리에 대한 이야기도 나오는 것을 봐서 우리 겨레는 복날음식으로 닭과 개를 많이 먹었음을 알 수 있습니다. 그러나 이것만을 먹은 것은 아니며 팥죽을 쑤어 초복에서 말복까지 먹는 풍속도 있었고 국수를 아욱과에 딸린 한해살이풀인 어저귀국에 말아먹거나 미역국에 끓여 먹기도 했지요. 또 호박전을 부쳐 먹거나 호박과 돼지고기

에다 흰떡을 썰어 넣어 볶아 먹기도 하는데, 모두 여름철의 시절음식으로 먹는 소박한 음식들입니다. 이밖에 닭죽, 육개장, 영계를 곤 국물인 임자수탕, 민어국, 염소탕, 장어백숙, 잉어 · 오골계 · 인삼 따위로 만든 용봉탕, 미꾸라지를 산채로 뜨거운 물에 끓여 두부 속에 들어가게 한 도랑탕, 미역초무침, 메밀수제비, 죽순, 오골계와 뜸부기, 자라탕, 메기찜도 삼복을 포함한 한여름 음식으로 밥상에 올랐습니다.

7월 15일

유두풍습 하나
불편했던 이웃과 머리 감고 유두국수 먹는 날

삼월 삼짇날, 칠월칠석, 구월 중양절과 함께 겨레의 명절

우리 겨레가 명절로 즐겼던 음력 6월 15일 유두流頭입니다. 유두는 유둣날이라고도 하는데 동류두목욕東流頭沐浴의 준말이지요. 이것은 신라 때부터 있었던 풍속인데 가장 원기가 왕성한 곳으로 보는 동쪽으로 흐르는 물에 머리를 감는다는 뜻입니다. 이렇게 머리를 감고 목욕을 하면 액을 쫓고 여름에 더위를 먹지 않는다는 믿음을 가졌습니다. 특히 식구나 이웃과 같이 머리를 감고, 술을 돌려 마심으로써 공동체임을 확인했습니다.

유두의 시절음식은 햇밀가루로 국수, 떡을 마련하고 새로 익은 참외, 수박으로 조상신이나 땅의 신에게 유두제사유두천신를 지낸 뒤 나누어 먹습니다. 이렇게 하면 악귀를 쫓고 여름에 더위를 먹지 않는다고 합니다. 특별히 유두국수라는 게 있었는데 햇밀로 국수를 눌러 닭국물에 말아 먹는 것입니다. 그밖에 구절판, 상화병, 밀쌈, 편수, 미만두, 수단, 건단, 연병이란 것도 먹었지요. 또 유두날엔 참외꽃이 떨어지고, 참외가 열릴 무렵 국수를 삶아 참외밭에 가서 참외덩쿨에 국수가락을 걸치면서 "외가 주렁주렁 내리소" 하고 비는 외제를 지냅니다.

유두날은 삼월삼짇날, 칠월칠석, 구월중양절과 함께 우리 겨레의 명절이었으나 요즘에는 거의 잊혔습니다. 수돗물로 머리 감는 이 시대에 유두의 의미는 잊혔지만 불편했던 이웃과 함께 햇밀국수라도 나눠 먹음으로써 서로 갈등을 깨끗이 풀고 하나가 되는 아름다운 명절로 새롭게 자리매김하면 어떨는지요.

7월 16일

유두풍습 둘
유두에 비가 오면 사흘 온다

날씨나 특정한 날에 비와 관련한 속담이 많았다

옛사람들은 날씨와 관련되거나 특정한 날에 비와 관련한 속담을 많이 만들어 썼는데 4월 20일쯤인 곡우穀雨에 '비가 안 오면 논이 석 자가 갈라진다' 는 말이 있고 음력 5월 10일은 태종우太宗雨라 하여 반드시 비가 내리는데 이를 백성을 사랑했던 태종이 죽어서도 풍년을 빌어주기 위해 뿌려준다고 믿었습니다.

제주도에서는 7월 1일 이곳에 유배되어 가시 울타리 속에서 죽은 광해군의 한이 맺혀 비가 내리는 것으로 믿었고 칠석날에는 견우직녀의 비가 내린다고 하고, 삼복에 내리는 비를 삼복우, 음력 6월 29일 진주지방에 내리는 비를 남강우라고 합니다. 또한 8월 23일쯤의 처서處暑에 비가 오면 "십 리 안 곡식 천 석을 감한다"고 해서 걱정을 했습니다.

고려 말엽의 문신 김구용金九容, 1338~1384의 시집인 《척약재학음집》에는 "유두날은 나라 곳곳에서 술을 나눠 마시며 유두잔치를 한다"고 했는데 만일 이날 비가 내린다면 어떻게 될까요? 유두 나들이는 물거품이 되겠지요. 특히 평소에 나들이가 쉽지 않던 부녀자들이 유두날 비가 내려버리면 다시 다음 해를 기다려야 하니 그 한이 커서 유두에 비가 오면 사흘씩 내린다는 것은 아닐는지요.

7월 17일

비가 옵니다.
도롱이와 대패랭이를 입습니다

도롱이 입고 들에 나가시는 할아버지

할아버지가 / 담뱃대를 물고 / 들에 나가시니
궂은 날도 / 곱게 개이고 /
할아버지가 도롱이를 입고 / 들에 나가시니
가문 날도 / 비가 오시네

도롱이를 입은 옛사람.

'향수' 라는 시로 널리 알려진 정지용 시인의 '할아버지' 입니다.

농촌에서 여름날 비 오면 입던 옷 '도롱이' 는 재래식 비옷입니다. 녹사의綠蓑衣, 사의蓑衣라고도 하는데 띠나 그와 비슷한 풀, 볏짚, 보릿짚, 밀짚 따위로 만듭니다. 안쪽은 재료를 촘촘하게 고루 잇달아 엮고, 거죽은 풀의 줄거리를 아래로 드리워서 빗물이 겉으로만 흘러내리고 안으로는 스미지 않게 한 것입니다. 농촌에서 비 오는 날 나들이를 하거나 들일을 할 때 어깨, 허리에 걸쳤으며, 여기에 삿갓까지 쓰면 완전한 비옷이 되는 것이지요.

제주도에서는 이 도롱이를 비옷만이 아닌 추위를 막는 방한구로도 썼습니다. 도롱이는 지방에 따라 도랭이, 두랭이, 둥구리, 느역, 도롱옷, 드렁이, 도링이, 되렝이, 되롱이라고 부르기도 합니다. 또 비 올 때 도롱이 위에 대나무를 엮어 만든 대패랭이, 삿갓을 쓰는데 더운 여름날에 모자 대신 쓰면 시원하지요.

7월 18일

서울 방학동의 천 년 된 은행나무가 푸른 그늘을 드리웁니다

빌라 두 동을 헐어내고 살린 은행나무

하늘을 향해 늠름하게 뻗은 가지 사이로 푸른 구름이 흘러갑니다. 천 년의 세월을 말없이 지켜온 이 은행나무는 서울시 도봉구 방학동 546번지에 자리하고 있으며 서울시 보호수 1호로 지정되어 도봉구민들의 사랑을 한 몸에 받고 있지요. 은행나무 앞에는 조선 10대 임금이었던 연산군 무덤이 마주하고 있습니다.

전설에 따르면 은행나무는 아들을 점지해주는 용한 나무로 알려져 있는데, 절박한 마음으로 어스름 새벽에 은행나무 밑에서 아들을 점지해달라고 피눈물을 흘리며 빌던 아낙의 꿈속에 곤룡포를 입고 금관을 쓴 임금이 나타나 아들을 낳도록 해주겠다는 말을 듣고 돌아온 뒤 아들을 낳았다는 이야기가 전해옵니다. 전통사회에서 신목神木에 대한 소박한 믿음을 잘 나타내주는 이야기로 요즈음도 정월대보름이면 해마다 경로잔치 겸 나무에 대한 제사를 올린다고 합니다.

나무 나이는 800살에서 1,000살 전후로 짐작되며, 높이 24m, 가슴높이의 둘레 9.9m로 주변의 고층 아파트와 맞먹는 높이입니다. 예부터 나라에 큰 변이 있을 때마다 이 나무에 불이 났는데 박정희 전 대통령이 죽기 한 해 전에도 나무에 불이 나서 소방차가 불을 끈 적이 있다고 전합니다. 그간 건강하던 은행나무는 1990년대부터 시름시름 앓았는데 2007년 도봉구에서 40억 원을 들여 주변 빌라 두 동을 헐어내고 은행나무가 숨을 쉬도록 430여 평의 정자공원을 만들었지요. 그 덕분에 시민들은 푸른 나무그늘을 만들어주는 은행나무 밑에서

천 년 세월의 전설을 들으며 더위를 식히고 있습니다.

7월 19일

날은 덥고 종기고름은 뚝뚝 떨어지고

한방의 명약 경옥고와 백성의 안위를 살피던 정조대왕

경옥고瓊玉膏는 《동의보감》에서 불로장생과 백병을 제거하는 보약으로 이빨을 다시 나게 하고, 흰머리를 검게 하며 전신의 기운을 충만하게 해준다고 되어 있습니다. 경옥고는 좋은 보약이지만 만드는 방법이 매우 어렵고 정성을 다해서 만들어야 하지요. 재료는 꿀, 인삼, 생지황, 백복령이며, 뽕나무불로 사흘 동안 달이며 이때는 절대 자리를 뜨지 않습니다.

조선 시대 임금이 경옥고를 먹은 기록이 꽤 있는데 《명종실록》을 보면 내의원이 '경옥고 · 생지황 · 전약을 지어 올렸다'는 기록이 보이며 《정조실록》에는 경옥고 이야기가 여섯 번이나 나옵니다. 악성종기로 고름이 나고 열이 오르락내리락하던 정조는 "탕약의 일로 경들이 누누이 애써 간청하니 그 또한 계속 거절하기 어렵다. 생맥산을 먹어보긴 해야겠으나 우선 경옥고를 조금 시험하고 싶다" 합니다. 이에 신하들이 말하길 "신들이 처음부터 경옥고를 드실 것을 청했으나 윤허를 받지 못했으므로 생맥산을 드실 것을 청했던 것인데, 이제 그것을 복용하신다는 분부가 있으시니 실로 천만다행입니다"라고 합니다.

"지금 성상의 증세를 보건대 여느 병과 다르며 게다가 한창 무더운 날씨에 약성이 더운 약을 붙이고 고름이 흘러내리니 어찌 괴롭지 않겠습니까만, 대체로 종기란 빨리 낫기를 바랄 수 없습니다. 봉합이 너무 빠르면 도리어 해가 될 수도 있습니다. 삼가 바라건대 마음을 느긋하게 가지시어 한때의 괴로움을 어렵게 생각하지 마소서."

그러나 신하들의 정성스러운 약도 효험을 못 보고 정조는 49살로 숨을 거둡니다. 죽기 하루 전날까지 정조는 "이러한 와중에 국사를 처결하기가 어렵지만 호남수령들에 대한 포폄의 장계는 당장 뜯어보지 않을 수 없으니, 당직 승지로 하여금 와서 기다리게 하라"고 합니다. 날은 덥고 종기의 고름은 뚝뚝 떨어지는데도 백성의 안위를 살핀 그의 백성사랑 정신은 오래도록 기억될 것입니다. 경옥고를 좀 더 일찍 먹었다면 효과를 보았을까요? 안타까운 마음에 별생각을 다 해봅니다.

7월 20일

서빙고의 얼음, 죄수들에게도 주었습니다

동빙고의 얼음은 제사용, 서빙고의 얼음은 백성에게 나눠주다

조선 시대에는 겨울철 한강의 얼음을 떠서 동빙고와 서빙고에 보관했습니다. 동빙고는 한강변 두뭇개, 곧 지금의 성동구 옥수동에 있었고, 서빙고는 지금의 서빙고동 둔지산屯智山, 용산 미군기지 안 기슭에 있었지요. 이에 대한 내용은 19세기 서울의 관청, 궁궐풍속 등을 정리한 《한경지략》의 궐외각사闕外各司 조항에 자세히 나와 있습니다.

얼음은 네 치한 치는 약 3.03cm로 12cm가량 이상 얼면 뜨기 시작했지요. 얼음을 뜨고 저장하는 일은 쉽지 않았는데 얼음을 뜰 때에는 칡으로 꼰 새끼줄을 얼음 위에 깔아놓아 사람이 미끄러지지 않도록 했습니다. 또 《세종실록》에는 장빙군藏氷裙, 석빙고에 얼음을 저장하는 군인에게 술 830병, 생선 1,650마리를 내려주었다는 기록이 있어 얼음을 저장하는 사람들에게 세심한 배려를 했음을 알 수 있지요. 그러나 얼음을 만들어 보관하고 운반하는 데는 비용이 많이 들었지요.

그래서 다산 정약용은 《경세유표》 '천관 이조天官吏曹' 에서 말하길 "생각건대, 동빙고는 두모포에 있고, 서빙고는 한강가에 있다. 무릇 빙고에 재물이 소비되는 것은 모두 얼음을 뜨고 얼음을 실어 나르는 데 불편이 따르기 때문이다. 나는 궁궐 안에 찬 샘물이 있으니 응달진 곳에다 큰 움을 파서 사방을 돌로 쌓고 틈을 회로 바르고, 대한大寒 열흘 후쯤에 수일 동안 몹시 추운 날이 반드시 있을 것이므로 그때를 타서, 얼음 뜨는 사람에게 샘물을 길어다가 움 안에다 쏟아 넣도록 한다. 물을 한 동이 부으면 한 동이가 얼고, 물을 두 동이 쏟으면 두 동이가 얼어서, 잠깐 동안에 한 움이 온통 얼음으로 될 것이다. 이 얼음은 그 벽에 틈이 없으므로 외풍이 사이에 들지 못한다. 그러므로 봄, 여름에 날씨가 따뜻해져도 녹지 않으며 얼음도 극히 좋을 것이라고 생각한다"는 제안을 하게 됩니다.

그러나 이것이 실행되었다는 기록은 안 보입니다. 다만 동빙고의 얼음은 주로 제사용으로 쓰고, 서빙고의 얼음은 임금의 친척과 높은 벼슬아치들에게도 주었지만 활인서의 병자 그리고 의금부 죄수들에게까지 나누어주었다는 기록으로 보아 이곳이 조선 시대 최대의 얼음 창고였음을 알 수 있지요.

7월 21일

여름의 낭만은 역시 시원한 발이지요

이웃집에서 바라다 보이는 옹주집, 발로 가려주다

《삼국사기》 10권 〈신라본기〉를 보면 "여름 4월에 폭풍이 불어 나무를 부러뜨리고 기와를 날렸다. 서난전瑞蘭殿의 발이 날려간 곳을 모르며, 임해문臨海門과 인화문仁化門 두 문이 무너졌다"라는 기록이 보여 이미 신라 때에도 발은 쓰였음을 알 수 있습니다.

또 《태종실록》에는 "궁중에 모두 갈대발(葦簾)을 쓰고 또 선 두르는 것을 없애라고 명하였는데, 이에 이르러 새 대궐의 발을 베(布)를 써서 선을 꾸몄으므로 임금이 노하여 이러한 명령이 있었다"라는 기록도 나옵니다. 이어서 《숙종실록》에는 "동양옹주東陽翁主의 집이 얕아서 이웃집에서 보이는 곳이 있었으므로, 옹주가 그 집을 사기를 청하자, 선묘께서 특별히 갈대발을 내려주어서 가리도록 하였다"는 기록도 있습니다. 이를 보면 조선 시대 많은 임금이 검소한 자세로 지냈음을 알 수 있습니다.

여름철 한옥에는 꼭 발을 걸어두었습니다. 발은 직접 들어오는 햇볕을 가리기도 하고 안쪽 풍경을 가리기도 했으며 문을 활짝 열어둘 때보다 발을 침으로써 시원한 느낌이 들기도 하지요. 발의 재료로는 대나무를 곱게 갈라 만든 대발, 갈대로 엮은 갈대발, 삼베로 만든 삼베발 따위가 문헌에 보입니다. 살랑거리며 흔들리는 발 사이로 들어오는 바람은 운치가 있습니다. 발이 걸린 대청마루에서 나물 먹고 물 마시고 목침을 베고 누워 솔바람소리를 듣는다면 이거야말로 품위 있는 여름나기가 아닐까요?

7월 22일

논두렁에서 시원한 막걸리 한잔 했으면 싶습니다

강원도 여자는 나물을 잘 무치고 평안도 여자는 농사를 잘 짓는다

"全州전주여자의 요리하는 법은 참으로 칭찬할 만하다. 맛도 맛이어니와 床상배 보는 것이라던지 만드는 번때라던지 서울여자는 갓다가 눈물을 흘리고 潮南線호남선 급행선를 타고 도망질 할 것이다."

《별건곤》 16호에 있는 〈팔도여자 살림살이 평판기八道女子 살님사리評判記〉 일부입니다. 음식에 관한 한 서울 여자가 전주여자를 보면 눈물을 흘리고 호남선 급행열차를 타고 도망질 할 것이라며 재미있게 표현해놓았습니다.

〈팔도여자 살림살이 평판기〉에는 경기도 여자부터 시작해 각 도 여성들의 특징을 이야기합니다. 그 특징들을 살펴보면 경기도 여자는 침공針工, 곧 바느질을 잘한다고 했으며, 강원도 여자는 나물을 잘한다고 했고, 황해도 여자는 장사를 잘한다고 하지요. 또 경상도 여자는 길쌈을 잘하고, 전라도 여자는 음식을 잘하며, 평안도 여자는 농사를 잘 짓고, 함경도 여자는 시장을 잘 본다고 평가합니다. 무더운 여름 억척이처럼 농사도 잘 짓고 각종 나물을 맛나게 무쳐 새참으로 이고 나온다면 100점짜리 여자겠지요?

특히, 충청도 여자는 특색이 없는 것이 특색인데 황간 영동의 여자들은 연시감을 많이 먹어서 두 볼이 통통하고 온양여자는 온천욕을 많이 하여 살결이 보드랍고 서산여자는 어리굴젓을 많이 먹어 입살이 붉다고 말합니다. 다만, 이 특징은 살림살이와는 아무 관계도 없는 것으로 웃자고 하는 이야기라고 하지요. 그 시대의 잡지는 이렇게 그 시대의 풍속과 생활상을 잘 드러냅니다.

7월 23일

염소뿔이 녹는 대서

세자의 공부도 늦출 만큼 더운 여름

24절기의 열두째인 대서大暑, 큰 더위는 일 년 가운데 가장 더운 때입니다. 대서를 셋으로 나눠 초후初候에는 반딧불이가 반짝거리고, 중후中候에는 흙이 습하고 뜨거워지며, 말후末候에는 때때로 큰비가 내린다고 합니다.

더위가 심해져 불볕더위, 찜통더위라고 하는데 밤에도 열대야 현상이 일어나며 더위 때문에 "염소뿔이 녹는다"고 할 정도입니다. 또 예전에 대서가 낀 "삼복三伏에 비가 오면 대추나무에 열매가 열리지 않는다"고 걱정했지요. 그뿐만 아니라 《중종실록》에는 세자의 사부가 한추위, 한더위라면 공부를 좀 늦춰도 되지 않겠느냐고 임금께 아뢥니다. "강독講讀은 다 3일에 한 차례 하나 한추위, 한더위라면 3일을 넘기더라도 무방합니다"라고 아뢸 정도로 궁궐에서도 한더위, 곧 대서에는 어쩔 도리가 없었나 봅니다.

1932년 7월 24일 《동아일보》 대서기사를 보면 "더위가 머리를 드는 소서부터 16일째인 대서는 더위가 들어갈 처서까지 앞으로 31일이나 남았는데 하늘은 납덩이 같은 구름으로 덮여 있고 삶는 듯 쪄대는 수은주는 오르고 올라 정오에는 섭씨 39.9도를 가리켰다"는 글이 보입니다. 공해가 상대적으로 적었던 당시의 여름더위도 가히 살인적인 더위였던 듯하지요. 이러한 무더위 속에 소나기가 한바탕 내리면 마당엔 빗줄기를 타고 하늘로 치솟았다가 땅으로 떨어져 버둥거리는 미꾸라지들이 눈에 띄는데 이를 잡아 추어탕을 해먹으면 기운이 난다고 했습니다. 더울수록 땀으로 손실된 열량을 신경 써야 할 계절입니다.

7월 24일

오늘은 중복, 무더위의 한복판에 서 있습니다

오래된 문헌에도 등장하는 개고기 요리

7월 24일은 무더위의 한복판 중복中伏입니다. 복날만 되면 개고기에 대한 이야기로 복잡합니다. 우리 겨레는 예전 한여름엔 개고기를 즐겼습니다. 먼저 조선 순조 때의 학자 홍석모가 지은《동국세시기》에 따르면《사기》에 이르기를 진덕공 2년에 처음으로 삼복제사를 지냈는데 "4대문 안에서는 개를 잡아 해충으로 농작물이 입는 피해를 방지했다고 하였다"라는 내용이 전합니다. 제사상에 오르는 음식은 주변에서 쉽게 구할 수 있어야 하는 만큼 개고기를 일찍부터 식용으로 썼음을 말해줍니다.

강원대 권오길 명예교수는《좋은생각》2006년 1월호에 다음과 같은 글을 썼습니다.

"김준민 선생님이 미국 미시시피 교환교수로 다녀오신 뒤 해주신 이야기다. 미국 교수들이 '너희는 개고기를 먹는다며?' 하고 면박을 주더란다. 듣다보니 뿔이 나셨다. 하지만 만판 당하고 계실 분이 아니다. 재치 넘치는 선생님이 '당신들도 개고기를 먹지 않느냐?' 하고 반박하셨다. '어디 우리가 개고기를 먹느냐?'고 빽빽 우기던 그곳 교수들에게 한 방 날리셨다. '핫도그hotdog는 개고기가 아니고 뭐냐?' 달팽이 눈이 되어버린 미국 교수들, 샘통이다! 헌데 'DOG'를 거꾸로 읽으면? 아하! 한 단어에 두 뜻이 들어 있었군."

서양인들은 우리에게 개고기를 먹는다며 비아냥댑니다. 개고기는 엄연히 우리의 오랜 음식문화인데도 그들은 우리를 미개인으로 봅니다. 그래서 이 이야기를 들으니 참 통쾌합니다. 문화란 상대의 것을 존중하여야 합니다. 동시에 동물은 물론 자연과 더불어 살 수 있는 고민도 함께 해야 할 것입니다.

7월 25일

이 술 마시며 여름을 잘 견디려 합니다

어스름 저녁 느티나무 아래서 이웃과 함께 하는 과하주 한잔

경상북도 문화재로 지정된 김천명물 과하주過夏酒는 여름이 지나도 변하지 않고, 마셔서 여름을 건강하게 날 수 있다는 술입니다. 과하주는 《음식디미방》, 《산림경제》, 《임원십육지》에 나올 정도로 유명했습니다. 발효주는 도수가 낮은 까닭으로 여름철 변질하기 쉽기에 과하주는 발효주에 알코올 도수가 높은 증류식 소주를 섞어 일종의 혼양주로 마시게 하는 것이지요. 어쩌면 이 과하주가 폭탄주의 원조가 아닌지 모릅니다.

시내가 내려다보이는 김천시 남산 꼭대기 부근에 오래된 우물 과하천過夏泉이 있는데 이 우물은 경북 유형문화재 228호로 지정되어 있습니다. 임진왜란 때 이곳을 지나던 명나라 장수 이여송이 이 우물물을 맛보고 중국 금릉의 과하천 물맛과 같다고 칭찬한 뒤 과하천이라고 이름을 붙이게 되었다고 전해지지요. 이 물로 과하주를 빚습니다.

1921년 잡지 《개벽》 18호에 권덕규 씨의 〈경주행〉이라는 수필문이 있는데 "過夏酒과하주 조키로 有名유명한 金泉김천을 거쳐 한 停車場정거장 두 정거장 세이다가 大邱대구에 나리기는 해가 기울어서라"는 글에 김천의 과하주 이야기가 나옵니다.

무더운 여름 땀 흘리고 난 어스름 저녁 느티나무 아래서 이웃과 함께 과하주 한잔이면 무더위쯤 날려버릴 수 있지 않을까요?

7월 26일

모정과 정자에 누우니 숨통이 트이네요

신분의 차이는 있었지만 숨통 트일 곳 있었다

 조선 시대 백성은 허리가 휘도록 많은 일을 해야 했고, 엄청난 세금을 바쳐야 했습니다. 그런 백성들도 농한기에는 모여서 놀거나 수다를 풀었습니다. 그런데 그 모이는 장소는 누구냐에 따라 달랐습니다. 여인네들은 빨래터에 모여 앉아 빨래를 두드리며, 집안일의 고단함, 지아비나 시어머니에 대한 불만, 살림 걱정 같은 힘든 세상살이를 나눴습니다.

그런데 남자들은 빨래터처럼 툭 터진 장소가 아니라 주로 건물에서 모였지요. 겨울에는 사랑방에 모여 앉았고, 여름엔 모정과 정자에 모였습니다. 태종 3년1403 8월 1일에 태종이 형인 익안대군 이방의를 문병하였는데 이때 "이방의가 부축되어 나와 꿇어 앉아서 울었다. 임금 또한 눈물을 흘리고 안마鞍馬, 말에 얹는 안장와 매(鷹子)를 내려주었다. 인하여 시병侍病, 간병하는 환자宦者·반인伴人·비복婢僕에게 포물布物, 옷감을 차등 있게 내려주고 모정茅亭에 올라 잔치를 베푸니, 의안대군 이화李和·완산군 천우天祐·찬성사 이저李佇 등이 시연侍宴, 잔치에 함께함하였다. 이방의李芳毅가 초췌하여 힘이 없으므로 앉고 서는 것을 자유로이 하지 못하였다"라는 기록이 있는데 여기에 모정이 나옵니다. 아마도 형인 임금에게

김홍도의 '빨래터'. 국립중앙박물관 소장.

누를 끼치지 않게 하기 위해 호화로운 정자를 짓지 않고 짚이나 억새 따위로 지붕을 이은 모정을 짓지 않았나 싶습니다.

모정은 보통 일을 많이 하는 백성들이 더위를 피하기 위해 세운 것으로 마을 들머리나 들판 한가운데에 방이 없이 마루로만 된 작은 초가를 가리키는 데 견주어 신분이 높은 양반들은 경치 좋고, 한적한 곳에 기와지붕을 얹은 정자를 짓고 모여 시를 짓거나 정담을 나누기도 했지요. 비록 신분에 따라 모이는 장소는 다르지만 이러한 곳들이 모두 숨통을 틔는 곳이었다는 데는 이견이 없을 것입니다.

7월 27일

우리말 문법을 최초로 정리한 주시경 선생

언제나 한복 두루마기 차림으로 국어를 연구하다

"길고 긴 나의 학해學海, 학문의 바다 여정에서 직접 간접으로 나의 나아갈 길을 지도해주신 스승이 적지 아니하였지마는, 그중에서 나에게 결정적 방향을 지시하였고, 따라 나의 추모의 정한을 가장 많이 자아내는 스승님은 조선 청년이 누구든지 다 잘 아는 근대 조선어학 최대의 공로자인 한힌샘 주시경 씨다. …… 오늘날 같으면 조선어 선생도 여기저기서 구할 수 있지마는 그 당시에는 주 선생 한 분뿐이다. 커단 책보를 끼고서 조그만 오두막집을 나서면 동분서주하여 쉴 사이가 없었다. 안동 네거리에서 동으로 가야 할지 서로 가야 할지 깜빡 잊어버리고 헤매던 일이 한두 번이 아니었다."

이 글은 《조광》 1936년 1월호에 실린 외솔 최현배 선생의 〈조선어의 은인 주시경 선생〉의 일부분입니다.

우리가 지금처럼 한글을 자유자재로 쓸 수 있었던 것은 일제강점기와 해방 이후 한글의 정착을 위해 온몸을 불사른 외솔 최현배 선생의 공이 아주 큽니다. 그런 외솔 선생께서 한글을 옳게 배울 수 있었던 것은 주시경 선생님의 덕이었다는 것이 윗글의 내용이지요. 한힌샘주시경의 호, 주시경의 순한글 표기 주시경1876~1914 선생은 황해도 봉산에서 아버지 주면석周冕錫, 어머니 전주 이 씨 사이에 둘째아들로 태어나 작은아버지 주면진周冕鎭의 양자養子로 입양되었습니다. 11살에 서울로 올라온 뒤 배재학당에 입학하여 신학문을 배웁니다.

때마침 순한글 신문을 제작하는 서재필이 이끄는 《독립신문》에 들어가 한글의 이론과 표기법 통일을 연구했으며 동료 직원들과 국문동식회國文同式會를 조직하게 됩니다. 서재필이 주도하는 배재학당협성회 · 독립협회에 참여했다가 서재필이 나라 밖으로 추방당하자 《독립신문》을 나오게 된 이래 과거의 경험이 바탕이 되어 《제국신문》 기자를 거쳐 선교사인 스크랜턴의 한국어 교사가 되지요.

이후 '주보따리'란 별명처럼 커다란 책보를 끼고 수많은 후진을 양성하는 한편 일본의 침략을 당한 처지에서 민족정신을 고양하기 위해 언제나 한복 두루마기 차림으로 계몽운동, 국어운동, 국어연구 활동을 활발히 전개합니다. 우리말의 문법을 최초로 정립한 선생은 《국문문법》1905, 《대한국어문법》1906, 《소리갈》1913을 비롯한 많은 저서를 통해 우리말과 한글을 이론적으로 체계를 잡았고, 국어의 독특한 음운학적 본질을 찾아내는 업적을 남기셨습니다. 오늘은 대국어학자 주시경 선생이 39살 짧은 생을 마치신 날입니다.

7월 28일

있는 놈과 없는 놈의 여름나기 알아볼까요

있는 놈은 원산으로 해수욕 하러 가지만
없는 놈은 미지근한 수돗물조차도 마시질 못한다

"잇는 놈과 업는 놈은 언제던지 생활상 차별이 심하지만은 특히 녀름에는 그 차별이 尤甚우심하다. 잇는 놈은 大厦巨屋대하거옥에 광대한 정원을 가지고도 山亭水閣산정수각을 또 지여노코 낫이면은 將棋장기 바둑으로 소일하고 맥주 사이다로 목을 축이며 美妾미첩의 부채바람과 電風機전풍기바람에 흑흑 늣기다십히 하고 밤이면은 生생모긔장안에 그물網에 걸닌 고기 모양으로 멀둥멀둥 누어서 빈대가 무엇인지 모긔가 무엇인지 알지도 못한다."

1924년 8월 1일 《개벽》 50호 〈貧者빈자의 녀름과 富者부자의 녀름〉에 나오는 '있는 놈' 의 여름나기 풍경입니다.

그렇다면 '없는 놈' 의 여름나기는 어떠할까요? 현대문으로 고쳐 보면 "없는 놈은 한 칸 방도 구하기 어려워 동가숙서가식할뿐더러 모기, 빈대, 벼룩에 뜯겨 온몸이 성한 구석이 없다. 있는 놈은 삼시 세 끼를 육개장에 영계찜을 배가 부르도록 먹고도 입맛이 없느니 있느니 하며 일식과 양식을 번갈아 먹으며 청요리는 느끼하다고 입에 대지도 않는다. 없는 놈은 세 끼 보리죽 양 밀가루 범벅 한 그릇도 얻어먹지 못해 배가 고파 허리띠 자국이 나도록 졸라매는 데…….”

이 두 계층 사이의 비교가 끝없이 전개되고 있는 것이 하나도 그릇된 말이 아닙니다.

“있는 놈은 원산이나 인천 해수욕장을 가지만 없는 놈은 제 몸에 쏟아지는 땀으로 해수욕을 하고 미지근한 수돗물조차도 물값이 없어 마시질 못한다. 금일 우리 朝鮮조선에 이러한 비참한 사정이 어느 곳인들 업스리요만은 특히 京城경성이라는 도회지에 더욱 만타”는 대목에 이르면 빈부의 격차가 뚜렷이 느껴집니다. 세월이 변해 살기 좋은 세상이 왔다 하지만 여전히 우리는 부자들의 여름과 가난한 사람들의 여름이 다름을 느낍니다.

7월 29일

갓 베어낸 푸른 대나무 구워 붉은 술을 만듭니다

전통 약용술 죽력고, 한여름 무성한 대나무로 빚다

전북 정읍에는 시도무형문화재 6-3호 향토 술 담그기로 지정된 전통술 죽력고竹瀝膏가 전해집니다. 죽력고는 갓 베어낸 푸른 대인 청죽을 잘게 쪼개 불에 넣어 구워 스며 나오는 진액, 곧 죽력을 소주에 넣고, 꿀과 생강즙을 넣어 끓는 물에다 중탕하여 빚는 술입니다. 죽력고는 대나무가 많은 전라도 지방에서 빚은 약용주로 한방에서는 어린이가 풍으로 갑자기 말을 못할 때 구급약으로 사용되었는데, 생지황 · 계심 · 석장포 따위의 한약재를 넣어 빚기도 했지요.

최남선의《조선상식 문답》에서는 평양 감홍로甘紅露, 전주 이강고梨薑膏와 함께 죽력고를 우리나라 3대 명주로 꼽았으며 매천 황현의《오하기문》에는 "전봉준이 전북 순창 쌍치에서 일본군에 잡혀 몹시 맞고 만신창이가 된 상태로 서울로 압송될 때 죽력고를 먹고 기운을 차렸다"라는 기록이 있지요.

《동의보감》에는 죽력을 "사나운 중풍과 흉중대열, 번민과 갑자기 발병한 중풍으로 말미암은 실음불어, 담열혼미, 소갈당뇨을 다스리고 파상풍, 산후발령, 소아의 경간과 일체의 위급한 질병을 다스리며 생강을 써야 그 효능이 산다"라고 되어 있습니다. 평소 반주로 식사 때 한 잔씩 곁에 두고 마셔도 좋은 술이 아닐까요? 약처럼 말입니다.

7월 30일

눅진 여름, 슬기로운 포쇄별감이 통풍으로 국보를 지키고 있습니다

포쇄법으로 장마철 습기로부터 지켜내다, 《조선왕조실록》

여름철, 특히 장마철에는 습기가 많아 곰팡이가 스는 일이 많습니다. 그래서 햇볕이 내려쬐는 날이면 이부자리며 옷가지들을 내말리느라 집 안팎은 온통 빨래로 덮여 있습니다. 책도 마찬가지입니다. 세계문화유산에 빛나는 《조선왕조실록》은 통풍이 잘 되는 사고史庫에 보관이 되어 안전했을 거라는 생각이 들지만 이의 관리에는 세심한 주의가 필요했습니다.

《태종실록》 23권1412에는 "포쇄별감曝曬別監으로 하여금 찾아내어 싸 가지고

© 이무성 화백

와서 전악서典樂署의 악보樂譜를 참고하게 하소서"라는 기록이 보입니다. 여기서 '포쇄별감' 이란 사고史庫에서 서적을 점검하여 축축한 책은 바람을 쏘이거나 햇볕에 말리던 일을 맡아보던 별감別監을 말합니다. 아예 별감을 두어 관리했던 것이지요. 그런데 실제로 책 말리는 일은 누구의 책임 아래 했을까요? 그냥 포쇄별감이나 아랫사람들이 아무렇게나 했을까요? 아닙니다.

《중종실록》 25권과 36권에는 "외방 사고史庫의 거풍擧風하는 일을 외방의 겸춘추謙春秋로 하게 하려 하시나 외방 겸춘추는 사관史官이 아닙니다. 사국史局 일에 이런 발단을 열어놓으면 사국일이 가벼워지게 될까 싶습니다"라는 특이한 상소가 보입니다. 책을 말리는 것쯤은 아무나 할 것 같아도 상소문에는 '아무나 하면 안 되며 꼭 사관이 하도록 해달라' 고 간언하여 임금이 이를 받아들이고 있는 것으로 보아 《조선왕조실록》의 거풍인 포쇄는 사관들의 엄격한 관리하에 이뤄졌음을 알 수 있습니다. 그처럼 철저한 관리가 있어 실록은 오늘날 세계에 유례없는 문화유산으로 남게 된 것이지요.

7월 31일

시원한 냇가에 천렵하러 가자구요

더운 여름 냇가로 나가 이웃과 함께 음식을 나누다

앞내에 물이 주니
천렵을 하여보세. 해 길고 잔풍하니
오늘 놀이 잘되겠다. 벽계수 백사장을
굽이굽이 찾아가니 수단화水丹花 늦은 꽃은
봄빛이 남았구나. 촉고를 둘러치고
은린옥척銀鱗玉尺 후려내어 반석에 노구 걸고
솟구쳐 끓여내니 팔진미 오후청五候鯖을
이 맛과 바꿀소냐

이 내용은 조선 헌종 때 정학유丁學游가 지은 《농가월령가》〈4월령〉에 있는 천렵川獵을 소개한 것입니다.

우리는 흔히 천렵을 '주로 여름철에 남자들이 냇물이나 강가에 그물을 치고 고기를 잡아 매운탕을 끓여 먹는 것' 쯤으로 알고 있는데 위 《농가월령가》〈4월령〉에서 볼 수 있듯이 여름에만 있었던 것은 아니며 일반백성만이 즐기던 것도 아니었지요. 《태종실록》 7년1407 기록에 보면 임금은 완산부윤完山府尹에게 전지를 내려 회안대군懷安大君의 천렵을 허락하는 기록이 있는 것으로 봐서 왕실에서도 천렵을 즐긴 것으로 보입니다.

물고기만 잡았던 것도 아닙니다. 1929년 8월 1일 《별건곤》 22호에 김진구의 《팔도 기행문》을 보면 "安州名物안주명물로는 도야지갈비 불고기이지만 그것보담도 '三伏中삼복중의 닭 川獵천렵' 일 것이다"라는 글이 보입니다. 또 "청천강가에 川獵하는 安州안주의 녀름은 하로 동안에 닭의 죽는 수가 수백 마리식 된다니 한 녀름 동안에 죽어내는 닭의 수가 그 얼마나 되겟는가?"라는 말로 미루어 강가에서 닭을 잡는 천렵이 있었음을 알 수 있습니다. 물고기를 잡아 매운탕을 끓이든 닭을 잡든 천렵은 들로 냇가로 나가 이웃과 함께 맛있는 음식을 나누면서 시를 읊거나 노래를 부르며 즐거운 한때를 보내는 것이지요. 요즘도 시골냇가에서 천렵하는 사람들이 있을까요?

칠석날 하로만을 청드러 만나보니
원수의 닭의 소리 지새는 날 재촉하네.

8월 1일

연주자와 청중이 하나로 녹아드는 풍물굿에 빠져봅니다

초보자가 징을 처음 잡고 따라 해도 망치지 않는다

언젠가 시골의 추수감사제에 간 적이 있습니다. 거나하게 풍물판은 돌아가고, 아주머니들은 양동이에 담긴 막걸리를 사람들에게 나누어주었습니다. 몇 순배가 돌아가자, 사람들은 모두 흥에 겨워 했습니다. 그런데 한 분이 제게 와서는 징을 치라는 것입니다. 그때까지 저는 풍물악기를 직접 쳐본 적이 없었기에 손사래를 쳤습니다. 하지만 그분은 아무나 할 수 있다며, 걱정하지 말고 두드리라고 했습니다. 저는 술김에 풍물꾼들을 따라가며, 징을 쳤습니다. 풍물악기 가운데 가장 중요하고 어렵다는 징을 친 것입니다. 걱정과 달리 풍물판은 깨지지 않았으며, 아무도 잘못 친다고 하지 않았습니다. 마냥 흥겹게 돌아갔습니다.

이게 바로 풍물놀이의 매력이며, 서양문화와는 다른 우리 문화의 매력입니다. 서양음악의 오케스트라는 한 사람만 틀려도 문제가 됩니다. 하지만 풍물놀이는 모두가 흥겨운 모습으로 하나가 되면 됩니다. 이렇게 풍물놀이는 연주자와 청중이 따로 없이 연주자가 청중이 되기도 하며, 청중이 연주자로 변신하기도 합니다. 그래서 풍물놀이는 모두가 '하나 되기'를 즐기는 예술이자 놀이입니다.

그 풍물놀이를 사물놀이와 혼동해서 쓰는 사람이 많습니다. 언젠가 텔레비전에서 풍물놀이를 하는 장면이 나왔는데 자막은 '사물놀이'였지요. 하지만 풍물놀이는 선반이라고 하여 서서 연주를 하며, 무동과 잡색이 있어 진법짜기, 상

모돌리기, 자반돌리기 같은 놀이연희도 중요한 부분입니다.

대신 '사물놀이'는 풍물놀이를 서양무대화한 것으로 앉은반인데 무대에서 앉아서 꽹과리, 장구, 징, 북의 사물로 연주를 하며, 놀이과정은 없습니다. '사물놀이'는 좁은 장소에서도 쉽게 연주할 수 있다는 장점은 있으나 그 속에 우리 문화의 기본 철학인 '더불어 나누는 것'이 녹아 있지는 못합니다. 그래서 비슷한 면은 있지만 분명히 풍물굿과 사물놀이는 다르다는 걸 알아야 합니다. 1988년 8월 1일은 임실필봉굿이 중요무형문화재 11-마호로 지정받은 날입니다.

8월 2일

일본 불임여성 가운데서 황태자비를 정하라!

비운의 황태자 영친왕, 8개월짜리 아들을 숭인원에 묻다

서울 동대문구 청량리동 204-2에 있는 숭인원崇仁園은 사적 361호로 조선의 마지막 황태자 영친왕의 아들 이진1921~1922이 8개월의 생을 살다간 무덤입니다. 영친왕1897~1970은 고종의 일곱째 아들입니다. 어머니는 귀비 엄 씨貴妃嚴氏인데, 순종과는 이복형제간이지요. 1907년 11살의 나이로 황태자에 책봉되었으나 그해 12월 이등박문이 유학을 빌미로 일본에 잡아갑니다. 1910년 국권이 일제에 빼앗기면서 형인 순종이 이왕李王으로 폐위되자, 영친왕도 황태자에서 왕세제王世弟로 전락된 채 1920년 일본의 흡수정책에 따라 이미 정해진 약혼녀와 파혼하고 일본왕족 나시모토 마사코梨本方子, 이방자와 정략결혼을 하게 됩니다. 1916년 8월 2일은 영친왕 이은의 비로 일본왕족 이방자 여사가 결정된 날입니다.

일제는 조선황실의 후손을 끊어놓으려고 일본 어의에게서 불임녀라고 판정 받은 마사코와 영친왕을 혼인시켰지만 1921년 8월 18일에 아들 진晉이 태어났습니다. 이듬해 1922년 4월 26일 영친왕과 이방자 여사는 8개월 된 황손 진을 순종에게 보이고 혼인보고도 할 생각으로 동경에서 귀국합니다. 그러나 영친왕 부부가 일본으로 돌아가기 하루 전날인 5월 11일 8개월 된 아기는 덕수궁 석조전에서 갑자기 의문의 죽음을 당했습니다. 아기의 입에서 검은 물이 흘러나왔다고 하여 독살일 거라 했지만 일제는 배앓이로 죽었다고 공식발표를 했지요.

이에 대해 일본의 피가 절반 섞인 황손을 인정할 수 없다 해서 독살했다는 설과 일제가 황실의 손을 끊으려 독살했다는 설이 있지만 무엇이 진실인지는 알 수 없습니다. 순종은 이를 슬퍼하고 애석히 여겼고, 어린 아기지만 왕실의 전통을 깨고 특별히 왕자의 예를 갖춰 장례를 지내게 했습니다. 그리하여 8개월이란 짧은 생을 살다간 어린 아기 진은 5월 17일에 할머니 명성황후의 곁 숭인원에 묻힌 것입니다.

명성황후는 경기도 양주군 숙릉肅陵에 묻혔다가 1897년 청량리 홍릉洪陵으로 이장됐습니다. 그러다 1919년 고종이 승하하자 묘는 다시 양주군 미금면 금곡리 홍릉으로 이장됐습니다.

8월 3일

일제강점기 인텔리 유학생, 귀국길에 동반자살하다

윤심덕과 김우진은 이제 행복할까

광막한 황야를 달리는 인생아 / 너는 무엇을 찾으려 왔느냐

이래도 한세상 저래도 한세상 / 돈도 명예도 사랑도 다 싫다

녹수 청산은 변함이 없건만 / 우리 인생은 나날이 변했다

이래도 한세상 저래도 한세상 / 돈도 명예도 사랑도 다 싫다

위는 윤심덕尹心悳, 1897~1926이 부른 '사의 찬미' 가사입니다. 서른 살 동갑 윤심덕과 그의 애인 김우진이 부관페리를 타고 부산으로 향하다 대한해협에 몸을 날린 것이 1926년 8월 3일의 일입니다.

다음 날 《동아일보》에는 '청년남녀정사'라는 큰 제목 옆에 '극작가와 성악가 한 떨기 꽃이 되어 세상시비 던져두고 끝없는 물나라로'라는 소제목을 달고 이들의 만남에서부터 죽음에 이르기까지를 사진을 덧붙여 많은 지면을 할애했습니다. 그러면서 부관연락선에서 정사情死를 한 일은 이들이 처음이라는 말로 기사를 마무리하고 있지요.

1926년이면 일제의 강제 조선점령 16년째군요. 당시 국내외에서는 빼앗긴 나라를 찾기 위해 일제의 감시망을 피해 지하조직에서 독립운동을 하느라 한창일 텐데 동경유학까지 마친 인텔리라는 사람들이 정사라는 이름으로 생을 마감

한 것에 대해 고운 시선을 보내는 사람은 많지 않을 듯합니다.

윤심덕은 평양에서 태어나 경성여고보京城女高普 사범과를 졸업하고 강원도 원주공립보통학교 교사로 일하다가, 조선총독부 관비생으로 일본 도쿄음악학교에 유학해 성악을 전공했고 백만장자 김우진은 전남 장성에서 태어나 처자를 둔 몸으로 와세다대학 영문과를 졸업한 사람이라 이들에게 걸었던 기대가 더욱 컸을지 모릅니다. 《한국일보》 2009년 8월 31일 고종석이 쓴 글 〈윤심덕 – 대한해협에 가라앉은 사랑〉은 이들의 죽음을 이렇게 마무리하고 있습니다.

"이 두 사람과 그 가족의 명예를 위해서든, 사실을 향한 충성을 위해서든, 한 가지만은 확실히 하자. 윤심덕은 김우진의 연인이기에 앞서 조선의 첫 소프라노 가수였고, 김우진은 윤심덕의 연인이기에 앞서 1920년대의 뛰어난 표현주의 극작가였다"라고 말입니다. 그들의 죽음에 대한 논쟁을 보류하자는 이야기지만 오랜 세월이 지난 지금도 이들에 대한 이야기는 많은 사람의 입에 오르내리는 게 사실입니다.

8월 4일

김구 선생이 판소리로 거듭나셨습니다

김구 일대기의 매력, 판소리로 거듭나다

너 이놈, 왜놈은 말 듣거라!

만국 공법이니 국제공법 그 어디에

국가 간의 통상화친조약을 체결한 후

그 나라 국모를 시해하라는 조항이 있더냐

야, 이 짐승만도 못한 왜놈아!

백범 김구 선생이 일본군 장교를 응징하면서 호통치는 말입니다. 1930년 8월 4일 상하이임시정부에서 국무령이 되어 조국광복을 되찾으려고 불철주야 뛰던 김구 선생이 우리 곁을 떠난 지 벌써 70년이 넘었습니다. 하지만 선생은 창작판소리 《백범 김구》를 통해 이날 새로 태어나셨습니다. 2009년 2월 24일 백범 기념관에서 열린 1부 '청년역정'은 왕기석 명창이, 2부 '대한민국 임시정부'는 왕기철 명창이 3부 '해방시대'는 1980년대 암울한 상황에서 '똥바다' 같은 창작 판소리를 불러 유명해진 임진택 '창작판소리 열두바탕 추진위원회' 예술총감독이 소리를 했습니다. 앞으로 이 판소리는 계속 공연할 예정입니다.

이날 자리를 메운 청중 300여 명은 시종 추임새를 넣어가며 즐겼습니다. 청중은 소리꾼이 미 군정사령관 하지를 놓고 "하지 하지 해놓고도 암것도 하지 않은 것이 하지여", "아니여, 하지 하지 해놓고도 암것도 하지 못하게 한 것이

하지여"라며 풍자적인 아니리를 할 때는 배꼽을 잡고 웃기도 했습니다. 그런가 하면 윤봉길 의사가 도시락 폭탄을 던져 일본군을 혼쭐 내고 태극기를 흔들며 만세를 부르는 장면에서는 함께 만세를 불렀지요. 하지만 가장 극적인 장면은 마지막 부분, 김구 선생이 안두희의 흉탄에 맞아 쓰러지는 대목이었는데 여기저기 흐느끼는 소리가 들렸습니다.

"인류가 현재 불행한 근본 이유는 인의가 부족하고 자비가 부족하고 사랑이 부족한 때문이다. 나는 우리나라가 남의 것을 모방하는 나라가 되지 말고 높고 새로운 문화의 근본이 되고 목표가 되고 모범이 되길 원한다. 그래서 진정한 세계의 평화가 우리나라로 말미암아 세계에 실현되기를 진정 원한다"라는 말씀을 남기고 우리 곁을 떠나신 선생의 뜻을 받들어 겨레문화의 꽃을 피우는 위대한 한국인으로 거듭나는 우리들이었으면 좋겠습니다. 창작 판소리 끝에 상엿소리와 함께 울리는 "어허 딸랑 어허 딸랑" 딸랑이 소리가 마치 우리의 잠든 영혼을 깨우는 듯했습니다.

8월 5일

웨스트민스터사원보다 한국 땅에 묻히고 싶다

국보 경천사십층석탑을 지켜낸 한글학자 헐버트 박사

 1907년 일본 궁내부대신인 다나카는 황태자 순종 결혼식에 축하사절로 참석했다가 개성에 있는 경천사 십층석탑을 일본군 85명을 보내 뜯어서 일본으로 가져가버렸습니다. 이를 안 한국의 문명화와 국권 수호를 위해 온몸을 불사른 호머 헐버트Homer B. Hulbert, 교육자, 역사학자, 한글학자, 언론인, 선교사, 독립운동가 박사

육영공원 재직 당시 교사 헐버트(맨 왼쪽)와 학생들.

는 즉시 현장을 답사한 뒤 《재팬 크로니클》과 《뉴욕포스트》에 기고하고 만국평화회의가 열리고 있는 헤이그에서도 이 사실을 폭로했지요. 이런 헐버트의 노력으로 국보 86호 경천사석탑을 되돌려 받을 수 있었습니다.

헐버트는 《사민필지》라는 우리나라 최초의 한글교과서를 펴내면서 한글애용을 적극 주장한 한글학자기도 했지요. "나는 웨스트민스터사원보다 한국 땅에 묻히기를 원한다"고 평소 소원한 대로 그는 서울 양화진에 묻혔습니다. 헐버트박사기념사업회는 해마다 8월 5일 양화진묘지에서 헐버트 박사 추모식을 열고 있는데 2009년 8월 5일은 60주기를 맞이하는 해였습니다.

헐버트 박사는 1886년 우리나라 최초의 서양식 교육기관인 육영공원 교사로 한국에 온 이래 《독립신문》 창간에 이바지했고 1907년 고종 황제에게 헤이그 만국평화회의 특사파견을 건의하기도 했습니다. 이 일로 1910년 이 땅에서 추방되었지만, 미국으로 돌아간 뒤에도 3 · 1운동을 지지하면서 한국의 독립을 위해 온몸을 바쳤지요. 할아버지의 60주기 추모식에 참석한 헐버트 박사의 손

자인 브루스 헐버트 씨 부부는 "열 살 때까지 할아버지가 살아계셨다. 할아버지는 한국의 아리랑과 전래동화를 손자 손녀들에게 매일 들려주셨는데, 일본 이야기가 나오면 매우 격해지셨다"고 전했습니다. 이국땅에서 한국인보다 더 한국을 사랑하다 마포구 합정동 양화진 외국인묘지에 잠든 푸른 눈의 한국인을 기억하는 것만으로도 그의 한국사랑에 대한 작은 보답일 것입니다.

8월 6일

세거우, 쇄루우가 내리는 칠석입니다

견우성와 직녀성을 바라보며 바느질을 잘하게 해달라고 빌다

밤한울 구만리엔 은하수가 흘은다오
구비치는 강가에는 남녀 두 별 있엇다오
사랑에 타는 두 별 밤과 낮을 몰으것다
한울이 성이 나서 별 하나를 쪼치시다
물 건너 한편 바다 떠러저 사는 두 별
추야장秋夜長 밤이 길다 견듸기 어려워라
칠석날 하로만을 청드러 만나보니
원수의 닭의 소리 지새는 날 재촉하네
리별이 어려워라 진정으로 난감하다

해마다 눈물흘러 흔하수만 보태네

1934년 11월, 《삼천리》에 실린 월탄 박종화의 시 '견우직녀' 입니다.

칠석 전날에 비가 내리면 견우와 직녀가 타고 갈 수레를 씻는 세거우洗車雨라고 하고, 칠석 당일에 내리면 만나서 기뻐 흘린 눈물의 비라고 하며, 다음 날 새벽에 내리면 헤어짐의 슬픔 때문에 쇄루우灑淚雨가 내린다고 합니다. 또 칠석에는 까마귀와 까치가 오작교를 만들려고 하늘로 올라갔기 때문에 한 마리도 보이지 않고, 또 이날은 유난히 부슬비가 많이 내립니다.

칠월칠석 아낙들은 장독대 위에 정화수를 떠놓거나 우물을 퍼내어 깨끗이 한 다음 시루떡을 놓고 식구들이 병 없이 오래 살고 집안이 평안하게 해달라고 칠성신에게 빌었습니다. 또 처녀들은 견우성와 직녀성을 바라보며 바느질을 잘하게 해달라고 빌었는데 이것을 걸교乞巧라 했지요. 장독대 위에다 정화수를 떠놓은 다음 그 위에 고운 재를 평평하게 담은 쟁반을 놓고 이튿날 재 위에 무엇인가 지나간 흔적이 있으면 바느질 솜씨가 좋아진다고 믿었습니다.

8월 7일

김유신은 죽어 산신이 되었습니다

기생 천관의 집으로 향한 말의 목을 벤 철저한 자기관리

경북 경주에 있는 천관사터는 신라화랑 김유신金庾信, 595~673과 관계 깊은 곳입니다. 평소 기생 천관의 집을 자주 찾던 유신은 어머니의 따끔한 훈계 한마디에 천관과 왕래를 끊습니다. 그러나 유신의 결심을 알 리 없는 유신의 말은 버릇처럼 술에 취한 김유신을 천관의 집까지 태워서 갔지요. 이에 유신은 자신의 결심을 헛되게 했다 하여 말의 목을 베고 뒤도 돌아보지 않고 집으로 돌아갔습니다. 천관은 그런 유신을 사모하다 못해 목숨을 끊었습니다. 훗날 김유신은 옛 여인을 위하여 천관의 집터에 절을 세웠다는 전설이 배어 있는 곳이 경북 경주시 교동 244번지 천관사天官寺 터입니다.

김해金海 김씨로 가야국의 시조 김수로왕金首露王의 12대손인 김유신은 기생 천관과의 일화에서도 볼 수 있듯이 철저한 자기관리로 삼국통일을 이룩한 신라의 장군입니다. 당나라 소정방이 이끈 군대와 연합하여 백제를 멸망시키고 뒤이어 고구려 정벌에도 나섰던 인물이지요. 이러한 업적으로 그와 관련한 신기한 이야기들이 설화와 구전으로 전해오고 있으며 죽은 뒤에 신격화神格化되어 민간과 무속에서도 산신 또는 서낭신으로 받들어지고 있습니다.

강릉 단오제端午祭와 관련하여 대관령산신당大關嶺山神堂에서는 김유신을 산신으로 모시고 있지요. 허균의 《성소부부고》에는 "계묘년1603 여름 내가 명주溟州에 있었는데, 그 당시 명주사람들은 5월 길일을 택하여 대관령 산신을 맞이했다. 내가 수리首吏에게 묻자 "이 신은 신라의 대장군 김유신입니다"라고 했다. 이 신이 지금까지 영험하기 때문에 고을 사람들이 신봉하여 해마다 5월 길일에 번개幡蓋와 향화香花를 갖추어 대관령으로 가서 그 신을 즐겁게 해준다고 한다"는 기록이 있으며 현재도 강릉에서는 산길의 안전과 풍농 풍어豊農豊漁를 비는 강릉 단오제가 거행되고 있는데, 이때 주신主神인 서낭신은 범일국사신梵日國師神이고, 산신은 김유신장군신이라고 전해집니다. 이처럼 삼국통일의 중심적인 인물로서 수많은 일화와 전설을 곳곳에 남긴 신라화랑 김유신은 78살인 서기 673년 8월 7일 눈을 감습니다.

8월 8일

여름 더위 속에서 맞이하는 입추입니다

기청제 때는 성안의 샘물을 덮고 소변 보는 것도 금지하다

입추立秋는 가을의 길목입니다. 밤새 열대야에 고생하고 있지만 하늘 저편에서는 가을소식이 다가옵니다. 입추는 가을절기가 시작되는 날이며, 24절기의 열셋째로 말복 앞에 찾아오지요. 생각 같아서는 말복이 오고 입추가 올 것 같지만 실제는 입추가 먼저 옵니다. 주역에서 보면 남자라고 해서 양기만을, 여자라고 해서 음기만 가지고 있지 않으며, 조금씩은 겹쳐 있다고 하는데 계절도 마찬가지지요. 여름에서 가을로 넘어가려면 연결되는 부분이 있어야 하는데 그 구실을 입추와 말복이 맡고 있습니다. 입추부터는 김장용 무, 배추를 심기도 하지만 농촌도 한가해지기 시작하니 '어정 칠월 건들 팔월'이라고 합니다.

예전엔 벼가 한창 익어가는 계절인 입추 무렵 비가 닷새 동안만 계속되면 날이 개기를 비는 기청제祈晴祭를 올렸지요. 《태종실록》에 "예조에서 아뢰기를, '백곡百穀이 결실할 때인 지금 오랫동안 계속해서 비가 내리니, 8일에 기청제를 행하소서' 하니, 그대로 따랐다"라는 기록이 있습니다. 기청제를 하는 동안에는 성안으로 통하는 물길을 막고, 성안의 모든 샘물을 덮으며, 물을 쓰면 안 되는 것은 물론 소변을 보아서도 안 되었습니다. 기청제 전날 밤에는 비를 섭섭하게 하는 행위는 일체 금지되는데 심지어 부부가 각방을 써야 했습니다. 또 이날 음陰인 부녀자의 시장 나들이는 모두 금하고, 제사를 지내는 곳에는 양색陽色인 붉은 깃발을 휘날리고 제주祭主도 붉은 옷차림이었습니다. 그리고 양방陽方인 남문南門을 열고 음방陰方인 북문은 닫았습니다.

어느새 입추지만 아직 날은 더워 바닷가나 계곡을 찾느라 길에서 고생합니다. 그러나 입추는 갈바람을 예약하는 날이므로 더위로 말미암은 고생도 머지않았습니다.

8월 9일

손기정 선수가 베를린올림픽에서 우승했습니다

일장기를 단 채 시상대에 올라야 했던 그 마음

"기쁘기도 기쁘나 실상은 웬일인지 이기고 나니 기쁨보다 알지 못할 설움만이 복받쳐 오르며 울음만 나옵니다. 남승룡과 함께 사람 없는 곳에 가서 남몰래 서로 붙들고 몇 번인가 울었습니다. 이곳의 동포들이 축하하는 말을 들으면 들을수록 눈물만 앞섭니다. 우리 집이 스케이트를 살 만큼 부자였더라면 나는 아마 스케이팅 선수가 됐을지도 모릅니다. 달리기를 하게 된 것은 돈이 한 푼도 들지 않았기 때문이었습니다."

인터넷 《동아일보》 〈손기정 어록〉에 있는 말입니다. 1912년 8월 29일 평북 신의주에서 아버지 손의석과 어머니 김복녀의 3남으로 태어난 그는 16살에 중국 단둥丹東의 한 회사에 취직하여 신의주부터 단둥에 이르는 20여 리 길을 날마다 달려서 출퇴근한 실력으로 1932년 신의주 대표로 제2회 동아마라톤에 참가해 2위를 차지하게 됩니다. 이후 그는 베를린올림픽 마라톤에서 우승하기 전까지 크고 작은 마라톤 대회를 휩쓸 만큼 마라톤에 천부적 소질을 보였고 마침내 1936년 8월 9일 베를린올림픽 마라톤에서 2시간 29분 19초로 우승을 합니다. 하지만 나라를 잃고 가슴에는 일장기를 단 채 시상대에 올라야 했으니 그 가슴이 얼마나 메였을까요?

손기정 선수가 베를린올림픽을 제패하던 1936년은 일제가 조선의 얼과 뿌리를 송두리째 뿌리 뽑으려던 시기로 내선일체, 신사참배, 일본어 상용, 창씨개명 따위를 강요하던 때입니다. 손기정 선수의 우승사진에서 가슴에 있던 일장기를 지운 사진이 1936년 8월 25일 오후 3시 《동아일보》 2판에 실리는 이른바 일장기 말소사건은 식민지 지배정책에 대한 정면대결이자 항거였습니다. 훗날 일장기 말소를 주동한 이길용 기자를 가리켜 "그분은 신문기자라기보다 독립지사 같은 인물이었다"고 손기정은 회고했습니다.

당시 조선에서는 손기정, 남승룡이 세계마라톤을 제패하여 민족정신이 고취되고 마라톤 열풍이 일자 일제는 교통정리를 이유로 마라톤 코스 일부를 제한하고 아울러 열광적인 응원도 허가제로 바꿨다고 《조선일보》가 1936년 10월

17일에 보도했습니다. 일제는 입만 열면 조선을 형제국조선과 일본은 한 몸이라는 내선일체 이라고 치켜세웠습니다. 정말 형제국이라면 장려는 못할망정 훼방은 놓지 말아야 하는 게 형제국의 도리일 것입니다. 1936년 12월에 작성된 당시 일제의 정부문서 '쇼와 11년 집무보고'에서도 조선인들의 우승에 대한 경계심은 여실히 드러나고 있습니다.

2002년 11월 15일 0시 40분 90살의 나이로 세상을 뜬 손기정 옹은 평생 가슴속에 '조국'이란 두 글자를 새겨놓고 살다간 분입니다. 8월 9일은 그분이 마라톤에서 우승한 날로 우리의 기억에 영원히 새겨질 것입니다.

8월 10일

원폭의 도시 나가사키 참관기에서 배웁니다

아직도 치유되지 않은 한국인 원폭피해

"나가사키는 히로시마와 더불어 한국인들의 뇌리에는 원폭의 도시로 기억되는 도시다. 미군기지가 있는 사세보를 떠나 나가사키 원폭자료관에 도착한 시각은 오후 3시가 조금 넘은 시각이었다. 나가사키 평화기념관 안팎에서는 8월 9일 원자폭탄이 떨어진 날 추도식을 위한 무대장치며 꽃장식으로 한창이라 다소 어수선했다. 일본이 일으킨 태평양전쟁의 가장 큰 피해국은 한국을 포함한 아시아 각국임에도 일본은 나가사키와 히로시마에 맞은 원자폭탄 세례의 '피해국 일본'으로 가르치려고 국립 나가사키 원폭 사망자 추도 평화기념관'을 세웠다." 나가사키 자료관의 한글판 홍보책자에는 다음과 같은 건립 이유를 밝히고 있다.

> "1945년 8월 9일 오전 11시 2분. 나가사키시에 투하된 원자폭탄은 한순간에 도시를 폐허로 만들고 수많은 시민과 소중한 목숨을 앗아갔다. 다행히 목숨만은 건진 피폭자들에게도 평생 치유될 수 없는 마음과 몸의 상처, 방사선으로 말미암은 장해를 남겼다. 우리는 이러한 희생과 고통을 잊지 않을 것이며 이에 심심한 애도의 뜻을 바친다. 우리는 원자폭탄에 의한 피해의 실상을 국내외에 널리 알리고 후세에 전할 것이며 이러한 역사를 교훈 삼아 핵무기 없는 영원히 평화로운 세계를 구축할 것이다. 1996.4."

이 글은 민족문제연구소 누리집에 '나가사키의 오카마사하루 씨를 아시나요?'라는 제목으로 실린 '나가사키 참관기' 일부입니다. 언뜻 보면 핵무기 없는 평화로운 세계 구축이라는 말이 상당히 인도적으로 들리지만 사실은 다릅니다. 문제의 핵심을 두 가지로 보면, '왜 나가사키는 핵폭탄을 맞았나?', 또 하나는 '당시 강제연행으로 나가사키에 있던 조선인들의 피해보상과 치료문제는 어찌 되었나?'로 요약해볼 수 있습니다. 우리는 한국인이기 때문이지요.

나가사키기념관 안에는 1945년 8월 9일 오전 11시 2분에 멈춘 찌그러진 시계가 걸려 있고 폭탄이 떨어지던 그날의 피해를 고스란히 재현해둔 모습이 여러 전시공간에 마련되어 있습니다. 전시실마다 발 디딜 틈 없이 일본전역에서 몰려온 사람들로 북적이는데 특히 눈에 띄는 것은 단체로 온 어린이들이었습니다. 기념관을 안내하는 인솔교사들은 말합니다.

'여기 까맣게 탄 도시락이 있지요? 원폭을 맞은 곳에서 700m나 멀리 떨어져 있던 이와키마치초등학교에 다니던 14살 츠츠미 양의 도시락이랍니다. 새까맣게 탔지요? 원폭은 그만큼 무서운 거예요. 미군이 폭탄을 떨어뜨린 거랍니다.'

자신이 핏덩어리이던 한 살 때 아버지가 강제연행당한 기억이 있는, 이젠 예순을 훌쩍 넘긴 한국인 박남순 씨는 나가사키 평화기념관을 나오며 말했습니다. "여긴 평화 박물관이 아녀, 은폐기념관이지." 해마다 8월 9일을 전후해서 일본인들은 원폭피해를 부각해 희생자들을 위한 추도식을 연다고 법석입니다만 한국인들에게는 그다지 달갑지 않습니다. 한국을 포함한 아시아인의 희생에 대한 진정한 사과와 보상을 매듭짓지 않고 있기 때문이지요.

8월 11일

혼천의로 하늘의 이치를 깨닫습니다

농사지을 때를 알아 백성에게 알려주기를 늘 실천한 세종

"정초 · 이천 · 정인지 · 김빈 등이 혼천의渾天儀를 올리매, 임금이 그것을 곧 세자에게 명하여 이천과 더불어 그 제도를 질문하고 세자가 들어와 아뢰라고 하니, 세자가 간의대簡儀臺에 이르러 정초·이천·정인지·김빈 등으로 더불어 간의와 혼천의의 제도를 강문講問하고, 이에 김빈과 내시 최습崔濕에게 명하여 밤에 간의대에 숙직하면서 해와 달과 별들을 참고해 실험하여 그 잘되고 잘못된 점을 아뢰게 하고, 인하여 빈에게 옷을 하사하니 밤에 숙직하기 때문이었다. 이로부터 임금과 세자가 매일 간의대에 이르러서 정초 등과 함께 그 제도를 의논해 정하였다."

위 내용은 《세종실록》 61권, 15년1433 8월 11일 "정초·이천·정인지 등이 혼천의를 올리다"에 있는 기록입니다. 여기서 혼천의渾天儀는 천체의 운행과 그 위치를 측정하는 천문시계의 구실을 하는 기구로 선기옥형, 혼의, 혼의기라고도 하지요. 1433년 정초鄭招·정인지鄭麟趾 같은 학자들이 고전을 조사하고 이천李蕆·장영실蔣英實이 그 제작을 감독했습니다.

농업을 나라의 근간으로 여긴 조선 시대에는 농경에 필요한 절기를 정하여 알리는 일인 관상수시觀象授時를 임금의 중요한 일 가운데 하나로 꼽았습니다. 그래서 세종은 흠경각을 편전인 천추전 가까이 짓고, 수시로 드나들며, 천체의 운행을 관찰하여 농사지을 때를 알아 백성에게 알려주고, 하늘의 움직임을 관찰하여 왕도정치의 본보기로 삼았습니다. 또 세종은 흠경각루에 갖추어놓은 춘하추동의 풍경과 일곱 달의 농사짓는 모습을 보며 백성사랑과 농사의 중요성을 늘 되새겼지요. 그래서 앞의 기록처럼 세종과 세자가 날마다 간의대에 이르러서 정초와 같은 학자와 그 제도를 의논한 것입니다. 세종의 백성사랑이 엿보이는 발명품입니다.

8월 12일

단돈 20전 피서비법을 찾아볼까요

일제강점기 잡지사 기자들의 한나절 피서법

《별건곤》 15호1928년 8월 1일에는 '단돈 二十錢이십전 避暑秘法피서비법, 記者總出競爭記事기자총출경쟁기사' 라는 제목의 글이 보입니다. 불볕더위가 내려쬐는 날 점심시간이 지나자 "한 사람이 20전씩 가지고 해질 때까지 기막힌 피서를 해볼 것"이란 편집국장의 명령이 떨어집니다. 영업국 재무주임은 이에 10전짜리 두 푼씩을 나누어 줍니다. 이에 한 기자는 다음과 같은 피서를 합니다.

> "아모리 생각해보아도 20전 가지고 도라다니다는 땀밧게 흘릴 것 업겟는지라 집으로 가는 길에 안동 과실뎐에 가서 수박 한 개 쌈싸호듯하야 15전에 하나 사서 가지고 와서 어름 2전 설탕 3전(총합 20전) 사다가 수박 속에 집어 느어서 움물에 띄여 노코 옷 훌훌 벗고 랭수 목욕 한 차례 하고서 등거리 고의만 걸치고 뒷겻 마당에 드러 누으니 아모 딴 생각 업서 진다."

그런가 하면 다른 기자는 얼음 곱게 갈기로 남북촌을 통하여 경성에서 으뜸이라고 꼽히는 빙수집에서 빙수를 먹고는 "그 얄밉게까지 달콤한 맛. 그 삿듯한 시원한 맛이 혀끗에서 왼 입안으로 목구녕으로 가슴으로 등덜미까지 배속까지 시원한 뎐긔가 찌르르르 도라가는 것을 분명히 알겟다"라고 말합니다. 또 다른 기자는 달리는 전차 운전수 등 뒤에 타서 바람을 쐰다고 말합니다. 이런 피서야 서민들이 할 수 있는 소박한 피서법이 아니던가요? 이 뜨거운 여름 우리도 자신만의 방식으로 여름을 나보면 어떨까요?

8월 13일

말복, 여름의 끝자락입니다

《농가월령가》에도 나오는 개고기 풍습

말복末伏은 무더위의 막바지를 뜻합니다. 우리 겨레는 예부터 개고기를 많이 먹었는데 그 까닭이 무엇일까요? 《동국세시기》는 《사기》를 인용해 "진덕공 2년에 처음으로 삼복제사를 지냈는데, 4대문 안에서는 개를 잡아 해충으로 농작물이 입는 피해를 방지했다고 하였다"는 내용을 전합니다.

또 우리나라의 가장 오래된 요리책인 《규곤시의방》에는 개장, 개장국 누르미, 개장찜, 누런 개 삶는 법, 개장 고는 법과 같은 우리나라 고유의 개고기 요리법이 자세하게 기록되어 있으며, 17세기 중엽에 나온 요리책 《음식디미방》에도 그 요리법이 나와 있습니다. 이에 견주면 이들 문헌에 돼지고기 조리법은 야저육野猪肉, 곧 멧돼지고기 삶는 법이 두 줄, 가저육家猪肉, 곧 집돼지고기 요리법이 세 줄로 간단하게 기록되었을 뿐입니다. 이로 미루어 당시에는 돼지고기보다 개고기를 더 즐겨 먹었던 것으로 짐작됩니다.

그뿐만 아니라 조선 시대 혜경궁 홍 씨의 회갑연 상차림에 구증狗蒸이 올랐다는 것을 보면, 개고기는 임금님 수라상에도 올라가는 음식이었음을 알 수 있으며, 《농가월령가》에는 며느리가 친정에 갈 때 개를 삶아 건져 가는 풍습이 나옵니다. 조선 시대엔 개고기를 즐겨 먹었다는 이야기지요.

그만큼 개고기는 우리 겨레의 오랜 먹을거리였습니다. 다만, 개고기를 먹으면 무조건 몸이 좋아진다는 맹신은 삼가야 합니다.

8월 14일

백중날은 호미씻이 하는 날입니다

호미씻이를 하고 홀아비나 노총각 머슴을 장가보내다

음력 7월 보름은 백중百中으로 철에 따라 사당이나 조상의 묘에 차례를 지내는 속절俗節이며, 백종, 중원, 망혼일이라고도 합니다. 예전에 삼원일三元日이 있었는데 상원上元 · 중원中元 · 하원下元으로 상원은 음력 정월 보름날, 중원은 음력 7월 보름날인 백중날, 하원은 음력 10월 보름날을 일컫습니다.

이날 즐기는 풍속으로 '호미씻이'가 있는데 그해에 농사가 가장 잘된 집의 머슴을 뽑아 얼굴에 검정칠을 하고 도롱이를 입히며, 머리에 삿갓을 씌워 우습게 꾸민 다음 지게 또는 사다리에 태우거나 황소 등에 태워 집집마다 돌아다닙니다. 그때 집주인들은 이들에게 술과 안주를 대접합니다.

이 호미씻이는 지방에 따라서 초연草宴, 풋굿, 머슴날, 장원례壯元禮로도 불립니다. 또 마을 어른들은 머슴이 노총각이나 홀아비면 마땅한 처녀나 과부를 골라 장가를 들여주고 살림도 장만해주는데, 옛말에 "백중날 머슴 장가간다"라는 말이 여기서 생겼습니다. 백중날 시절음식으로는 밀전병, 밀개떡, 호박부침,

100가지 나물을 먹습니다. 특히 애호박을 송송 썰어 넣어 부친 부침개를 만들어 마을 어귀 느티나무 밑에서 이웃과 나누는 모습은 참 정겹습니다.

8월 15일

해방된 조국에서 친일문학을 다시 살펴봅니다

모가지가 길어 슬픈 여인, 친일시로 황군의 딸이 된 노천명

어느 겨울바람 세게 불던 날
긴 모가지로 사방 살피며
문 잠그고 김광진과 달콤한 밤을 보낼 때
그때

일송정 선구자들
북간도 벌판에서
왜놈 순사 칼에 죽어 가던 날
그날

'우리들이 내놓는 정다운 손길을 잡아라

젖과 꿀이 흐르는 이 땅에
일장기가 나부끼고 있는 한
너희는 평화스러우리 영원히 자유스러우리'

황군의 딸이 되어
천황의 승승장구를 빌어마지 않던 날
그날

인쇄소 윤전기는
'그 처참하든 대포소리 이제 끝나고 공중엔
일장기의 비행기 햇살에 은빛으로 빛나는 아침
남양의 섬들아 만세를 불러 평화를 받어라'
찍어 내었지
바쁘게

원치 않던 해방이여!
지겨운 조선이여!
영혼 팔아 챙긴 이름 석자
NO천명
NO천명

 《사쿠라 불나방》에 있는 이윤옥 시인의 시입니다. 대표적인 친일파 시인으로 알려진 노천명1921~1957은 해방되기 직전인 1945년 2월 25일 시집 《창변》을 출간하고 성대한 출판기념회를 열었습니다. 이 시집 뒷부분에는 친일시가 아홉 편 실려 있었는데 8월 15일 해방이 되자 노천명은 이 시집에서 뒷부분의 친일시 부분만 뜯어내고 그대로 판매하고 맙니다. 전쟁말기 상황에서 미처 배포하지 못하고 쌓아놓고 있던 시집을 땅속에 묻거나 태워버릴 수도 있었을 텐데 그러기는 아까웠던 모양입니다.

원광대 한국어문학부 김재용 교수는 "그동안 친일문학이 제대로 규명되지 않았던 것은 자료가 없고 시간이 너무 지났기 때문이 아니라 관심이 부족했던 까닭이다. 친일 진상규명 여부는 시간이 아니라 역사인식의 문제다"라고 말합니다. 국어책에서조차 가르쳐주지 않는 그의 친일행각이 잘 나타난 친일시 한 편을 감상하지요. 이런 사람들과 더불어 광복의 기쁨을 누려서는 안 될 것입니다.

남아라면 군복에 총을 메고
나라 위해 전장에 나감이 소원이리니
이 영광의 날
나도 사나이였드면 나도 사나이였드면
귀한 부르심 입는 것을–

갑옷 떨쳐입고 머리에 투구 쓰고
창검을 휘두르며 싸움터로 나감이
남아의 장쾌한 기상이어든–

이제

아세아의 큰 운명을 걸고

우리의 숙원을 뿜으며

저 영미를 치는 마당에랴

영문營門으로 들리는 우렁찬 나팔소리 –

오랜만에

이 강산 골짜구니와 마을 구석구석을

흥분 속에 흔드네 –

❀ 노천명, '님의 부르심을 받들고서'

8월 16일

살찌고 싶은 사람은 바닷가로 가라

특이한 피서 이야기

8월, 아직 날이 매우 무덥습니다. 그래서 지금도 피서하러 바다와 계곡으로 떠나는 사람들이 있습니다. 1928년 7월 3일 《동아일보》에는 참 특이한 기사가 눈에 띕니다. '살찌고 십흔 사람은 海岸해안으로 避暑피서 여위고저 하는 사람은 산으로' 라는 제목의 기사입니다. 그 내용을 보면 우선 "여름피서는 영양에 큰 관계가 있습니다. 보통 사람들은 일상생활에서 영양을 충분히 또 고르게 취하지 못합니다. 그것을 피서지에서 보충하는 것이 필요합니다"라고 말합니다.

이어서 "평소에 바다 멀리 산에서만 사는 사람은 바다에서 나는 것을 도무지 먹지 못함으로 그 영양이 부족한 것이 있습니다. 서서瑞西, 스위스라는 나라에 사는 사람은 해산물을 먹기 어려움으로 요도라는 성분이 부족해서 그것으로 인하야 병이 나기 쉽다고 합니다. 그와 가튼 사람은 해변에서 생활하게 되면 그것을 완전히 회복할 수가 잇습니다. 또 그 반대로 평소에 육식을 넘우 만히 하는 사람 또는 위장병을 가지고 잇서서 생선 고기가튼 것을 만히 먹는 것이 해로운 사람은 해안가에 가는 것이 돌이어 해롭습니다"라는 풀이를 해줍니다.

그래서 살찌고 싶은 사람은 해안으로 가서 피서를 하고 평소에 육식만 하는 사람들은 산속에 들어가서 채식만 하라고 권합니다. 지금처럼 바닷가가 아닌 육지 어디서나 해산물을 먹을 수 있는 시대에서 보면 맞지 않는 말이지만 당시로써는 그럴듯한 이야기일 것입니다.

8월 17일

한국 최초의 근대식 인쇄소 박문국이 문을 열었습니다

박문국 설립 뒤 민간 인쇄소 출현

박문국博文局은 한국 최초의 근대식 인쇄소로 1883년 설립하여 신문 · 잡지의 편찬과 인쇄를 맡아보던 출판기관입니다. 특히 박문국은 통리교섭통상사무아문의 산하기관인 동문학의 신문발행 업무를 담당하려고 설치한 것입니다.

초대총재는 이조판서, 한성부판윤을 지낸 민영목으로 한성부 남부 훈도방薰陶坊 저동의 영희전永禧殿 자리에 있었으며 1883년 10월 《한성순보》를 발간했습니다. 《고종실록》에 "박문국을 설치한 지 몇 해가 되었는데 빚을 갚으려고 시골에서 세금을 징수하는 것은 어쩔 수 없는 일이지만 폐단을 끼칠 뿐만 아니라 실효도 없으니 해당부서를 교섭아문交涉衙門에 넘겨 교섭아문으로 하여금 적당히 일을 처리하게 하라"는 기록이 보입니다. 이후 박문국은 문을 닫았는데 적자에 허덕였던 것으로 보입니다.

박문국이 1888년 문을 닫긴 했으나 한국 인쇄역사에서 큰 분기점을 마련한 것은 사실입니다. 박문국 설치 뒤인 1884년에는 한국 최초의 민간 인쇄소인 광인사廣印社가 설립되었고, 1885년에는 배제학당 안에 근대식 인쇄소가 설립되어 한국에 근대적 출판의 기틀을 마련했다는 점에서 의미 있는 곳입니다.

8월 18일

왜장을 수장시킨 논개의 붉은 마음에 물듭니다

의기사 논개 영정, 친일화가 작품 떼어내고 새롭게 걸다

불불는 정열은 사랑보다도 강하다

아! 강낭콩보다도 더 푸른 그 물결 위에

양귀비보다도 더 붉은 그 마음 흘러라

우리가 익히 아는 변영로의 '논개' 일부입니다. 1593년 8월 18일은 경상우도 병마절도사 최경회崔慶會의 후처 논개論介, ?~1593가 임진왜란 때 남편이 전사한 뒤 왜군이 촉석루에서 벌이는 잔치에 참석해 장수 게야무라 로구스케를 끌어안고 남강에 투신한 날입니다.

성은 주씨朱氏인데 전북 장수長水 임내면 주촌마을에서 태어났다고 전합니다. 논개에 대한 기록은 조선 광해군 때인 1621년 유몽인柳夢寅이 쓴《어우야담》에 "진주의 관기이며 왜장을 안고 순국했다"는 간단한 기록만 전하기에 논개는 기생이었다고 잘못 알려지기도 했습니다.

논개와 관련하여 사람들의 입에 많이 오르내린 말은 논개 영정이 친일화가의 작품이었다는 것입니다. 진주 의기사에 걸려 있었던 논개의 영정은 이당 김은호가 그린 작품인데, 이당은 일제강점기에 금차봉납도를 그린 친일행적으로 친일파로 지목된 화가입니다. 결국, 2007년 경남 진주시와 전북 장수군이 공동으로 벌인 공모에서 최우수작으로 선정된 충남대 회화과 윤여환 교수의 논개 영정이 새로운 영정으로 인정되었고, 국가표준영정 79호로 지정되었습니다.

영정은 논개가 나고 자란 전북 장수군과 경남 함양군을 중심으로 신안 주씨新安 朱氏 문중 여성 150여 명의 얼굴을 분석해 모델을 찾아냈다고 합니다. 또 '넓고 네모반듯한 이마에 초승달 같은 눈썹'을 표현하는 조선 시대 미용법을 따르고 복식服飾은 고전복식전문연구소에 의뢰해 과학적인 검증을 거친 영정이 되었습니다. 왜장을 물속에 수장시킨 논개의 영정이 적어도 친일화가의 작품이어서는 안 되겠지요.

8월 19일

김종직의 백성사랑과 죽은 아내에 대한 절절함을 기억합니다

김종직, 그의 매력적인 인간성

"나라에 바칠 차茶가 이 고을함양에는 나지 않는데도 해마다 백성에게 차세茶稅가 부과되었다. 그래서 백성은 나라에 차세를 바치려고 전라도에서 쌀 한 말을 주고 차 한 홉을 얻었다. 내가 이 고을에 부임했을 때 이러한 폐단을 알고 백성에게 책임을 지우지 않고 관가에서 사서 대신 올렸다."

조선 전기의 성리학자이며, 문신 · 영남학파의 종조인 점필재 김종직金宗直, 1431~1492은 함양군수 시절 백성의 차세 고통을 보고 차를 관에서 대신 사서 올렸고, 관의 차밭을 만들기까지 합니다. 차밭을 만든 뒤 김종직은 시를 읊조립니다.

신령 차 받들어 임금님 장수코자 했는데
신라 때부터 전해지는 씨앗을 찾지 못하다
이제야 두륜산 아래에서 구하게 되었으니

우리 백성 조금은 편해져 기쁘네

김종직의 사상과 학문적 경향 그리고 행적에 대해서는 지금까지 다양한 시각이 존재합니다. 하지만 그의 백성 사랑하는 마음은 모든 것을 뛰어넘어 인정해야 할 일입니다. 또 아내의 영전에 바친 제문, 곧 '제망처숙인문祭亡妻淑人文'에서 그의 인간성을 되짚어봅니다.

> "삼가 제물을 갖추어 당신 영전에 고합니다. 우리가 백 년을 함께하기로 기약했는데 이제 겨우 서른 해. 그런데 당신은 영영 내 곁을 떠나려 합니다. 무엇이 그리도 급하단 말입니까? 우리가 함께 보낸 지난날들을 생각하니 목이 메어 한마디 말도 제대로 이를 수가 없습니다."

1492년 8월 19일은 점필재 김종직이 세상을 하직한 날입니다.

8월 20일

조선의 국모가 일본 순사 와타나베에 시해당했습니다

조선을 이조로, 명성황후를 민비로 부른 일본

명성황후1851~1895는 고종의 비로 왕비간택 이전인 소녀시절부터 집안일을 돌보는 틈틈이《춘추》를 읽을 정도로 총명했으며, 수완이 남달랐다고 전하나 시아버지 흥선대원군과의 정치적 대립이 커 훗날 이것이 화근이 되는 불행을 겪습니다. 1895년 8월 20일 일본공사 미우라三浦梧樓는 일본의 한반도 침략정책에 정면 대결하는 명성황후와 그 세력을 일소하려고 일본 순사 와타나베와 일본군대를 앞세워 왕궁을 습격하고 명성황후를 시해한 뒤 정권을 탈취한 만행인 을미사변을 저지릅니다. 일본인의 손에 이때 무참히 살해된 명성황후는 시체가 불살라지는 최후를 맞게 되었지요.

시해 당시 궁 안의 상황과 흉도들의 행동은 자료와 증언마다 차이가 있습니다만 당시 현장은 아수라장이 되었던 것은 틀림없습니다. 또 흉도들은 궁녀들 사이에 숨었다가 도망치는 명성황후를 쫓아가 마룻바닥에 넘어뜨려 내동댕이친 뒤 구둣발로 짓밟고 여러 명이 칼로 찔렀다고 하지요. 또한 이시즈카 에조石塚英藏의 보고서에는 다음과 같은 처참한 상황이 기록되기도 했습니다.

"특히 무리는 왕비를 끌어내어 두세 군데 칼로 상처를 입혔다. 나아가 왕비를 발가벗긴裸體 후 국부검사局部檢査를 하였다. 그러고는 마지막으로 기름을 부어 태우는 등 차마 이를 글로 옮기기조차 어렵도다"라는 기록이 그것입니다. 참으로 천인공노할 일입니다. 명성황후를 흔히 민비라고 부르는 사람들이 있습니다. 그러나 이는 바른 이름이 아닙니다. 일제는 한일 강제병합 이후 순종을 이왕李王, 고종을 이태왕李太王이라고 불렀고, 대한제국의 왕실을 이왕가李王家, 이왕실李王室로, 조선을 이씨조선李氏朝鮮, 곧 이조李朝로 부르면서 조선왕실을 깔보는 태도를 보였고 끝내는 국모을 시해하는 일까지 저지르고 말았습니다. 비록 비운에 간 왕비지만 민 씨 또는 민비라 부르는 일은 삼가야 할 것입니다.

8월 21일

진흥왕은 순수비를 세워 영토확장을 알렸습니다

추사가 한여름 북한산에 오른 까닭

진흥왕순수비眞興王巡狩碑는 신라 진흥왕540~576이 새로이 넓힌 지역을 두루 살피며 돌아다닌 것을 기념하여 세운 비입니다. 이 진흥왕순수비는 현재 창녕 신라 진흥왕척경비국보 33 · 북한산 신라진흥왕순수비국보 3 · 마운령 진흥왕순수비북한 국보 111 · 황초령 진흥왕순수비북한 국보 110가 발견되었습니다. 진흥왕순수비는 신라가 대외적으로 영역을 확대하던 진흥왕 때의 영토 개척사업을 이해하는 데 도움이 되지요.

진흥왕 때는 신라가 종전의 미약했던 국가체제를 벗어나 영토를 크게 넓히고, 삼국통일의 기틀을 마련한 때입니다. 진흥왕은 재위 37년 동안 낙동강 서쪽의 가야세력을 완전히 병합했고, 한강 하류유역으로 진출하여 서해안 지역에 교두보를 확보했으며, 동북으로는 함경남도 이원지방에까지 이르렀는데 이 순수비는 그를 증명하는 것입니다.

특히 568년신라 진흥왕 29 8월 21일은 진흥왕이 함경남도 함흥군 황초령에 높이 151.5cm, 두께 약 20cm, 너비는 42.7cm인 황초령비와 함경남도 이원군 마운령에 높이 146.9cm, 너비 44.2cm, 두께 약 30.3cm인 순수비를 세운 날입니다. 이 두 비는 내용이 거의 같다고 합니다. 특히 이 비는 진흥왕 때 신라 동북쪽 국경이 《삼국사기》에 기록된 비열홀주比列忽州, 지금의 안변를 훨씬 넘어 함흥지역까지 이르렀음을 증명하고 있다는 점에서 주목됩니다. 조선의 대학자 추사 김정희는 7

월 무더위 속을 뚫고 북한산에 올라 그곳에 있던 진흥왕순수비를 탁본했습니다. 그 뒤 그는 침식을 잊은 채 비문을 판독한 다음 그 비가 진흥왕순수비임을 밝힙니다. 대학자의 면모가 드러나는 업적입니다. 진흥왕순수비도 우리의 국보지만 한여름 땀을 훔치며 그를 탁본해 순수비임을 밝힌 추사도 우리의 국보가 아니겠습니까.

8월 22일

펌프에 마중물 넣고 물 퍼내 등목 할까요

오늘 생각해보는 마중물의 슬기로움

언뜻언뜻 가을하늘이 보이기 시작하는 오늘도 아직 남은 더위가 극성을 부립니다. 8월 23일이 더위를 처분한다는 처서이고 귀뚜라미가 우리의 애간장을 끊지만 아직 여름을 견뎌야 합니다. 예전에 흔히 보던 펌프를 기억하시나요? 펌프는 압력작용을 이용하여 관을 통해 물을 퍼올리는 기계를 말하지요. 다시 말하면 땅속에 있는 물을 땅 위로 끌어올리던 것입니다.

어렸을 적 널찍한 마당이 있던 집에는 으레 녹슨 펌프가 있었습니다. 그 펌프는 여름철에 정말 유용했지요. 우리는 한여름 온몸을 땀으로 뒤집어쓴 채 펌프로 달려갔고, 펌프에서 물을 퍼내어 등목을 하곤 했습니다. 그때의 시원함이란 이루 말할 수 없었는데 그 순간만은 별다른 피서가 필요 없다고 생각하기도 했습니다. 참으로 소박한 피서법이었지요.

그런데 이 펌프는 마중물을 넣지 않으면 절대 땅속에 있는 물을 끌어올릴 수 없습니다. 마중물이란 펌프질을 할 때 물을 이끌어 올리려고 위에서 붓는 물을 말하는데 말 그대로 땅속에 있는 물을 마중하러 가는 물이지요. 그 귀한 물을 쓰려면 마중이란 것도 필요한 것입니다. 우리는 멀리서 귀한 분이 오시면 마중을 나가야 했고, 아버지가 나들이하셨다가 돌아오시면 문밖에까지 나가 마중을 합니다. 남에게 감동을 주려면 먼저 마중을 나가는 자세가 필요하지요. 나는 오늘 그 누구를 마중했는지 되돌아 봅니다.

보기만 해도 시원한 펌프물.

8월 23일

귀뚜라미의 애간장 끊는 소리가 들리기 시작합니다

더위를 처분하고 가을의 길목에 접어드는 처서

"처서에 창을 든 모기와 톱을 든 귀뚜라미가 오다가다 길에서 만났다. 모기의 입이 귀밑까지 찢어진 것을 보고 깜짝 놀란 귀뚜라미가 그 사연을 묻는다. '미친놈, 미친년 날 잡는답시고 제가 제 허벅지 제 볼때기 치는 걸 보고 너무 우스워서 입이 이렇게 찢어졌다네' 라고 대답한다. 그런 다음 모기는 귀뚜라미에게 자네는 뭐에 쓰려고 톱을 가져가느냐고 물었다. 그러자 귀뚜라

© 이무성 화백

미는 '긴긴 가을밤 독수공방에서 임 기다리는 처자 낭군의 애창자 끊으려 가져가네' 라고 말한다."

남도지방에서 처서處暑와 관련해서 전해지는 이야기입니다. 귀뚜라미 우는 소리를 단장斷腸, 곧 애끊는 톱소리로 듣는다는 참 재미있는 표현이지요. 절기상 모기가 없어지고, 처량하게 우는 귀뚜라미 소리를 듣는 시기의 정서를 잘 드러냅니다. 이제 자연의 순리는 여름을 밀어냅니다. 처서는 24절기의 열넷째로 여름이 지나 더위도 가시고, 선선한 가을을 맞이하게 된다고 하여 이처럼 부르지만 낱말을 그대로 풀이하면 '더위를 처분한다' 는 뜻이기도 합니다. 처서 때는 여름 동안 습기에 눅눅해진 옷이나 책을 아직 남아 있는 따가운 햇볕에 말리는 포쇄를 합니다. 또 "모기도 입이 비뚤어진다"라는 속담처럼 해충들의 성화도 줄어듭니다.

처서에 비가 오면 "십 리에 천 석 감한다"고 하여 곡식이 흉작을 면하지 못한다는 믿음이 전해지고 있으며, 또 "처서에 비가 오면 독의 곡식도 준다"는 속담도 있습니다. 이제 가을의 높은 하늘이 다가옵니다.

8월 24일

매창과 허균의 순수한 우정을 기립니다

자신의 뜻을 제대로 펴지 못하고 죽었지만, 영원한 허균의 사람향기

아름다운 글귀는 비단을 펴는 듯하고
밝은 노래는 구름도 멈추게 하네
복숭아를 훔쳐서 인간세계로 내려오더니
불사약을 훔쳐서 인간무리를 두고 떠났네
부용꽃 수놓은 휘장엔 등불이 어둡고
비취색 치마엔 아직 향내가 남아 있는데
이듬해 작은 복사꽃 필 무렵
누가 설도의 무덤 곁을 찾아오려나

정신적 사랑을 나누었던 부안기생 매창이 죽었다는 소식을 듣고 허균이 남긴 '계랑매창의 죽음을 슬퍼하며' 란 시입니다. 조선 중기 문신이며 소설가인 교산 허균許筠, 1569~1618은 사회모순을 비판한 조선 시대 대표적 걸작 소설《홍길동전》과《한년참기》,《한정록》같은 책을 남기고 있습니다.

허균은 매창을 사랑했지만 잠자리를 같이하지 않고 정신적인 교감만 나누었다고 하지요. 매창의 진짜 연인은 천민 출신으로 뛰어난 시인이었던 유희경이었습니다. 허균은 다음과 같은 글을 남깁니다. "계생은 부안의 기생이라. 시에 밝고 글을 알며, 노래와 거문고를 잘한다. 그러나 절개가 굳어서 색을 좋아

하지 않는다. 내가 그 재주를 사랑하고 허물없이 친하여 농을 할 정도로 서로 터놓고 이야기하지만 지나치지 아니하였으므로 오래도록 우정이 가시지 않았다.” 비록 기생이지만 매창의 재주와 인간적 향기를 아껴 우정을 나눈 허균은 광해 10년1618 8월 24일 자신의 뜻을 제대로 펴지 못하고 세상을 떠났습니다. 하지만 우리는 그의 사람향기를 오래도록 기억할 것입니다.

8월 25일

《고려사》 139권이 완성되었습니다

조선 개국의 정당성이 부각된 사서

1451년 8월 25일은 김종서金宗瑞, 1390~1453 · 정인지鄭麟趾, 1396~1478 같은 학자가 세종의 명을 받아 만든 《고려사》 139권이 완성된 날입니다. 고려의 역사를 기록하려는 맨 처음 시도는 태조가 즉위 직후 명을 내려 정도전 · 정총 등이 1396년에 완성한 《고려국사》입니다. 그 뒤 문제점을 보완하여 태종 14년, 태종 18년, 세종 5년 되는 해에 세 번에 걸쳐 《고려사》를 펴냅니다. 또 문종 원년 8월 25일에 완성하게 됩니다.

그러나 《고려사》는 고려를 없애고 조선을 연 태조의 명에 따라 조선 개국의 정당성을 부각하려는 뜻이 담겨 있어서 일부 문제점을 내포할 수밖에 없습니다. 대신 《고려사》는 가전체 역사서로 성리학적 명분론을 바탕에 깔고 있으면서 북진정책을 찬양하는 자주적 일면도 반영되었다는 점에서 유교적 가치관과 민족적 가치관이 조화를 이룬 역사서라는 평가를 받습니다.

이 《고려사》 편찬을 주도했던 김종서는 세종의 뒤를 이은 문종이 재위 2년 만에 죽자 좌의정으로서 12살의 단종端宗을 보필했지요. 대호大虎라는 별명까지 얻은 지략과 용맹을 겸비한 명신名臣이었으나, 왕위를 노리던 수양대군首陽大君, 세조에 의하여 단종 1년1453, 두 아들과 함께 집에서 맞아 죽었습니다. 게다가 대역모반죄大逆謀叛罪라는 누명까지 쓰고 목이 베여 높은 곳에 매달리는 불행한 죽음을 맞았습니다. 영조 22년1746 복원되었으며, 시조 두 수가 전해지고 있고 저서에 《제승방략》이 있습니다.

8월 26일

임진왜란 때 나라를 구한 사명대사가 열반하였습니다

사명대사가 머물던 서울 정릉동 경국사

서울 성북구 정릉동 정릉천 주변 삼각산三角山 동쪽 기슭에는 고려 충숙왕 12년1325 자정慈淨율사가 창건하여 청봉靑峰 아래에 자리 잡았다는 뜻으로 청암사靑巖寺라 이름 붙인 절이 있었습니다. 청암사는 명종 5년1549 문정왕후가 국가에 경사가 끊이지 않도록 기원하는 뜻에서 경국사慶國寺라고 이름을 바꾸었지요.

경국사는 선조 25년1592 임진왜란 때 서산대사西山大師와 사명대사四溟大師가 구국승병을 이끌고 와 머물면서 총지휘를 한 유서 깊은 절이기도 합니다. 창건 이래 한국불교 계율의 맥을 이어온 대표적 절인 경국사 극락보전에는 보물 748호인 목각탱화 · 신중탱화 · 팔성탱화가 있지요. 풍남楓南이 쓴 약 600자의 《천태성전 상량문》도 색다릅니다. 이곳의 '경국사 목 관음보살좌상'을 비롯해 수국사 '아미타후불화'를 포함해 모두 12점은 서울시에서 시문화재로 지정했습니다. 특히 '경국사 목 관음보살좌상'은 1703년 전남 영암 월출산 도갑사에서 당대 최고의 조각승인 색난色難스님과 그 제자들이 조성한 것으로, 원형이 대부분 완전하게 남아 있는, 18세기를 대표할 만한 작품입니다.

1610년 8월 26일은 임진왜란 때 나라를 구한 승려인 사명대사가 열반한 날입니다. 대사는 금강산에서 수도하다 임진왜란이 일어나자 건봉사에서 승병을 규합, 1593년 1월 평양성 탈환작전에 참가해 큰 전공을 세웠고, 그해 3월 서울 인근의 노원평과 우환동, 수락산 전투에서 왜군을 크게 무찔렀습니다. 특히 대사는 팔공산성과 금오산성, 용기산성, 남한상성, 부산성 등을 쌓았을 뿐만 아니라, 1604년 강화교섭을 위해 일본에 사신으로 파견, 전란 당시 잡혀간 동포 3,500여 명을 데리고 귀국했지요. 대사는 1610년 8월 26일 해인사에서 입적했습니다. 나라가 어지러운 때일수록 사명대사 같은 분이 그리워집니다.

8월 27일

임금이 세자의 합궁을 여러 신하와 의논합니다

한 달에 한 번 정도 동침하는 임금과 왕비

우리는 보통 임금이 호화롭고 행복한 삶을 누리는 줄 압니다. 하지만 드라마에 등장하는 임금은 어디까지나 허구일 뿐 실제 어떤 면에서는 불행했습니다. 특히 임금과 왕비는 부부지만 동침을 마음대로 할 수 없었고 한 달에 겨우 한 번 정도로 만족해야 했다고 하지요.

그들의 동침은 오직 왕자를 낳기 위한 수단이어서 제조상궁이나 천문을 관장하는 관청인 관상감觀象監이 길일을 받아주면 그때 합궁을 하게 됩니다. 합궁 날짜를 정할 때 뱀날 · 호랑이날과 초하루 · 보름 · 그믐까지 피해서 정하지만 그렇게 했어도 당일 비가 오고 천둥이 치거나 안개가 끼었거나 바람이 심하게 불거나 일식 또는 월식이 있는 날이거나 임금의 심기가 불편하거나 나라에 중대사가 있거나 병을 앓고 난 직후엔 합궁을 피했습니다. 그러니 그들의 동침은 한 달에 겨우 한 번 정도에 불과했지요.

《중종실록》 59권1527 8월 27일에는 "세자의 합궁合宮에 대한 일은 장령이 고례古禮를 인증引證하여 아뢴 것이 지극히 마땅합니다. 다만 조정이 원려를 헤아려서 관례冠禮와 가례嘉禮도 이미 고례를 따르지 않고 있으니, 합궁인들 또한 어찌 다르게 할 수 있겠습니까? 이제 합궁하더라도 정의도 있고 분별도 있게 하여 궁내에서 조처하는 것이 좋겠습니다"라는 기록이 보이는데 임금이 여러 신하와 세자의 합궁을 의논하는 것으로 보아 세자 역시 자유롭지는 못했을 것입니다.

8월 28일

천 년의 신비, 성덕대왕신종 소리를 들어보셨나요

아이를 끓는 쇳물 속에 넣었다?

에밀레종, 봉덕사종으로도 불리는 성덕대왕신종통일신라, 혜공왕 771년은 만든 지 1,200년이 넘는 신비스러운 종으로 무게 18.9톤에 높이 3.75m, 입지름 2.27m로 웅장한 위상을 지니고 있습니다. 아름답고 섬세한 무늬의 배치, 현대과학으로도 창조해내기 어려운 합금주조기술, 청동주물기술, 소리와 진동을 다루는 기술이 집약되어 오묘하고 아름다운 소리를 내는 불교 예술과 과학의 결정체라고 평가됩니다.

장중하면서도 맑은 소리와 유난히 길면서도 신비스러운 소리로 유명한 신종의 원리는 20세기 들어서야 과학자들에 의해 하나둘 밝혀져 은은한 여운현상 1분, 가슴을 울리는 저음역의 여운이 3분이나 지속하는 것으로 알려졌습니다. 음향공학, 진동공학, 파동공학, 주조공학, 열역학 같은 각종 과학기술이

녹아 있는 작품이라지요. 소리재현을 위해 이 종을 복제해보려고 현대기술을 총동원했으나 비슷한 소리를 내는 것조차 실패했다고 합니다.

에밀레종의 주조와 관련한 애틋한 전설을 들어보셨을 겁니다. '아이를 끓는 쇳물 속에 넣었다.' 그렇지만 조사결과 종에서 인燐 성분이 전혀 검출되지 않아 전설일 뿐임이 증명되었습니다. 아이를 넣었다는 전설이 있다 해서 에밀레종의 가치를 떨어뜨리는 일은 아닐 것이며 전설은 어디까지나 전설로 남을 뿐입니다. 경덕왕 13년754 8월 28일은 이 성덕대왕신종이 완성된 날입니다. 이제 국보 29호 성덕대왕신종 소리를 직접 소리를 들을 수는 없지만 종소리를 최대한 정교히 녹음한 '한국의 범종' 이란 음반신나라레코드 제작을 통해서나마 성덕대왕신종 소리를 들어보면 어떨까요?

8월 29일

경술국치의 현장, 총감관저 표석이 세워졌습니다

아무리 강조해도 지나치지 않은 경술국치일 기억하기

1910년 8월 29일은 일본제국주의의 강요로 '병합조약' 이 공포된 경술국치일입니다. 1910년 6월 30일 일본은 먼저 대한제국의 경찰권을 빼앗았습니다. 조선통감 데라우치 마사타케가 '병합 후의 대한對韓 통치방침' 을 마련해서 일본 내각회의에 제출함으로써 본격적으로 한일병합 공작이 전개됩니다.

8월 16일 데라우치는 총리대신 이완용과 농상공대신 조중응을 통감관저로 불러 병합조약의 구체안을 몰래 논의하고, 18일 각의閣議에서 합의를 보게 했습니다. 8월 22일 순종 황제 앞에서 형식뿐인 어전회의를 하고는 그날로 이완용과 데라우치가 조인을 완료했지요. 조인사실은 일주일간 비밀에 부쳐졌다가 8월 29일 이완용이 윤덕영尹德榮을 시켜 황제의 어새御璽를 찍어 이른바 칙유勅諭와 함께 병합조약이 반포頒布되었습니다. 이로써 조선왕조는 27대 519년 만에 멸망하고 한국은 일본의 식민지가 되었지요.

이완용과 데라우치가 조인을 한 통감관은 남산 언저리에 있었습니다. 하지만 잊지 말아야 할 그곳은 아무 표석도 없이 버려져 있었습니다. 그러다 100년 만인 2010년 8월 29일 서울 남산 '통감관저터' 에서는 '경술국치' 현장임을 알리는 표석 제막식이 강제병합100년공동행동 한국실행위원회상임대표 이해학 주최, 민족문제연구소소장 임헌영 주관으로 있었지요. 아침부터 하염없이 내리던 비는 행사시간이 다 돼서도 그칠 줄 몰랐습니다. 아니, 그날의 치욕을 통곡하듯 더욱 세차게 내린 것입니다.

8월 30일

모리가와 준, 홍난파의 친일을 묻습니다

조선의 음악은 느려터지고 정신이 해이하여 서양 것만 못하다

나의 살던 고향은 꽃피는 산골 / 복숭아꽃 살구꽃 아기진달래

울긋불긋 꽃대궐 차린 동네 / 그 속에서 놀던 때가 그립습니다

그림 한 폭 같은 이 노래를 작곡한 홍난파를 모르는 한국인은 없을 것입니다. 서울 종로 홍파동에는 우리나라 가곡의 선구자 홍난파1898~1941 선생이 생전에 마지막으로 살던 집이 있습니다. 그다지 크지 않은 아담한 서양식 2층 벽돌집 안에서는 요즈음 작은 음악회 따위가 열리고 있지요. 집 안에는 홍난파 선생의 일대기가 사진으로 전시되어 있는데 그 한 모퉁이에 그의 친일행적도 적혀 있습니다. 그가 끝까지 변절하지 않고 주옥같은 우리의 음악을 남겼다면 겨레의 올곧은 음악가로 영원히 자리매김했을 텐데 안타깝습니다.

홍난파는 수원의 남양 홍씨 가문에서 태어나 1913년 조선 정악전습소 성악과를 졸업한 뒤 1918년 스무 살 때 일본 유학길에 오릅니다. "조선음악 대부분이 매우 더디고 느려서 해이하고 뒤로 물러나서 움직이지 않는 기분에 싸여 있지만 서양의 음악은 예외를 제외하고는 대부분 경쾌하고 장중하다"고 한 홍난파. 그는 조선음악에 대한 역사인식이 희박한 사람이었나 봅니다. 중일전쟁이 일어난 1937년부터 그의 민족음악개량운동은 친일음악운동으로 급격하게 변모했으며 '수양동우회' 사건으로 변절의 길을 걷게 됩니다.

그는 모리가와 준森川潤이란 이름으로 창씨개명을 한 뒤 '악단과 직업을 통하여 나라와 사회에 이바지하고 신체제운동을 하기 위해' 결성된 조선 최대의 친일음악단체 조선음악협회의 23명 평의원조선인 일곱 명, 일본인 16명 가운데 한 사람으로 선정되어 적극적인 친일행위에 가담했고, '황국정신을 되새기며皇國精神にかへれ', '부인애국의 노래婦人愛國の歌', '애마진군가愛馬進軍歌', '태평양행진곡太平洋行進曲' 따위의 친일노래와 '희망의 아침', '지나사변과 음악' 같은 친일글도 열심히 써댔지요.

나라의 운명이 경각에 달해 광복의 불빛이 점점 멀어지고 있을 때 저 멀리 만주 벌판과 상하이에서는 그래도 조국을 찾겠다고 발버둥치던 이들이 있었음을 기억해야 할 것입니다. 화가는 붓으로, 문학가는 시와 소설로, 음악가는 노래로 일제에 빌붙어 찬양하던 그 행위와 양심을 겨레의 올곧은 역사는 준엄히 심판할 것입니다. 오늘은 모리가와 준, 아니 홍난파가 세상을 떠난 날입니다.

8월 31일

억울한 사람은 신문고를 쳐라

신문고를 관장하는 사람이 신문고를 폐쇄하다

살다보면 억울한 일이 있기 마련이지요. 오늘날에도 형식을 갖추어 법에 호소할 수 있지만 예전에는 억울한 사연을 고하는 일을 신문고가 맡았습니다.

《중종실록》 40권, 15년 8월 30일 내용을 볼까요? "'전에는 행차를 가로막고 하소연하면 사람들이 듣고서 놀라워하였는데, 이제는 하찮은 일일지라도 예사로 생각하여 하소연하느라고 대가大駕를 가리고 따르므로 보기에 매우 민망하니 억울한 내용이 부실한 자는 죄주는 것이 옳겠습니다' 하니, 임금이 이르기를 '수리受理하지 않으면 그만일 뿐이지 죄줄 수는 없다' 하였다. 이에 집의執義 남세준南世準이 아뢰기를, '듣건대 하소연하는 자가 혹 고개를 넘고 재를 넘어 따라가는 자까지 있다 하니, 재상宰相의 행차일지라도 사람들이 피해야 하는데, 더구나 임금이 지나는 곳에서 어찌 그처럼 외치며 따라갈 수 있겠습니까? 듣기에 매우 한심합니다. 신문고申聞鼓에서 하소연하도록 하고 가마를 가로막고 길에서 하소연하는 것을 금지하는 것이 어떠합니까?' 하였다."

그러나 신문고 제도도 담당하는 관리가 그 언로를 막으면 소용없는 일입니다. 억울한 사연이 올라가기 전에 차단되기 때문이지요. 이런 우려는 현실로 나타났습니다. 신문고를 설치한 지 27년 만인 1428년 세종 때 일입니다. 《국조보감》 6권을 보면 어떤 사람이 광화문의 종鐘을 쳤습니다. 그 까닭을 물으니 대답하기를, "신문고를 관장하고 있는 자가 금지하였기 때문에 종을 친 것입니다"라는 말을 듣고 임금이 이르기를 "신문고를 설치한 것은 아랫사람들의 억울한 사연이 올라올 수 있게 하기 위한 것이다. 만일 신고한 내용이 사실이 아니면 죄는 그 사람에게 있는 것이다. 어찌 신문고를 맡고 있는 관리와 관계가 있겠는가. 이와 같이 억제해서 억울함을 신고하지 못하게 한 것이 필시 많을 것이다"라고 하면서 파직한 일이 있습니다.

아무리 위에서 민심을 챙기고자 하여도 아래에서부터 전해지지 않으면 그 본래 의도는 퇴색되기 마련임을 여실히 보여주는 예입니다. 윗사람의 고민을 알아주지 못하는 관리가 임금은 야속했을 겁니다.

ᄀᆞ ᄋᆞᆶ

내 인생에 가을이 오면
나는 나에게
물어볼 이야기들이 있습니다.
내 인생에 가을이 오면
나는 나에게
사람들을 사랑했느냐고 물을 것입니다.
그때 가벼운 마음으로 말할 수 있도록
나는 지금 많은 사람을 사랑하겠습니다.

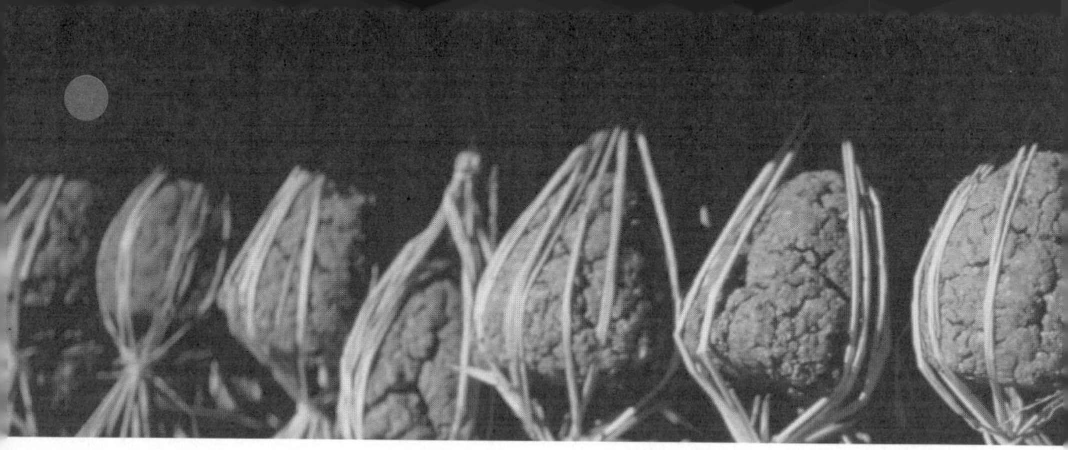

빈 솥에다 맹물 붓고 불만 때도
밥이 가득, 밥이 가득!

9월 1일

가을이 오면 윤동주 당신이 생각납니다

가을의 첫날, 윤동주처럼 마음밭에 좋은 씨 뿌리기

9월의 첫날입니다. 그 가을의 첫날을 시로 열어보겠습니다.

내 인생에 가을이 오면 / 나는 나에게
물어볼 이야기들이 있습니다.
내 인생에 가을이 오면 / 나는 나에게
사람들을 사랑했느냐고 물을 것입니다.
그때 가벼운 마음으로 말할 수 있도록
나는 지금 많은 사람을 사랑하겠습니다.

윤동주의 시 '내 인생에 가을이 오면' 가운데 일부입니다. 윤동주는 일제강점기 일본경찰에 붙들려 옥중에서 죽었습니다. 그런 그가 그렇게 많은 사람을 사랑하겠다는 것 말고도 또 약속을 합니다. 자신 있게 말할 수 있도록 지금 맞이하고 있는 하루하루를 최선을 다하며 살겠다고, 자신 있게 말할 수 있도록 사람들에게 상처 주는 말과 행동을 하지 말아야 하겠다고, 기쁘게 대답할 수 있도록 내 삶의 날들을 기쁨으로 아름답게 가꾸어가겠다고 말이지요. 또 그는 마음밭에 좋은 생각의 씨를 뿌려 좋은 말과 좋은 행동의 열매를 부지런히 키울 것이라고 말합니다.

가을을 맞으며 우리도 윤동주 시인처럼 그런 마음을 지니면 어떨까요? 일제 강점기 많은 예술가가 친일에 앞장섰지만 윤동주만은 한글로 시를 짓다가 생체 실험주사를 맞고 죽었습니다. 대동아공영 전쟁에 앞장서라고 외치던 시인들에 반해서 그는 하늘을 우러러 한 점 부끄럼 없기를 원했고, 남에게 상처 주는 말과 행동을 하지 않으려 했습니다. 윤동주는 그렇게 뭔가 다른 시인이었습니다.

9월 2일

화려하고 강렬하면서도 애처로운 태평소를 소개합니다

예사롭지 않은 태평소 소리로 세상을 두루 평안하게

풍물굿에서 화려하고 강렬하면서도 애처로운 소리를 내는 국악기, 태평소太平簫를 아시나요? 태평소는 풍물악기 가운데 유일하게 가락을 부는 악기입니다. 국악기 가운데 목부木部, 박, 어, 축처럼 나무를 재료로 하여 만든 악기에 속하는 관악기인데 새납, 쇄납瑣吶, 호적胡笛, 날라리, 대평소, 소눌이라고도 하며, 나무로 만든 긴 관에 서reed를 꽂아서 붑니다. 《악학궤범》에 당악기唐樂器로 소개되어 있는 태평소는 14세기 말에 중국에서 들어와 대취타군대가 행진하거나 개선할 때, 능행에 임금이 성문을 나갈 때 연주하는 군악 때 썼는데 현재는 불교음악, 풍물굿 따위에 쓰입니다.

《중종실록》 21권, 10년1515에는 "신 등이 길주吉州에 들어가, 북도로 가는 봉명사신奉明使臣이라 하고, 피리와 태평소를 불게 하면서 본부로 들어가 대청에 앉

거리의 악사들. 태평소가 보인다.

아, 통사通事로 하여금 망합을 불러, 잠시 만나본 후에 떠나려 한다고 말하게 하였더니 망합이 관대冠帶를 갖추고 왔습니다"라는 기록이 보입니다.

태평소의 강력한 소리는 잠자는 사람을 깨우고 길 가다 싸우는 사람의 발걸음을 멈추게 할 만큼 크고 우렁차서 예부터 태평소를 불면 세상이 두루 편안해진다고 했나 봅니다. 그 소리는 '세상의 한가운데-흙-황제노랑'를 뜻한다고 하지요. 그래서 풍물굿을 할 때 태평소가 없으면 맥 빠진 풍물이 됩니다. 이 가을, 예사롭지 않은 태평소 소리로 세상을 두루 평안하게 해볼까요?

9월 3일

가뭄이 들면 임금은 식음을 전폐했습니다

기우제 때 흐르는 임금의 눈물

《현종실록》 12권, 7년1666 9월 3일 기록을 보면 "근래에 가뭄이 극심하고 폭풍이 연이어 불어와 벼가 심하게 손상되어 결실을 기대하기 어려우니, 백성을 생각하노라면 매우 근심스럽고 애가 탄다. 가을이 가까워지고 있지만 상규常規에 얽매여서는 안 되겠으니 기우제를 지내도록 하라"고 현종이 명을 내립니다.

예전엔 비가 오랫동안 오지 않아 가뭄이 들면 어느 나라건 기우제를 지냈습니다. 우리나라 역시 마을전체의 공동행사로 기우제를 지냈지요. 또 피를 뿌려 더럽혀놓으면 그것을 씻으려고 비를 내린다는 생각으로 개를 잡아 그 피를 산봉우리에 뿌려놓기도 했습니다. 고려 시대에는 가뭄이 심할 때 왕이 직접 백관을 거느리고 남교에 나와 기우제를 올렸는데, 일반에서는 시장을 옮기고, 부채질을 하거나 양산을 받는 일을 하지 않았으며, 양반도 관冠을 쓰지 않았다고 합니다.

《정종실록》 1권1399에는 임금이 한식寒食이라 하여 친히 제릉齊陵에 제사하였는데, 제사 지낼 때 눈물을 흘렸으며 이때에 승도僧徒를 시켜 재궁齋宮을 수리하였는데, 임금이 말하기를 "해가 바야흐로 흉년이니, 우선 이 공사를 정지하도록 하라"는 기록이 보입니다. 이 외에도 《조선왕조실록》에는 무려 1,000여 차례나 흉년기록이 나오는데 기우제를 지냄은 물론이고 신축하던 공사를 중지하고, 온 나라에 금주령을 내렸으며 죄수들을 풀어주었습니다. 특히 임금이 나라를 잘못 다스려 하늘의 벌을 받은 것이라 하여, 임금은 스스로 몸을 정결히 하고 하늘에 제사 지내는 것은 물론 식음을 전폐했습니다. 또 궁궐에서 초가로 거처를 옮겨 임금 스스로 근신하는 모습을 보였지요. 600년 종묘사직을 이끌어온 조선왕조의 최대무기는 가뭄 같은 국가위기에 처했을 때 보이는 임금과 백성의 한마음 정신이 아니었을까요?

9월 4일

배고프던 시절 구황식물로 목숨을 연명했지요

고구마 캐는 계절, 부모님께 효도를

지금 고구마는 간식으로 즐겨 먹지만 예전에는 가난한 사람들의 주식이었습니다. 이 고구마의 어원은 어디서 왔을까요? 조선 후기의 문신 조엄의《해사일기》라는 책에는 "대마도에는 '감저'라는 것이 있는데 이것을 일본 한자어로 효자마孝子麻라고 하며, 그 발음을 고귀위마高貴爲麻라고 했다"고 기록되어 있습니다.

일본에서는 '토란, 감자, 고구마' 따위를 '이모いも라고 부르는데 원래 고구마는 약 2,000년 전부터 중·남아메리카에서 재배한 것으로 봅니다. 이 고구마가 지금의 오키나와인 류큐유구왕국, 琉球王國를 거쳐 17세기 전반에 일본으로 들어와 규슈 남부 사츠마薩摩 지방에서 대마도까지 퍼진 것이지요. 이런 고구마는 흉년에 가난을 구제하는 요긴한 구황식품이었습니다.

"칡덩굴로 피해를 본 산림의 면적은 줄잡아 15만ha. 산림청은 전국 도로변과 생활권 주변부터 대대적인 칡덩굴 제거작업을 벌여나갈 계획입니다. 한때 구황식물이자 약재로 애용되던 칡이 이제는 애물단지로 전락했습니다"라고 전하는 어느 뉴스에서도 '구황식물'이란 말이 나옵니다. 구황식물 가운데 고구마, 감자 같은 것은 양반 축에 끼며, 칡뿌리, 도라지뿌리는 물론이고 참나리 줄기, 무릇, 피, 아카시아꽃, 쑥처럼 먹을 수 있는 것은 모두 구황식물이었으며 심지어는 강아지풀도 먹었다는 기록이 있습니다. 지금은 그저 별미로 고구마를 먹지만 고구마에는 배고프던 시절의 아픔이 배어 있습니다. 이제 서서히 고구마를 거둬들일 철이로군요. 별미로 먹는 고구마를 맛있게 쪄 부모님께 드려보는 것은 어떨는지요.

9월 5일

일제강점기 조선어학회사건을 아시나요

한글을 정착하게 한 조선어학회

1921년 12월 3일 국어학과 국어운동의 선구자 한힌샘 주시경 선생의 문하생 임경재 · 최두선 · 이승규 · 이규방 · 권덕규 · 장지영 · 신명균을 포함한 10여 명이 휘문의숙徽文義塾에서 '조선어연구회'라는 한국 최초의 민간 학술단체를 만들었습니다. 이 연구회는 1931년 1월 10일 총회에서 학회의 이름을 조선어학회朝鮮語學會로 고쳤고, 광복 후인 1949년 9월 5일 정기총회에서 한글학회로 이름을 바꾸었습니다.

그런데 학술단체인 이 조선어학회를 일제는 탄압했지요. '조선어학회사건'이 바로 그것인데 일제가 조선인 민족말살 정책에 따라 한글을 연구한 학자들을 민족의식을 높였다는 죄목으로 탄압 · 투옥한 사건입니다. 그도 그럴 것이 일본의 침략이 본격화되는 1900년을 전후한 시기에 주시경 선생을 중심으로 한글연구가 확대되었고, 일제강점기에 들어서는 민족정신을 바탕으로 더욱 발전했습니다. 1929년 10월에는 조선어사전편찬회가 조직되고, 사전편찬을 위한 연구로 한글맞춤법통일안 · 표준어사정 · 외래어표기와 같은 국어의 제반규칙을 연구 · 정리하는 개가를 올렸기 때문이지요.

일제는 1941년 조선인 가운데 민족정신이 강한 사람을 사상범으로 분류하고, 그들을 탄압하려고 '조선사상범 예방 구금령'을 공표하여 민족운동이나 민족계몽운동을 하는 조선인을 마음대로 구속할 수 있도록 했습니다. 이러한 분위기에서 함흥 영생고등여학교 학생이 기차 안에서 우리말을 하다가 조선인 경찰관 야스다에게 붙잡혀 조사를 받던 중, 서울에서 조선어사전이 편찬되고 있음을 알아냈지요.

결국 조선어학회 관련 학자들 33명이 검거되었고, 이들은 검거과정과 취조과정에서 혹독한 고문을 당했습니다. 재판 결과, 기소 처분된 16명 가운데 이극로가 징역 6년, 최현배는 징역 4년 등의 판결을 받고 복역했습니다. 이 중 네 명은 해방을 맞은 뒤인 8월 17일에야 출소할 수 있었습니다. 우리가 세계 최고의 글자 한글을 이렇게 쓸 수 있는 것은 일제강점기 목숨을 걸고 한글을 지켜냈던 조선어학회 덕분입니다.

9월 6일

변소, 측간, 화장실, 뒷간, 해우소 — 어떤 이름이 예쁠까요

근심이 사라지는 이곳

지금은 화장실化粧室이라고 부르지만 예전에 시골에서는 변소便所라는 말을 많이 썼으며 더러는 칙간, 측간, 뒷간, 똥둑간이란 말도 썼씁니다. 《삼국유사》 권2 〈혜공왕 편〉을 보면 "7월에는 북궁北宮의 정원 가운데 먼저 별 두 개가 떨어지고 또 한 개가 떨어져, 별 셋 모두 땅속으로 들어갔다. 이보다 앞서 대궐의 북쪽 측간 속에서 두 줄기의 연蓮이 나고 봉성사奉聖寺 밭 가운데에서도 연이 났다"는 기록이 있는데 국역본에는 '측간' 으로 번역했으나 원문에는 '측청厠圊' 으로 되어 있지요. 여기서 청圊 자는 '뒷간 청' 입니다.

뒷간에 해당하는 한자이름은 이 밖에도 많습니다. 대표적인 것이 절의 해우소解憂所인데 바로 근심을 푸는 곳이란 뜻이지요. 또 서각西閣, 정방淨房, 청측靑厠, 측실厠室, 측청厠靑, 회치장灰治粧 따위가 있습니다. 궁궐 내인들은 '급한 데', '부정한 데', '작은 집' 이라고도 불렀습니다. 화장실의 우리말 이름은 뒷간인데, 순천 선암사에 가면 아담한 작은 집에 '**깐**뒤' 라고 쓰여 있습니다. 사람들은 어찌 읽나 하고 고개를 갸우뚱하지만 예전엔 글씨를 오른쪽에서부터 썼기에 요즘 식으로 바꾸면 '뒤**깐**' 이 곧 '뒷간' 이지요.

우리 겨레는 화장실, 곧 뒷간을 단순히 버리는 곳이 아니라 자원순환의 개념으로 바라보았습니다. 이동범 씨의 《자연을 꿈꾸는 뒷간》을 읽으면 뒷간은 '음식→똥→거름→음식' 이라는 전통적인 자연순환 방식을 일구는 중요한 자리라고 말합니다. 9월 6일 자원순환의 날을 맞아 우리 뒷간의 효용성을 생각해보아야 할 때입니다.

9월 7일

정구지와 소풀, 쉐우리와 염지를 아시나요

초가을 가랑비 내리는 날엔 정구지전과 막걸리 한 잔

막걸리 한 잔과 정구지 부침개 한 장 어떠십니까? 입에서 군침이 돌지요? 여름엔 애호박전, 초가을 가랑비가 부슬부슬 내리는 날엔 정구지전, 흰 눈이 펑펑 내리는 날엔 김장김치를 숭숭 썰어 넣은 김치전이 좋습니다. 정구지는 경상도 사람들이 부추를 일컫는 말입니다. 표준어는 부추지만 전북과 충남지역에서는 부초와 부추, 경북 북부와 강원도, 충북에서는 분추와 분초, 경남 서부지역과 전남 동부지역은 소풀, 전라도 대부분은 솔, 충남에서는 졸, 제주도에서는 쉐우리, 함경도에서는 염지라고 합니다.

경상도 사투리만 몇 개 예를 들어보면, 할아버지는 [할부지, 할배], 할머니는 [할무이, 할마시, 할매], 아버지는 [아부지], 어머니는 [어무이, 어매], 형은 [히야, 시야], 누나는 [누부], 아주머니는 [아지매, 아주무이], 너하고 나하고 [니캉 내캉], 어린애는 [얼라, 알라], 계집애는 [지지바], 사내는 [머스마, 머시마], 문둥이는 [문디], 거지는 [걸배이, 거러지], 뚱보는 [뚱띠], 주둥이는 [주디]……. 참 재미납니다.

한 가지 사물을 놓고도 지역마다 다른 말로 나타내는 게 사투리의 맛입니다. 재밌는 일이지요. 표준어가 우리말을 죽인다고 합니다. 지방마다 독특하게 쓰던 말들이 사라지고 천편일률적으로 '하나'로 통일하는 것은 불행한 일입니다. 지방마다 다른 말들은 우리의 말글살이를 풍부하게 하므로 장려되어야 할 것입니다.

9월 8일

포도가 제철인 백로입니다

맏며느리가 통째로 먹는 그해 첫 포도

백로白露는 24절기의 열다섯째로 이때쯤이면 밤기온이 내려가고, 풀잎에 이슬이 맺혀 가을 기운이 뚜렷해집니다. 옛 편지 첫머리를 보면 '포도순절葡萄旬節에 기체 만강하옵시고' 라는 구절을 잘 썼는데, 백로에서 한가위 때까지 포도가 제철이란 뜻으로 포도순절이라 한 것입니다.

그해 첫 포도를 따면 사당에 먼저 고한 다음 그 집 맏며느리가 한 송이를 통째로 먹어야 하는 풍습이 있었습니다. 주렁주렁 달린 포도알은 다산多産을 상징하는데 조선 백자에 포도무늬가 많은 것도 같은 뜻입니다. 어떤 어른들은 처녀가 포도를 먹고 있으면 망측하다고 호통을 치시기도 하는데 역시 이 때문이지요.

부모에게 배은망덕한 행위를 했을 때 포도지정葡萄之情을 잊었다고 합니다. 곧 '포도의 정'이란 어릴 때 어머니가 포도를 한 알, 한 알 입에 넣어 껍데기와

씨를 가려낸 다음 입으로 먹여주던 그 정을 일컫습니다. 지금은 아이에게 이렇게 포도를 먹이는 어머니는 없겠지요. 포도를 먹을 때도 부모님의 사랑을 떠올리는 우리 겨레는 효에 관한 한 대단한 민족입니다.

9월 9일

일부 사대부는 한가위에 성묘하지 않았습니다

마음이 시키면 언제든지 할 수 있는 성묘

며칠 뒤면 한가위 명절입니다. 이때 성묘를 가지요. 《주자가례》를 보면, 성묘는 묘제, 곧 산소에서 지내는 제사의 하나로 되어 있으나 본래는 성묘에 제사절차가 합쳐져 묘제로 발전한 것으로 봅니다. 성묘는 주로 한식이나 한가위에 하는 것으로, 한식은 겨울 동안 찾아뵙지 못한 조상에게 인사드리는 날이며, 한가위에는 햇과일과 곡식을 조상에게 바치는 것으로 알고 있으나 사실 성묘는 수시로 했습니다.

《태종실록》 5년 을유1405 기록에 사간원에서 대사헌 함부림의 과거행적을 탄핵하는 글이 있는데 "남은南誾과 정도전鄭道傳이 국사國事를 담당하였을 때에 어느 재상宰相이 이를 따르지 아니하였는가? 하물며 그 당시에 부림이 죄가 있었으면 내가 마땅히 죄를 주었을 것이다. 부림이 동북면에 있을 때에 휴가를 청하고 강릉에 성묘省墓하러 갔었는데, 대사헌을 제수한 명령이 그때 마침 있었으니,

어찌 시골에 머물러 있었다는 것으로써 죄를 삼겠는가" 하는 대목에서 성묘 이야기가 나옵니다. 함부림은 한식도 한가위도 아닌데 일부러 휴가를 얻어 성묘를 간 거지요.

조선 후기 실학자 안정복이 쓴 '안정진의 질문에 답하는 글'을 보면 3월 상순의 벌초는 당나라 개원례開元禮에서 비롯되었지만 한식에 성묘하고 한가위에 벌초하는 것은 중국의 예에서는 찾아볼 수 없다於禮無見고 되어 있습니다. "중국에는 없다"라는 것 때문에 일부 사대부들 사이에서 한가위 성묘를 하지 않는 사람이 있었습니다. 하지만 안정복은 한가위 성묘는 가야 수로왕 때부터 시작된 우리 풍속으로 봅니다. 조상에게 성묘하는 것도 중국의 기준에 따르려 했던 사대부들의 고지식함이 안타깝습니다.

9월 10일

무덤 둘레에 둥그렇게 심은 소나무 무슨 뜻일까요

후손 걱정에 저승으로 가지 못할까 도래솔로 이승을 가리다

"생각건대, 신이 사명使命을 받들었으니, 떠나면 장차 해를 넘긴 뒤에야 돌아오게 됩니다. 그래서 국경을 넘기 전에 말미를 청하여 성묘를 하는 것은 참으로 어쩔 수 없는 정리情理입니다. 신의 부모묘소가 충청도 공주公州에 있

는바, 도래솔이 눈에 보이는 듯 가슴서리에 감회가 일어 더더욱 슬픔과 두려움을 이기지 못하겠습니다. 그래서 짧은 글을 갖추어 이처럼 간청하오니, 바라건대 전하께서는 신의 이와 같은 구구한 사정을 살피시고 말미를 내리시어 이 지극한 정을 펴게 하여 주소서."

《승정원일기》 고종 15년1878, 중국사신으로 떠나기 전 심순택이 성묘를 하고 싶다는 상소를 올려 고종이 흔쾌히 윤허하는 장면입니다. 여기서 도래솔이 등장하지요. 명절에 성묘하러 산소에 가보면 주위에 둥글게 소나무를 심어놓은 것을 볼 수 있습니다. 이를 '도래솔'이라 합니다. 도래솔을 가지런히 두른 단정한 부모님 묘소를 보고자 했던 옛 선비들의 효성이 물씬 풍기는 정경입니다.

이 도래솔은 돌아가신 조상에 대한 후손들의 배려에서 나온 것입니다. 이승이 휑하니 내려다보이면 조상님이 후손들 걱정에 저승으로 가지 못할까봐 이승이 안 보이도록 가린 것이지요. 죽은 사람의 영혼이 도래솔을 타고 하늘로 오른다는 말도 있으며, 도래솔을 베면 집안이 망한다는 이야기도 있습니다.

강홍중姜弘重, 1577~1642의 《동사록》에도 도래솔 이야기가 나오는데 "배에 원역員役을 나누어 보냈으니, 역로驛路의 폐단을 덜기 위해서였다. 조반 후에 출발하여 달천達川에 이르러, 이안利安 외증조外曾祖 묘소에 가서 성묘省墓하고 제사를 지냈는데, 이천장李天章 부자와 이사충李士忠 형제와 어취양魚就漾도 와서 참사叅祀하였다. 임진왜란 이후로 향화香火가 끊어지고 도래솔(丘木)도 모두 베어 민둥산이 되었으며 수호하는 사람도 없으니, 탄식을 금할 수 없는 일이다"라는 기록이 있습니다. 도래솔을 베어다 쓸 만큼 임진왜란 당시가 참혹했음을 느끼게 합니다.

9월 11일

강제징용자 실어 나른 부관연락선을 아십니까

조선민족 고통의 상징, 부관연락선 첫 취항일

일본은 한반도를 식민지로 만들고 드디어 한반도를 거쳐 대륙을 집어삼키려 했습니다. 그것을 위해 일제는 1905년 1월 1일 서울과 부산을 잇는 경부선 기차 운행을 시작했고, 조선과 일본 사이를 오가는 연락선을 취항했지요. 그 연락선의 이름은 부관연락선釜關連絡船으로 2차 세계대전이 끝날 때까지 부산釜山과 일본의 시모노세키下關 사이를 운항했습니다.

부관연락선의 첫 취항은 1911년 9월 11일이었는데 1,680톤 급 부관연락선 이키마루호가 일본 시모노세키항을 떠나 11시간 30분 만에 부산에 도착했지요. '부관' 은 부산釜山의 앞글자와 시모노세키下關의 뒷글자를 딴 것입니다. 일본은 글자 앞뒤를 바꾸어 관부연락선關釜連絡船이라고 불렀습니다.

그러나 이 부관연락선은 한일 강제병합 이후 조선민족 고통의 상징이 되어 버렸지요. 물론 '사의 찬미' 를 불러 유명해진 가수 윤심덕과 극작가 김우진이 이 배에서 대한해협으로 투신한 자살사건이 있어 화제가 되기도 했습니다. 그러나 이 배의 주요임무는 강제징용 조선인들을 일본으로 수송하는 것이었습니다. 조선인들은 처음엔 일본에 가서 돈을 벌어 오리라 생각하여 희망에 부풀기도 했지만 그렇게 일본에 건너간 조선인은 대부분 살아 돌아오지 못했습니다. 일본 규슈 탄광지대에서 엄청난 노역에 시달렸고, 그곳에서 수많은 사람이 억울하게 죽기도 했던 것입니다. 9월 11일은 부관연락선에 담긴 고통을 기억해야 할 날입니다.

9월 12일

한가위 풍습 하나
'추석' 보다 쉬운 우리말 '한가위'

8월 한가운데에 있는 큰 날

우리 겨레의 가장 큰 명절, 한가위는 추석, 가배절, 중추절, 가위, 가윗날로도 불립니다. 그럼 이 가운데 어떤 말을 쓰는 것이 좋을까요? '한가위' 라는 말은 '크다' 는 뜻인 '한' 과 '가운데' 라는 뜻인 '가위' 가 합쳐진 것으로 8월 한가운데에 있는 큰 날이라는 뜻입니다. 또 가위라는 말은 신라 때 길쌈놀이인 '가배' 에서 유래했다는 기록이 《삼국사기》에 있습니다.

한가위의 다른 이름인 중추절仲秋節은 가을을 초추初秋, 중추仲秋, 종추終秋 세 달로 나누었을 때 음력 8월 가운데에 들었으므로 붙은 이름입니다. 추석이라는 말은 《예기》의 조춘일朝春日, 추석월秋夕月에서 나온 것이라는 설과 중국에서 중추中秋, 추중, 칠석, 월석 따위의 말을 쓰는데 중추의 '추秋' 와 월석의 '석夕' 을 따서 추석이라 한 것이라는 주장들이 있습니다. 이렇게 '추석' 은 말밑어원이 명확하지 않고 어려운 말이므로 쉽고 뜻이 분명한 토박이말 '한가위' 라는 말을 쓰는 것이 더 좋지 않을까요?

명절 때면 마을에서는 윷놀이 잔치를 합니다. 그런데 몇몇 사람들은 이 윷놀이 잔치를 척사대회라고 씁니다. 척사란 던질 척擲, 윷 사柶 자를 쓴 것입니다. 그냥 '윷놀이잔치' 라고 쓰면 될 것을 척사대회라는 어려운 말을 쓰는 것은 무슨 심보인가요? 한가위란 말도 추석이나 중추절이란 말보다 훨씬 정감 가는 우리 토박이말입니다.

9월 13일

한가위 풍습 둘 송편 이야기

설에는 얻어 입고, 한가위에는 얻어먹는다

"설에는 옷을 얻어 입고, 한가위에는 먹을 것을 얻어먹는다"라는 우리나라 옛 속담에서도 알 수 있듯이 한가위는 곡식과 과일이 풍성한 때이므로 여러 가지 시절음식이 있습니다. 《동국세시기》에는 송편, 시루떡, 인절미, 밤단자를 시절음식으로 꼽았는데, 송편에 꿀송편, 밤송편, 깨송편, 콩송편, 대추송편 따위가 있지요. 또 경상도 지방이나 충청도의 어느 산에서는 모시잎을 삶아 넣어 빛깔을 낸 모시잎 송편, 강원도 지방에는 감자송편이 있고 또 쑥송편, 치자송편, 호박송편, 사과송편, 녹차송편도 별미입니다.

흔히 강원도는 감자송편이 알려졌지만 1925년 7월 1일 《개벽》 61호 〈팔도대표 팔도자랑〉을 보면 강원도 대표단의 음식에 눈길이 갑니다. 한번 볼까요? "우리 江原道강원도는 음식물로는…… 하고 붓그러운 듯 躕躇躕躇주저주저하면서 크다란 나무 함박을 내려놋는데 보닛가 무엇이 잇는고 하니 모밀전병이며 무송편이며 도토리묵이며 잣죽이며 金剛山금강산 石茸석이며 五臺山오대산 표고나물 등이 잇다. 그리고 대표는 '여러분 목마르신데는 蜜水밀수가 제일이요' 하고 江陵강릉 白淸백청을 한통 내놋는다. 일동은 조와라고 손벽친다." 여기에 '무송편'이라는 게 나옵니다.

이처럼 송편에는 지방마다 서로 다른 재료를 써서 만들지만 솔잎을 깔아 찌는 것은 공통이며 솔을 깔면 맛뿐 아니라 향과 시각적인 멋도 느껴집니다. 또 솔잎에는 살균물질인 피톤치드phytoncide가 다른 식물보다 열 배 정도 많이 포함되어 있어 유해성분의 섭취를 막아줄 뿐만 아니라 위장병, 고혈압, 중풍, 신경통, 천식에도 좋다고 하니 우리 겨레의 솔잎을 이용한 떡 만들기는 과학이 뒷받침된 것이라고 볼 수 있습니다.

9월 14일

한가위 풍습 셋 거북놀이 이야기

빈 솥에다 맹물 붓고 불만 때도 밥이 가득

한가위 큰 명절의 각종 세시풍속 가운데는 거북놀이라는 것이 있습니다. 이 거북놀이는 수수 잎을 따 거북이 등판처럼 엮어 등에 메고, 엉금엉금 기어 거북이 흉내를 내는 놀이입니다. 이 거북이를 앞세우고 "동해 용왕의 아드님 거북이 행차시오!"라고 소리치며, 풍물패가 집집이 방문하지요.

대문을 들어서면서 문굿으로 시작하여 마당, 조왕부엌, 장독대, 곳간, 마구간, 뒷간 그리고 마지막에는 대들보 밑에서 성주풀이를 합니다. 조왕에 가면 "빈 솥에다 맹물 붓고 불만 때도 밥이 가득, 밥이 가득!", 마구간에 가면 "새끼를 낳으면 열에 열 마리가 쑥쑥 빠지네!" 하면서 비나리를 하지요.

집집이 돌 때 주인은 곡식이나 돈을 형편껏, 성의껏 내놓고 이것을 공동기금으로 잘 두었다가 마을의 큰일에 씁니다. 이렇게 거북놀이는 풍물굿과 함께

하는 아름다운 세시풍속입니다.

또 잘 알려진 한가위 풍속으로는 가회놀이도 있지요. "7월 보름에 왕이 왕녀王女로 하여금 육부六部의 여자들을 거느리고 넓은 뜰에 모여 길쌈을 시작해서 8월 대보름이 되면 그 성적을 따져서 지는 편이 술을 마련하여 서로 노래 부르고 춤추게 하는데, 이를 가배회嘉俳會라 한다. 곧 진 편의 한 여자가 일어나 춤추면서 회소곡會蘇曲을 노래했기 때문에 이를 가회嘉會놀이라 한다." 이는 조선 후기 실학자 오주五洲 이규경이 쓴 《오주연문장전산고》 경사편 5에 신라사新羅史를 인용하여 기록해두었는데 옛사람들의 한가위 풍속을 엿볼 수 있습니다.

9월 15일

시집간 딸과 친정어머니의 만남은 반보기입니다

남북한 이산가족의 만남은 온보기였으면

예전엔 여성이 시집가면 출가외인이라 하여 친정부모를 쉽게 만날 수 없었지요. 그래서 생겨난 게 반보기라는 세시풍속입니다. 반보기, 곧 중로상봉中路相逢은 한가위가 지난 다음 서로 만나고 싶은 사람들끼리 때와 장소를 미리 정하고 만나는 것인데 중도에서 만났으므로 회포를 다 풀지 못하고 반만 풀었다는 데서 나온 말이지요. 시집간 딸과 친정어머니가 중간지점을 정하고, 음식을 장만하여 만나서 한나절 동안 회포를 풉니다.

또 한마을의 여자들이 이웃마을 여자들과 경치 좋은 곳에 모여 우정을 나누며 하루를 즐기는 일도 있었는데 이때 각 마을의 소녀들도 단장하고 참여하게 되므로 자연스럽게 며느릿감을 고르는 기회로 삼기도 했습니다.

오늘날 '민족 대이동' 이라 하여 4,000만 명이 고향을 찾아 일가친척을 만나고, 조상에게 입은 덕을 기리는 것은 '반보기' 가 아닌 '온보기' 일 것입니다. 요즘은 또 남북한 이산가족이 만나 상봉을 하기도 합니다. 몇십 년, 많게는 60여 년을 떨어져 산 부모와 자식은 물론 이제 고운 자태가 사라져 안타까운 부부간의 만남은 보는 이들의 눈물, 콧물을 빼내고 맙니다. 이들에게도 이제 반보기가 아닌 온보기로 서로 왕래하고, 나아가 같이 살 수 있는 행복이 오기를 비손해봅니다.

9월 16일

동양달은 토끼방아, 서양달은 마귀할멈

방아 찧는 상상만 해도 풍요로울 수 있었다

오늘 밤 바라보는 팔월 보름달 今夜中秋月
만 리 구름 헤치고 두둥실 높이 솟았도다 高開萬里雲
먼 하늘 삽상한 기운 뻗쳐 나가고 遙空添爽氣
별들도 현란한 빛 감추었어라 列宿掩繁文

당초에 그 누가 섬토를 보았던가 蟾兎初誰見

산하대지 나뉠 만큼 낮처럼 밝은 것을 山河乍可分

초가에서 아무리 봐도 싫증은커녕 茅齋看不厭

서늘 바람에 달 그림자 어지러이 일렁이네 凉影坐紛紜

이는 조선 중기 문인 계곡谿谷 장유張維, 1587~1638의 시문집 《계곡집》에 있는 '한가위 보름달(中秋月)' 이란 이름의 시입니다. 이 시에서 섬토蟾兎는 달 속에 있다고 하는 금두꺼비와 옥토끼로서, 달 표면에 보이는 검은 반점을 두고 하는 말입니다. 이처럼 우리는 예전부터 보름달을 보고 계수나무 아래서 토끼가 방아를 찧고 있다고 믿었습니다. 어려운 시절에는 방아 찧는 상상만 해도 풍요로울 수 있었지요.

우리나라처럼 인도, 중앙아메리카에서는 달에서 토끼를 보았고, 유럽에서는 보석 목걸이를 한 여인의 옆얼굴, 책 또는 거울을 들고 있는 여인을 상상했다고 합니다. 두꺼비, 당나귀, 사자의 모습을 본 나라도 있습니다. 또 우리에게 보름달이 뜨는 날은 정월대보름과 한가위처럼 풍요로운 큰 명절이지만 서양에서는 주로 마귀할멈이나 늑대인간 같은 무시무시한 악령과 연관된 핼러윈데이로 귀신의 날입니다. 서양에서는 달의 정기를 받으면 미친다고 여겨 미친 사람을 '달의 정기를 받은 사람lunatic' 이라고 부르기도 합니다. 이렇게 똑같은 사물을 놓고도 다른 전혀 문화가 생깁니다. 그래서 남의 문화를 이해하고 받아들여야 더불어 사는 평화를 얻게 되는 것입니다.

《매일신보》 여기자 모집, 유부녀만 뽑아요

여기자는 화초기자, 생색기자

우리나라 최초의 근대신문은 1882년 발행된 관보 《한성순보》였으며, 최초의 민간신문은 《독립신문》이었는데 그때까지 기자들은 모두 남자들뿐이었습니다. 그 뒤 일본의 조선총독부가 1910년 창간한 《매일신보》는 일제강점기 동안 조선 식민지화를 선동하는 신문이었지요.

그 《매일신보》가 조선 언론 처음으로 여기자를 채용하려고 "…… 개화된 여성으로 현명하면서도 여러 가지 지식이 있는 20~30세가량의 고등보통학교 졸업 정도에 글재주가 있는 기혼부인을 구함"이란 광고를 냈습니다. 이 광고를 통해 1920년 9월 17일에 처음 채용된 사람은 이각경으로 〈조선 가정주부께〉라는 논설을 처음 썼는데, 긴 치마와 고무신 차림으로 많은 이름난 사람을 대담했다고 합니다. 《매일신문》 창간 20여 년 뒤에 나온 잡지에도 여기자 이야기가 나옵니다.

1935년 3월 《개벽》 신간 4호에 〈여기자 군상〉이란 글이 그것이지요. "남성 본위로 조직된 이 사회는 신문사도 역시 남성 본위로 되엿기 때문에 기자도 殆태히 전부가 남자요 혹 여기자가 있다고 해도 그야말로 萬綠叢中만록총중 一點紅일점홍 격으로 한 社사에서 花草記者화초기자로 한 사람 박게 더 두지 안코 또 여기자 자신도 환경관계로 1년 이상을 續勤속근한 사람이 별로 없으며 따러서 그 활동 성적도 이렇다 할 사람이 또한 별로 없다. 그러나 이번 호가 신문 특집호이니 신문사에서 생색으로 여기자 채용하는 것같이 여긔에도 생색으로 여기자 군상을 쓰기로 한다. 그러나 재료가 너무 빈약하니 생색이 날지 의문이다."

당시만 해도 여기자는 '화초기자' 요, '생색기자' 로 구색을 갖추기 위한 존재였음을 알 수 있습니다. '여기자 군상' 을 쓰려 해도 자료가 빈약하다는 말이 재미납니다. 지금은 여자들의 직업분야가 다양하고 여기자 역시 보편화되어 남자들과 어깨를 나란히 겨루게 되었지만 그땐 그만큼 여자의 직업이 시원치 않았음을 시사해줍니다.

9월 18일

'보기 좋은 떡이 맛도 좋다' 떡살을 소개합니다

가을엔 떡살로 빚은 절편을 이웃과 함께

비 종류 가운데는 '떡비' 라는 것이 있습니다. 가을에 비가 내리면 떡을 해먹는다고 해서 그렇게 부릅니다. 이제 수확을 하게 되면 풍요로워지고 가을비가 오지 않더라도 혼인을 비롯한 잔치를 하면 절편 따위의 떡을 해먹지요. 그런데 절편이라고 하는 흰떡이나 쑥떡 겉을 보면 여러 가지 무늬가 찍혀 있는데, 이는 떡살이 한 일이지요. 절편을 만들어 참기름을 바르고 고운 무늬의 떡살로 눌러주면 보기 좋고 먹기 좋은 떡으로 변신합니다. 이때 떡살에 묻었던 참기름향이 고소하게 묻어납니다. 편편한 떡에 다양한 무늬를 찍어내는 도장판을 떡살이라고 하는데 떡본 또는 떡손 · 병형餠型이라고도 하지요.

떡살은 재질에 따라 단단한 소나무 · 참나무 · 감나무 · 박달나무로 만드는 나무떡살과 사기 · 백자 · 오지 같은 것으로 만드는 자기떡살이 있습니다. 떡살 무늬는 주로 부유하거나 오래 살 것을 비손하는 뜻의 수복壽福 글씨무늬를 비롯하여 십장생十長生과 봉황 · 국수무늬, 잉어 · 벌 · 나비 · 새 · 박쥐와 같은 동물무늬와 태극무늬, 빗살 같은 기하학적 무늬, 만卍 자와 같은 불교적인 무늬와 꽃, 수레바퀴 무늬도 있습니다.

"보기 좋은 떡이 맛도 좋다"는 말이 있듯 우리는 떡 하나라도 보는 즐거움을 통해 구미를 돋웠지요. 그만큼 떡살은 우리 겨레의 격조 있던 음식문화를 말해줍니다. 이 가을, 떡살로 아름답게 빚은 절편을 이웃과 나누면 어떨까요?

9월 19일

미인 되는 비결을 알려드려요, 박가분

이 화장품엔 절대 납이 들어 있지 않음

"한강에 나아가서 감기가 돌지 아니할 정도로 自殺劇자살극 一幕일막을 實演실연하여라. 이튿날에는 미인의 투신자살이라고 버젓하게 나지 안나. 朴家粉박가분 한 갑에도 10錢전하는 시절에 電車전차삯 5錢전이면 一躍일약 사회적 미인이 되지를 안는가! 또 斷髮단장을 하면 斷髮美人단장미인 洋裝양장을 하면 洋裝美人양장미인 도망질을 하면 도망질美人미인……"

이는 1930년 1월 1일 《별건곤》 25호에 나오는 〈미인되는 비결〉의 한 토막입니다. 자살소동을 벌이거나 박가분을 사 바르는 것만으로 일약 사회적 미인이 된다는 말이 흥미 있군요. 이러한 사회적 미인 말고 진짜 미인이 되는 방법도 소개됩니다.

"一, 잘 자고 잘 먹고 잘 排便배변, 三時로 냉수를 한 잔씩 먹는다을 식힐 것 二, 아츰밥에는 야채를 먹을 것 三, 목욕을 자조 말 것 四, 하로에 한번 맛사-지를 할 것 五, 물로 눈을 잘 씨슬 것 六, 잘 때에 분을 시처버리고 잘 것 七, 니ㅅ발을 희게 할 것 八, 얼골 모습을 딸어 머리를 비슬 것 九, 거울 압헤 5분간 靜坐정좌할 것 十, 화장은 七八 分7~8분으로 엷히 할 것"인데 거울 앞에 5분간 앉아 있으라는 주문이 눈에 띄고 화장을 엷게 하라는 말도 재미납니다.

그나저나 두껍게 화장할 만한 화장품이 있기나 했을까요? 일제강점기에 미인이 되고 싶어 하는 여성들을 위해 만들어 판 박가분朴家粉은 일제강점기인 1920년에 상표 등록하여 판매한 것으로 한국에서는 공산품으로서는 맨 처음 만들어 판매한 화장품입니다. 박가분은 전성기에는 온 나라의 방물장수가 몰려들었고, 하루 1만 갑 이상 팔리기도 했다지요. 당시 박가분이 인기를 끈 이유는 바로 포장방식 때문이었다고 전합니다. 박가분 이전의 백분은 얇은 골패짝 같은 것으로 작게 만들어 백지로 싸서 팔았지요. 그러나 박가분은 훨씬 두꺼웠고, 인쇄한 라벨을 붙인 상자에 담아서 팔아 상품가치를 높였습니다. 그러나 인기가 치솟으면 가짜가 등장하는 법인 데다가 화장품 속에 든 납성분이 몸에 좋지 않다는 소문이 돌아 이내 박가분은 시들해지고 맙니다. 결국 박가분은 1937년 이후 시장에서 사라졌습니다. 한편, 그 뒤로 화장품 광고에는 "절대 납이 들어 있지 않음"이라는 구절이 필수였다고 합니다.

9월 20일

스스로 태워 주위를 맑게 하는 향이 있습니다

읽고 마시며 연주할 때에도 향을 피우다

가을철이 되면 우리는 진동하는 국화향기에 행복해집니다. 백제 때는 동아시아 최고의 작품 백제금동대향로를 만들어 향을 피웠지요. 우리 겨레는 책을 읽고 차를 마시며 거문고를 탈 때엔 늘 향을 피웠습니다. 또 여름철의 모깃불도, 한가위에 먹는 솔잎향기가 밴 송편과 이른 봄의 쑥과 한증막 속의 쑥냄새 그리고 단옷날 머리를 감는 창포물도 또한 우리의 삶을 건강하게 만드는 향기의 하나였지요. 그리고 장롱 안에 향을 피워 향냄새를 옷에 배게 하고(薰衣), 옷을 손질하는 풀에 향료를 넣어 옷에서 절로 향기가 스며 나오게 했습니다. 그뿐만 아니라 국화로 베개를 만들어 사용하면 머리와 눈을 맑게 할 수 있고, 탁한 기운을 없앤다고 생각했습니다.

"향을 피우며 차를 마신다. 먹을 갈고 흰 종이에 글씨를 쓴다. 그 마음에도 차의 향기와 먹의 내음 그리고 글씨에 담기는 향기로운 뜻이 말없이 어울릴 것이다. 향을 피우는 사람 또한 자신을 태워 주위를 맑게 하는 향을 닮기를 꿈꾼다."

'향기를 찾는 사람들' 박희준 대표의 말입니다. 향은 스스로 태워 주위를 맑게 한다네요. 많은 이들은 남이 자기에게 향기를 보내주기를 원하지만 오히려 남에게 나의 향기를 쏘일 줄 아는 사람이 되면 얼마나 좋을까요? 내면에 아름다운 마음이 고이고 또 고이면 화장품으로 자신을 포장하지 않아도 저절로 향기가 진동하는 사람이 되리니…….

9월 21일

잔치가 벌어져 큰상 뒤에 놓는 입맷상을 차립니다

큰상은 우리나라의 통과의례 상차림 가운데 가장 아름다운 상

이제 혼례철이 돌아오네요. 꽃 피는 봄과 함께 가을에도 선남선녀들은 혼례를 하느라 꿈에 부풀어 있겠군요. 우리 혼례에는 으레 큰상이 등장하고 그 뒤에는 입맷상이 나옵니다. 큰상은 혼례, 회갑 등 잔치 때 갖가지 음식을 높이 고여 축하하는 상을 말합니다. 특히 지금은 사라진 풍속이지만 혼례 때 폐백을 받은 시부모가 며느리를 맞이하는 환영의 표시로 큰상을 괴어 신부 앞에 차려주었지요. 이때 차리는 큰상은 우리나라의 통과의례 상차림 가운데 가장 아름다운 상이라고 합니다.

김준근의 '신부연석'.

큰상은 갖가지 과일, 과즐한과, 떡, 전 따위를 올려놓는 것으로, 다른 말로는 망상望床 또는 고뱃상高排床이라고도 하지요. 망상이란 음식을 높이 괴어 바라보게 차려진 상이란 뜻인데 사실은 의례가 끝나기 전에는 치우지 않는 상으로, 먹을 수 없는 상이란 뜻도 들어있습니다.

그래서 먹을 수 없는 큰상 뒤에는 실제 먹을 수 있는 것으로 입맷상이라 하여 조출한 장국상을 차려줍니다. 입맷상은 요기상, 의안상이라고도 하는데 신랑이 대례시간을 기다리는 동안에 신부집에서 차려온 간단한 음식으로 요기를 할 때 차린 상을 일컫기도 합니다. 입맷상에는 주로 온면을 비롯하여 신선로, 찜, 전, 편육, 냉채, 과즐, 떡, 화채, 술 따위를 올리지요. 이제는 이런 풍속도 흔적이 없이 사라지고, 빛바랜 사진이나 그림 속에만 남아 있습니다.

9월 22일

학생들에게 용돈을 주는 학교가 있었답니다

조선 최초의 근대식 공립학교 육영공원 문을 열다

우리나라에 근대식 학교가 세워진 것은 고종 23년1886 9월 23일 공립 육영공원이 서울 정동에 문을 열면서부터입니다. 이후 서양 선교사들이 배재학당, 이화학당과 같은 사립학교를 세웠습니다. 입학나이는 만 8~12살이었지만 실제로는 장가가서 어른이 된 14살, 심지어는 30살이나 된 사람도 있었습니다. 이러한 근대적 학교 설립에는 고종의 계비 순헌황귀비의 노력이 컸다고 전해집니다. 흔히 엄상궁, 엄비로도 불리는 엄귀비는 여덟 살이 되던 해에 경복궁에 입궐하여 후에 명성황후를 모시는 시위상궁이 되었다가 1895년 8월 20일 명성황후가 일본 순사 와타나베에게 시해당한 뒤 고종을 모셨습니다. 1896년 고종이 신변의 위협을 느껴 1년간 러시아공사관에 있을 때 고종을 섬기다 비가 된 여성입니다.

엄비는 서양문물을 적극적으로 수용하여 여성들을 계몽하자는 입장에서 몸소 한국여성 교육마당을 창설한 민족사학 선구자입니다. 구한말 외국 선교사들이 우리나라 근대 여학교를 설립할 때 1906년 4월에 진명여학교를, 5월에는 숙명여학교의 전신인 명신여학교를 창설하고 이어 양정의숙을 설립하게 됩니다. 학교재정을 위해 친정조카 엄익주의 함평 땅 40만 평과 자신의 개성 논 33만 평을 팔아 재단을 만든 일을 두고 당시 궁중에서는 도량이 넓고 두뇌가 명석하며 성품이 활달한 여걸이라고 했습니다.

이렇게 만든 학교지만 초기에는 학생들이 모이지 않아 궁여지책으로 학생들에게 매달 6원씩 생활비를 주었고, 점심값과 담뱃값으로 날마다 6전씩 주어 매달 3~4원씩은 저금할 수 있었다고 합니다. 학생들이 모이지 않은 까닭은 서양사람이 어린애를 잡아다 눈알을 뽑아서 사진기를 만든다든지, 천연두 예방접종을 소젖으로 해야 하는데 소젖이 없어서 여자를 잡아다 젖을 뽑는다는 해괴한 소문이 돌았기 때문입니다. 초창기 학교들에는 이러한 어려움이 있었던 것입니다.

9월 23일

추분, 중용과 향기와 겸손을 생각하게 하는 때입니다

지나침과 모자람, 그 어느 쪽으로도 기울지 않는 덕

추분秋分은 24절기의 열여섯째로 양력으로는 9월 22~23일 무렵입니다. 춘분과 추분을 흔히 이분二分이라고 말하는데 하지 이후 낮의 길이가 조금씩 짧아져 추분이 되면 낮과 밤의 길이가 같아지며 추분 이후부터 차츰 밤이 길어져 바야흐로 여름이 지나고 가을이 다가옴을 말해줍니다.

그런데 추분 때 우리가 생각해야 할 것이 있습니다. 추분의 낮과 밤의 길이가 같다는 것은 어느 쪽에도 치우침이 없는 균형의 세계를 말하는 것이며 이는 지나침과 모자람 그 어느 쪽으로도 기울지 않는 가운데에 덕德이 존재한다는 중용을 말하는 것이지요.

그런가 하면 추분에는 향에 대한 의미도 생각해볼 필요가 있습니다. 추분의 들녘에 서면 벼가 익어가는데 그 냄새를 한자말로 향香이라고 합니다. 벼 화禾자와 날 일日 자가 합해진 글자지요. 한여름 해의 사랑을 받으며 자란 벼는 그 안에 진한 향기를 지니고 있습니다. 그처럼 사람도 내면에 치열한 내공을 쌓아갈 때 저 내면 깊이에서 향기가 우러나지 않을까요? 또한 이무렵 들판에서 익어가는 수수와 조와 같은 곡식들은 따가운 햇볕, 천둥과 폭우의 나날을 견뎌 저마다 겸손하게 고개를 숙입니다. 이렇게 추분은 중용과 내면의 향기와 겸손을 생각하게 하는 아름다운 때지요.

9월 24일

500년 전에도 공사실명제가 있었지요

둘레길 유행으로 다시 찾는 한양성곽

옛날엔 도읍지가 되려면 기본적으로 외적 방어에 유리한 것이 가장 중요한 조건이었습니다. 그래서 북악 · 인왕 · 남산 · 낙산으로 둘러싸인 한양은 좋은 곳이었지요. 아무리 그렇더라도 당시는 거기에 성곽을 쌓아야 했습니다. 조선을 건국한 태조는 한양으로 수도를 옮기려고 먼저 궁과 종묘 · 사직을 지은 다음 성곽을 쌓기에 주력합니다. 1935년 도성축조도감이 설치되고 1936년 1월 9일 시작한 1차 축성에 이어 3년 뒤 2차 축성, 세종 3년1421의 3차 축성, 숙종 30년1704의 4차 축성까지 이어져 전체 길이는 18.2km나 됩니다. 석성과 토성으로 쌓은 성곽에는 4대문과 4소문을 두었지요.

하지만 일제강점기에는 도시계획이라는 구실로 한양성곽은 성문과 성벽이 헐렸고, 해방과 한국전쟁 때에는 더욱 많이 파괴되었습니다. 특히 1899년 서대문과 청량리 사이, 용산과 종로 사이 전철이 다니면서 성곽 일부가 헐려나갔고, 일제강점기 들어서 서대문과 혜화문이 헐리며 사실상 평지에 있던 성곽은 거의 없어져 총 길이 18.2km 가운데 삼청동 · 장충동 일대의 성벽 일부와 남대문 · 동대문 · 광희문 · 창의문만이 남아 10.5km만 명맥을 유지하고 있었습니다. 그런 가운데 2006년부터 문화재청과 서울시는 한양성곽을 세계유산으로 등록하려고 가능한 한 옛 모습을 복원하려고 노력하는 중입니다.

성곽을 답사하다보면 성곽을 쌓았던 사람들의 이름이 새겨진 성곽돌을 발견할 수 있습니다. 옛사람들의 공사실명제지요. 서울성곽은 조선 시대 성 쌓는 기술의 변화과정을 살펴볼 수 있는 좋은 자료이며, 나라를 지키려는 조상들의 호국정신이 깃든 귀중한 문화유산입니다. 1963년 사적 10호로 지정된 한양성곽, 이제 많은 시민의 발길이 잦아지고 있는데 우리가 아끼고 보살펴야 할 사적지이지요. 가을을 맞아 우리도 성곽길을 걸어보면 어떨까요?

9월 25일

감히 쳐다볼 수 없는 임금의 초상, 누가 그렸을까요

여럿이 나눠 그린 임금 얼굴

"공정대왕恭靖大王과 정안왕후定安王后의 영정影幀이 외방外方에서 들어왔으니, 마땅히 선원전璿源殿에 봉안奉安할 것인데, 직접 받들어 맞아들이지 않으면 마음에 미안하다. 또 예전에도 친히 맞아들이는 때가 있었으니, 마땅히 대궐 밖에 서서 조종조의 영정과 새로 들어오는 영정을 일일이 친히 받들어 살핀 뒤에 옮겨 모시는 것이 어떠한가?"

《중종실록》 91권, 34년1539 8월 14일양력 9월 25일 기록을 보면 중종이 정종과 정안왕후의 영정을 맞아들이도록 하는 대목이 나옵니다.

조선 시대 초상화의 특징은 전신사조傳神寫照, 곧 형상을 통해 정신을 전하는 것으로 검은 얼굴, 딸기코도 그대로 그리고 수염 한 올, 한 올까지도 세밀하게 그렸습니다. 심지어 영의정이었던 체제공 영정에는 곰보자국도 그대로 표현되었습니다. 그런데 감히 얼굴을 쳐다볼 수도 없었던 임금의 초상어진은 누가 그렸을까요?

어진御眞은 임금의 얼굴부분을 그리는 주관화사主管畵師 한 명을 중심으로 주관화사를 도와 옷을 그리고 색칠을 하는 동참화사同參畵師 한두 명, 그림을 그리는 여러 가지 일을 도우면서 영정제작을 배우는 수종화원隨從畵員 서너 명의 합동작품입니다. 어진을 다 그리면 화원들은 벼슬이 오르거나 상을 받지요. 또 주관화사는 '어용화사'라는 이름을 듣는 당대 최고의 화가로 대접받았습니다. 이런 내용은 어진을 제작하는 과정을 기록한 어진도사도감의궤御眞圖寫都監儀軌에 나옵니다.

근세 들어 어용화사가 된 사람으로 이당 김은호를 꼽을 수 있는데 그는 순종의 사진을 받아 1916년 반신상을 완성했습니다. 하지만 옛날처럼 직접 얼굴을 보고 그린 것이 아닌 사진을 보고 그린 것이어서 격은 다소 다르다는 생각이 듭니다. 그리고 그 어용화사란 영예를 얻은 김은호는 이후 금차봉납도 따위를 그려 친일파 화가로 남습니다.

9월 26일

밤하늘을 보며 천문에 밝은 옛사람을 떠올립니다

순수 우리 기술로 제작된 인공위성 우리별 2호

하늘에 드디어 우리 인공위성, 우리별 2호가 날아올랐습니다. 1993년 9월 26일, 기아나 쿠루 기지에서 아리안 V59 발사체에 실려 주위성인 프랑스의 원격 탐사위성 스팟 3호, 보조위성과 함께 발사되어 고도 820km, 경사각 98.73도인 원궤도에 올라갔지요. 크기는 35.2×35.6×67cm이며, 무게가 47.5kg인 우리별 2호는 한국과학기술원KAIST 인공위성연구센터에서 제작하고 한국항공우주연구소에서 환경시험을 수행했습니다. 우리나라도 우주기술을 갖춘 나라가 된 것입니다.

옛날 우리는 천문기술이 상당히 발달한 나라였습니다. 특히 조선 시대에는 태조 4년1395 검은 석판에 새긴 국보 228호 천상열차분야지도각석天象列次分野之圖刻石, 숙종 13년1687에 만든 보물 837호 복각천상열차분야지도각석複刻天象列次分野之圖刻石, 박연이 그린 혼천도渾天圖 같은 천문도가 있을 정도였습니다. 또 조선의 이순지와 김담은 아랍 사람들의 회회력을 조선에 맞게 고쳐 중국에서도 펴내지 못한 《칠정산외편》을 펴냈습니다. "한문으로 엮은 이슬람 천문역법 중에서는 《칠정산외편》이 가장 훌륭한 책으로, 높이 평가한다"고 일본의 과학사학자 야부우치 기요시가 말할 정도였습니다.

그뿐만 아니라 1759년 3월에 핼리혜성을 관측한 기록이 들어 있는 《성변등록》은 관상감에서 혜성이 나타나는 것처럼 천체의 이상현상을 관측·기록한 문헌인데 현재 전하는 기록 가운데서 가장 완벽하다고 합니다. 이런 기술로 세종 때에는 정인지와 장영실이 북극고도를 측정하기 위한 간의簡儀, 밤시각도 측정하기 위한 일종의 해시계 겸 별시계 일성정시의日星定時儀, 이동하는 군사들을 위한 휴대용 해시계 천평일구天平日晷와 해시계인 앙부일구仰釜日晷, 자동으로 시간을 알려주는 물시계 자격루自擊漏 따위를 만들었습니다. 현대에서는 일부 분야에서 우리 기술이 아직 모자라지만 옛 조상의 기술은 세계적이었지요.

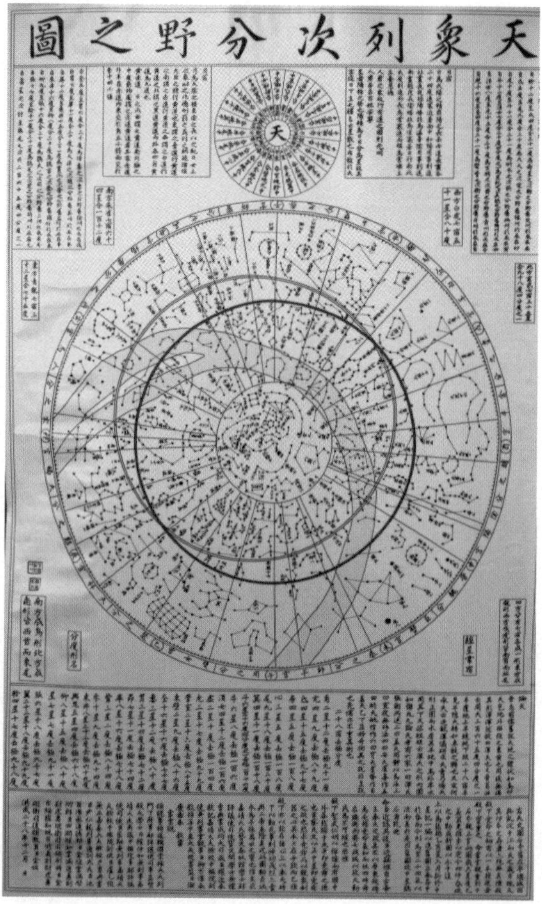

천상열차분야지도. 국보 228호.

9월 27일

동물원과 벚꽃을 걷어낸 창경궁을 찾아갑니다

정전인 명정전은 동향, 편전인 문정전은 남향

"창경궁昌慶宮을 낙성落成하였다. 육승지六承旨에게 명하여 수리도감修理都監의 당상堂上과 낭청郎廳에게 음식을 대접하도록 하고, 이어 홍문관弘文館 관원도 잔치에 참여하도록 명하였으며, 이날 장인匠人과 군인軍人들에게도 음식을 먹였다."

《성종실록》 170권, 성종 15년1484 음력 9월 27일의 기록입니다. 창경궁이 완공되어 창경궁을 짓는 데 고생한 사람들에게 잔치를 베풀어주었다는 내용이지요.

창경궁은 당시 살아 있었던 세 왕후세조 비 정희왕후, 예종 비 안순왕후, 덕종 비 소혜왕후의 거처를 위해 옛 수강궁 터에 지은 궁궐이지요. 이때 창경궁 전각의 이름은 서거정이, 정전正殿인 명정전의 상량문은 김종직이 지었습니다. 그러나 창건 당시의 전각은 임진왜란 때 모두 소실되고, 1616년에 재건되고 나서도 몇 차례 화재가 있었기에 지금 남아 있는 것은 여러 차례에 걸쳐 다시 지은 것들입니다.

순종 3년1909 일제는 궁 안의 전각들을 헐어버리고 동물원과 식물원을 설치했으며, 궁의 정원모습을 일본식으로 바꾸고, 강제합병이 이루어진 뒤인 1911년에는 창경궁을 창경원으로 격하하기까지 했지요. 그뿐인가요? 창경궁과 종묘를 잇는 지맥을 절단하여 길을 뚫었습니다. 궁 안에는 일본인들이 좋아하는 벚꽃을 수천 그루나 심어놓고 1924년부터 밤 벚꽃놀이까지 하기에 이르렀습니다. 해방 이후에도 오랫동안 관광시설로 이용되다가 1983년 12월 30일 원래의 명칭인 창경궁으로 돌아왔습니다. 1984년부터 차례로 문제 있는 시설들을 철거하고 문정전을 비롯한 건물을 복원하고 벚꽃나무도 소나무 · 느티나무 · 단풍나무로 바꿔 심어 원래 궁궐 모습을 되찾았습니다.

창경궁에 대해서 하나 더 알아둬야 할 것은 정전인 명정전明政殿은 동향이며, 기둥이 둥근데 반해 편전인 문정전文政殿은 남향이고 네모기둥이라는 것입니다. 그 까닭은 임진왜란 때 불에 타 광해군 때 다시 지으면서 서로 다르게 지었기 때문입니다. 당시 사간원이 "문정전을 명정전과 다르게 지은 것은 정전과 구별을 하려고 그렇게 했던 것입니다. 문정전을 명정전과 동향으로 나란히 세우고 기둥을 둥글게 한다면 정전이 둘이 되므로 옳지 않으며, 궁궐을 고치는 데 백성에게 고통이 따르니 안 됩니다"라며 반대해 광해군이 이에 따른 것이지요. 궁궐을 돌아볼 때도 이런 점을 생각하며 보면 훨씬 재미있을 것입니다.

9월 28일

유관순이 3월의 하늘로 돌아갔습니다

한국의 잔다르크 유관순, 그저 평범한 소녀였다

3월 하늘 가만히 우러러보며 / 유관순 누나를 생각합니다
옥 속에 갇혀서도 만세 부르다 / 파란 하늘 그리며 숨이 졌대요
삼월 하늘 가만히 우러러보며 / 유관순 누나를 불러봅시다
지금도 그 목소리 들릴듯하여 / 푸른 하늘 우러러 불러봅니다

우리는 어렸을 적 3 · 1만세운동기념일만 되면 3 · 1절 노래보다는 이 '유관순' 노래를 더 많이 불렀습니다. 일제강점기의 독립운동가로 아우내 장터에서 군중에게 태극기를 나눠 주며 만세시위를 주도하다가 체포되어 옥사한 유관순 柳寬順, 1902.12.16~1920.9.28. 충남 천안에서 태어나 이화학당 고등과에 다니던 1919년 3 · 1운동이 일어나자 학생들과 함께 거리시위를 벌였고, 천안 · 연기 · 청주 · 진천 등지의 학교와 교회를 방문하여 만세운동을 협의, 4월 1일 아우내(竝川) 장터에서 3,000여 군중에게 태극기를 나누어 주며 시위를 이끌다가 출동한 일본 헌병대에 체포되었습니다. 그 뒤 5년형을 선고받고 서대문형무소에서 복역하다 고문에 의한 방광파열로 옥사했습니다. 1962년 건국훈장 독립장이 추서되었지요.

뜻밖에도 유관순 열사는 당시 유행하던 귀밑머리, 황새머리, 조랑머리를 하고 아이들과 어울려 진빼기와 술래잡기를 하던 평범한 소녀였고 '무쇠 돌격 청년 남아야' 와 같은 우국창가를 즐겨 불렀다고 합니다. 또 이화학당 시절 우스운 말을 곧잘 해 친구들에게 인기를 끌었을 만큼 그는 남달랐던 천재나 위인이 아니라 우리 주변에서 쉽게 볼 수 있는 정 많고 따뜻한 소녀였다고 하지요.

유관순은 우연히도 프랑스의 잔다르크처럼 농부의 딸로 17살에 떨쳐 일어나 적국에 잡혀 타협을 거절해 순국했기에 한국의 잔다르크라고도 불립니다.

> "내 손과 다리가 부러져도 그 고통은 이길 수 있사오나, 나라를 잃어버린 그 고통만은 견딜 수가 없습니다. 나라에 바칠 목숨이 오직 하나밖에 없는 것만이 이 소녀의 유일한 슬픔입니다."

이 말이 유관순의 유언이었다고 하지요. 그저 평범했던 한 소녀가 나라를 구하고자 떨쳐 일어나 19살의 아리따운 나이로 90여 년 전 오늘 숨졌습니다.

9월 29일

서정시인 김영랑이 숨겨둔 반전은 무엇일까요

민족정신으로 무장한 삶을 살았던 김영랑

검은 벽에 기대선 채로
해가 스무 번 바뀌었는데
내 麒麟기린은 영영 울지를 못한다.
그 가슴을 통 흔들고 간 노인의 손
지금 어느 끝없는 향연에 높이 앉았으려니
땅 우의 외론 기린이야 하마 잊어졌을라
바깥은 거친 들 이리떼만 몰려다니고
사람인 양 꾸민 잔나비떼들 쏘다니어
내 기린은 맘둘 곳 몸둘 곳 없어지다
문 아주 굳이 닫고 벽에 기대선 채
해가 또 한 번 바뀌거늘

이 밤도 내 기린은 맘놓고 울들 못한다.

위 시는 '모란이 피기까지는' 으로 잘 알려진 김영랑1903~1950 시인의 시 '거문고' 입니다. 암울한 현실에 대한 안타까움을 드러내는 비판적 어조와 비유를 통해 자신의 처지와 정서를 상징적으로 제시합니다. 또 국권상실에 대한 안타까움도 담겨 있는 듯합니다. 김영랑 시인은 잘 다듬어진 언어로 섬세하고 영롱한 서정을 노래하며 정지용의 감각적인 기교, 김기림의 주지주의적 경향과는 달리 순수 서정시의 새로운 경지를 개척했다는 평을 듣습니다. 1935년에는 첫째 시집인《영랑시집》을 발표했지요.

전라남도 강진康津에서 태어났는데 3 · 1만세운동 때에는 강진에서 의거하려다 일본경찰에 체포되어 여섯 달 동안 옥고를 치렀고, 일제강점기 말에는 창씨개명과 신사참배를 거부했습니다. 일제강점기 많은 시인이 친일시를 발표하고 적극적으로 창씨개명을 한 반면 서정시인 김영랑은 민족정신으로 무장한 삶을 살았습니다. 오늘 시인이 저세상으로 떠난 날 그의 시 '거문고'를 한 번 더 읊어봅니다.

9월 30일

박은식 선생이 첫 울음을 운 날입니다

"국어와 국사가 살아 있으면 나라도 망하지 않는다"

"국혼國魂은 살아 있다. 국교國教, 국학國學, 국어國語, 국문國文, 국사國史는 국혼에 속하는 것이요, 돈과 곡식, 군대, 성과 그 주위의 연못, 배, 기계 등은 국백國魄에 속하는 것으로 국혼의 됨됨은 국백에 따라서 죽고 사는 것이 아니다. 그러므로 국교와 국사가 망하지 아니하면 국혼은 살아 있으므로 그 나라는 망하지 않는다."

이는 대한민국임시정부 2대 대통령이었던 백암 박은식朴殷植, 1859.9.30~1925.11.1 선생이 한 말입니다. 9월 30일은 대한제국 말기와 일제강점기 민족사학자이며 독립운동가인 박은식 선생이 태어난 날입니다. 선생은 3·1운동 뒤 임시정부가 세워지자 1924년 임정 국무총리 겸 대통령 대리, 1925년 3월 이승만의 대통령 면직으로 2대 대통령이 되었습니다. 선생은 독립운동의 대동단결을 위하여 임정의 헌법을 개정, 대통령제를 국무위원제로 고치고 그해 8월 개정된 헌법에 따라 국무위원을 선임하고 자신은 대통령직에서 물러났지요. 자리에 연연하지 않은 진정한 독립운동가였습니다.

또 선생은 나라 잃은 슬픔을 국사연구를 통하여 승화하려는 노력한 민족사학자였습니다. 《동명성왕실기》, 《발해태조건국지》, 《안중근전》, 《한국통사》 같은 책들은 그러한 노력의 결과였지요. 선생은 대통령을 물러나고 나서 '독립운동을 위한 전 민족 통일' 을 당부하는 유언을 남기고 67살로 세상을 떠났습니다. 선생에게는 1962년 건국훈장 대통령장이 추서되었는데 선생이 태어난 오늘, 옷깃을 여며 선생의 나라사랑 정신을 새겨봅니다.

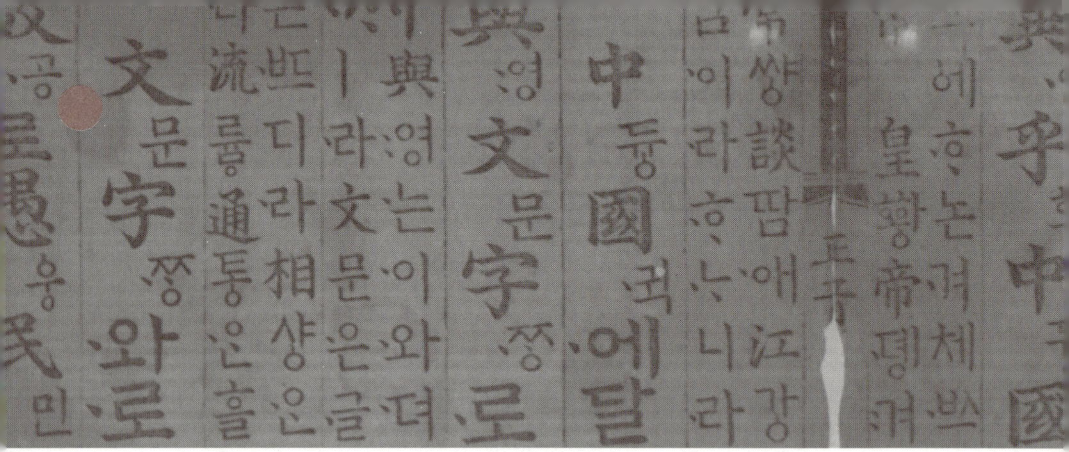

체섬돌 위 국화꽃 곱게 피었으려니
좋은 향기 하나 나눠주시오.

10월 1일

고구려 때에도 사냥에 쓰인 매

보라매는 털갈이 안 한 어린 매

보라매는 난 지 1년이 안 된 새끼를 잡아 길들여서 사냥에 쓰는 매로 아직 털갈이를 하지 않은 까닭에 보랏빛을 띱니다. 그래서 보라매라고 합니다. 청색으로도 보이기 때문에 청매靑梅라 부르기도 하며, 민요에 나오는 '수진이 날진이 해동청 보라매'의 해동청海東靑은 바로 한국의 청매라는 뜻을 담고 있지요.

……황금같이 반짝이는 두 눈도 네게 주어
칠야삼경 올빼미처럼 벼룩도 잡을 만큼 했고
보라매같이 예리한 발톱도 네게 주고
호랑이처럼 톱날 같은 이빨도 네게 주고
네겐 또 펄펄 날고 내리치는 날쌘 용기까지 주어
쥐가 너를 한번 보면 옴짝달싹 못하고 몸을 바치게 않았더냐……

이는 《다산시문집》 5권의 〈고양이 노래〉에 나오는 '보라매' 이야기입니다. 보라매의 예리한 발톱은 사냥을 위한 가장 필요한 조건일지 모릅니다.

보라매는 고구려 때에도 사냥에 쓰인 것으로 보입니다. 고구려 삼실총 벽화에 매를 팔에 앉힌 말 탄 사냥꾼 그림이 보이기 때문입니다. 또 이 보라매는 일본에도 건너갔습니다. 《일본서기》를 보면 백제왕자 주군酒君이 일본에 매사냥을 가르쳐주었다고 합니다. 그뿐만 아니라 주군은 백제에서 이 보라매를 수입하고 관리했던 응감부鷹甘部라는 관청의 우두머리가 되었으며, 죽은 뒤 닌도쿠왕에게서 응견신鷹見神이라는 시호까지 받았습니다. 보라매는 공군의 상징으로 오늘은 대한민국 공군 창설일입니다.

10월 2일

노인의 날, 조선 시대 양로잔치에 마실 가볼까요

원로 신하들에게 기로연을 베풀다

10월 2일은 노인의 날입니다. 효사상이 많이 퇴색해진 요즘이지만 우리 겨레의 노인공경은 지극했습니다. 조선 시대만 보아도 70살이 넘은 원로문신들을 위로하고 예우하려고 정기적으로 나라에서 베푼 잔치로 기로연耆老宴이란 것이 있었습니다. 정2품 벼슬을 지낸 문신을 위해 해마다 봄에는 음력 3월 상순의 사일巳日, 뱀날이나 3월 3일에, 가을에는 중양절음력 9월 9일에 베푼 큰 잔치입니다.

행사는 먼저 편을 갈라 이기는 편이 술을 마시는 투호投壺놀이를 한 다음, 풍악이 울리는 가운데 잔치를 했습니다. 태조 4년1395 태조가 환갑이 되어 자신이 기로소耆老所에 들어가 원로 신하들에게 처음으로 기로연을 베푼 뒤 연례행사가 되었다고 합니다. 이때 태조는 기로연에 참석하여 출석자 이름을 어필로 쓰고, 연회를 축하하는 친필을 남겼으며 논과 밭 그리고 노비를 내렸습니다.

일반인들도 기로연을 했는데 일제강점기에 최남선과 진학문이 발행한 일간

신문 《시대일보》 1922년 12월 24일 기록에는 안동지방에서 나이 많은 어른을 모셔서 음식을 대접하고 즐겁게 해드렸다는 기사가 있습니다. 요즈음도 지역 향교를 중심으로 어르신들을 모시는 경로잔치로서 기로연을 열고 있다는 기사를 보게 됩니다. 어르신을 공경하는 아름다운 풍습입니다.

10월 3일

우리나라가 처음으로 열렸습니다

당당한 단군조선, 위대한 단군임금

10월 3일은 우리 겨레의 시조 단군이 나라를 세운 날을 기념하는 국경일입니다. 개천절의 먼 기원은 부여의 영고迎鼓, 예맥의 무천舞天, 마한과 변한의 계음契飮, 고구려의 동맹東盟, 백제의 교천郊天, 신라와 고려의 팔관회八關會와 같은 제천 행사에서 찾을 수 있습니다. 또 1909년 대종교에서 경축일로 정해 해마다 행사를 했고, 대한민국 임시정부는 음력 10월 3일을 개천절로 정해 중국으로 망명한 대종교와 합동으로 기렸지요. 그러다가 1949년 10월 1일 제정 · 공포한 '국경일에 관한 법률' 에 따라 음력 10월 3일에서 양력 10월 3일로 바꿔 기념하고 있습니다.

이 개천절의 바탕이 되는 단군조선檀君朝鮮은 우리 겨레가 맨 처음 세운 나라입니다. 이 단군조선에 관한 가장 오래된 중국의 기록은 기원전 7세기 무렵 중국 춘추시대 제나라 재상인 관중管仲의 책 《관자》입니다. 우리나라의 기록으로는《삼국유사》,《제왕운기》가 전하지요.

조선 시대에 단군조선은 기자조선과 함께 나라의 시초로서 중요시되었는데 단군조선과 기자조선의 지배자인 단군과 기자는 나라의 조상으로 제사를 지냈고, 단군조선은 조선의 역사가 중국에 못지않게 깊었다는 자부심으로 강조되었습니다. 하지만 일제강점기 일제의 조종을 받은 식민사학자들은 단군조선이 신화에 불과하다고 주장했습니다. 특히 20세기 초에 일반에게 알려진《규원사화》,《단기고사》,《환단고기》,《부도지》와 같은 단군조선의 역사를 상세하게 서술한 책을 거짓책이라며 인정하지 않았지요. 그러나 이러한 일제의 식민사관에 맞서 박은식, 신채호 같은 분들은 민족사학을 주창하며, 단군조선을 우리 겨레가 처음 시작한 나라로 강조했습니다.

단군조선은 동아시아에서 가장 뛰어난 철기문화와 방직기술을 지닌, 당시 그 어떤 나라보다도 당당한 나라였다는 것이 속속 드러나고 있지요. 우리 스스로 뿌리를 인정하지 않으면 우리에게 환한 미래는 없을 것입니다. 이제 식민사학에 바탕을 둔 단군신화는 잊고 당당한 단군조선, 위대한 단군임금을 기억하고 빛내는 개천절을 만들어가면 좋겠습니다.

사대봉사와 불천위제사란 무엇일까요

상고 시대부터 이어온 우리 겨레의 조상 제사 모시기

우리 겨레는 상고 시대부터 하늘과 조상에 제사 지내는 것을 중요시했습니다. 고구려에서는 동맹東盟이라 하여 10월에 하늘에 제사 지냈으며, 동예東濊에서는 무천舞天이라 하여 10월에 하늘에 제사 지낸 기록이 있지요. 지금도 10월 3일에 개천절이라 하여 단군에게 제사를 지냅니다. 또 집안마다 조상에게 제사를 모셔왔습니다. 그런데 제사에서 우리는 몇 대조 할아버지까지 모시는 것일까요? 기본이 되는 것은 사대봉사四代奉祀입니다. 고조할아버지, 증조할아버지, 할아버지, 아버지의 사대신주를 집안사당에 모시고 제사를 지내는 것입니다. 갑오경장고종 21년 이후로 계급사회가 무너지자 반상의 구별 없이 사대봉사를 해왔습니다.

하지만 사대봉사가 아닌 불천위제사不遷位祭祀도 있습니다. 불천위제사는 큰 공이 있는 사람의 신주를 사대봉사 후 내리지 않고 사당에 영구히 두면서 제사 지내는 것을 말하며, 이 신위를 불천위 또는 불천지위不遷之位라고 합니다. 여기서 한자 천遷은 '옮기다' 라는 뜻으로 천도遷都 등에 쓰이지요. 따라서 불천위는 옮기지 않고 그대로 두고 제사를 모신다는 뜻입니다. 불천위는 유림에서 받은 향불천鄕不遷과 나라에서 받은 국불천國不遷, 문중에서 지정한 사불천私不遷 따위가 있는데 서애 류성룡 종가와 충재 권벌 종가의 불천위제사가 알려져 있습니다.

최희량崔希亮, 1560~1651은 조선 명종 때 사람으로 무과 출신이면서도 시문에 능했습니다. 그의 5세손이 지은 《일옹문집》 〈가묘입의〉엔 "3대 독자의 집안에서 태어난 저자의 부친이 5남 2녀를 두고, 자신도 9남 2녀를 두어 가문이 번성하게 되었으니 저자의 부친과 모친을 100대가 지나도록 불천위로 제사 지내달라고 당부했다"는 기록이 보입니다. 이른바 사불천의 예지요. 신주를 옮기지 않고 대대로 흠향을 받는다는 것은 그만큼 존경을 받았다는 것입니다.

10월 5일

국화꽃으로 화전을 부쳐 먹습니다

양수가 겹친 중양절, 화전 부쳐 잘 빚은 국화술 한 잔 나누세

음력 9월 9일은 중양절입니다. 예부터 이날을 중양절重陽節, 또는 중구일重九日이라 했지요. 여기서 중양이란 음양사상에 따라 양수奇數가 겹쳤다는 뜻이며, 중구란 숫자 '9'가 겹쳤다는 뜻으로 설날 · 삼짇날 · 단오 · 칠석과 함께 명절로 지내는 것입니다. 신라 때에는 중구일에 임금과 신하들이 함께 모여 시를 짓고 품평을 하는 일종의 백일장을 열었습니다. 이후 고려 때에 와서 설날 · 대보름 · 삼짇날과 함께 9대 명절로 지냈지요.

이 중양절에는 붉은 수유 열매를 머리에 꽂고 산에 올라 시를 지으며 하루를 즐기는 풍습이 있었는데, 이를 등고登高라고 하지요. 붉은 수유열매가 귀신을 쫓는다고 믿었습니다. 또 중양절에는 국화를 감상하거나 국화잎을 따다가 술을 담그고, 화전을 부쳐 먹기도 했습니다. 국화술은 그 향기가 매우 좋아 많은 사람이 즐겼는데, 가난한 사람들은 막걸리에 노란 국화를 띄워 마셨지요. 이밖

© 이무성 화백

에 추석 때 햇곡식으로 차례를 드리지 못한 집에서는 이날 차례를 지내기도 합니다.

이날은 나이 드신 어른들을 모셔서 음식을 대접하고 함께 즐겼는데 궁궐에서도 마찬가지였습니다. 《세종실록》 45권, 1429년 9월 9일에는 "중양절이므로 막걸리를 원로대신에게 내리고 잔치를 했다"는 기록이 보입니다.

중양절의 시절음식으로는 국화전과 국화주, 유자화채, 밤단자가 있지요. 국화전은 찹쌀가루를 반죽하여 동글납작하게 빚어 국화꽃잎을 올린 뒤 기름에 지져낸 떡이고 국화주는 쌀과 감국甘菊의 꽃과 잎으로 담근 약주입니다. 또한 유자화채는 조선 시대 궁중음식의 하나로 국화전과 곁들어 먹으면 제맛이 나는 음식이며, 밤단자는 어린아이들도 좋아하는 음식으로 찐 찹쌀가루를 오래 치댄 후 조그맣게 자르고 체에 내린 삶은 밤 고물을 소로 넣거나 겉에 묻혀서 만듭니다.

제주도에서는 마마에 걸려 죽은 어린 여자아이 귀신인 명두의 생일이라 하여 큰 굿판을 벌였고, 경남지방에서는 가을걷이가 끝난 논둑에 불을 놓았습니다. 또 봄에 담근 멸치젓을 이날 걸러 간장으로 쓰기도 하는 풍속도 있었고요. 지금은 달력에서나 흔적을 찾을 수 있는 옛 명절이 되고 말았지만 이날을 기념해 이웃과 화전을 부쳐 잘 빚은 국화술 한 잔을 나누는 것은 어떨는지요.

10월 6일

연엽주에 어리는 고운 단풍을 바라봅니다

크게 취해도 오줌 한 번 누면 취기가 가시는 술

연蓮은 6월부터 9월 사이에 피고 지기를 계속하며 그 아름다운 자태를 자랑합니다. 흙탕물 속에서도 맑고 환한 꽃이 피는데, 속세의 더러움 속에서 피지만 더러움에 물들지 않는다 하여 불교에서는 깨달음을 얻은 부처를 상징합니다. 연에는 수련, 백련, 홍련, 가시연, 왜개연, 노랑어리연, 흰어리연 따위가 있습니다.

그 연잎으로 술을 빚는 아산 연엽주蓮葉酒를 아시나요? 연엽주의 유래는 조선 후기에 비롯합니다. 당시는 가뭄이 들면 쌀로 술을 빚지 못하게 금주령을 내렸는데 임금이 술을 마시지 못함을 안타깝게 생각한 신하들이 차茶에 견주면 알코올 기가 있고, 여느 술보다는 도수가 낮은 약주, 곧 연엽주를 빚어 임금이 마시도록 했지요.

연엽주는 크게 취해도 오줌 한 번 누면 깰 정도로 뒤끝이 깨끗하다는 술입니다. 여기서 말하는 연엽주는 아산시 외암리의 참판댁에서 빚는 술이고, 당진군 신평면의 신평양조장에서 빚는 백련 막걸리도 있지요. 또 비슷한 것으로 강릉지방 일부 양반집안에서 빚어 마신 연엽식혜도 있습니다. 연잎에 찰밥과 엿기름을 넣고 삭혀낸 식혜로, 연엽주라고도 말하지만 술보다는 식혜에 더 가까운 음료입니다. 깊어가는 가을, 우리 술 연엽주 한잔 어떨까요?

10월 7일

옛 악기 소리가 그립습니다

관습도감에서 가르치던 우리 악기 향비파

"관습도감慣習都監의 광대와 기생들은 모두 빈궁해서 살아나가기에도 겨를이 없사온데, 심한 추위와 무더위 · 장마에도 항상 기술을 연습하게 하오면 살아갈 것이 염려되오니, 청하옵건대, 네 번番으로 나누게 하여 매년 춥고 더운 여섯 달을 뺀 2월부터 4월까지, 8월부터 10월까지 날마다 기술을 연습하게 하되, 가르치기를 현금玄琴 · 가야금 · 향비파 · 장고 · 아쟁 · 해금 · 필률觱篥, 피리 · 대금 · 소금 따위의 악樂으로 하여, 잘하는 사람은 다른 재주를 겸해 가르치고, 능하지 못한 자는 오로지 한 가지 기예技藝만을 가르치게 하소서."

《세종실록》 101권, 25년1443 9월 16일양력 10월 8일의 기록입니다.

관습도감에서 가르치던 우리 악기로 향비파鄕琵琶가 있는데, 이는 거문고·가야금과 함께 신라삼현新羅三絃에 들며, 고구려의 오현五絃과 같은 악기입니다. 《삼국사기》에 "향비파는 당비파와 비슷하고 신라시대 때 생긴 것이나 누가 만들었는지는 알 수 없다"라고 나와 있습니다. 당비파唐琵琶와 구분하려고 향비파라고 했으며 목이 굽은 당비파에 비하여 목이 곧아서 직경비파直頸琵琶라고도 합니다. 갸름하고 둥근 통에 괘棵 12개를 붙이고 그 위에 다섯 줄을 얹었습니다. 통은 거문고와 같이 앞면은 오동나무, 뒷면은 밤나무를 사용하며 명주실을 5현으로 만들었는데 지금은 거의 쓰이지 않지요.

중국 후한後漢의 역사서 《석명》을 보면 "비파는 원래 호족중국 한나라 때 신강성에 있던 오손족의 마상악기로 손을 밀어나가는 것을 비琵라 하고, 손을 당겨오는 것을 파琶라 하여 '비파'라 이름 하였다"는 내용이 있습니다. 또 "교방敎坊, 곧 가무歌舞를 관장하던 기관에서 쓰는 것은 목이 굽었다"라고 했는데, 이는 당비파를 말하는 것으로, 우리의 향비파와는 다른 것이지요. 우리 고유의 악기 향비파 음악 그리고 잊힌 더 많은 악기소리를 듣고 싶습니다.

10월 8일

미꾸라지가 살찌는 한로입니다

한로 즈음 수확하는 농부는 지나가는 길손에게 막걸리를 대접했다

한로寒露는 24절기 가운데 열일곱째로 찾아오는 절기로 찰 한寒, 이슬 로露에서 보듯 공기가 차츰 선선해지면서 이슬이 찬 공기를 만나서 서리로 변해가는 계절입니다. 《고려사》 권50 지志4 역曆 선명력宣明曆 상上2의 한로 관련 기록에 "한로는 9월의 절기다. 초후에 기러기가 와서 머문다. 차후에 참새가 큰물에 들어가 조개가 된다. 말후에 국화꽃이 누렇게 핀다"고 했습니다. 이때는 가을걷이를 하며, 아름다운 단풍이 짙어지고, 기러기와 같은 겨울새가 오는 때지요.

한로의 시절음식으로 국화전을 지지고, 국화술을 담그며, 추어탕鰍魚湯을 즐겼습니다. 한의학책인 《본초강목》에는 미꾸라지가 양기陽氣를 돋운다고 기록되어 있는데 '가을秋에 누렇게 살찌는 가을고기' 라는 뜻으로 미꾸라지를 추어鰍魚라 했을 것입니다.

한로 즈음, 하늘은 더없이 맑고 높지요. 벼가 여물어 들판이 황금물결로 출렁일 때 농부들은 안 먹어도 배가 부릅니다. 벼를 베거나 타작하는 날은 잔칫날처럼 부산하고 고될망정 수확을 하는 농부의 얼굴에는 웃음이 넘칩니다. 예전엔 길손이 지나면 꼭 불러 새참이나 점심을 권했고, 막걸리 한 사발이라도 돌려먹을 줄 알았습니다. 인정이 메마른 삭막한 풍경의 요즘에 견주면 예전 우리 겨레는 참 따뜻하고 마음씨 넉넉한 사람들이었지요.

10월 9일

위대한 글자 한글 하나

한글날 잔치를 열던 어느 외국인

과학적이고 철학적인 한글, 세계 최고의 글자로 인정받다

세계 언어학자들은 이구동성으로 한글을 최고의 글자라고 말합니다. 얼마 전 세상을 떠난 미국의 언어학자 제임스 매콜리별명 막걸리 교수는 한글날만 되면 언어학자로서 최고의 글자를 기리는 것은 당연한 일이라며 친구 친지, 제자들을 불러 잔치를 하곤 했다지요. 그러면 왜 한글이 이렇게 최고의 글자로 대접받는 것일까요?

먼저 한글의 특징 가운데 가장 중요한 것은 과학적이며 철학이 담긴 글자라는 것입니다. 한글 닿소리자음는 소리를 낼 때 발음기관의 생긴 모양을 본떴기 때문에 과학적이라 하는 것이며, 홀소리모음는 하늘(·)과 땅(ㅡ)과 사람(ㅣ)이 담겨 있기에 철학적이라고 하는 것입니다.

또 한글은 배우기 쉬운 글자입니다. 한글은 가장 발달한 낱소리음소 글자면서 음절글자의 특징도 아울러 가지고 있지요. 한글은 글자 하나하나가 낱소리하나의 소리를 표기하는데, 홀소리와 닿소리 음을 합치면 글자가 되고, 여기에 받침을 더해 사용하기도 합니다. 글자가 질서정연하고 체계적인 파생법으로 만들어진 것입니다. 게다가 한글은 필기체, 인쇄체의 구분이 없고, 대·소문자의 나눔이 없어서 아주 배우기가 쉽지요. 훈민정음 해례본에 있는 정인지의 꼬리글에는 "슬기로운 사람은 아침을 마치기도 전에 깨칠 것이요, 어리석은 이라도 열흘이면 배울 수 있다"라고 쓰여 있을 정도입니다.

10월 10일

위대한 글자 한글 둘

바람소리도 옮기는 글자

세종의 끔찍한 백성사랑, 훈민정음을 창제하다

한글의 특징 가운데 중요한 또 한 가지는 독창적인 글자이며, 글자를 만든 목적과 만든 사람, 만든 때가 분명한 글자라는 것입니다. 현재 세계에는 5,000여 개 **20세기 초, 프랑스 한림원에서 보고한 세계의 언어는 2,796개** 말이 있고, 이 중 100여 개만이 글자를 가지고 있다고 합니다. 그런데 그 글자들은 대부분 오랜 세월 동안 복잡한 변화를 거쳐 현재의 글자로 완성되었거나 남의 글자를 흉내 내거나 빌린 것—일본의 가나, 영어의 알파벳처럼—들입니다. 하지만 한글은 세종이 각고의 노력 끝에 독창적으로 만든 글자지요.

다른 특징으로는 글자 쓰기의 폭이 넓다는 것도 있습니다. 훈민정음 해례본에서 "바람 소리, 학 소리, 닭 우는 소리, 개 짖는 소리까지 무엇이든지 소리 나는 대로 글자로 쓸 수 있다"고 했는데 한글 총수는 1만 1,172자로, 세계에서 음이 가장 많은 글자입니다.

하지만 한글의 특징 가운데 가장 중요한 것은 세종이 백성을 사랑하는 마음에서 만들었다는 것입니다. 절대군주 임금 자리에 있으면서도 자나 깨나 행복한 백성을 위한 정책 연구에 골몰했던 세종이었습니다. 그래서 세종은 모든 백성이 문자생활을 할 수 있도록 훈민정음을 만든 것입니다.

"우리나라 말이 중국과 달라서 한자와는 서로 잘 통하지 못한다. 이런 까닭으로 어리석은 백성이 말하고 싶어도 그 뜻을 펴지 못하는 사람이 많다. 내가 이것을 가엾게 생각하여 새로 스물여덟 글자를 만드니 모든 사람들이 쉽게 익혀서 날마다 쓰는 데 편하게 하고자 한다"는 훈민정음의 머리글이 이를 잘 말해주고 있습니다.

10월 11일

위대한 글자 한글 셋
훈민정음은 세종의 작품

집현전 학자의 반대에 골머리를 썩다

우리는 흔히 훈민정음이 세종과 집현전 학자들의 공동작품이라고 알고 있지요. 하지만 훈민정음은 세종의 독창적인 작품입니다. 집현전 학자들이 창제에 직접 가담하지 못한 이유는 우선 부제학 최만리 같은 집현전 학자 대부분이 새로운 글자의 창제를 반대했다는 것을 들 수 있습니다. 또 하나는 창제를 도왔다고 생각하는 정인지, 신숙주가 훈민정음을 창제한 1443년 당시에는 과거에 갓 급제한 젊은 사람들로서 글자를 만들 만한 수준에 이르지 못했다는 점입니다.

그뿐만 아니라 만일 창제사실을 공개하면 이를 반대하는 대다수 사대부와 명나라가 직간접으로 엄청나게 헤살을 놓고 방해했을 것이기 때문에 세종으로서는 비밀 프로젝트로 운영할 수밖에 없었지요. 그래서 세종은 왕자, 공주 들만의 도움으로 창제할 수밖에 없었는데 이 과정에서 정의공주가 가장 큰 공을 세웠다고 전해집니다.

여기서 한 가지 더 이야기해야 할 것은 훈민정음 표절설입니다. 일부에서는 훈민정음이 독창적인 것이 아니라 기원전 2181년에 단군 3세 가륵임금이 정음 38자를 만들어 가림토加臨土 글자라고 이름하여 발표한 것을 세종이 집현전 학자들을 시켜 다듬어낸 것이라고 주장하기도 합니다. 하지만 가림토 글자는 글씨가 쓰인 기와명문기와가 출토되지 않아 아직 명확하게 밝혀지지 않은 글자입니다.

또 어떤 이는 세종 당시의 신미대사가 만들었다거나 일본의 신대문자를 모방했다는 설까지 다양하게 나옵니다. 그렇지만 신미대사설은 그 실체가 명확하지 않으며, 신대문자는 이미 가짜임이 밝혀진 것입니다. 확실한 것은 문자학, 음운학, 음성학에 통달한 세종이 당시에 있었던 여러 글자의 장단점을 파악하여 독창적인 글자를 만들었음을 세계의 언어학자들은 모두 인정하고 있다는 것입니다.

10월 12일

위대한 글자 한글 넷
훈민정음에서 한글로

근대한글의 대들보 주시경 선생이 처음 '한글'이라 부르다

한글은 세종이 28자를 반포할 1446년 당시는 훈민정음이라 불렸습니다. 훈민정음은 백성을 가르치는 바른 글이란 뜻이겠지요. 그런데 이 훈민정음이 어떻게 한글로 불리게 되었을까요? 훈민정음은 반포 이후 언문諺文, 언서諺書, 반절,

암클, 아랫글이라고도 불렸으며, 한편에서는 가갸글, 국서, 국문, 조선글과 같은 이름으로 불리면서 근대에까지 이르렀습니다.

그러나 근대 조선에서 한글을 한 단계 발전시킨 주시경 선생은 1913년 언문이라는 이름이 '상말을 적는 상스러운 글자' 라는 뜻이 담긴 사대주의에서 나온 이름이라며, '한글' 이라는 이름으로 고쳐 부르기 시작했습니다.

이후 조선어학회에서 훈민정음 반포 8회갑480년인 1926년 음력 9월 29일을 반포 기념일로 정하여 처음에는 가갸날이라고 부르다가 1928년에 한글날이라고 고쳐 부르게 되면서부터 한글이 보편적으로 쓰였습니다. 한글이라는 이름의 뜻은 '한나라의 글', '큰글', '세상에서 으뜸가는 글' 로 풀이됩니다.

10월 13일

위대한 글자 한글 다섯 반대세력을 이겨낸 훈민정음

백성을 사랑하는 마음이 창제의 가장 큰 동력

세종이 훈민정음을 만든 것은 당시로서는 정말 대단한 일이었습니다. 부제학 최만리를 비롯한 집현전 학자 대부분은 물론 나라의 바탕인 사대부들이 거의 새로운 글자 창제를 적극적으로 반대했기 때문입니다. 더구나 나라를 세운 지 50여 년밖에 되지 않아 조정에서는 명나라의 눈치를 봐야 하는 탓도 있었습니다. 세종은 이를 어떻게 극복해냈을까요?

세종큰임금은 절대 권력자였지만 무조건 힘으로 밀어붙이지는 않았습니다. 세종은 먼저 '백성에게 한자의 올바른 음을 가르치기 위하여 글자훈민정음를 만든다' 는 논리로 중국의 간섭을 벗어났습니다. 그러고는 학문적 완성도를 위해 성삼문 같은 집현전 학자들이 요동에 있던 중국의 학자 황찬에게 10여 차례 찾아가 배우게 했습니다. 또 세종은 창제하고 나서 《용비어천가》, 《삼강행실도》를 짓고 번역하여 실험했습니다. 시험제도에 도입하여 기정사실화하도록 치밀한 작전을 펴나간 것입니다.

하지만 역시 세종에게 가장 큰 무기는 백성을 사랑하는 마음이었습니다. 이런 마음이 없었다면 세종이 그 격렬한 반대세력들 속에서 어쩌면 무모할 수도 있는 훈민정음 창제를 시도할 까닭은 없었겠지요. 절대군주의 백성 사랑은 정말 대단했습니다.

10월 14일

조선 시대에는 외국어를 어떻게 배웠을까요

외국어 배우기에 모든 국민이 목매지 말자

요즘 한국이나 중국이나 영어 배우기에 정신들이 없습니다. 어쩌면 다들 그렇게 외국어가 절박한지요. 그래서 영어를 배우려고 조기유학을 보내기도 합니다.

그러면 조선 시대는 지금 같이 외국과 쉽게 소통할 수 없을 때인데 어떻게 외국어를 배웠을까요? 조선 시대에는 역관이라는 일종의 외교관이 있어서 외국과 교역하고 소통했습니다. 그리고 외국어 전문 교육기관인 사역원司譯院에서는 4대 외국어인 중국어, 몽골어, 만주어, 일본어를 가르쳤고 외국어 학습교재도 만들었습니다.

먼저 가장 중요한 외국어였던 중국어 교재는 《노걸대老乞大》와 《박통사朴通事》가 있고, 일본어는 《첩해신어捷解新語》, 몽골어는 《첩해몽어捷解蒙語》, 《몽어노걸대蒙語老乞大》 등이 있습니다. 여기서 '노걸대'의 '노'는 우리말의 '씨', 영어로 하면 '미스터' 쯤 되는 말이고 '걸대'는 몽골인이 중국인을 가리킬 때 쓰는 말로 고려상인 세 명이 말과 인삼, 모시를 팔고자 중국에 다녀오는 과정을 담은 중국어 학습책입니다. 그런가 하면 '박통사'는 '박씨 성을 쓰는 역관'이란 뜻이지요. 첩해신어는 새로운 말인 '일본어를 빨리 해독하는 책'이란 뜻이 있는데 일본에 포로로 잡혀갔다 10년 만에 돌아온 강우성이 지은 책입니다.

우리나라는 지금 영어천국이 되어갑니다. 영어를 유창하게 못 하면 뒤떨어진다고 생각하고, 길거리 간판도 온통 영어투성이입니다. 2008년에는 오렌지를 '어륀지'라고 발음해야 한다는 사람이 있어서 논란이 되었습니다. 그런데 영어과외도 받지 않았을 반기문 씨는 지난 2006년 10월 14일 유엔 총회에서 8대 유엔 사무총장으로 공식 임명되었고 재임도 되었지요. 외국어를 배우는 것은 필요한 일입니다. 하지만 모든 국민이 외국어 배우는 일에 목매는 것은 바람직하지 않지요. 조선 시대에도 외국어를 배워 통역을 하던 전문가가 있었듯이 요즘에도 그런 전문가가 따로 있으면 될 일이 아닐까요?

10월 15일

한시 한 수 읊어볼까요

섬돌 위 곱게 핀 국화 향기 진동하니

깊어가는 가을 아름다운 한시 두 편을 감상해봅니다.

약초를 캐다가 문득 길을 잃었는데 採藥忽迷路
온 산이 단풍으로 물들었네 千峯秋葉裏
스님이 물 길어 돌아가고 山僧汲水歸
숲 끝에서 차 다리는 연기가 피어나네 林末茶烟起

조선 중기 학자이며 정치가였던 율곡 이이의 '산중山中'이라는 한시입니다. 한 편의 수채화를 보는 듯합니다. 약초 캐다가 길을 잃었음에도 단풍으로 물든 산을 볼 줄 아는 여유 그리고 스님이 물을 길어가자 숲 끝에서 차 다리는 연기가 모락모락 피어오르는 정경이 아름답습니다. 문득 가을산에 안기고 싶은 생각이 간절해집니다.

가을이라 중양절 가까워지니 淸秋佳節近重陽
새 술 따자마자 취하게 마시고 있네 正是陶家醉興長
체섬돌 위 국화꽃 곱게 피었으려니 相見傲霜花滿砌
좋은 향기 하나 나눠 주시오 可能分與一枝香

위 시는 조선 효종 때의 문인 이건李健, 1614~1662이 지은 '걸국화乞菊花, 국화를 바라다' 라는 한시입니다. 지금은 중양절을 앞둔 계절로 국화가 흐드러진 때입니다. 섬돌 위 곱게 핀 국화향기 진동하니 그 향기 이웃에게 나눠주면 좋을 일입니다. 아니, 스스로 향기를 내면에 가득 차게 만들 일입니다. 이 가을, 아름다운 시 한 수로도 우리는 마음을 살찌울 수 있습니다.

10월 16일

쑥 캐는 불쟁이네 딸, 쑥부쟁이

단양쑥부쟁이가 유일하게 자생하는 곳, 남한강변

사랑하는 눈길 감추지 않고 바라보면
꽃잎 낱낱이 셀 수 있을 것처럼 뜨겁게 선명해진다
어디에 꼭꼭 숨어 피어 있어도 너를 찾아가지 못하랴
사랑하면 보인다. 숨어 있어도 보인다

❀ 정일근, '쑥부쟁이 사랑'

들이나 산길을 걷다가 흔히 만나는 쑥부쟁이는 여름부터 가을까지 피며, 흔히 들국화로 잘못 알고 있는 꽃입니다. 전설에 따르면 어느 마을에 쑥을 캐러 다니는 불쟁이대장장이 딸이 있었지요. '쑥 캐는 불쟁이네 딸' 이라 해서 '쑥부쟁이'로 불렸는데, 어느 날 이 처녀가 우연히 산에서 위험에 빠진 젊은 사냥꾼을 구해주었습니다. 다시 만나자고 굳게 약속했던 사냥꾼은 끝내 돌아오지 않았고, 기다리다 지친 쑥부쟁이는 그만 절벽에서 떨어져 죽어버립니다. 얼마 뒤 그 자리에는 예전엔 못 보던 연보랏빛 꽃이 피어났는데, 사람들은 이를 쑥부쟁이라 불렀습니다.

그래서 쑥부쟁이의 꽃말이 그리움과 기다림일까요? 사람들은 쑥부쟁이가 기다림에 지쳐서 넋이라도 나간 듯이 보인다고 합니다. 바람에 살랑거리며 흔들리는 연한 보랏빛 애처로움 때문에 그렇게 보이는 것일지도요.

쑥부쟁이는 매우 맛난 나물이라고 하지요. 무쳐 먹거나 볶거나 튀김을 해먹기도 하고 나물밥을 해먹어도 맛있습니다. 어린 순을 그냥 뜯어서 먹으면 쑥갓처럼 아주 향긋해서 상추쌈에 얹어 먹어도 좋을 것입니다. 쑥부쟁이 가운데 하나인 단양쑥부쟁이가 자생하는 곳은 지구 상에 유일하게 남한강변밖에 없다는데 4대강 공사 때문에 멸종될지 모른다는 소식이 들려와 안타깝습니다.

10월 17일

백화주, 100가지 꽃으로 100가지 병을 다스립니다

국화꽃으로 10월 중순 무렵 담가 100일 걸려 익히는 술

 요즘 많은 사람이 술을 취하려고 마십니다. 하지만 원래 우리 겨레는 술을 몸과 마음을 조화롭게 관리하려는 방편으로 먹었습니다. 술 이전에 약으로 생각했고 '백약의 으뜸'이라는 지위까지 받았지요. 특히 100가지 꽃으로 술을 빚었다는 백화주百花酒는 더욱 그렇습니다. 백화주는 허준의 《동의보감》, 서유구의 《임원십육지》, 빙허각 이 씨가 쓴 《규합총서》 같은 책에 빚는 방법이 자세히 나와 있습니다.

《계산기정》은 지은이를 알 수 없는 책인데 순조 3년1803 동지사冬至使로 중국 연경지방에 다니면서 겪은 청나라의 문물제도, 풍속, 습관, 산천, 도리道里 따위를 기록한 책입니다. 지은이는 어느 날 유인천이란 중국인 집에 초대받아 술을 마시고 시를 지으며 노는데 그때 유인천이 조선에 유명한 술이 무어냐고 물었지요. 이에 "천일주千日酒, 백화주百花酒, 이강주梨薑酒, 죽력주竹瀝酒는 모두 좋은 술이지요"라고 대답했는데 여기에 백화주가 들어 있는 것을 보면 이 술이 유명했나 봅니다.

백화주는 맨 먼저 눈을 뚫고 꽃을 피운다는 매화부터 서리 내릴 때 피는 국화까지 꽃을 모아 말립니다. 그리고 찬 기운이 짙어가는 10월 중하순쯤에 술을 담그는데 술이 익기까지는 거의 100일이 걸리지요. 1924년 나온 《조선무쌍신식요리제법》에 "꽃을 밥에 버무려서 누룩을 술 밑에 넣고 익은 다음 먹으면 몸에 좋다. 100가지 병을 다스리고 오래 산다고 한다"고 백화주를 소개했습니다. 이제 우리도 술을 취하려고 마시지 말고 몸과 마음을 조화롭게 관리하려는 방편으로 마셨으면 좋겠습니다.

10월 18일

신랑이 신부에게 기러기를 주는 까닭은 무엇일까요

예식을 치르는 신랑, 신부는 가슴에 기러기 한 쌍 담아두길

전통혼례를 보면 전안례奠雁禮라는 절차가 있습니다. 이때 신랑이 신부에게 나무로 깎은 새를 주는데 그 새는 오리도, 원앙도 아닌 기러기로 옛날엔 실제 살아있는 기러기를 썼습니다. 이 의식은 기러기를 주어 행복한 부부생활을 기원하는 것입니다. 기러기를 받으면 신부의 시종이 치마폭에 싸서 방에 들어가 아랫목에 시루로 덮어놓습니다. 치마폭에 감싸는 것은 알을 잘 낳으라는 뜻이며, 시루로 덮는 것은 숨쉬기 좋게 하려는 뜻입니다.

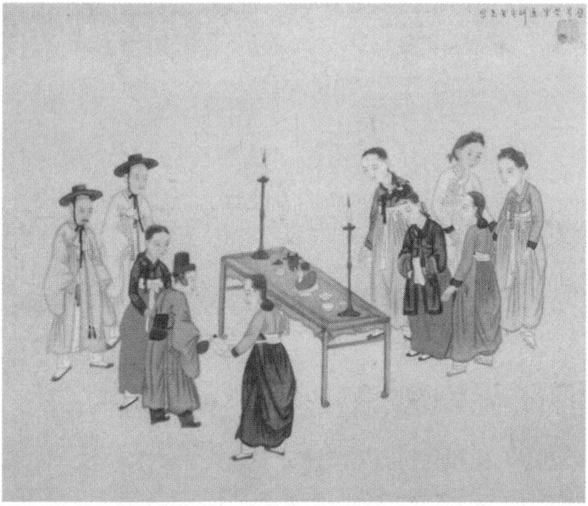

김준근의 '신부신랑 초례하는 모양', 상 위에 기러기가 보인다.

《숙종실록》 11권1681에 "임금이 어의궁於義宮에 나아가서 전안례를 거행하고, 오시午時에 환궁하였다. 왕비가 예궐詣闕하여 신시申時에 동뢰연同牢宴의 예禮를 거행하였는데, 의절儀節은 한결같이 《오례의》의 상의常儀와 같이 하였다"는 기록으로 보아 임금의 혼례에서도 전안례를 하고 있음을 알 수 있습니다.

음양오행설을 보면 남자는 양陽, 여자는 음陰으로 기러기가 남에서 북으로 날아가는 것은 양-음에 맞으며, 이로써 남녀 사이 음양이 조화됨을 상징합니다. 또한 기러기는 암컷과 수컷이 일부일처제를 이루며, 심지어 상대가 죽어도 다시 배우자를 찾지 않기 때문에 정조를 상징하는 뜻도 있습니다. 이렇듯 기러기는 사람의 윤리도덕과 잘 맞는다 하여 혼례식에 등장하는 것입니다. 이 가을, 많은 선남선녀가 달콤한 혼인예식을 치르는데 서로 가슴에 기러기 한 마리를 담아 두면 좋겠습니다.

10월 19일

최현배 선생은 "한글이 목숨"이라고 썼습니다

"세계인이 되기 전에 먼저 조선인이 되라. 조선을 구함으로써 세계를 구하라."

"세계인이 되기 전에 먼저 조선인이 되라. 조선을 구함으로써 세계를 구하라." 이 말은 일제강점기와 해방 뒤 한글학계 거목이었던 외솔 최현배 선생이 하신 말씀입니다. 선생의 책 《조선민족갱생의 도》는 피히테의 《독일국민에게 고함》에 필적한다는 평가를 받습니다.

외솔 최현배 선생은 1894년 10월 19일 울산에서 태어나 1910년 조선어강습원에서 주시경 선생에게서 한글을 배운 뒤 그 제자들과 함께 조선어학회를 창립하고 일제강점기에 한글맞춤법통일안을 만들었습니다. 그리고 해방 뒤에는

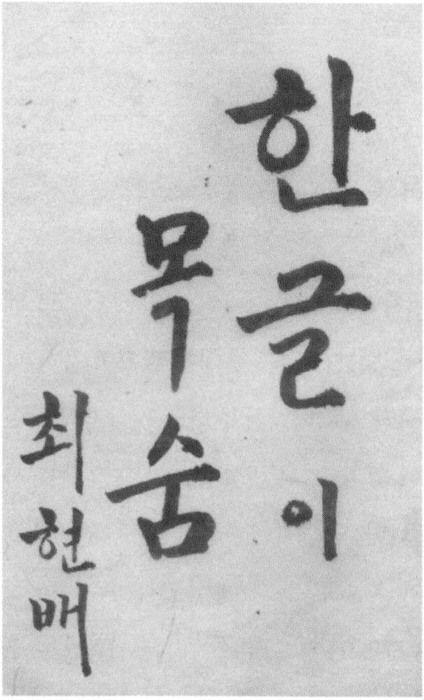

외솔이 1932년에 쓴 붓글씨. © 김연갑

미국 군정청과 대한민국 문교부 편수 국장으로 교과서를 한글로 만들었습니다. 한글발전을 위해 몸과 마음을 바친 분으로 주시경 선생 이후 최고의 한글 공로자입니다.

외솔 선생은 한글을 마음대로 쓸 수 없었던 험악한 일제강점기에 "한글이 목숨"이라는 붓글씨를 《금서집》이란 책에 쓰는 기개를 보였습니다. 《금서집》은 1932년부터 1936년까지 5년 동안 한 음식점 주인이 손님에게 받아 모은 글로, 80쪽에 이르는데 《금서집》의 서명들은 거의 한문이었고 일본글자까지 있었습니다.

그런 선생의 한글사랑이 있었기에 우리가 지금 세계 최고의 글자를 누릴 수 있는 것입니다. 우리말 사랑은 어디 가고 영어에 일본말 찌꺼기가 난무하는 요즘, 외솔 선생의 기개와 나라 사랑이 그립습니다.

10월 20일

벼를 훑어내는 농기구, 홀태를 보셨나요

옛사람은 벼를 일일이 낫으로 베어 알갱이를 홀태로 훑었다

지금이야 벼를 거둘 때 트랙터가 다 해내지만 예전엔 사람이 일일이 낫으로 베어 '홀태' 라는 기구로 훑어서 벼 알갱이를 털었습니다. 홀태는 길고 두툼한 나무 앞뒤 쪽에 다리 네 개를 달아 팔자八字모양으로 떠받치게 하고 빗살처럼 날이 촘촘한 쇠로 된 틀을 몸에 낀 형태로 되어 있지요. 이 빗살처럼 촘촘한 쇠틀 사이로 벼를 끼우고 잡아당겨 벼 낟알을 텁니다.

홀태는 18세기 서호수徐浩修, 1736~1799가 쓴 《해동농서》에는 그네한자이름으로는 도저, 稻箸로 나와 있으며, 1886년에 펴낸 《농정촬요》에 도급稻扱이라는 이름으로 소개됐습니다. 홀태는 사투리로 표준말은 '벼훑이' 라고 하며, 다른 이름으로 그네, 첨치, 천치千齒도 있습니다.

홀태는 다른 낱말로 배 속에 알이나 이리가 들지 않아 배가 홀쭉한 생선을 말하는 이름이기도 하며 홀태바지, 홀태버선처럼 통이 좁은 물건을 가리키는 말로도 쓰입니다. "시꺼먼 홀태바지를 입은 사람이 군도를 절컥대며 나타난다 이기영, 〈봄〉"가 그 예지요. 지금은 홀태를 보기가 어려운데 관동대학교 박물관에 소장되어 있습니다.

10월 21일

약탈 문화재 반환에 일본은 적극 나서라

야스쿠니신사 뒤쪽에 처박혔던 북관대첩비

"옛날 임진란에 힘써 싸워 적을 깨뜨려 일세를 크게 울린 이로 해전에서는 이순신의 한산대첩이, 육전에서는 권율의 행주대첩이, 이정암의 연안대첩이 있어, 역사가가 그것을 기록하였고, 이야기하는 이들이 칭송하여 마지않았다. 그러나 이것은 오히려 지위가 있어 말과 부역과 군졸들을 낼 수 있음에 힘입은 것이다. 고단하고 미약한 데서 일어나 도망하여 숨은 무리를 분발시켜 충의로써 서로 격려하여 마침내 오합지졸을 써서 완전한 승첩을 거두어 한쪽을 수복함과 같은 이는 관북의 군사가 제일이다."

위는 정문부 장군의 공덕을 기린 북관대첩비北關大捷碑 가운데 일부를 번역한 것입니다. 임진왜란 때 이순신, 권율 같은 장수는 정식 관직을 갖고 승리를 거두었지만 정문부 장군은 오합지졸 같은 의병 3,000명으로 왜군 2만 8,000명을 물리친 것입니다. 조선의 선비가 일본의 사무라이를 물리친 정말 기적 같은 승리지요. 북관대첩비는 이 승리를 기념하여 숙종 34년1707에 길주군현재 함경북도 김책시 임명동에 세운 전승기념비로, 높이 187cm, 너비 66cm, 두께 13cm에 1,500자가 새겨져 있습니다.

길주군에 세워져 있던 이 북관대첩비는 러일전쟁1904~1905 당시 일본군 육군 소장 이케다 마사스케池田正介가 강제로 '약탈' 해 가 일본 군국주의 상징인 야스

북관대첩을 그린 '창의토왜도'.

쿠니 신사 뒤쪽에 내박쳐놓았던 것입니다. 게다가 그곳에 있는 동안 일제는 1톤이나 되는 돌덩어리를 얹어놓아 대첩비의 기를 눌렀습니다.

이 북관대첩비는 많이 이들의 노력으로 지난 2005년 10월 21일 무려 100년만에 되찾아왔고, 여기에 잃어버린 머릿돌을 복원해 2006년 3 · 1절에 북한으로 돌려줬지요. 북한은 복원된 북관대첩비를 '조선민주주의인민공화국 국보유적 193호' 로 등록하고는, 김책시 인민위원회 이름으로 북관대첩비를 설명하는 표지석과 안내석을 나란히 세워 단장했습니다. 아무런 관직도 없이 몸 바쳐 왜군과 싸운 정문부 장군의 나라사랑 정신을 새긴 북관대첩비가 귀환한 것은 참으로 다행스러운 일입니다. 그 밖에도 수없이 약탈된 문화재 역시 어서 빨리 찾아와야 할 것입니다.

10월 22일

40년 정승살이에 남은 것은 비바람 피할 초가 두 칸입니다

가을에 만나볼 청백리, 오리 이원익

"알았다. 40년 동안 정승노릇을 하였는데 비바람도 가리지 못하는 몇 칸짜리 초가에 살다니 그의 청렴결백함과 안빈낙도함은 옛날에도 없던 일이다. 내가 평소 존경하고 사모하는 것이 공덕功德이 있어서일 뿐만이 아니다. 이 공李公의 청렴과 검소를 백관百官이 본받는다면 어찌 민생民生이 곤궁해질 염려가 있겠는가. 나이가 많은 원로는 도리상 우대해야 하며 그 검소한 덕도 표창해서 나타내지 않을 수 없다. 해도로 하여금 정당正堂을 지어주도록 하고 또 호부戶部로 하여금 무명 이불과 명주 요를 사급하도록 함으로써 그가 승상

하는 바를 이루게 하라."

이는 《승정원일기》 인조 9년1631에 강홍중이 이원익李元翼, 1547~1634의 병세를 임금에게 보고한 자리에서 인조가 내린 명령이었습니다. 강홍중은 보고합니다. "거처하고 있는 집은 잡목으로 얽어 만든 두 칸 초가집으로 겨우 몸을 붙이고 살 정도인데 낮고 좁아 모양이 제대로 갖추어지지 않았고, 그 앞에 가족들이 거처하는 곳은 더욱 기울고 누추하며 비바람을 가리지 못하여 거의 사람이 견디고 살 만한 곳이 아니었습니다. 또 들으니, 살고 있는 땅도 여러 대 선산 아래라서 곁에 한 뙈기 밭도 없고 또한 딸린 종도 없이 온 가족이 단지 달마다 주는 쌀로 겨우 연명한다고 합니다."

40년 정승살이치고는 너무나 하잘것없는 집에서 병치레를 하는 조선 중기의 문신 이원익. 그는 벼슬이 영의정에 이르렀으나 철저한 안빈낙도를 실천하여 그 속에서 기쁨을 찾은 보기 드문 조선의 청백리로 알려졌지요. 오리梧里 이원익 선생의 후손들이 만든 충현박물관경기도 광명시에서는 해마다 9~10월에 이원익 선생과 관련한 특별기획전을 엽니다.

10월 23일

조선 시대에는 목숨 걸고 인삼을 밀매했습니다

세계인이 관심 두는 인삼

10월 23일은 인삼의 날입니다. 다산 정약용의 《경세유표》 2권을 보면 "내가 일찍이 《삼국지》, 《남사》, 《북사》를 보니, 우리나라의 초피貂皮, 노랑담비 가죽와 인삼人蔘은 나라의 귀중한 보배라 했는데, 지금 토호와 관리가 그 이익을 독차지하여 강하면 토하고 부드러우면 삼켜서 그해가 끝내는 백성에게 돌아오게 되는바, 임형시라는 관청을 어찌 설치하지 않겠는가?"라는 기록이 보입니다. 중국인들의 인삼 선호는 삼국지 시대로 거슬러 감을 알 수 있습니다. 이러다보니 중국으로 가는 사신들 편에 보내는 나라의 선물로는 단연 인삼이 으뜸이었습니다.

《세종실록》 16권1422을 보면 중국으로 사신을 보내며 함께 보낸 예물을 기록해놓았습니다. "그동안 성궁聖躬이 만복萬福하신 줄 믿고 삼가 예물禮物을 갖추어 배신陪臣 판중군도총제부사 한장수를 보내어 행재소行在所에 나아가 문안드리고, 예물목록을 적어 함께 주문奏聞하나이다. 황세저포黃細苧布 20필, 백세저포白細苧布 30필, 흑세마포黑細麻布 50필, 인삼人蔘 100근, 잡색마雜色馬 열 필입니다." 중국에 인삼을 많게는 100근, 적을 때는 30근 정도 예물로 보냈습니다. 《조선왕조실록》에 인삼을 보낸 이야기가 무려 1,065건이나 나옵니다. 매번 보내는 양이 다르지만 대략 한 번에 평균 50근만 잡아도 5만 근이 넘을 만큼 인삼이 중국으로 또는 일본으로 갔습니다. 실로 어마어마한 양입니다. 이렇게 선물로 가는 것 외에 인삼밀매도 성행합니다.

《숙종실록》 50권, 1711년에는 중국사신으로 다녀온 정식鄭栻이 임금께 인삼 밀매 현장을 아뢰는 기록이 보입니다. "중국인들이 연강沿江 근처에다 막사幕舍를 짓고 우리 백성과 서로 가깝게 지내면서 왕래往來가 무상無常하며, 혹 인삼과 수피獸皮, 짐승가죽를 많이 가지고 몰래 소금과 양곡으로 바꾸는 까닭에, 무식한 변경邊境의 백성이 이익利益을 탐내어 죽음을 잊습니다." 이를 견리망사見利忘死라고 하는데 이익을 추구하다 목숨을 잃는다는 뜻이지요. 인삼이 인기품목인지라 어떻게든지 빼돌려 이익을 취하려 들었던 것입니다. 어쨌든 사신들의 예물 꾸러미와 밀매꾼들의 이익을 위해 조선의 인삼은 쉴 새 없이 국경을 넘나들었을 것입니다.

10월 24일

부지깽이도 덤빌 만큼 바쁜 상강입니다

상강에는 서리 내리고 겨울잠 자는 벌레는 모두 땅에 숨는다

상강霜降은 24절기의 열여덟째로 서리가 내리는 때입니다. 맑고 상쾌한 날씨가 이어지며 밤에는 슬슬 기온이 떨어지면서 서리가 내리기 시작하지요. 옛사람들은 상강 때 초후에는 승냥이가 산 짐승을 잡고, 중후에는 풀과 나무가 누래지고 떨어지며, 말후에는 겨울잠을 자는 벌레가 모두 땅에 숨는다고 했습니다.

봄에 시작했던 농사일도 상강 때쯤이면 가을걷이가 마무리되는데 우리 속담에는 "가을에는 부지깽이도 덤빈다"는 말이 있습니다. 가을철에는 바빠서 아무 쓸모없던 것까지도 일하러 나선다는 뜻입니다. 또 "가을판에는 대부인大夫人 마님이 나막신짝 들고 나선다"라는 속담도 있지요. 그만큼 가을걷이 철엔 존귀하신 대부인까지 나선다는 말로 대단히 바쁜 계절임을 나타냅니다.

1939년 10월 24일 《동아일보》를 보면 "오늘이 상강이다. 엊그제 일기는 늦가을보다도 첫겨울을 연상할 만큼 바람이 쌀쌀하여 첫서리가 내리고 살얼음이 얼고 하니 땔거리와 김장 준비도 필요하거니와 추수와 보리심기가 한창 바쁠 때이다. 보리는 입동 전에 심어야 발육이 양호하니 요새 5, 6일은 여름의 모내기철과 같이 아주 바쁜 때다. 전무후무한 흉년의 이 가을과 겨울을 보내고 나서 농민들이 첫 번 먹을 곡식이 보리이니 올가을의 보리 심기는 사람마다 감회가 다를 것이다"라는 기사가 보입니다. 왜 그때는 해마다 흉년이 들었던 것인지 안타깝습니다. 추위도 지금보다 더 춥게 느껴졌던 것은 먹을거리, 입을 거리가 풍족치 못한 까닭도 있을 겁니다.

10월 25일

조선후기 여류문인 강정일당을 소개합니다

배우지 않으면 사람 노릇 할 수 없다

"사람이 배우지 않으면 사람 노릇을 할 수 없고, 의리를 버리고 돈벌이만 하는 것은 가난을 참고 배우는 것만 같지 못합니다. 하오니, 바느질과 길쌈은 대강 할 줄 아는 제가 하루 세 끼는 잡수시게 할 것이온즉슨, 마땅히 아침 저녁으로 성현의 글을 읽으시고 살림엔 괘념치 마옵소서."

이는 조선 후기 여류시인이자 성리학자 강정일당姜靜一堂, 1772~1832이 남편을 독려하여 학자의 반열에 오르게 한 심지 곧은 마음을 나타내는 글입니다.

강정일당은 시아버지가 돌아가신 뒤 집안이 더욱 어려워져 남편이 생계 마련에 분주하자 이를 만류, 다시 학문의 길로 들게 했으며 독학하던 남편을 타일러 당대의 학자 송치규宋穉圭의 사문師門에 들어가게 했지요. 그리고 남편의 학문적 자세를 가다듬는 편지를 나누었는데 '선비로서 좋은 스승과 좋은 친구 사귀기를 게을리하지 말아달라' 는 글들로 남편을 격려하고 뒷받침해주었습니다.

좋은 세월 하는 일 없이 보내 / 내일이면 내 나이 쉰하나
밤중에 슬퍼한들 무슨 소용 있으랴 / 남은 삶 오직 내 한 몸 닦을 뿐

❀ '섣달그믐 밤에'

시 속 어딘가 슬픔이 묻어나는 것은 슬하에 둔 5남 4녀가 모두 1년을 못 넘기고 죽은 것을 지켜봐야 했던 어미의 마음이 드러나기 때문일 것입니다. 훗날 강정일당은 "우리나라에 신사임당과 임윤지당, 두 부인의 덕행 있었는데 사임당師任堂은 시를 잘하고, 윤지당允摯堂은 문장을 잘해 이름난 분들이다. 정일당靜一堂은 시만을 잘하는 것이 아니고, 사서四書 읽기를 좋아해서 많은 기록을 남겨놓았다"라는 평가를 받고 있으며 사후에 《정일당유고집》이 전해지고 있습니다. 경기도 성남시 성남문화원은 해마다 10월이면 어진 인품과 부덕을 갖추고 지역

사회 발전과 향토문화에 크게 이바지한 사람에게 강정일당상을 주고 있습니다.

10월 26일

민족주의를 꿈꾸던 무서운 조선영감을 아시나요

날 만나려거든 뒷산 소나무 아래로 오라

10월 26일은 일제강점기 민족 지도자 월남 이상재 선생이 세상에 태어난 날입니다. 선생은 일본의 거물 정치인 오자키가 찾아왔을 때, 뒷산 아름드리 소나무 아래에 돗자리를 편 뒤 '우리 응접실'에 앉을 것을 권했다는 이야기가 전해집니다. 오자키는 일본으로 돌아가 "조선에 가서 무서운 영감을 만났다. 그는 세속적인 인간이 아니라 몇백 년 된 소나무와 한 몸인 것처럼 느껴졌다"라고 적었다고 합니다.

> "저 서구열강을 보라. 학술의 발달이 저 같으며 도덕의 진보가 저 같으되 그 나라가 기운차게 일어나 날로 강성해가니 이는 그 문화가 동양고대처럼 인민을 몰아서 전제하專制下에 굴복하게 하던 문화가 아니라 자유를 구가하며 모험을 숭상하는 문화인 까닭이니 한국의 뜻있는 군자여! 자국 고유의 장점을 보존하며, 외래 문명의 정화精華를 채취해서 신국민을 양성할 만한 문화를 진흥할지어다."

위는 이상재 선생이 《대한매일신보》 1910년 2월 19일에 쓴 〈문화와 무력〉이라는 논설 일부입니다. 내용을 보면 국수주의나 사대주의가 아닌 우리 고유문화의 장점 위에 다른 문명의 우수한 것을 더하여 국민을 이끌 새로운 문화를 창조하자고 주문하는 것입니다. 이것이 진정 우리가 취해야 할 태도가 아닐까요?

10월 27일

남대문은 조선총독부가 붙인 이름일까요

조선 초기 《조선왕조실록》에 나오는 이름

조선이란 나라를 세운 태조 이성계는 먼저 한양성곽을 쌓고 성곽을 드나들 4대문과 4소문을 짓습니다. 이 문들은 태조 5년인 1396년 10월 26일양력에 완성했습니다. 조선 시대 한양의 성곽 가운데 4대문의 이름을 지은 정도전은 직접 방향을 가리키는 말인 동서남북 대신 음양오행에 따라 그것과 의미가 같은 인의예지신仁義禮智信을 썼지요. 그래서 숭례문, 흥인지문, 돈의문이 된 것입니다. 그런데 일제는 1933년 8월 9일 제령 제6호 '조선보물고적명승천연기념물보존령'을 공포하여 보물 1·2호를 숭례문 대신 남대문으로, 흥인지문 대신 동대문이란 이름으로 지정했습니다. 그래서 많은 사람은 남대문, 동대문은 일제가 격을 낮춰 부른 이름이라고 오해합니다.

"정북正北은 숙청문肅淸門, 동북東北은 홍화문弘化門이니 속칭 동소문東小門이라 하고, 정동正東은 흥인문興仁門이니 속칭 동대문東大門이라 하고, 동남東南은 광희문光熙門이니 속칭 수구문水口門이라 하고, 정남正南은 숭례문崇禮門이니 속칭 남대문이라 하고, 소북小北은 소덕문昭德門이니, 속칭 서소문西小門이라 하고, 정서正西는 돈의문敦義門이며, 서북西北은 창의문彰義門이라 하였다."

이 글은 《태조실록》 10권, 5년1396 9월 24일기묘의 기록으로 한양 4대문과 4소문을 쌓고 인부들을 돌려보냈다는 이야기입니다. 이 기록을 보면 남대문, 동대문 따위의 이름은 일제가 붙인 것이 아니라 처음 문을 지을 때부터 조정에서 별명으로 그렇게 불러온 것입니다. 일제는 조선을 식민지로 만들고 엄청난 수탈과 왜곡을 한 탓에, 남대문처럼 '일제가 저지른 만행'이라는 누명을 근거 없이 쓰고 있는 사례도 더러 있습니다.

10월 28일

동양척식주식회사는 어떤 회사였을까요

조선 농민의 북간도 이주와 일본 강제징용

역사시간에 동양척식회사 이야기를 들어보셨죠? 동양척식주식회사東洋拓殖株式會社는 1908년 일제가 조선의 토지와 자원을 빼앗아 갈 목적으로 설치한 식민지 착취기관입니다. 마치 영국의 동인도회사를 연상케 하는 것이죠. 일제는 조선에 강요하여 회사가 설립되자 조선에서 토지 1만 7,714정보를 출자받고, 1913년까지 토지 4만 7,148정보를 헐값으로 사들였습니다. 토지조사사업이 완료된 이후인 1920년 말에 회사가 가진 땅은 전체 경작지의 3분의 1에 해당하는 무려 9만 7,000여 정보에 달했지요. 이에 더하여 일제는 엄청나게 넓은 산림지를 가로채, 1942년 말 임야 16만여 정보를 소유하게 되었습니다.

더 큰 문제는 이와 같이 강제로 빼앗은 토지를 소작인에게 빌려주어 50%가 넘는 높은 소작료를 거둬들이고, 영세 소작농에게 빌려준 곡물에 대해서는 20% 이상인 고리로 가을걷이 때 현물로 거둬들인 것입니다. 거기에 더하여 일본은 각종 특혜를 주고 1910~1926년 사이 17회에 걸쳐 일본인 이주자 1만 명에게 싼값으로 넘겨줍니다. 이에 따라 1926년까지 가난한 조선 농민 약 30여만 명이 토지를 빼앗기고 북간도로 이주했고, 100만여 명이 강제 징용되어 일본으로 가지 않을 수 없었습니다.

이로 미루어 1920~1930년대 농민의 격렬한 소작쟁의는 동양척식주식회사의 조선민중에 대한 수탈과 깊은 관련이 있습니다. 또 1926년 12월 28일 의열단원 나석주 열사가 이 회사를 기습하여 폭탄을 투척하는 사건은 바로 이러한 민족적 증오가 드러난 것입니다. 당시 조선농민이 당한 고통을 우리는 잊지 말아야 합니다.

신사임당 꽃이 피었습니다

현모양처일까, 당당한 여성일까

우리나라 돈 가운데 가장 액수가 큰 것은 5만 원권입니다. 2009년 6월 23일 처음 발행했는데 도안인물로 신사임당이 들어가, 역대화폐 가운데 여성이 도안으로 들어간 최초의 사례가 되었습니다. 그런데 이때 신사임당이 5만 원권에 들어가는 것을 놓고 말들이 많았습니다. 특히 여성단체에서는 현모양처라 불리기 때문인지 가부장제에 맞는 인물이라며 반대하기도 했습니다.

신사임당의 '초충도' 중 수박과 들쥐.

신사임당은 조선 중기 여류 서화가로 시문詩文과 그림에 뛰어나 여러 한시漢詩와 그림이 전해집니다. 화풍畵風은 여성 특유의 섬세함을 더하여 한국 최고의 여류화가라는 평을 듣지요. 호는 사임당師任堂, 思任堂, 師妊堂 · 시임당媤妊堂 · 임사재任師齋이며, 율곡 이이의 어머니입니다.

그런데 신사임당은 알려진 것처럼 일반적인 현모양처라기보다는 오히려 당당한 여성이라고 전해집니다. 보통 아는 것과는 달리, 조선 중기까지는 여성이 벼슬길에 오르지는 못했지만 남편에 복종하는 것이 아니라 당당한 모습이었습니다. 당시의 결혼풍속은 이른바 남귀여가혼男歸女家婚으로 여자집에서 신혼살림을 시작하고, 신랑은 자신의 본가와 처가를 오가는 신세였지요. 따라서 조선 중기 이전 부인들은 시집살이는커녕 딸도 제사를 지내고, 재산도 똑같이 상속받는 당당한 인격체였습니다. 특히 신사임당은 남편에게 자신이 죽더라도 재혼은 하지 말라고 요구하기까지 한 여성이었습니다. 또 사임당의 철학, 생활방식은 아들 율곡과 딸 매창이 스스로 길을 찾아갈 수 있도록 여유를 주었는데, 신사임당은 오히려 21세기에 맞는 여성상일지도 모릅니다. 오늘은 신사임당이 태어난 날입니다. 이 시대에 걸맞은 여성상이 과연 무엇인지 생각해봐야 할 날입니다.

10월 30일

율곡의 《성학집요》는 무엇에 관한 책일까요

퇴계, 정암과 더불어 조선을 대표하는 철학자

이이李珥, 호는 율곡, 1536~1584는 어머니가 사임당 신 씨이며, 호조 · 이조 · 형조 · 병조판서를 지낸 조선 중기의 학자이자 정치가입니다. 선조에게 나라를 다스리는 데 필요한 시무육조를 지어 바치고, 왜적에 침입을 대비하도록 십만양병설+

萬養兵說 등 개혁안을 주장했고, 동인 · 서인 간의 갈등을 줄이려고 노력했지요. 저서로는《성학집요》,《격몽요결》,《기자실기》따위가 있습니다.

특히《성학집요》는 1575년 10월 30일 임금에게 올린 책인데, 임금이 공부해야 할 학문내용을 정리해 바친 것으로서《격몽요결》과 함께 그의 대표저서입니다. 이 책은 임금에게 유교의 경서經書와 역사를 가르치던 경연의 교재로 많이 이용되었지만 일반선비들의 공부에도 큰 영향을 끼쳤습니다. 홍대용洪大用이 사회를 운영하는 학문으로 유형원의《반계수록》과 함께 이 책을 중시했지요.

이이는 퇴계 이황, 정암 조광조와 함께 조선을 대표하는 철학자로 꼽힙니다. 당시 이이가 주장한 십만양병설만 실현되었더라도 임진 · 병자 양란에 조선이 왜군에 짓밟히는 일은 없었을지도 모릅니다. 겨레의 지도자는 이렇게 미래를 내다볼 줄 알아야 하며, 또 그런 지도자는 훌륭한 어머니 밑에서 자란다는 것도 우리는 기억해야 할 것입니다.

10월 31일

호외요, 호외!《한성순보》가 나왔습니다

청계천 선비들이 만들어 돌려본 소식지는 생활신문

옛날엔 방물장수들이 마을에 오면 인기가 좋았지요. 세상 온갖 이야기를 전해주기 때문이었습니다. 그렇게 세상소식에 목말라 하던 이들을 위해 드디어 조선 최초로 신문이 발행되었습니다. 바로 1883년 10월 31일 처음 발행된 열흘에 한 번 나오는 《한성순보》가 그것인데 이는 최초의 근대신문이며, 관보였습니다. 고종은 통리아문 안에 박문국을 설치하여 신문을 발행하게 했으며, 박문국 초대총재는 외아문 독판인 민영목, 신문발간의 실무 책임자는 김인식이었지요.

신문의 성격은 "외국신문을 많이 번역하여 게재하고 국내사건도 싣으며, 좋고 나쁜 것을 가려 뽑아서 싣도록 하였고, 신문으로서 바름을 견지할 것"을 강조했습니다. 외국기사로는 중국 《중외신보》와 일본 《동경일일신보》 같은 신문들에서 뽑아 번역하여 게재했는데, 당시 강대국과 약소국 간에 벌어지는 전쟁이나 군사장비, 개화문물, 민주주의 따위를 소개했습니다. 국내기사로는 개인적인 일, 관官에서 하는 일, 한성시에서 하는 일을 주로 올렸지요. 《한성순보》는 각 관청에 배포하여 관리들이 읽도록 했으며, 관청과 개인 모두 구독할 수 있었습니다.

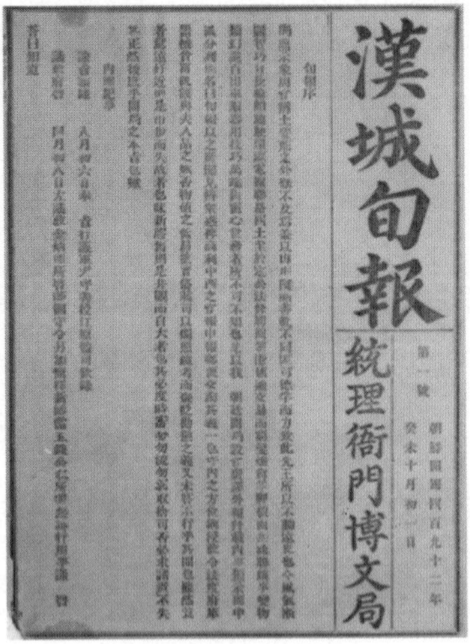
漢城旬報
統理衙門博文局
第一號
朝鮮開國四百九十二年
癸未十月初一日

《한성순보》.

기록을 보면 17~18세기 청계천 근처에 모여 살던 선비들이 세상 돌아가는 실정을 알고자 일종의 주간지와 같은 소식지를 만들어 돌려보았다고 합니다. 지금 지하철역 들머리에서 나눠주는 생활신문이나 무가지들이 조선 시대에도 있었음직하지요. 그렇다면 당시 춘화를 팔고 샀다는 이야기로 미루어 보아 선비들이 만들었다던 소식지에도 지금처럼 야한 내용이 실렸을 수도 있지 않을까요? 어쩌면 당시 청계천에 나돌았던 소식지를 최초의 신문으로 보아야 할지도 모르겠습니다.

우리 집 부녀들아 겨울 옷 지었느냐.

11월 1일

황장목은 속이 누렇습니다

삼짇날에 막걸리 마시는 소나무

경복궁 같은 조선 시대 궁궐은 모두 소나무로만 지었는데, 이는 소나무가 나뭇결이 곱고 나이테 사이의 폭이 좁아 강도가 높고 잘 뒤틀리지 않는 까닭입니다. 또 벌레가 먹지 않으며, 송진이 있어 습기에도 잘 견뎠기 때문이라고 합니다. 나무의 속고갱이 부분이 누런빛을 띠는 소나무는 궁궐이나 당시에 가장 중요한 수송수단이던 배를 만들 때, 관을 짤 때 썼습니다. 이렇게 속이 누런 소나무를 황장목黃腸木이라 불렀으며 황장금표 같은 표식을 세워 보호하고 육성하는 데 힘썼지요.

소나무는 나라에서 철저히 관리하여, 정조 때는 송목금벌松木禁伐이라 해서 소나무 베기 자체를 금지하기도 했지요. 지난 30년 동안 산림청에서 '가장 좋아하는 나무' 를 조사했는데 여기서 줄곧 으뜸을 차지할 만큼 소나무는 우리 겨레가 가장 좋아하는 나무입니다.

서울 중구는 11월 1일에 관내 소나무에 막걸리 주기 행사를 열고 있습니다. 또 경북 청도 운문사의 처진소나무는 해마다 삼월 삼짇날에 막걸리 먹기로 유명해졌는데 이제 서울 한복판에서도 소나무에 막걸리를 주는 행사를 하는 것입니다. 온 나라가 사쿠라벚나무 가로수로 몸살을 앓을 때 특이하게 서울 중구청은 가로수와 공원에 소나무를 4,300그루 심었습니다. 그 소나무에 겨울을 잘 나라고 막걸리를 주는 것이지요. 여기엔 유통기간이 지난 막걸리 266상자 3,990병을 쓴다지요. 막걸리에는 단백질과 무기양료, 활성효모가 많이 들어 있어 뿌리에 흡수되면 에너지원으로 쓰일 수 있어 소나무가 건강하게 자랄 수 있답니다. 겨레의 상징 소나무가 비틀거리지 않고 잘 자라나기를 소망해봅니다.

11월 2일

12지신이 현재 시각을 알려드립니다

1434년 혜정교와 종묘 앞에 오목해시계를 두다

일식은 달이 해의 일부나 전부를 가리는 현상이지만 조선 시대 사람들은 일식을 하늘의 경고라고 보았습니다. 그래서 그것을 그치게 하려고 구식례求食禮를 행했습니다. 세종도 구식례를 하려 했지만 중국의 기준에 맞춘 예보는 1각一刻, 한 시간의 4분의 1, 곧 15분이 빗나갔고, 그러면 예보관에게 장형杖刑, 죄인에게 볼기를 치던 형벌이 내려졌습니다. 이는 예보관의 잘못이 아니라고 생각한 세종은 정인지와 장영실을 시켜 천문기구와 시계를 만들었습니다.

이때 만들어진 천문기구와 시계들은 북극고도를 측정하기 위한 간의簡儀, 밤 시각도 측정하기 위한 일종의 해시계 겸 별시계 일성정시의日星定時儀, 이동하는 군사들을 위한 휴대용 해시계 천평일구天平日晷와 해시계인 앙부일구仰釜日晷, 자동으로 시간을 알려주는 물시계 자격루自擊漏 같은 것이 있었습니다.

이 가운데 오목해시계앙부일구는 세종이 백성의 편의를 위해 만들어 혜정교와 종묘 앞에 1434년 10월 2일양력 11월 2일 처음 설치했습니다. 특히 무지렁이 백성도 시간을 알 수 있도록 시계 안에 시간을 상징하는 십이지신을 그려 넣었지요. 지금 덕수궁, 세종영릉 같은 곳에 설치한 오목해시계에는 십이지신 그림이 없습니다. 잘못 복원해놓은 것이지요. 옛것을 복원할 때는 철저한 고증과 더불어 그것을 만든 사람의 의지와 철학까지 마음에 새겨야 할 것입니다.

11월 3일

댕기머리 소녀 이광춘이 학생운동에 불을 댕겼습니다

학생독립운동기념일을 맞아

애비 놈들 남의 나라 삼키더니 / 그 자식들 통학하며
싸가지 없이 / 조선인 여학생 댕기를 잡아 당겼것다
아야야야 아야야야 / 그 광경보다 못해 조선 남학생들
왜놈 학생 멱살 잡고 한 대 날렸것다 …… 어린 학생 잡아다가 고문하던
왜놈 순사들 / 머리채 잡아끈 후쿠다福田修三는 놔두고
힘없는 나주의 딸 이광춘만 / 머리끄댕이 잡히고도 퇴학당했다지 ……

❀ 이윤옥, 《서간도에 들꽃 피다》

사건은 1929년 10월 30일 오후 5시 30분. 통학열차에서 내려 개찰구를 빠져나가던 한국인 여학생의 댕기머리를 일본인 남학생이 잡아당기며 희롱한 데서

시작합니다. 이 광경을 보다 못한 조선 남학생들이 뛰어들어 난투극이 벌어졌고 이것이 3 · 1만세운동, 6 · 10만세운동과 더불어 일제강점기 3대 민족운동으로 꼽히는 광주학생운동의 발단이 되었습니다.

이날 일본인 남학생에게 희롱당한 댕기머리 소녀들의 이름은 박기옥, 이광춘, 암성금자였는데 그 가운데 이광춘은 광주여고보전남여고 전신 5학년으로 '소녀회'의 핵심 구성원이었습니다.

이후 11월 3일 대항일 학생운동이 전개됩니다. 당시 11월 3일에는 몇 가지 의미가 담겨 있었지요. 일본으로서는 4대절의 하나인 명치절이었고, 우리 겨레로서는 마침 음력 10월 3일로 개천절이었으며, 광주 학생 독서회원들에게는 전신인 성진회 창립 세 돌이 되는 날이었습니다. 이날 광주고등보통학교 학생들은 명치절 기념식 뒤에 있을 신사참배를 거부하기로 하였고 이 결의는 길거리 투쟁으로까지 번집니다. 그리하여 광주고등보통학교 학생 39명과 광주농업학교 학생 한 명이 구속되었지요.

이에 이광춘을 비롯한 친구들은 백지시험 동맹을 맺었습니다. 그런데 11월 13일 시험 당일, 급우들이 서로 눈치만 보고 있자 이광춘은 "어저께 헌 약속 어뜧게 된 거냐? 친구들은 감옥에 있는디 우리만 시험을 볼 것이냐"라고 하면서 시험지를 놔두고 교실을 뛰쳐나왔습니다. 이에 동조한 친구들과 전교생이 삽시간에 뛰쳐나와 학교가 발칵 뒤집혔지요. 급기야 거족적 학생운동으로 번져 194개 학교에서 5만 4,000여 명이 민족 차별과 식민지 노예교육 철폐를 요구했고 만주, 중국, 일본의 동포도 호응하는 계기가 되었습니다. 이 사건으로 이광춘 여사는 퇴학 처리되었습니다만, 그는 이후로도 5남 3녀 자녀들에게 일제의 민족차별에 맞선 불굴의 정신을 잃지 말라고 일평생 가르쳤습니다.

11월 4일

조선어학회가 한글맞춤법 통일안을 발표했습니다

한글 바로 세우기에 온 정성을 쏟은 조선어학회

우리 겨레는 세종큰임금이 만들어주신 세계 최고의 글자, 한글을 누리며 살고 있습니다. 하지만 우리가 지금처럼 자유자재로 한글을 쓸 수 있는 것은 한힌샘 주시경 선생과 일제강점기의 조선어학회 그리고 해방 뒤의 외솔 최현배 선생이 있었기에 가능한 일입니다.

문제는 훈민정음이 반포된 지 480년1926이 넘도록 표기법 체계를 제대로 갖추지 못해 사람마다 소리 나는 대로 닿소리와 홀소리를 붙여서 쓴다는 점이었습니다. 그래서 당시 한글학자들은 한글을 바로 세우는 것이 자주국가의 기틀을 세우는 일임을 깨닫고 준비합니다. 특히 1930년 12월 13일 조선어학회 총회에서 한글맞춤법통일안을 제정하기로 결의하고, 권덕규 · 김윤경 · 박현식 · 신명균 · 이병기 · 이희승 · 이윤재 · 장지영 · 정인승 · 최현배를 포함한 위원 12명이 2년 동안 심의를 거듭한 결과 1932년 12월 원안을 완성했지요. 그 뒤 1년여 더 갈고 닦아 드디어 1933년 오늘 조선어학회는 한글맞춤법 통일안을 발표하기에 이릅니다.

그때 발표한 한글맞춤법 통일안을 보면 총론 3항, 각론 7장 63항, 부록 1 · 2로 이루어져 있습니다. 총론에서는 표준어에 대한 기본원칙으로, 현재 서울의 중류사회에서 쓰는 말로써 한다는 규정과 맞춤법 원칙으로 소리 나는 대로 하되 어법語法에 맞도록 쓴다는 규정, 단어는 띄어 쓴다는 규정 들이 있지요. 한글을 쓰지 못하게 했던 일제강점기, 그럼에도 한글 지키기와 바로 세우기에 나섰던 조선어학회의 거룩한 뜻을 우리 후손들이 잊으면 안 될 것입니다.

11월 5일

알고 들으면 재미있는 판소리 하나 추임새

판소리는 소리꾼과 고수, 청중의 합작품

유네스코 '인류구전과 무형유산 걸작'으로 뽑힌 판소리의 구성요소에는 창, 아니리, 너름새, 발림, 추임새가 있습니다. 이 가운데 추임새는 소리 도중에 고수와 청중이 하는 '얼씨구', '좋다!', '으이!', '그렇지!', '아먼' 등의 감탄사를 가리킵니다. 추임새는 소리꾼과 청중의 흥을 돋우는 중요한 요소로 판소리에서는 빠질 수 없는 부분입니다.

추임새는 판소리의 가장 큰 특징으로 추임새를 하는 청중은 주요 구성요소 가운데 하나입니다. 추임새가 나온다는 것은 이미 판소리라는 예술작품과 청중이 하나가 되었다는 증거지요. 추임새는 판소리뿐만 아니라, 민요, 잡가, 무가 따위 다른 분야의 성악곡에서도 볼 수 있습니다. 추임새를 제대로 하려면 판소리를 잘 알고, 또 판소리에 진정으로 감동해야 하기 때문에 훌륭한 청중을 '귀명창'이라 하여 대접하는 말도 있습니다.

추임새라는 말은 '추어주다'에서 나온 것으로 '칭찬해주다'라는 뜻을 지니고 있습니다. 그렇게 판소리에서 추임새를 잘하는 우리 겨레는 삶에서도 늘 추임새와 함께 삽니다. 서로 추임새를 하면서 살 때 우리 삶은 행복해지지 않을까요? 내일은 판소리 여섯 마당의 체계를 잡은 돌리 신재효 선생이 탄생한 날입니다.

11월 6일

알고 들으면 재미있는 판소리 둘 사설

해학과 눈물, 성적 놀음 그리고 남성다운 매력까지

> "우는 놈은 발가락 빨리고, 똥 누는 놈 주저앉히고, 제주병에 오줌 싸고, 소주병 비상 넣고, 새 망건 편자 끊고, 새갓 보면은 땀에 떼고, 앉은뱅이는 택견, 곱사동이는 되집어 놓고, 봉사는 똥칠 허고"

판소리 '흥보가' 가운데 '놀부 심술부리는 대목' 입니다. 이렇게 우리의 판소리는 기막힌 해학이 있지만 판소리가 해학만 있는 것은 아닙니다. 다음 '심청가' 가운데 '심청이 뱃사람들을 따라 인당수로 가는 대목' 처럼 눈물을 삼키게 하는 대목도 있지요.

"선인船人들을 따라간다, 선인들을 따라간다. 끌리는 치맛자락을, 거듬거듬 걷어 안고, 비갈이 흐르는 눈물, 옷깃이 모두가 사무친다. 엎어지며 넘어지며……."

또 '춘향가' 가운데 '사랑가'에는 다음처럼 질펀한 성적 농담이 등장하기도 합니다.

"이리 오너라 업고 놀자. 사랑 사랑 사랑 내 사랑이야. 사랑이로구나 내 사랑이야. 이이이 내 사랑이로다. 아마도 내 사랑아 네가 무엇을 먹을랴느냐……. 저리 가거라 뒷태를 보자 이리 오너라 앞태를 보자!"

그런가 하면 '적벽가'처럼 씩씩하고 우렁찬 소리도 있습니다. 이처럼 판소리는 사설을 알고 들으면 참 재미가 있는 음악입니다. 판소리뿐만이 아니라 우리 문화 전체는 알려고 노력할 때에야 그 진수를 느낄 수 있을 것입니다.

11월 7일

알고 들으면 재미있는 판소리 셋 아니리

욕 한 마지기 먹어도 재미만 좋더라

아이고 내 못 살것다. 이애 방자야 너와 나와 우리 결의 형제허자. 야 방자 형님아 사람 좀 살려라.

도련님 대관절 어쩌란 말씀이오.

여보게 방자 형님. 편지나 한 장 전하여 주게.

존귀허신 도련님이 형님이라고까지 허여놓니 방자놈이 조가 살짝 났든 것이였다.

도련님 처분이 정 그러시면 편지나 한 장 써 줘보시오. 일되고 안 되기는 도련님 연분이옵고 말 듣고 안 듣기는 춘향의 마음이옵고 편지 전하고 안 전하기는 소인놈 생각이오니 편지나 써 줘보시오.

이 대목은 판소리 '춘향가' 가운데 이 도령이 춘향에게 편지 써 보내는 장면의 아니리입니다. 이렇게 아니리는 판소리를 한층 구수하고 매력 있게 만듭니다. 아니리는 판소리의 구성요소 가운데 북은 치게 놓아두면서 말로 하는 부분인데, 시간의 흐름, 장면의 전환 같은 내용을 담고 있으며 특히 해학적인 대목은 아니리로 처리하는 경우가 많습니다.

그리고 판소리 아니리에는 구수한 전라도 사투리가 일품입니다. 만일 판소리에서 전라도 사투리, 특히 욕지거리를 빼면 그 재미는 줄어들 것입니다. 돌아가신 박동진 명창은 소리 도중 구수하고 질펀한 욕지거리를 잘하는 사람으로 유명했지요. 하지만 박 명창에게 욕쟁이라고 한 사람은 아무도 없었습니다. 이렇게 판소리는 아는 만큼 재미있습니다.

11월 8일

입동 되니 겨울채비로 바빠집니다

홍시 하나 남겨둘 줄 아는 조선의 마음

쓸쓸히 나뭇잎 지는 소리를 蕭蕭落木聲
성근 빗소리로 잘못 알고서 錯認爲疎雨
스님 불러 문 나가서 보라 했더니 呼僧出門看
시내 남쪽 나무에 달 걸렸네요 月掛溪南樹

송강松江 정철鄭澈, 1536~1593의 '한밤중 산속의 절에서山寺夜吟' 입니다. 나뭇잎 지는 소리를 빗소리로 착각하여 동자승에게 나가보라고 했더니 밖에 나가본 동자승은 "시내 남쪽 나무에 달 걸렸네요"라고 다소 엉뚱한 답을 하지만 쓸쓸한 가을밤 후드득 떨어지는 나뭇잎 소리는 서서히 다가오는 겨울을 연상케 합니다.

예부터 겨울의 길목을 입동立冬이라 불렀습니다. 오늘은 24절기의 열아홉째인 입동입니다. 이제 본격적인 겨울철로 접어드는 때지요. 이때쯤이면 가을걷이도 끝나 바쁜 일손을 놓고 한숨 돌리고 싶을 텐데 곧바로 닥쳐올 겨울채비 때문에 또 바빠집니다. 입동 전후에 가장 큰일은 역시 김장입니다. 지금은 배추를 비롯한 각종 채소를 365일 팔고 있고 김치 말고도 먹을거리가 풍요롭지만 예전에 겨울반찬은 김치가 전부이다시피 했으며 김장하기는 우리 겨레의 주요행사로 그 전통은 지금도 여전합니다.

입동 전후 시골에서는 품앗이로 아낙들이 우물가에서 김장용 배추를 씻는 모습도 자주 볼 수 있었지요. 잘 담근 김치는 항아리를 땅에 묻어두고 위에는 얼지 않게 볏짚으로 작은 집을 만들어 보관했는데 여기서 꺼낸 김치 맛을 잊지 못하는 사람들이 많을 것입니다.

입동철에는 김장 말고도 무말랭이, 시래기 말리기, 곶감 만들기, 땔감으로 쓸 장작 패기, 창문 바르기 같은 일로 겨울채비에 바빴습니다. 김남주 시인이 "찬 서리 나무 끝을 나는 까치를 위해 홍시 하나 남겨둘 줄 아는 조선의 마음이여"라고 노래했듯이 집집마다 겨울채비로 바쁜 가운데도 날짐승들의 먹을거리를 생각할 줄 아는 여유도 잊지 않았습니다.

11월 9일

치계미는 노인을 공경하는 아름다운 풍속입니다

마을 노인들을 사또처럼 대접하다

입동에는 김장과 함께 해야 할 중요한 일로 보리파종이 있습니다. 1921년 11월 8일 《동아일보》에는 입동 준비로 서둘러야 할 중요한 일을 말하는데 그 첫째가 보리파종입니다. 보리는 입동 전에 씨를 뿌려야 수확이 많으며 "입동 전 보리 씨에 흙먼지만 날려주소"라는 속담이 전해오는 것은 보리씨 뿌리는 때를 강조한 것으로 보입니다. 다가올 겨울채비로 일손이 모자랄 때는 흙먼지만 날리는 수준일지라도 씨 뿌리기는 입동 전에 반드시 마치라는 것이지요.

보리는 씨를 봄에 뿌리는 것도 있고, 가을에 뿌리는 것도 있는데, 우리나라에서는 가을에 씨를 뿌려 겨우내 땅속에서 충분한 성숙기를 거치게 합니다. 그렇게 겨울추위를 견딘 보리는 양기운이 넘쳐나는 여름철 음기운을 보충해주는 좋은 음식입니다. 뜻이 같은 속담으로 "보리는 입동 전에 묻어라", "입동 전 송곳보리다", "입동 전 가새보리 춘분 되어야 알아본다"라는 말이 있는데 여기서 송곳보리는 보리가 입동 전에 송곳길이로 자라야 한다는 뜻이고, 가새보리는 보리잎 두 개가 돋아난 때의 모양이 가위모양 같다고 하여 붙은 이름이며, 가새는 가위의 사투리입니다.

입동에는 치계미雉鷄米라고 하는 아름다운 풍속도 있었습니다. 여러 지역의 향약鄕約에 전하는 바에 따르면, 계절별로 마을에서 양로잔치를 벌였는데, 특히 입동, 동지, 섣달그믐날에 노인들을 모시고 음식을 준비하여 대접하는 것을 치계미라 했지요. 본래 치계미란 사또의 밥상에 올릴 반찬값으로 받는 뇌물을 뜻했는데, 마치 마을의 노인들을 사또처럼 대접하려는 데서 유래한 풍속인 듯합니다. 마을에서 아무리 살림이 없는 사람이라도 한 해에 한 차례 이상은 치계미를 위해 돈이나 곡식을 냈지요. 그러나 그마저도 형편이 안 되는 사람들은 도랑탕 잔치로 대신했습니다. 입동 무렵 미꾸라지들이 겨울잠을 자기 위해 도랑에 숨는데 이때 도랑을 파면 누렇게 살이 찐 미꾸라지를 잡을 수 있었습니다. 이 미꾸라지로 추어탕을 끓여 노인들을 대접하는 것을 도랑탕 잔치라고 합니다.

《동국세시기》에 따르면 10월부터 정월까지의 풍속으로 내의원內醫院에서는 임금에게 우유를 만들어 바치고, 기로소耆老所에서도 나이 많은 신하에게 우유를 마시게 했습니다. 이러한 겨울철 궁중의 양로養老풍속이 민간에서도 전해진 것인데 이 시대에도 되살려야 할 아름다운 세시풍속입니다.

11월 10일

계절마다 새 불을 쓰면 음양의 기운이 순조롭습니다

새 불로 마음을 새롭게 가다듬다

"역질을 쫓기 위하여 포砲를 쏘는 것은 귀신을 쫓는 것이니, 어찌 설에만 할 것인가. 사시四時 개화改化 할 때에도 아울러 행하는 것이 무방할 것이다.

역질을 쫓는 사람의 옷색은 봄에는 푸르게, 여름에는 붉게, 가을에는 희게, 겨울에는 검게 절후에 따라 바꿔 입게 하되, 세시에는 네 가지 색깔을 같이 쓰게 하라."

《연산군일기》 60권, 11년1505 12월 24일 기록입니다. 《동국세시기》에 따르면 "청명날 버드나무와 느릅나무를 비벼 새 불을 일으켜 임금에게 바친다. 임금은 이 불을 정승, 판서, 문무백관, 360 고을수령에게 나누어 준다. 이를 사화賜火라 했다"라는 내용이 보입니다. 그런데 사화 말고 개화改火라는 행사도 있었습니다. 개화는 중국의 《주례》에서 비롯한 풍습으로, 계절마다 불을 새로 만들어 쓰면 음양의 기운이 순조롭게 되고 질병을 피할 수 있다고 믿었지요.

내병조內兵曹, 병조에 딸린 관청와 각 지방관청에서는 해마다 입춘 · 입하 · 입추 · 입동과 토왕일土旺日, 입추 전 18일 동안에 나무를 비벼 새 불을 만들어 각 궁宮에 보냈으며 대신의 집에도 모두 나누어 주었습니다. 입춘에는 버드나무판에 느릅나무로, 입하에는 살구나무판에 대추나무로, 토왕일에는 산뽕나무판에 뽕나무로, 입추에는 싸리나무판에 가락나무로, 입동에는 박달나무판에 느티나무로 불을 일으켰다는 기록이 보입니다. 오늘날은 전기와 가스의 등장으로 개화 같은 행사는 옛날이야기가 되어버렸지만, 입동을 보내면서 옛사람들이 불을 새로 만들어 새로운 마음을 가다듬던 정신만은 기억했으면 하는 생각이 듭니다.

11월 11일

호박에 서린 열한 살 소년의 그 시절 애환을 풀어봅니다

가을철 늙은 호박 보면 호박풀때기 해먹던 고향 생각

가을철에 시장에서 누렇게 익은 늙은 호박을 보면 고향생각이 납니다. 우리 겨레는 이 늙은 호박으로 여러 가지 음식을 해먹었습니다. 지방마다 다르겠지만 '호박수제비' 나 '호박죽' 도 해먹고 충북 영동에서는 '호박풀때기' 라는 것도 해먹었지요. 음력 섣달 초닷새에 호박풀때기를 해먹으면 다음 해 농사가 잘된다고 믿었습니다. 또한 '호박떡', '호박범벅' 같은 것도 호박으로 해먹는 음식들입니다.

1927년 10월《별건곤》9호의 〈농촌실정탐사기〉를 보면 호박죽은 쌀 떨어진 집에서 해먹는 식사대용 음식이었습니다. 지금으로 치면 은평구 녹번동쯤 되는, 당시에는 논과 밭이 있는 곳으로 잡지사 기자 두 명이 탐방길에 오릅니다. 그리고 고즈넉한 농촌으로 들어서면서 마주치는 농부나 우물가의 여자들에게 다가가서 농촌실정을 수소문합니다. 그러다가 손에 좁쌀 한 되를 사가지고 오는 소년과 마주칩니다. 소년은 11살, 김 씨입니다. 기자들은 소년에게 질문을 하지요.

> 기자: 너 그래! 좁쌀 사러 오는구나. 너의 집에는 조밥만 해 먹늬?
>
> 소년: 쌀은 작년에 떠러지고요 좁쌀만 뚝 한 되씩 팔어 먹다가요 지나간 달부터는 그것도 엄서서 玉蜀黍옥촉서, 옥수수의 중국이름 좀 심은 것도 다 먹고요.

어적게 밤에 호박죽 좀 먹고는 이때것 굶엇서요.

기자: 그래! 너의 집에서 농사도 안 짓늬?

소년: 농사지어요. 회사땅 서마지기 하고요. 조선사람 땅 두마지기 하고 래요.

기자는 한눈에 봐도 영양이 부실한 소년의 휑뎅그레한 눈망울을 보며 이런 저런 집안살림을 물어봅니다만 두 사람의 대화는 더도 덜도 숨길 것 없는 1927년 농촌풍경으로 '좁쌀밥도 호박죽도 떨어진 상황' 이었던 것이지요. 지금은 별미로 먹는 호박풀때기나 호박죽이 그 시절은 허기진 배를 채워주는 요긴한 식량이었다는 걸 요즘 사람들은 잘 모를 겁니다.

11월 12일

정척과 양성지가 동국지도를 완성했습니다

조선 전기 과학적 지도의 대표, 동국지도

지도는 지구 표면 일부나 모든 상태를 기호나 문자를 사용하여 실제보다 축소해서 평면에 나타낸 그림입니다. 지도는 땅에 관한 각종 조사연구 · 사업계획 · 행정 · 교육 · 군사 · 놀이에 널리 쓰여 인간의 모든 생활에 걸친 필수자료가 되고 있지요. 1463년 11월 12일 그 지도 가운데 조선 전기 문신인 정척鄭陟과

양성지梁誠之는 동국지도東國地圖를 완성했습니다. 당시의 원본은 전하지 않으나 조선 전기 지도 제작기술 발달의 성과를 종합한 지도라는 데 그 뜻이 있는 중요한 지도로 평가됩니다.

특히 동국지도는 양성지가 단종 1년1453 수양대군에게서 조선전도, 팔도도, 각 주현도州縣圖를 만들라는 명령을 받고 화공과 상지관을 데리고 하삼도, 곧 충청 · 전라 · 경상도의 산천형세를 조사하였고, 1463년에 다시 각 도道 수령守令에게 그 지방의 위치, 산맥의 방향, 도로의 이수里數, 인접된 군郡과의 접경接境 따위를 자세히 그리게 하여 만든 조선 전기를 대표하는 지도입니다. 그뿐만 아니라 동국지도는 '기리고거' 라는 거리 측량기구를 사용했고 천문 고도관측으로 한반도의 남북길이, 동서길이를 알아냈으며 삼각 측량법을 원용했죠. 따라서 동국지도는 조선 전기의 대표적인 과학적 지도이며, 실측지도인 셈입니다.

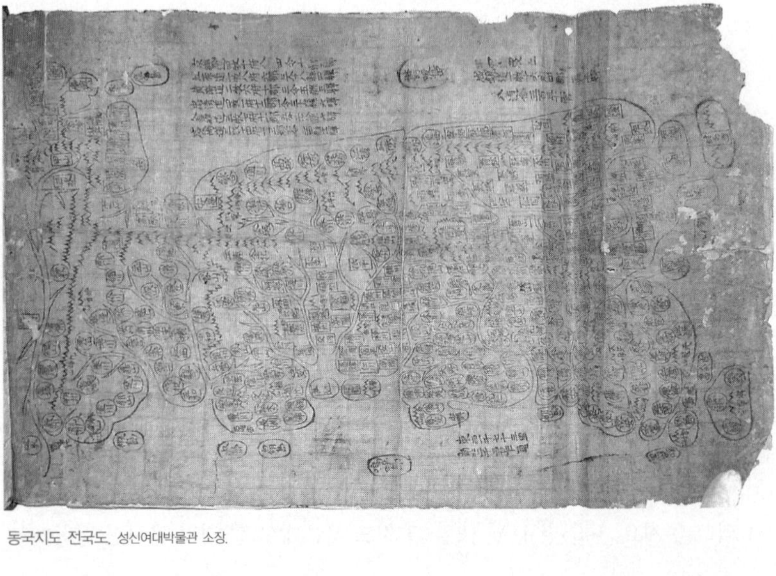

동국지도 전국도, 성신여대박물관 소장.

조선 후기 김정호가 그린 조선 시대 가장 정확한 과학적 실측지도로 평가된 대동여지도는 그저 하늘에서 뚝 떨어진 것이 아니라 이렇게 앞선 이들이 만든 지도가 바탕이 되었을 것입니다. 지금은 자동차로 다닐 때 길찿개내비게이션가 없으면 안 되는 세상이 되었듯, 옛날 사람들의 삶에도 이런 지도는 중요했을 것입니다.

11월 13일

한글창제의 큰 도우미는 정의공주였습니다

세종 몸에 박힌 칼심 빼낸 슬기로운 공주

서울시 도봉구 방학동 산 63번지에는 세종의 둘째따님 정의공주貞懿公主, 1415~1477와 남편 안맹담安孟聃, 1415~1462 무덤이 단아하게 꾸며져 있습니다. 이곳은 1982년 11월 13일 시도유형문화재 50호도봉구로 지정된 곳이지요. 집현전 학자였던 정인지가 비문을 쓰고 공주의 넷째아들인 안빈세가 글씨를 썼다고 전해지는 '양효안공 신도비'는 거북 모양의 받침돌과 비석 위에 두 마리 용이 여의주를 받든 섬세한 모양이 새겨진 이수를 모두 갖춰 조선 시대 신도비 양식을 고스란히 간직한 보기 드문 것입니다.

정의공주는 세종 임금의 8남 2녀 중 둘째딸로 태어났는데 언니 정소공주가 일찍 죽는 바람에 세종의 귀여움을 독차지하면서 자랐습니다. 매우 총명하여 훈민정음 창제 때에 세종을 크게 도왔다고 알려졌습니다. 출가 뒤에도 공주의 네 아들 이름을 세종이 손수 지어줄 정도로 아버지 세종의 각별한 사랑을 받았는데 공주의 둘째아들이 태어났을 때 닭이 뽕나무 위에서 울었다 해서 상계桑雞라고 지어주었지요. 또한 여러 대군이 풀지 못한 사투리 문제를 곧 풀어내어 큰 상을 받았다고 《죽산안씨대동보》에 전해 내려옵니다.

공주는 관찰사 안망지安望之의 아들 안맹담과 혼인하여 궐 밖에 살면서도 아버지 일이라면 열과 성을 다했습니다. 무언가 만들기 좋아하던 세종이 발목에 조그만 칼심이 박혀 의원들마저 당황해할 때 정의공주가 자석으로 칼심조각을 빼낸 뒤 술찌개미로 붓기를 가라앉히게 했다는 이야기가 전해옵니다. 부부금슬과 불심佛心도 깊어 남편 안맹담이 죽자 그의 명복을 빌고자 《지장보살본원경》을 지었는데 이 책은 보물 966호로 지정되어 있습니다.

11월 14일

진주성싸움 때 날틀이 날아다녔습니다

하늘을 날아다니는 백성의 희망

임진왜란의 3대 대첩 가운데 하나인 진주대첩에는 '날틀'이 활약했다고 합니다. 날틀은 한자말로 비거飛車라고 하여 하늘을 나는 차, 요즘말로 비행기 같은 것입니다. 일본 쪽 역사서인 《왜사기》에 전라도 김제의 정평구라는 사람이 비거를 발명하여 진주성 전투에서 썼는데 왜군들이 큰 곤욕을 치렀다는 기록이 있습니다.

이 비거에 대한 국내기록은 18세기 후반에 쓴 신경준의 문집《여암전서》에도 있습니다.《여암전서》의 〈책차제〉란 글을 보면, "임진왜란 때 영남 진주성이 왜군에게 포위되자, 정평구는 평소의 재간을 이용하여 만든 비거를 타고 포위당한 성 안에 날아 들어가, 30리 성 밖까지 친지를 태우고 피난시켰다고 한다"는 내용이 있습니다.

또 이규경의 백과사전《오주연문장전산고》에도 전주부인全州府人 김시양金時讓에게 들은 말을 기록해놓고 있지요. 내용을 보면 "충청도 노성魯城 지방에 사는 윤달규尹達圭라는 사람이 비거를 창안하여 이에 기록하여두었다. 이러한 비거는 날개를 떨치고 먼지를 내면서 하늘로 올라가 상하사방을 여기저기 마음대로 거침없이 날아다니니 상쾌한 감은 비길 바 없다. …… 물에서 목욕하는 사람이 헤엄치는 것처럼 또한 자벌레나비처럼 굽혔다 폈다 하는 것처럼 하여 바람을 내면서 날개가 저절로 떠올라가니 잠깐 동안에 천 리를 날아다니는 기세를 발휘하여 십여 일의 시간을 단축하게 된다. 이것은 큰 붕새가 단숨에 삼천리를 나는 것과 무엇이 다르겠는가?"라고 기록되어 있습니다.

하지만 여기에 등장하는 비거는 정확한 모양이나 어떤 쓰임새였는지 확실하게 나와 있지 않지요. 당시 비거는 포위된 진주성이 외부와 연락할 수 있게 했는데 그것이 사실이라면 해일처럼 밀려오는 10만 왜적과 맞서는 진주성 사람들에게 날틀은 희망이었을 것입니다. 또 이것이 비행기처럼 날았다면 라이트 형제를 앞선 세계 최초의 발명일 것이고요. 일본 쪽 역사서에도 나와 있는 것을 보면 진주성엔 분명히 백성의 희망, 날틀이 있었던 모양입니다.

11월 15일

우리나라는 발효식품의 천국이지요

김장철의 필수양념, 젓갈

이제 곧 김장철이 다가옵니다. 우리 겨레는 겨울 동안 김장김치를 먹고 살았지요. 그 김장김치는 주재료 배추에 발효식품인 젓갈을 써서 또 다른 발효식품으로 만든 것입니다. 이때 말하는 발효란 미생물이 자신이 지닌 효소를 이용해 유기물을 분해하는 과정이지요. 이렇게 분해된 결과 우리의 삶에 좋은 영향을 주는 물질이 만들어지면 발효라 하고, 고약한 냄새가 나거나 나쁜 영향을 주는 물질이 만들어지면 부패라고 합니다. 우리나라는 발효의 천국이지요. 젓갈, 김치, 된장 · 고추장 · 간장 · 청국장은 물론이고 약주 · 청주 같은 술, 식혜 따위는 우리 겨레의 오래된 발효식품입니다.

그 가운데 젓갈은 옛날엔 황새기젓을 많이 담갔으나 요즘에는 멸치젓과 새우젓으로 바뀌고 있습니다. 동해의 명란젓, 명태의 창자로 만든 창란젓, 충청 서산의 어리굴젓과 오징어젓, 대구의 아가미젓도 이름이 났습니다. 젓갈은 칼슘 함량이 높은 알카리성 식품으로 체액을 중화하는 구실을 하고 아미노산을 보충하는 것은 물론 핵산이 풍부하고 티아민, 비타민B도 들어 있습니다.

새우젓, 멸치젓, 조기젓, 황새기젓은 김치를 담그는 데 많이 쓰고, 찌개나 국간을 맞출 때에는 새우젓을 많이 쓰며 나물을 무칠 때는 멸치젓으로 만든 멸치장을 넣지요. 이 가운데 많이 쓰는 새우젓으로 잡는 시기에 따라 오젓, 육젓, 추젓, 세하젓, 자하젓, 동백하젓이 있습니다. 5월에 잡히는 오젓은 새우의 껍질이 두껍고 살이 단단하지 않으며 붉은색을 띠는데, 주로 조리용으로 사용합니다. 6월에 잡히는 육젓은 최상품으로, 크고 껍질이 부드럽고 살이 많아 연한 새우젓이며, 염도가 높아 김장용으로 가장 많이 쓰입니다. 추젓은 가을에 잡힌 새우를 발효한 것으로 찬바람이 난 후에 저장하기 때문에 덜 짜고, 세하젓은 아주 작은 새우로 담그며 5~6월, 9~10월 사이에 잡아 숙성시킨 것으로 맛이 좋습니다. 또 자하젓은 초가을 잠깐 보이는 새끼새우로 만드는데 연보랏빛이 나고 부드러운 맛이 있으며, 동백하젓은 한겨울 눈 내리는 바닷가에서 잡은 새우로 담가 무침용으로 씁니다.

11월 16일

우리네 전통가곡이 세계적으로 인정받았습니다

관현악 반주에 맞추어 시조시를 노래하는 가곡

불 아니 땔지라도 절로 익는 솥과
여무죽 아니 먹여도 크고 살져 한 걷는 말과
길쌈 잘하는 여기첩과 술 샘는 주전자와, 양부로 낫는 감은 암소
평생에 이 다섯 가지를 들 낭이면 부러울 것이 없어라

이는 전통가곡의 하나인 남창가곡 '소용이'의 노랫말입니다. 요즘 말로 바

꾸면 "불을 안 때도 저절로 익는 솥, 여물을 먹이지 않아도 건강하게 살이 찌고 잘 걷는 말과 길쌈 잘하는 여자 기생첩과 술이 샘처럼 솟아나는 주전자와 양볶이소의 위를 볶아 만든 음식를 먹을 수 있는 검은 암소, 평생 이 다섯 가지를 가진다면 부러워할 것이 없겠구나!"란 뜻이지요.

가곡은 관현악 반주에 맞추어 시조시를 노래하는 한국의 전통 성악곡이며, 만년장환지곡萬年長歡之曲이라고도 합니다. 1969년 11월 10일 중요무형문화재 30호로 지정되었지요. 조선 시대 궁중과 양반 사이에 즐겨 부르던 시조, 가사와 함께 정가正歌에 드는 성악곡으로서 판소리 · 민요 · 잡가와 같이 일반 백성이 부르던 성악곡과 구별됩니다. 시조의 시를 5장 형식에 얹어서 부르는 가곡은 피리 · 젓대대금 · 가야금 · 거문고 · 해금의 관현악 반주에 맞추어 부르는데 그 예술성은 시조와 가사에 견주면 아주 뛰어났다는 평을 받습니다.

가곡은 노래 부르는 사람의 성별에 따라서 남창가곡, 여창가곡, 남녀창가곡으로 나뉩니다. 이중 남창가곡은 호탕하고 강한 느낌이며, 여창가곡은 애절하고, 원망하는 듯한 소리를 내지만 전반적으로는 아주 청아하고 맑은 노래입니다. 이 가곡이 2010년 11월 16일 케냐 나이로비에서 열린 5차 무형유산정부간위원회에서 한국 문화재청이 신청한 대목장, 매사냥과 함께 유네스코 인류무형유산에 올랐습니다. 이로써 한국은 인류무형유산을 총 11건 보유하게 됐습니다. 우리 모두 축하할 일입니다.

11월 17일

단발령이 내려졌습니다

"신체발부는 수지부모라"

고종 32년1895 11월 17일 김홍집 내각金弘集內閣은 일본의 압력 탓에 백성에게 머리를 깎으라는 단발령斷髮令을 내렸습니다. 고종이 먼저 서양식으로 머리를 깎았으며, 내부대신內部大臣 유길준兪吉濬, 1856~1914은 고시告示를 내려 관리들로 하여금 가위를 들고 거리나 성문에서 강제로 백성의 머리를 깎게 했지요.

당시 조선은 유교의 나라라 몸에 나는 모든 터럭은 부모에게서 받은 것으로 감히 훼손하지 않는 것이 기본철학이었기에 많은 선비는 "손발은 자를지언정 머리털은 자를 수는 없다"고 완강하게 반발했습니다. 더구나 친일내각이라는 소리를 듣는 김홍집 내각이어서 단발령은 배후에서 일본이 조종하는 것으로 생각했기에 그 반발이 더 심했지요.

을미사변 이후 일본을 극히 싫어하는 백성의 마음을 거스르며 개혁을 단행했으므로, 국민은 더욱 분개하여 단발령을 반대할 뿐만 아니라 의병을 일으켜서 정부시책에 대항했습니다. 정부에서는 친위대親衛隊를 파견하여 의병활동을 진압했으나, 김홍집 내각은 무너졌고 김홍집도 살해되었습니다.

11월 18일

끝까지 조선을 지키려던 한규설을 가두다

비운의 현장, 덕수궁 중명전

1905년 11월 17일 오후 을사늑약이 강행된 덕수궁 앞과 회의장 안은 완전무장한 일본군이 겹겹이 둘러싸고 있었으며, 기병 800명, 포병 5,000명, 보병 2만 명이 서울 시내 전역을 장악하고 있었다고 하지요. 《한말외교비화》1930에 따르면 '슬피 부르짖는' 참정대신 한규설이 별실로 끌려 나가는 순간 이토 히로부미는 다른 대신들을 보며 "너무 어리광을 부리면 죽여버려라"고 명령했습니다. 한규설 · 민영기 · 이하영은 어떤 위협에도 굴하지 않았지만 11월 18일 새벽 1시쯤 이완용을 필두로 한 이지용, 이근택, 권중현, 박제순, 이른바 을사오적은 매국노의 길을 걷게 됩니다.

1942년 해외독립운동 지도자들 앞에서 황제의 특사 헐버트는 고종 황제가 늑약에 동의도 비준도 하지 않았다고 다음과 같이 증언했습니다.

"역사에 기록될 가장 중요한 일을 증언한다. 황제는 일본에 항복한 적이 결코 없다. 궁종肯從하여 신성한 국체를 더럽힌 적도 결코 없다. 생명의 위협을 무릅쓰고 미국의 협조를 구하고, 만국평화회의에 호소했으나 효과가 없었다. 조선인 모두에 고한다. 황제가 보이신 불멸의 충의를 영원히 간직하라."

이처럼 당시 고종 황제는 나라를 되찾으려고 온 힘을 다하다 독살됐다고 역사는 기록하고 있습니다.

이 을사늑약의 현장 덕수궁 중명전은 양식洋式 2층 벽돌집 덕수궁 별채로 1901년 황실도서관으로 지어졌습니다. 그 뒤 1904년 덕수궁이 불타자 고종의 집무실인 편전이자 외국사절 알현실로 사용되었지만 일제에 훼손되면서 외국인 클럽으로 사용되기도 했지요. 중명전은 을사늑약과 헤이그 특사 파견 같은 구한말 역사의 생생한 현장으로서 2010년 원형 복원돼 일반에 개방되었습니다. 문화재청은 중명전 내부를 역사현장체험공간인 상설전시관과 교육공간으로 꾸며 한일강제병합 100년이 되는 때에 문을 연 것입니다. 이곳 1층 전시공간은 '중명전의 탄생', '을사늑약을 증언하는 중명전', '주권회복을 위한 대한제국의 투쟁', '헤이그 특사의 도전과 좌절'로 이뤄졌습니다. 특히 을사늑약 체결 현장 상상도, 을사늑약에 반대했던 한규설을 감금한 것으로 추정되는 공간이 눈길을 끕니다. 2층은 고종 집무공간으로서의 의미가 두드러지도록 고종 어진, 어새, 관련 문건들을 전시했지요.

국치 100년을 맞은 2010년도 훌쩍 지났습니다. 이 비운의 현장 중명전과 1910년 8월 22일 일본의 3대 통감 데라우치 마사다케와 대한제국 총리대신 이완용 사이에 '강제병합조약'을 맺은 통감관저 터남산 교통방송 옆를 꼭 돌아봐야 할 일입니다.

11월 19일

밤으로 만든 한과, 율란을 먹어보세요

주한 카타르 대사 부인이 극찬한 전통과자

우리 전통음식에는 밤, 대추, 생강, 연근, 인삼 따위를 꿀이나 설탕물에 졸여 만든 음식인 정과正果가 있습니다. 만드는 방법과 재료에 따라 부르는 이름이 다릅니다. 대추, 밤을 원래의 모양대로 꿀에 조린 것은 대추초, 밤초라 하고 밤을 삶아 으깨어 꿀을 섞어 밤 모양대로 빚은 것은 율란栗卵, 대추를 다져 꿀을 섞어 다시 대추의 모양으로 빚은 것은 조란棗卵이라고 합니다.

율란의 재료인 밤에는 탄수화물, 단백질, 칼슘, 비타민이 많아서 어린이 성장에 좋다고 합니다. 특히 비타민 C는 피부미용과 피로회복, 감기예방에 효과가 있으며, 또 생밤 가운데 비타민 C 성분은 알코올의 산화를 도와주어 술안주로 좋습니다. 당분에는 위장기능을 강화하는 효소가 들어 있으며 성인병 예방과 신장보호에도 효과가 있습니다. 꿀, 설탕에 조리거나 가루를 내어 죽이나 이유식을 만들고, 통조림, 술, 차로도 만듭니다.

《레이디경향》 2008년 11월호를 보면 〈주한 카타르 대사 부인 나오미 마키의 '한국 찬가'〉란 글이 나옵니다. 그 글에서 마키 여사가 기자에게 한국의 전통과자 '율란'을 아느냐고 물었고, "개성지방의 전통과자라고 해요. 과자를 만드는 과정이 또 예술이랍니다"라고 하여 기자를 당혹스럽게 했다지요. 외국대사의 부인이 예술이라고 표현할 정도로 감탄하는 율란을 우리는 알고 있나요?

11월 20일

과거장이 책가게가 되었습니다

과거, 대리시험과 선접꾼으로 난장판이 되다

국립중앙박물관 소장.

'평생도' 중 소과응시 부분.
저들 중엔 응시자보다 거벽, 사수, 선접꾼이 더 많다.

조선 시대에는 벼슬아치들을 과거로 뽑았음은 누구나 압니다. 하지만 그 과거가 부정으로 얼룩졌음을 아는 이는 드뭅니다. 먼저 과거장에 들어갈 때 예상 답안지와 참고서적을 담은 책가방, 곧 책행담을 가지고 들어갑니다. 이는 커닝의 고전적인 방법이지요. 그래서 이수광의 《지봉유설》을 보면 과거장이 마치 책가게 같았다고 합니다. 또 과거장에 들어가는 사람 가운데 실제 답안지를 내는 사람은 턱없이 적습니다.

예를 들면 정조 24년에 치른 과거는 10만 명 정도가 들어가 답안지는 3만 명만 냈다고 하지요. 그 까닭은 무엇일까요? 응시생인 양반집 자제들은 과거장에 조수 여러 명을 데리고 들어가는데 글을 짓는 '거벽', 글씨를 써주는 '사수'가 따라 들어갑니다. 과거를 보는 사람은 손도 까딱 안 하고 대리시험을 보게 하는 것입니다. 그뿐만이 아니라 좋은 자리를 먼저 잡고 답안지를 다 쓰면 폭력을 써 가면서까지 답안지를 대신 내주는 '선접꾼' 이 있었습니다.

이렇게 먼저 내려고 폭력까지 쓰는 데는 까닭이 있습니다. 수만 장의 답안지를 며칠 안에 다 보기 어려우니 실제로는 답안지 앞부분만 보거나 앞에 낸 수백 장만 채점하는 일이 벌어지기 때문이었습니다. 과거를 통해 훌륭한 인재를 뽑는다는 본래 취지가 퇴색되어, 일부이기는 했지만 소수 힘 있는 가문의 벼슬 독점장이 되었던 과거시험 이야기는 언제 들어도 씁쓸합니다. 이제 대학 수능시험 철입니다. 예나 이제나 시험이 없는, 아니 부정시험이 없는 세상이었으면 좋겠습니다.

11월 21일

백전을 하면 시 두루마리가 산더미처럼 쌓이지요

백전에 참가한 사람은 순라꾼도 잡지 않았다

"우리나라에서는 오로지 과목科目만으로 선비를 뽑기 때문에 예전부터 이름난 정승들이 모두 다 백전白戰을 거쳐 진출進出하였고……." 이는《정조실록》5권, 2년 1778 2월 9일 둘째 기록 〈부교리 남학문이 여러 가지 폐습에 대해 상소하다〉에 있는 내용입니다. 사전에 백전은 '무기를 쓰지 않고 맨손으로 하는 싸움 또는 문인들끼리 글재주를 겨루는 다툼' 이라고 했는데 다른 말로는 백일장이지요.

강산 천지에 활짝 핀 때 아닌 꽃 滿地江山花爛熳

구천 궁궐 쏟아지는 어지러운 옥가루 九天宮闕玉參差

양원의 서간 받는 것은 나의 일 아니어니 梁園授簡非吾事

그저 여러분과 백전시 한번 짓고 싶소 欲得諸公白戰詩

이는 조선 중기 한문사대가 중 한 사람인 계곡谿谷 장유張維, 1587~1638의 시문집 《계곡집》 31권에 나오는 '백전시' 한 편입니다. 조선 후기 중인들은 시와 글을 짓는 시회를 결성하였고, 백전白戰을 열었습니다. 이 중에서도 18세기 중인문화의 중심지였던 인왕산 아래 송석원에서 봄과 가을에 열린 백전에는 수백 명이 몰려들었지요. 백전은 참가하는 것 자체를 영광으로 여겼고, 순라꾼도 백전에 참가한다면 잡지 않았다고 합니다. 백전 때면 참가자들이 쓴 시 두루마리, 곧 시축詩軸이 산더미처럼 쌓였습니다.

지금은 오로지 대학에 가기 위한 수능시험만 치를 뿐 조선 시대의 백전은 구경하기 어렵습니다. 무기가 아닌 글재주를 겨루는 것, 이 시대에도 필요한 일 아닌가요?

11월 22일

충효의 본보기 정몽주 선생이 태어나신 날입니다

선죽교에 흐르는 피

섬나라에 봄빛이 싱그러운데 / 하늘가의 나그네 아직도 떠나지를 못하였네

풀잎은 천리를 이어 푸르고 / 달은 두 곳에 함께 밝을 터

돌아다니느라 돈은 다 썼고 / 돌아갈 일 생각하느라 머리만 세어가네

사나이가 사방에 뜻을 두는 것은 / 공명을 위함만은 아니라네

위 시는 정몽주鄭夢周, 1337~1392가 왜구倭寇의 잦은 침범을 따지려고 일본에 사신으로 갔을 때 지은 시입니다. 정몽주는 고려 충숙왕 때 태어나 예조정랑 겸 성균관박사, 대사성, 봉익대부, 예의판서, 예문관 대제학을 두루 거쳤습니다. 이러한 관직을 거치면서 그는 오부학당五部學堂을 열어 후진을 가르치는 한편, 유학을 크게 진흥해 성리학의 기초를 세웠지요. 역성혁명으로 조선왕조가 시작되기 직전까지 고려왕조에 충절을 바친 그는 60살 때, 이성계의 아들 이방원이 보낸 조영규에 의해 선죽교에서 살해되었습니다. 호는 포은圃隱으로 고려 삼은三隱의 한 사람이고 문집으로 《포은집》이 있지요.

그는 인품이 고매하고 뛰어나며 충효의 본보기로 일생을 살았습니다. 어려서부터 학문을 좋아하여 게을리하지 않았고, 성리학을 연구하여 조예가 깊었습니다. 시문은 호방 · 준결하며, 시조 '단심가丹心歌'는 그의 충절을 대변하는

작품으로 후세 사람들이 읊곤 하지요. 만고의 충신 정몽주 선생은 열아홉에 아버지 시묘살이를 했고, 스물아홉에는 사직을 뒤로 한 채 낙향하여 어머니 시묘살이를 마칠 만큼 효성도 지극했습니다. 나라에 충성하고 부모에 극진한 효자였던 포은 정몽주 선생의 생을 돌아보는 것도 의미 있는 일일 것입니다.

11월 23일

소설 추위는 빚내서라도 한다지요

따뜻한 햇볕이 남아 있어 '작은 봄'이라 부르는 소설

오늘은 24절기의 스물한째인 소설小雪입니다. 이때부터 점차 겨울로 들어서지만 아직 따뜻한 햇볕이 남아 있어 작은 봄이라고도 부릅니다. 소설은 눈이 적게 온다고 하여 붙은 이름입니다. "소설 추위는 빚내서라도 한다"는 말이 있듯이 첫 얼음이 얼며, 첫눈이 오기 때문에 시래기를 엮어 달고, 무말랭이, 호박오가리, 곶감 말리기 따위의 겨울나기 준비에 바쁩니다. 소설 무렵인 음력 10월 20일께는 이날 억울하게 죽은 손돌의 원혼 때문에 '손돌추위'가 온다고 합니다. 해마다 이날은 강풍이 불고 날씨가 찬데, 그래서 강화에서는 뱃길을 금합니다.

무 배추 캐어 들여 김장을 하오리라
방고래 구들질과 바람벽 맥질하기
창호도 발라놓고 쥐구멍도 막으리라

수숫대로 터울하고 외양간에 떼적 치고
우리 집 부녀들아 겨울 옷 지었느냐

《농가월령가》의 한 대목입니다. 창호지도 덧바르고 땔감도 준비해야 하지만 아낙들에게는 뭐니 뭐니 해도 김장이 가장 큰일입니다. 핵가족화로 식구도 적은 데다가 예전과 달리 다양한 먹을거리가 있어 김치를 덜 먹게 되었지만 여전히 김장은 주부들이 치러야 할 큰 과제지요. 오죽하면 "김장하니 삼동 걱정 덜었다"라는 말도 있을까요? 한겨울에도 묻어둔 독에서 꺼내 먹을 수 있는 싱싱한 김치는 한국인의 영원한 친구요, 동반자입니다. 소설엔 슬슬 김장채비를 해야 합니다.

11월 24일

슬기로운 속풀이 음식 알아볼까요

술의 날 다음 날은 속풀이 음식의 날로

술 먹은 뒤에 먹는 속풀이 해장국에는 서울 청진동 선짓국, 전주 콩나물국, 섬진강변 재첩국, 충청도 내륙 올갱이국, 강원도 산간지방 북엇국 따위가 있습니다. 이 해장국들은 음주가무에 능했던 우리 겨레의 슬기로움이 만들어낸 속풀이 음식입니다.

1929년에 나온 《별건곤》 24호를 보면 전주명물 '탁백이국' 이 있는데 이것이 전주 콩나물국입니다. 끓이는 법은 이렇습니다.

> 콩나물을 숫헤 너코(시래기도 죠곰 넛키도 한다) 그대로 푹푹 살머서 마늘 양념이나 죠콤 넛는다. 구수-한 냄새와 푸군히 더운 김이 쏘다저 나오는 목노안에 들어서 개다리상 가튼 걸상에 걸어 안져 틉틉한 탁백이 한잔을 벌컥벌컥 드리켜고는 탁백이국 그놈 한 주발에 밥 한 술을 노아 훌훌 마시는 맛은 산해의 진미와도 박굴 수 업시 구수하고 속이 후련하다. 더구나 그 안날 밤에 한잔 톡톡히 먹고 속이 몹시 쓰린 판에는 이 탁백이국 외에는 더 덥허 먹을 것이 업다.

속풀이국으로 '콩나물국만 한 것은 없노라'는 말이 이해가 될 듯합니다. 콩나물국은 알코올 분해 능력이 뛰어난 콩나물을 주재료로 해서 숙취해소 능력이 뛰어납니다. 재첩국이나 올갱이국에 들어가는 재첩과 다슬기 그리고 부추는 간기능 보호에 좋다고 하며, 재첩은 민간에서 즙을 내어 황달치료에 쓸 정도로 훌륭한 음식재료입니다. 또 북엇국은 아미노산 성분인 메티오닌이 풍부해 술독에 지친 간을 달래줍니다. 선짓국에는 섬유소가 풍부한 우거지가 들어 있고, 이밖에 뼈다귀해장국, 부산의 돼지국밥, 북부지방의 순댓국밥도 좋다고 하지요. 술을 흠씬 먹어도 다음 날 다양한 속풀이 해장국이 기다리는 우리 겨레의 해장국 문화, 가히 자랑할 만합니다. 11월 23일은 경기미로 만든 떡과 술의 날이라는데 술을 마신 24일은 속풀이 음식의 날로 삼으면 어떨까요?

11월 25일

이인직의 죽음, 마냥 애도할 수가 없습니다

'혈의 누'는 '피눈물'의 일본식 표기

신소설新小說이란 19세기 말에서 20세기 초에 걸쳐 잇달아 출현한 소설작품을 말합니다. 이 말은 일본에서 쓰이던 것인데, 1906년 《대한매일신보》의 광고에서 처음 보였고 이듬해 《혈의 누》가 단행본으로 나오면서 '新小說 血의 淚'라고 밝힘에 따라 이후 보편적인 명칭으로 굳었습니다. 이인직을 비롯한 개화파 지식인들은 이전의 고대소설과는 달리 새로운 형태로 소설을 썼는데 신소설이라고 하면 일반적으로 그들의 작품을 이르지요. 이인직의 《혈의 누》, 이해조의 《자유종》, 최찬식의 《추월색》은 대표적인 작가와 신소설들입니다.

특히 이 가운데 이인직李人稙, 1862.7.27~1916.11.25은 1909년 이토 히로부미 추도식에서 추도문을 낭독한 사람입니다. 이듬해 이완용의 밀명을 받고 일본으로 건너가서는 일본 통감부 외사국장인 고마츠 미도리小松綠를 만나 한일병합을 교섭했습니다. 한국으로 돌아온 이인직은 이완용에게 결과를 보고했고 그해 8월 29일 총리대신 이완용과 조선통감 데라우치 마사다케 사이에 한일병합을 끌어낸 민족반역자입니다.

그 뒤에도 조선과 일본의 병합을 정당화하는 데 앞장섰습니다. 일제의 통치를 덕치德治로 비유하고, 일본천황의 통치로 조선은 태평성세를 누리며 모든 백성이 이를 기쁘게 생각한다고 칭송했습니다. 1915년 다이쇼大正 일본왕 즉위식에 헌송문獻頌文을 바치고 1916년 11월 쇼와 황태자 즉위식 때도 헌송문을 지어 조선총독부에 바칠 만큼 극렬한 친일파였지요. 그의 《혈의 누》는 '피눈물'의 일본식 표기이며 그의 예술은 그래서 다시 보아야 한다는 여론이 큰 것입니다.

11월 26일

《지봉유설》, 겨레문화의 자부심입니다

당대 모든 지식과 정보를 종합한 문화백과사전

11월 26일은 한국 최초의 백과사전 《지봉유설》을 쓴 지봉 이수광 선생이 돌아가신 날입니다. 이수광은 조선 중기의 명신이며, 실학의 선구자로 임진왜란 때 함경도 지방에서 큰 공을 세웠습니다. 주청사로 연경에 다녀오며, 《천주실의》를 들여와 한국 최초로 서학을 도입했습니다. 이조판서를 거쳤고, 영의정으로 추증됐지요. 주요 저서로는 《지봉유설》, 《지봉집》, 《채신잡록》 같은 책이 있습니다.

그 가운데 대표작 《지봉유설》의 폭넓은 지식을 보면 권 2의 〈외국조〉에 섬라暹羅, 태국, 진랍국眞臘國, 캄보디아, 방갈자榜葛剌, 방글라데시, 안남安南, 베트남 같은 동남아시아 나라들은 물론 불랑기국佛狼機國, 포르투갈, 남번국南番國, 네덜란드, 영결리국永結利國, 영국 같은 유럽 나라들의 정보까지 소개되어 있습니다. 이런 이름들은 당시 중국이 한자로 표기하던 것을 들여온 것이지요.

이 《지봉유설》은 당대의 모든 지식과 정보를 종합한 문화백과사전이었습니다. 무엇보다도 이 책이 돋보이는 것은 우리 겨레문화에 대한 자부심을 바탕으로 다른 나라 문화를 받아들이는 데 진보적인 성향을 띠고 있었다는 점입니다. 그리고 근거로 문헌상의 출처를 명확히 밝혔다는 점도 칭찬할 대목이지요. 이수광은 학자들에게도 말솜씨에 치중하지 말고, 실천적 요소를 찾으라고 주문했습니다. 무분별하게 세계화만 외쳐대는 요즈음 '내 것을 알고 남의 것을 받아들이라' 는 이수광 같은 학자가 그리운 것은 저만의 생각일까요?

11월 27일

임진왜란은 현재진행형입니다

교토에 가면 찾아볼 곳, 코무덤

임진왜란은 누구나 알다시피 1592년부터 1598년까지 도요토미 히데요시豊臣秀吉의 명에 따라 왜군들이 조선땅을 짓밟은 사건입니다. 그 임진왜란이 끝나게 되는 계기 가운데 가장 큰 것은 이순신의 연전연승입니다. 이순신은 1598년 11월 19일 노량해전을 크게 승리로 이끈 다음 삶을 마감합니다. 그 뒤 왜군은 배 50여 척만 남아서 도망가게 되고 조선은 전란의 뒤치다꺼리를 합니다. 그래서 임진왜란이 끝나는 날을 이순신이 죽은 11월 19일로 보기도 하고 늦춰 잡아 11월 27일로 보기도 합니다.

하지만 아직 임진왜란은 끝나지 않았습니다. 현재진행형입니다. 그것은 수많은 사람을 죽이고 많은 것을 노략질해 간 그들이 아직도 반성하지 않고 있기 때문이지요. 특히 정유재란 때 남원전투에서 수많은 조선인의 코를 베어다 묻

임진 · 정유재란의 만행인 교토 코무덤(사진)이 있는 한 임진왜란은 현재 진행형이다.

은 코무덤이 일본 교토에 있는데 그들이 이를 왜곡하여 귀무덤이라고 하는 것도 그 가운데 하나입니다. 일본인 유학자 하야시 라잔이 "잔인하니 귀무덤이라고 부르자"고 한 데서 시작된 이 왜곡을 우리 한국인들도 그대로 따라 부른다는 것이 더 큰 문제입니다. 분명히 코는 코고 귀는 귀입니다. 코가 귀로 변할 수는 없는 것이며, 또 코와 귀는 잔인성 면에서 큰 차이가 있습니다.

히데요시는 당시 부하들의 전투를 독려하려고 코를 베게 한 것입니다. 그자는 코를 바친 부하들에게 코영수증을 발행하고, 코감사장까지 써준 흉악범입니다. 그렇게 벤 코를 2,000개씩 상자에 담고 소금에 절여 가져갔다고 하는데 히데요시는 이를 일일이 세기까지 했다고 하지요. 그러곤 마치 은혜를 베풀 듯 불쌍해서 묻어주었다고 코무덤 앞 비석에 뻔뻔스럽게 써놓았습니다.

그런데도 우리가 코무덤을 귀무덤이라고 불러야 하나요? 용서는 잘못한 사람이 뉘우칠 때 가능한 것입니다. 한국인들은 일본 교토를 여행할 때 다른 관광지만 돌아볼 것이 아니라 이 비극의 현장 코무덤에 들러 일본의 만행을 질타하고 원혼의 코무덤이 고국 땅 남원으로 돌아올 수 있게, 깊은 관심을 두어야 할 것입니다.

11월 28일

남편 바람기는 밤에 빨래 널은 탓이라나요

옛사람들의 금기어 구경하기

옛사람들 사이에선 하지 말아야 하는 일, 금기禁忌가 있었습니다. 금기란 마음에 꺼려서 하지 않거나 피하는 것을 말하지요. 특히 과학이 발달하지 않은 옛날에 이 금기는 삶의 중요한 요소이기도 했습니다. 오늘은 옷과 관련한 금기 하나를 살펴보겠습니다.

밤에는 빨래를 널지 말라고 했습니다. 우선 빨래를 넌 모양이 죽은 사람을 부르는 초혼招魂과 닮았다고 여겨서입니다. 또 악귀가 밤에 돌아다니다가 옷에 붙어서 옷의 주인을 괴롭힌다고 생각했으며, 남편이 바람을 피울 거라는 믿음도 있었지요. 이 밖에도 "덜 마른 옷을 입으면 억울한 소리를 듣는다", "옷을 입은 채 꿰매거나 단추를 달면 옷복이 없어진다", "아랫도리를 고쳐서 윗도리를 만들면 등창이 난다" 따위의 말이 전해집니다.

또 다듬이에도 금기도 있었지요. "해가 진 뒤에는 다듬이질을 하지 않는다"는 말은 밤에 잠을 자는 사람들에게 피해를 주지 않으려는 뜻이며, "다듬잇돌을 베고 자면 입이 삐뚤어진다"는 말은 다듬잇돌의 냉기가 올라오면 풍이 올 수도 있음을 경고하는 뜻입니다. 옛사람들의 금기에는 이렇게 슬기로움이 엿보입니다.

11월 29일

인화부인은 세요각시와 바느질 공을 다투지요

바느질하고 그림 그리던 도구, 인두

예전 어머니들이 바느질할 때 쓰던 도구 가운데 화롯불에 묻어놓고 달구어가며 천의 구김살을 눌러 펴거나 솔기를 꺾어 누르는 데 쓰던 인두를 기억하시나요? 인두는 무쇠로 만들며 바닥이 반반하고 긴 손잡이가 달렸지요. 형태는 인두머리 끝이 뾰족한 것, 모진 것, 유선 모양이 있는데 특히 인두머리가 뾰족한 것은 저고리의 깃 · 섶코 · 버선코 · 배래 · 도련 같은 정교한 곡선을 다리는 데 썼습니다. 또 마름질을 할 때 재단선을 표시하려고 금을 긋는 데에도 분필 대신 사용하기도 했죠.

인두에 반드시 필요한 것은 인두판입니다. 이것은 직사각형 나무판 위아래에 솜을 도톰하게 두고 무명이나 비단헝겊으로 씌운 것입니다. 인두판은 인두질을 할 때 썼으며, 솔기를 꺾거나 풀칠을 할 때에도 썼지요.

인두는 바느질할 때만이 아니라 그림을 그리는 데도 썼습니다. 그렇게 그린 그림은 인두화 또는 낙화烙畵라고 했지요. 불에 달군 인두로 잘 마른 나무판이나 가죽에 그림을 그리는 것이지요. 인두로 그림을 그리는 장인을 낙죽장烙竹匠이라 하는데 1969년 11월 29일 중요무형문화재 31호로 지정되었습니다. 《규중칠우쟁론기》에서 "바느질 솜씨가 보잘것없는 자가 들락날락하여 바르지 못한 것도 인두로 바느질한 곳을 한 번 다리면 잘못한 흔적이 감추어져 바늘의 공이 내 덕으로 광채가 난다"고 자랑하는 인화부인이 바로 인두입니다.

11월 30일

칠불사 아자방은 구들과학의 결정체입니다

한 번 불 지피면 49일을 간다

우리 배달겨레는 불을 잘 다루어 하늘로 올라가는 불을 방고래구들장 밑으로 나 있는, 불길과 연기가 통하여 나가는 길 속으로 기어들어가게 함으로써 불을 밟고 서고, 불을 깔고 앉고, 불을 베고 잘 수 있는 구들에서 살았습니다. 방에 요를 깔고 누우면 구들의 열이 요에 모여서 혈액순환이 안 좋은 등, 허리, 다리 같은 몸의 많은 부분을 직접 따뜻하게 하여줍니다. 그리고 요보다 더 넓은 이불을 덮으면 구들에서 나는 열이 모여서 바닥에 닿지 않는 가슴, 배, 무릎, 발 따위 몸의 다른 부분을 따뜻하게 하여, 자는 동안에도 혈액순환을 원활하게 해주지요.

구들은 아궁이에서 구새굴뚝까지 불을 빠져나가지 못하게 한 구조로 열이 오랫동안 머물게 합니다. 또 불을 넣지 않는 시간에도 구들을 늘 따뜻하게 하는 열 모으기 기술은 몸 아랫부분의 체온을 유지하게 하지요. 정말이지 과학적이며 위생적인 난방법입니다.

한 번 불을 지피면 구들방 온기가 49일이나 가시지 않는다고 하는 칠불사七佛寺 아자방亞字房은 경상남도 유형문화재 144호로 하동군 화개면 법왕리에 있습니다. 세계건축대사전에도 기록될 정도로 독특한 양식을 하고 있는데 신라 효공왕孝恭王, 897~911 때 담공선사曇空禪師가 길이 8m의 이중 온돌방을 만든 것입니다. 그 방모양이 亞 자와 같아 아자방이라고 이름 붙었죠. 온돌방의 대표격으로 오늘날에도 보러 가는 사람들이 많습니다. 반세기 전만 해도 흔하던 구들 깔린

아자방의 외부와 굴뚝.

방이 이제는 일부러 가서 보지 않으면 볼 수 없는 희귀한 유산이 되어 안타깝습니다.

이제 서서히 겨울철로 들어섭니다. 칼바람이 부는 엄동설한이 되면 우리 겨레에게 가장 필요한 것은 어쩌면 온돌방이었을 것입니다. 우리 겨레 스스로 온돌이 구시대 고리타분한 유물이라고 여긴 적도 있지만 이제는 인류 역사상 가장 위대한 난방법으로 꼽혀 중국, 일본은 물론 유럽에서도 인기를 끌고 있다고 합니다.

겨울

어느 머언 곳의 그리운 소식이기에

이 한밤 소리없이 흩날리느뇨.

처마 끝의 호롱불 여위어가며

서글픈 옛 자췬양 흰 눈이 나려

하이얀 입김 절로 가슴이 메어

마음 허공에 등불을 켜고

내 홀로 밤 깊어 뜰에 나리면

머언 곳에 여인의 옷 벗는 소리

바람 불고 서리 치고 눈 오고 얼음 언다.

옹기는 김장과 찰떡궁합입니다

그릇이 숨을 쉰다

서울 중랑구에는 독점이라는 마을이 있는데 독을 만들려고 점토를 파낸 구덩이가 있어 이렇게 부르고 있지요. 지금의 중화초등학교 동쪽에는 독을 구워내던 독점이 있었다고 전해집니다. 또 신내동 지역에는 옹기 가마터가 여덟 군데나 있었으며 여기서 일하는 사람만도 200여 명으로 규모가 꽤 컸다고 합니다.

출처: 중랑문화원

중랑구에 있었을 이런 옹기점은 김장철엔 문전성시였다.

지금은 서울이지만 과거에는 경기도였던 중랑구에 옹기터가 자리할 수 있었던 것은 양질의 흙과 땔감 조달이 가능했고 옹기 소비층인 서울이 바로 지척이었던 점을 들 수 있습니다. 《중랑의 옹기점과 옹기장》을 읽어보면 40여 년 전만 해도 서울 사대문 안팎에는 옹기전이 형성되어 있었는데 안쪽으로는 주로 마포나루를 끼고 염천교까지 줄지어 있었다는군요. 이곳은 소금과 젓갈을 공급하는 길목으로 옹기는 새우젓철과 김장철에 많이 팔렸지요.

2002년 9월 서울 무형문화재 30호로 지정된 배연식 씨를 비롯하여 1980년대 말까지 중랑구 일대에는 옹기점과 가마터가 있었으나 지금은 작은 공방만 남겨놓고 남양주 수동지역으로 이전하여 옹기의 명성은 찾아보기 어려워졌습니다. 그러나 플라스틱과 견줄 수 없는 옹기만이 지닌 천연의 특성이 몸에 좋다는 인식이 생겨나 점차 다시 사랑받고 있습니다.

12월 초는 김장철인데 예전 같으면 중랑구 옹기점은 문전성시였겠군요. 옹기는 살아 있는 생명체와 같이 제 몸속에 습기가 있으면 숨을 내쉬어 밖으로 뿜어내고 몸이 건조해 습기가 부족하면 숨을 들이마셔 습기를 조절할 줄 아는 과학 중 과학이요, 흙이 빚은 최고의 그릇임에는 앞으로도 변함없을 것입니다.

12월 2일

돈내기로 패가망신한 이야기를 들어보세요

신봉춘이 목 졸려 죽은 사연

혜강惠岡 최한기崔漢綺, 1803~1877는 저술한 책이 1,000권에 이를 만큼 박학다식한 사람이었는데 지금 알려진 것은 모두 100권 정도이고, 실제로 남아 있는 것은 80여 권이라고 전합니다. 그의 책 가운데 《인정》 12권 〈잡기를 경계함〉에는 "무용無用한 일에 마음을 쓰는 자는 반드시 유용한 일에 소홀하고, 유용한 일에 전심專心하는 자는 반드시 무용한 일을 천히 여겨 버린다. 잡기에 욕심이 깊어지면 사람의 도리를 버리면서까지 즐거움에 빠지며 가산家產을 탕진하면서 법을 어기게 된다"는 이야기가 있습니다. 잡기냐, 아니냐는 그것에 돈을 거느냐, 순수하게 즐기느냐에 달려 있는지도 모릅니다.

조선 후기의 판례집인《심리록》1권1777년을 보면 태천泰川 사람 양만덕梁萬德 이야기가 나옵니다. 내용을 보면 "양만덕 등이 돈내기를 하는데, 신봉춘申奉春이 돈을 구걸하자, 돈은 주지 않고 말이 불손하다고 하여 양만덕이 목 졸라 죽이고 시체를 저수지에 버렸다"든가 위원渭原 사람 이명중李明重이 "조정화趙丁化와 돈내기를 하다가 치고받고 싸움을 하여 이튿날 조정화를 죽게 하였다"와 같은 기사가 심심치 않게 눈에 띕니다. 최한기가 말한 '사람의 도리를 버리고 자신을 멸망의 구렁텅이로 빠지게' 한 꼴이지요. 그런데 조정에서도 돈내기는 있었습니다.

《정조실록》38권, 17년1793 10월 29일 "춘당대에 나아가 문무제신들에게 편을 지어 활쏘기를 하게 했는데, 문신이 한편이 되고 무신이 한편이 되어 점수를 따져 돈내기를 한 다음, 날을 잡아 장용영壯勇營에서 잔치를 베풀고 놀기로 하였다"라는 기록이 보입니다. 그러나 조정에서 대신들이 돈내기를 하게 한 것은 품격이 약간 다릅니다. 이는 흥을 돋우기 위함이지 살인을 부르는 돈내기와는 다릅니다. 이처럼 돈내기도 적당한 선을 어떻게 지키느냐에 따라 건전할 수도 건전하지 않을 수도 있지요. 농한기인 겨울이 되면 온갖 놀이도 성행합니다. 놀이는 자신의 삶을 환하게 하는 것이어야지 어둡게 끌고 가는 것이어서는 안 될 것입니다.

12월 3일

최치원의 숨결이 느껴지는 상림숲을 거닐어봅니다

천 년 묵은 인공림

아담한 숲길은 언제 걸어도 좋습니다. 꽃 피는 봄도 좋고 녹음 우거진 여름도 좋으며 낙엽 고운 가을 그리고 흰 눈 내리는 겨울에도요. 그때 상림은 우리를 기다립니다. 신라 진성여왕 시절 고운 최치원 선생이 함양 태수로 있을 때 인공으로 조성한 숲, 상림. 하지만 인공냄새가 전혀 나지 않는 것은 즈믄 해의 세월도 세월이거니와 자연을 벗하는 아름다운 마음이 빚은 소담스러운 정원이기 때문일 것입니다.

우리나라에서 가장 오래된 인공림인 상림숲은 소나무, 노간주나무, 개서어나무, 갈참나무, 느릅나무 따위가 골고루 자리하고 있습니다. 지금까지 조사된 식물은 총 91속 116종류입니다.

우거진 아름다운 숲길을 걸으며 12살 때 당나라에 유학하여 서경西京, 長安에 체류한 지 7년 만인 18살 때 예부시랑에 장원으로 급제한 천재소년 최치원을 그려보는 것도 의미 깊을 것입니다. 귀국하고 보니 신라 말 조국현실에서는 자신의 개혁안이 실현될 수 없음을 비관하고 각지를 유랑하다가 가야산 해인사海印寺에서 여생을 마쳤다고 하는 최치원. 그러나 즈믄 해가 지난 지금도 여전히 상림숲에서 만날 수 있습니다.

상림숲과 같은 마을숲은 마을 사람들의 정서적 안정은 물론 생물의 다양성을 지켜주고 바람을 막아주며, 홍수를 예방해주기도 하지요. 대부분 마을주변의 자연숲 형태로 남아 있는 마을숲은 현재 우리나라에 300~500여 곳으로 추정되고 있으며 대부분 마을 들머리와 좌우 산줄기, 하천가, 바닷가 등지의 송림숲 형태로 남아 있습니다. '천 년의 숲 상림에서의 약속은 천 년' 이라는 말처럼 고운 최치원 선생의 숲 사랑 정신은 배우고 또 배워도 모자랄 것입니다. 오늘은 1962년 상림이 천연기념물로 지정된 날입니다.

12월 4일

전보 치던 우정국에서 출발한 우편업무

120여 년 세월 속에 장구한 발전

인터넷이 발달하여 요즈음에는 우표를 붙여 편지를 부치는 사람들이 줄어들었습니다만 지금으로부터 120여 년 전인 1884년 12월 4일에는 오늘날 우체국 전신인 우정총국우정국이 생겨 전보를 친다든가 우편물을 배달해주는 사업이 시작되었습니다. 격동의 구한말 고종 시절1882년 행정직제의 개편을 통해 통리교섭통상사무아문 안에 우정사를 설치하고 홍영식이 보빙부사로 미국을 방문, 미국의 우편제도를 시찰하고 돌아와 우정총국이 설치된 것이지요.

서울시 종로구 견지동 397번지에는 당시의 우정총국 청사 건물이 남아 있습니다. 우정총관은 홍영식이 담당하였으며 책임자로 총판 1명, 방판 1명, 그 아래에 관리업무를 맡은 규획과規劃課, 우체국 사무를 담당한 발착과發着課, 경리사무를 보는 계산과를 두었으며, 인천에는 분국을 두고 우편업무 일을 보았지요.

그러나 12월 4일 우정국의 개업을 알리기 위한 축하연을 베푸는 자리에서 김옥균을 포함한 개화파들이 갑신정변을 일으키는 바람에 우편업무는 18일 만에 중단 사태를 빚습니다. 그 뒤 10년 만인 1895년 한성우체사와 인천우체사를 설치하여 우편업무를 재개하고, 1900년에는 국제기구 사상 처음으로 UN 산하 만국우편연합UPU에 가입하기도 했으나 다시 일제의 강제병합으로 암흑기를 거쳐야 했습니다.

1945년 8 · 15해방 당시 646개에 지나지 않던 우체국은 1면面1국局 정책을 강력하게 추진하여 괄목한 성장을 거듭한 이래 2008년에는 우체국 업무가 정보통신부에서 지식경제부로 바뀌고 업무도 우체국 업무에서 은행, 보험, 물류까지 확대되어 거대한 조직으로 발전하기에 이르렀으니 격세지감을 느낍니다.

12월 5일

이덕무가 권한 '술 마실 때의 예법' 따라해보세요

조급한 사람은 술에 취하면 사나운 기운이 나타난다

《청장관전서》를 쓴 조선 후기 실학자 이덕무는 선비의 윤리와 행실을 밝힌 책 《사소절》에서 "술은 빨리 마셔도 안 되고, 혀로 입술을 빨아서도 안 된다. 훌륭한 사람은 술에 취하면 착한 마음을 드러내고, 조급한 사람은 술에 취하면 사나운 기운을 나타낸다"라고 말합니다. 그래서 선비일수록 술 마신 뒤 못된 버릇,

곧 주사酒邪를 부리는 사람은 적으며 '술이 사람을 안다' 고 해서 술 마시는 일에도 도道가 있다고 생각했습니다. 그러나 가끔 주사를 부리는 사람들도 생기는데 그럴 때는 어떻게 할까요?

《선조실록》 22권1588에는 "사간원이 아뢰길, 경기수사水使 김오金鋘는 남양南陽에서 벼슬을 그만두고 돌아갈 때 관가창고의 물품을 공공연히 꺼내갔으니 파직하고, 경상도 수우후水虞候 송익수宋益壽는 성질이 사납고 주사酒邪가 있으니 파직하고, 사복시 주부司僕寺主簿 고현高賢은 관찰사를 능멸하였으니 파직하소서"라는 기록이 보입니다.

물론 그대로 집행이 되었지요. 요즘으로 치면 고시 같은 과거시험에 합격하여 관직에 나간 사람이 '주사' 로 파직되다니 체면이 말이 아닙니다. 그만큼 옛 사람들이 술관리를 엄격히 했음을 보여주는 것입니다.

조선 시대엔 술잔을 어른께 드리고 술을 따를 때 도포의 도련자락 가장자리이 음식물에 닿을까봐 왼손으로 옷을 쥐고 오른손으로 따랐습니다. 이런 예법은 현대에 와서 소매가 넓지 않은 옷을 입었어도 왼손을 오른팔 아래에 대고 술을 따르는 풍습으로 남아 있습니다. 이제 술자리에서 타인과 자신의 주도酒道를 눈여겨보고 이덕무의 판단이 맞는지 살펴보시면 재미있으리라 생각합니다.

12월 6일

송강이 사랑하던 여인 강아아씨가 떠오릅니다

한문만 알던 사대부 틈에서 피워낸 한글가사

이 몸이 생겨날 제 / 임을 좇아 생겨나니
한평생 연분이며 / 하늘 모를 일이런가
나 오직 젊어 있고 / 임 오직 날 사랑하시니
이 마음 이 사랑 / 견줄 데 전혀 없다
평생 원하기를 / 함께 지내자 하였더니
늙어서야 무슨 일로 / 외로이 두고 그리는고
엊그제 임을 모셔 / 광한전에 올랐더니
그 사이 어찌하여……

송강 정철은 시묘살이를 위해 경기도 고양군 새원에서 지낸 적이 있지요. 이 '사미인곡' 은 그가 사랑하던 의기義妓 강아아씨를 떠오르게 해, 더욱 마음을 아련하게 합니다. 그는 조선 사대부가 한문문학만 할 때 한글로 가사문학을 꽃피운 위대한 문인이었습니다. 조선 시대 가사문학의 대가인 단가短歌의 고산 윤선도와 더불어 한국 시가사詩歌史의 쌍벽으로 일컬어지고 있습니다. 정철은 부모에 대한 효도와 형제간의 깊은 우애로도 유명했습니다. 술을 아주 좋아하였지만 부모의 기일이 돌아오면 술을 한달씩 입에 대지 않을 만큼 자기관리에 철저한 사람이기도 했지요. 그가 강직하고 충의 있는 선비라는 데는 이론이 없으나 성질이 급하고 너그럽지 못한 점이 흠이라고 전해집니다.

경기도 고양시 신원동새원에는 송강 낚시터, 송강골이 있는데 그는 이곳에서 35살 때 부친상, 38살 때 모친상을 당해 각각 시묘살이 3년씩을 치른 바 있으며 송강을 포함한 가족들이 이곳에 묻혔으나 사후 72년 만에 모두 충북 진천으로 이장되었습니다. 현재 신원에는 강아아씨 무덤만이 남아 있습니다. 송강 정철은 1536년 12월 6일 태어나 58살을 살다 1593년 12월 18일 강화에서 숨을 거둘 때까지 '사미인곡'과 같은 주옥같은 가사문학 작품을 남긴 학자요, 대시인이었습니다.

12월 7일

메주 쑤는 날입니다, 대설

된장은 당당한 구황식품

부네야 네 할 일 메주 쑬 일 남았도다
익게 삶고 매우 찧어 띄워서 재워두소
11월은 중동이라 대설 동지 절기로다
바람 불고 서리 치고 눈 오고 얼음 언다

❀《농가월령가》중〈11월령〉

24절기의 스물한째인 대설大雪은 말 그대로 눈이 많이 내린다는 뜻에서 나온 말이지만 이 시기에 꼭 눈이 많이 오지는 않습니다. 옛사람들은 대설 초후에는 산박쥐가 울지 않고, 중후에는 범이 교미하여 새끼를 낳고, 말후에는 여주박과의 한해살이 풀가 돋아난다고 했지요. 한편, 이날 눈이 많이 오면 다음 해 풍년이 들고 푸근한 겨울이 된다는 믿음이 전해집니다.

농사일을 끝내고 한가해지면 콩을 삶아 메주를 쑵니다. 메주를 띄울 때는 며칠 방에 두어 말린 뒤, 짚을 깔고 서로 붙지 않게 해서 곰팡이가 나도록 띄우고 알맞게 뜨면 짚으로 열십자로 묶어 매달아 두는데 이것은 메주를 띄우는 푸른곰팡이가 번식이 잘 되도록 하기 위함입니다. 장맛은 메주가 좋아야 하므로 이 시기에 메주는 집집마다 한 해 농사의 결정판이라고 해도 좋을 만큼 정성을 들이지요. 메주는 백성에게 닥친 가뭄이나 기근으로 고생할 때 구황식품이기도 했습니다.

《성종실록》 180권1485에는 경기 관찰사 어세겸이 구황품목을 여덟 가지로 조목조목 아뢰는데 그중 넷째를 보면 "말장末醬은 미리 인구를 헤아려 메주를 쑤게 하여서 가난을 구제하는 데 나누어 주게 하소서"라는 기록이 보입니다. 쌀, 보리 같은 주식도 필요하지만 소금, 된장도 빠져서는 안 되는 중요한 먹을거리인지라 일찍이 조정에서는 메주를 구황품목에 넣은 것입니다.

12월 8일

단재 선생님, 이제야 당신을 알게 되어 죄송합니다

붓을 칼처럼 휘두른 꼿꼿한 선비, 신채호

"우리나라에 부처가 들어오면 조선의 부처가 되지 못하고 부처의 조선이 된다. 우리나라에 공자가 들어오면 조선의 공자가 되지 못하고 공자의 조선이 된다. 우리나라에 기독교가 들어오면 조선의 예수가 되지 못하고 예수를 위한 조선이 되니 어쩐 일이냐? 이것도 정신이라면 정신인데 이건 노예정신이다. 자신의 나라를 사랑하려거든 역사를 읽을 것이며, 다른 나라 사람들에게 나라를 사랑하게 하려거든 역사를 읽게 할 것이다."

일제강점기의 독립운동가, 사학자, 언론인인 신채호申采浩, 1880.12.8~1936.2.21 선생이 한 말입니다. 단재 선생은 '역사라는 것은 아我와 비아非我의 투쟁이다'라는 명제를 내걸어 민족사관을 수립해 한국 근대사학의 기초를 확립했지요. 독립기념관 김삼웅 전 관장은 "단재 선생님, 이제야 당신을 알게 되어 죄송합니다. 당신의 노력으로 제가 이리 행복한 것을 이제야 알았습니다"라고 말한 바 있습니다.

붓을 칼처럼 휘두른 꼿꼿한 선비라는 애칭을 듣는 단재 선생은 1928년 일경에 체포되어 옥살이를 했는데 선생의 건강이 매우 악화되자 당국은 그의 친척 가운데 친일파 한 사람을 보호자로 삼아 내보내려 했지요. 그러나 선생은 죽음

앞에서도 "친일파에게 내 몸을 맡길 수 없다"며 옥문을 나서지 않았습니다. 결국, 선생은 1936년 2월 19일 차디찬 감옥에서 죽음을 맞았습니다. 단재 선생이 세상에 첫 울음을 울며 태어난 12월 8일, 우리는 선생의 나라사랑 의지를 기억해야 할 것입니다.

12월 9일

팔만대장경의 아슬아슬했던 운명

대장경을 이웃 나라에 주었으면 장경각도 남아 있지 않았을 것

합천 해인사에는 국보 32호 팔만대장경八萬大藏經이 있습니다. 1995년 12월 9일은 팔만대장경을 보관하고 있는 장경판전국보 52호가 세계문화유산에 등록된 날입니다. 대장경을 보관하고 있는 건물도 중요하지만 실은 대장경이 더 중요하지요. 하마터면 팔만대장경이 몽땅 남의 손에 들어갈 뻔한 이야기를 오늘 해보겠습니다.

《성종실록》 244권, 21년1490 9월 24일을 읽어보면 "나라에서 불교를 믿지 않으니, 가지고 있은들 어디에 쓰겠느냐? 달라는 대로 주는 것도 괜찮으니 그것을 의논하여서 하라"라고 성종은 말합니다. 만일 그때 "일본에 대장경을 모두 주었다"면 어찌 했을까 생각하니 아찔합니다.

팔만대장경은 목판본이 1,516종에 6,815권으로 총 8만 1,258매이며 초조대장경初雕大藏經과 속장경續藏經은 몽골의 침입 때 불타버린 뒤 1236년고종 23 만들기 시작하여 1251년 9월에 완성되었습니다. 이는 현존하는 세계의 대장경 가운데 가장 오래된 것일 뿐만 아니라 체재와 내용도 가장 완벽한 것으로 오자誤字와 탈자脫字가 거의 없기로 유명합니다.

유교를 숭상하는 나라이기에 '가지고 있어봐야 쓰일 데가 없는 물건'에 지나지 않았던 팔만대장경. 일본에서는 그 가치를 일찌감치 눈치 채고 대장경을 끈질기게 요구하기 시작했습니다. 고려 우왕 14년1388 포로 250명을 돌려보내주면서 달라고 한 것을 시작으로 조선 효종 때까지 무려 83회나 대장경을 달라고 요구해옵니다. 교토 남선사를 비롯한 도쿄의 증상사와 같이 일본의 여러 사찰에 건너가 있는 대장경이 이를 입증하고 있습니다.

고려시대 문화의 고갱이인 팔만대장경은 뛰어난 인쇄술, 서지학적인 면에서뿐만 아니라 당시의 시대상, 역사, 설화를 간직한 당대 최고의 '문화결집체'입니다. 이는 특정 종교의 경전이라기보다는 과거 천 년의 역사를 정리하고 미래 천 년의 지혜를 밝히는 우리 겨레의 등불로, 이제는 일반인들에게도 그 내용을 널리 읽혀야 할 것입니다.

12월 10일

칠거지악은 잘 지켜졌을까요

임금의 허락으로 이혼여부 결정

20년 이상을 함께 산 부부 열 쌍 가운데 두 쌍이 이혼하는 등 요즘 중년이혼이 늘고 있습니다. 그런데 조선 시대에는 이혼할 수 있었을까요? 그 시대엔 질투를 할 때, 아들을 낳지 못할 때, 부모에게 공손하지 못할 때, 바람을 피우거나 나쁜 질병이 있을 때, 말이 많아 입방아에 오르고 물건을 몰래 훔쳤을 때에는 칠거지악七去之惡이라 하여 부인을 버릴 수 있는 제도가 있었습니다. 과연 이 관습은 잘 지켜졌을까요?

《성종실록》 5년1474 11월 2일양력 12월 10일 기록을 보면 성종이 신하들에게 다음과 같은 하교를 내립니다. "신자치愼自治의 아내는 사족士族의 딸이므로 결장決杖할 수 없는데, 전례前例를 알지 못하니, 어떻게 처리할까?"라고 말입니다. 성종의 고민은 두 가지입니다. 첫째는 신자치의 아내가 사족출신이라는 것, 둘째는 지금까지 사족여자의 질투를 벌준 예가 없다는 것이지요.

신하들은 말합니다. "신자치의 아내 숙비는 질투와 사나움이 참혹하여 풍속과 교화에 관계가 있으니 징계하지 아니할 수 없는데, 부인은 곤장을 때릴 수 없으므로 다만 외방外方에 부처付處하게 하고, 신자치는 공신의 아들이므로 고신告身만 거두고 역시 외방에 부처하게 하소서." 솜방망이 주문을 하는군요.

여기서도 알 수 있듯이 여자의 행위가 극악하지 않는 한 처벌되는 경우는 적다고 봐야 합니다. 비록 칠거지악에 해당하더라도 임금의 허락 없이 이혼하면 벌을 받았기에 상소를 하게 되는데, '전례가 없다' 느니 '여자를 어찌 곤장

김홍도의 '신행길'. 저 부부는 해로했을까?

때리느냐?' 같은 말로 여자를 옹호하는 장면을 보노라면 칠거지악이 그다지 강력한 잣대는 아닐 것으로 짐작합니다. 이밖에 부모 삼년상을 치르는 중이거나 가난했지만 혼인 이후 부유해졌거나 부인이 돌아가 의탁할 곳이 없을 때처럼 삼불거三不去인 경우에도 보호받았으며 고종 때는 자녀가 있는 경우를 하나를 더 보태어 사불거四不去로 여자들을 보호했지요.

12월 11일

하늘에 제사 드리던 날을 기억합니다

환구단은 우리 겨레의 바탕

"임금이 면복冕服을 갖추고 환구단圜丘壇에 올라 제사를 지내기를 의식대로 하였다. 호천 상제위昊天上帝位 · 황지기위皇地祇位 및 태조위太祖位에는 임금이 친히 삼헌三獻을 행하고, 대명위大明位 및 풍운뢰우위風雲雷雨位에는 세자世子가 삼헌三獻을 행하고, 야명위夜明位 및 동남북서해東南北西海, 악독 산천위岳瀆山川位에는 영의정領議政 정인지鄭麟趾가 삼헌을 행하였는데……"

《세조실록》 6권, 3년1457에 나오는 기록으로, 세조가 면복을 갖추고 환구단에 제사를 올렸다는 내용입니다. 환구단이 맨 처음 설치되어 제사를 드린 것은 고려 성종 2년983 정월이었는데 이후 설치와 없애기를 계속 되풀이하다가 세조 2년1456에는 일시적으로 제도화하여 1457년에 환구단을 설치하고 제사를 드리게 된 것이지요. 그러나 세조 10년1464의 제사를 마지막으로 환구단 제사는 중단되었습니다. 그러다 환구단이 다시 설치된 것은 고종 34년1897 조선이 대한제국이라는 황제국으로 이름을 바꾸고, 고종이 황제로 즉위하면서부터입니다.

하지만 이 제단은 1913년 조선의 근거를 없애려던 일제에 철거되고 이듬해 그 자리에 조선호텔이 들어서면서 축소되었으며, 지금은 환구단의 부속건물인 황궁우와 석고돌북 그리고 아치 세 개가 있는 석조대문만 보존되어 조선호텔 경내에 남아 있습니다. 12월 11일은 세조가 환구단을 새롭게 조성한 날입니다. 이제 그 흔적은 없어졌지만 우리 겨레의 바탕이랄 수 있는 환구단의 의미는 다시 새겨야 할 일입니다.

12월 12일

즈믄 해의 세월, 진흙벌에서 얼굴 내밀었습니다

동아시아 최대걸작 백제금동대향로

1993년 12월 12일 충남 부여 능산리에서는 긴급 발굴작업이 이루어지고 있었습니다. 초겨울 저녁 어둠 속에서 불을 밝혀가며 차가운 논바닥 진흙탕 속에 엎드려 일회용 종이컵으로 조심조심 물을 퍼내자 드러난 얼굴. 동아시아 최고의 향로라는 백제금동대향로였습니다. 이 향로가 발굴됨으로써 백제에는 화려하게 꽃핀 사비 시기의 금속공예 문화가 존재했음을 확인하게 됩니다.

이 향로는 봉황, 뚜껑, 몸체, 용좌 4단계로 구분됩니다. 몸체뚜껑에는 악기를 연주하는 연주자 다섯 명이 있고, 그 아래 산봉우리 74개에는 다양한 사람들이 보입니다. 또 여의주를 물고 있는 사자, 원숭이, 코끼리, 멧돼지, 개, 뱀을 물고 있는 거북이 같은 65마리의 각종 동물상, 폭포, 불타는 모양의 무늬 같은 화려한 무늬도 백여 개 있습니다. 뚜껑장식에는 봉황이 날개를 활짝 편 채 날고 있으며, 받침대는 용이 승천하는 형상으로 몸통을 떠받치고 있지요.

이 향로에 향을 피우면 12개 구멍을 통해 향이 피어오르는데 이는 매우 독창

© 이무성 화백

백제금동대향로.

적인 발상입니다. 또한 1,300년 전 몸체와 봉황의 속을 공간으로 비워낸 밀납법과 아말감 도금법을 이용하여 찬란한 외관을 보여준 금도금술은 현대의 기술로도 재현하기 어려울 정도로 완벽하다는 평입니다. 진흙탕 속에 묻혀 있었기에 온전히 보존할 수 있었다는 대향로, 그 대향로가 세상에 다시 얼굴을 드러낸 12월 12일은 백제의 찬란한 문화를 확인할 수 있어 우리 겨레에겐 기쁜 날입니다.

12월 13일

김숙영, 당신이 궁금합니다

독립애국지사의 공적이 단 몇 줄인 나라

"광복군으로 항일무장투쟁을 벌였던 애국지사 김숙영金淑英 여사가 13일 노환으로 별세했다. 향년 85세. 1920년 평안남도 평원에서 태어난 김 여사는 광복군 제2지대 제2구대 제3분대에 입대해 항일 공작활동을 전개했다. 정부는 여사의 공적을 기리어 1982년 대통령 표창을, 1990년 건국훈장 애족장을 각각 수여했다. 장지는 대전국립묘지 애국지사 1묘역이며 발인은 15일 정오."

2005년 12월 13일 연합뉴스에서는 또 한 분의 애국지사가 돌아가신 내용을 이렇게 다루고 있었습니다.

김숙영 여사가 1920년에 태어나 1945년 광복 이전에 활약하셨다면 그것은 25살 이전 일입니다. 몇 살에 입대하여 구체적으로 어떤 일을 하셨는지에 대해 이 기사로는 알 수가 없습니다. 김숙영 애국지사 외에 광복군에 투신한 여성으로는 중국 류쩌우에서 14살에 광복군에 입대한 팔순의 오희옥 여사가 수원에서 살고 계십니다. 오 여사는 살아 계시기에 그 정보를 알 수 있지만, 김숙영 애국지사에 대해서는 그 면모를 알 수 없어 안타깝습니다.

"남자 애국지사들은 현재2011.6.10 1만 2,000여 명이 훈포장을 받았다. 그러나 여자 애국지사들은 200여 명에 지나지 않는다. 게다가 그마저 독립운동 행적은 서너 줄에 지나지 않는다. 늦었지만 조명을 받지 못한 숱한 여성 애국지사들의 이야기가 밝혀져야 하고 우리 후손들이 관심을 가져야 한다."

민족시인 이윤옥 씨의 말입니다. 이 시인은 2011년 광복 66주년에 펴낸《서간도에 들꽃 피다》에서, 여성 독립운동가 20여 명을 다루며 여성 독립운동가에 사회가 무관심하게 지내온 것을 질타했습니다. 화려하지는 않지만 질긴 생명력으로 우리 가슴에 잔잔히 피어난 여성 독립운동가들을 널리 알려야 한다고 목청을 높입니다. 오늘은 광복군으로 활약하신 김숙영 애국지사가 숨진 날입니다. 옷깃을 여며 삼가 고인의 나라사랑 정신을 되새겨봅니다.

12월 14일

중근아, 왜놈 순사들 호령하며 삶을 마감하거라

아들 수의를 지으며 눈물 삼키던 어머니, 조마리아 여사

"아들아

옥중의 아들아

목숨이 경각인 아들아

칼이든 총이든 당당히 받아라

이 어미 밤새

네 수의 지으며

결코 울지 않았다

사나이 세상에 태어나

조국을 위해 싸우다 죽는 것

그보다 더한 영광 없을지어니

비굴치 말고

당당히

왜놈 순사들 호령하며 생을 마감하라”

이윤옥 시인이 여성 독립운동가 20인을 그린 시집 《서간도에 들꽃 피다》에 있는 시의 일부로, 시인이 안중근 의사 어머니 조마리아 애국지사의 심정이 되어 쓴 것입니다. 1910년 12월 14일은 안중근 의사가 일제의 관동도독부지방법원에서 사형선고를 받은 날입니다.

세상의 어떤 어머니가 목숨이 위태로운 자식을 보며 가슴이 미어지지 않을 수 있을까요? 그러나 조마리아 애국지사는 자식이 사형선고를 받았음에도 전혀 흔들림이 없이, 왜놈 순사를 호령하며 당당하게 삶을 마감하라고 얘기하면서 마지막 면회를 사절합니다.

1909년 3월 26일 10시 4분, 아들이 처형된 뒤에도 조마리아 여사는 중국 상하이에서 임시정부의 뒷바라지를 하면서 독립운동의 정신적 지주 역할을 합니다. “이등박문은 수많은 한인을 살해하였는데 안중근이가 이등박문 1인을 죽인 것이 무슨 죄요, 일본 재판소가 각국 변호사를 불납不納한 것은 무지가 극함이다."《대한매일신보》 1910년 3월 2일 기사 신문들이 연일 안중근의 죽음을 애도할 때 조 마리아 여사는 슬픔을 삭이고 묵묵히 독립운동을 하다 삶을 마쳤습니다. 아들 안중근의 불굴의 정신은 어머니에게서 비롯한 것임을 알 수 있습니다.

12월 15일

서울엔 풋눈, 인제엔 잣눈이 내렸습니다

밤사이 몰래 내린 도둑눈, 아무도 지나가지 않은 숫눈

어느 머언 곳의 그리운 소식이기에 / 이 한밤 소리없이 흩날리느뇨.
처마 끝의 호롱불 여위어가며 / 서글픈 옛 자췬양 흰 눈이 나려
하이얀 입김 절로 가슴이 메어 / 마음 허공에 등불을 켜고
내 홀로 밤 깊어 뜰에 나리면 / 머언 곳에 여인의 옷 벗는 소리

김광균의 '설야雪夜' 일부입니다. 겨울이 되면 내리는, 사람의 마음을 설레게 하는 눈 종류를 알아볼까요? 언젠가 서울엔 풋눈이 내렸지만 인제에는 잣눈이 내렸다고 합니다. 풋눈은 초겨울 들어서 약간 내린 눈을 말하고 잣눈은 한 자약 30cm만큼 많이 내린 눈을 이릅니다. 이 잣눈보다 더 많이 온 눈은 길눈입니다. 거의 한 길이나 되도록 엄청나게 쌓인 눈을 이야기하지요. 길은 보통 어른 한

'서설춘신(瑞雪春信)'. © 운곡 강장원 화백

사람의 키를 말합니다.

밤사이에 몰래 내린 눈은 도둑눈, 눈이 와서 덮인 뒤 아직 아무도 지나가지 않은 눈은 앞가지접두어 '숫'을 붙인 숫눈, 발자국이 날 만큼 적게 온 눈은 자국눈, 폭우처럼 엄청나게 내리는 폭설은 소나기눈소낙눈입니다. 또 설에 오는 눈을 상징적으로 이르는 설밥, 물기를 머금어 쩍쩍 달라붙는 눈송이는 떡눈, 조금씩 잘게 부서져 내리는 눈은 가랑눈, 눈이 내리면서 찬바람이 몰아치는 것은 눈설레라고 합니다.

12월 16일

동티는 왜 날까요

동티 잡기, 해물리기, 두드러기 잡기

옛사람들은 가끔 동티가 난다고 했습니다. 특히 보은군의 풍습을 보면 못을 잘못 박거나 물건을 잘못 들이면 동티동토가 난다 했습니다. 집안 식구들이 까닭없이 시름시름 아프기 시작하면 무당에게 찾아가서 동티가 났는지 알아봅니다. 그때 고추를 태워서 매우면 동티가 나지 않은 것이고, 그렇지 않으면 동티가 난 것으로 생각했습니다.

무당은 굿을 해서 동티를 잡아줍니다. 급하게 동티를 잡기 때문에 금줄을 치거나 떡을 하지 못합니다. 장을 보러 갈 시간도 없어서 집에 있는 간단한 음식으로 밥, 나물, 포, 탕국 따위의 제물을 준비합니다. 이 제물이 준비되면 무당이 굿을 하는데 짧게는 하루 저녁, 길게는 사흘 밤낮으로 합니다. 그러고 나면 환자가 깨끗이 낫는다고 믿습니다.

그런가 하면 보은군에는 '해물리기' 또는 '뜬귀물리기' 라는 풍속도 있습니다. 상가에 다녀온 사람이 시름시름 아프면 '뜬귀 들렸다' 라고 합니다. 이때 된장국을 끓여서 환자의 머리카락을 세 번 넣고, 환자에게 침을 세 번 뱉게 합니다. 그리고 칼로 방문과 대문을 십자+ 표시로 긁는데 십자 표시여야만 귀신이 나간다고 생각했습니다. 그리고 삼거리에 나가서 바가지를 던지고 칼을 내던집니다. 또 몸에 두드러기가 나면 환자 집 뒷간지붕의 짚을 뽑아 불을 놓아서 환자에게 그 연기를 쐬게 하고 소금을 뿌리면서 짚으로 쓸어주는 '두드러기 잡기' 라는 것도 있었지요. 과학이 발달하지 못했던 옛사람들에겐 어쩔 수 없는 처방이었는지도 모릅니다. 한 해를 마무리하는 섣달그믐께가 되면 사람들은 올해엔 동티난 적이 없는지 되돌아보며 묵은해를 되돌아보곤 했습니다. 이를 미신이라 치부하기 보다는 정겹던 풍습 같아 새삼 관심을 갖게 됩니다.

12월 17일

장옷, 쓰개치마, 너울은 차도르와 닮았지요

바깥세상 향한 호기심 눌러야만 하는 심정

이슬람교도 여인들은 다른 사람에게 얼굴을 보이지 않으려고 '차도르'를 씁니다. 그 가운데는 머리 전체를 싸매고 눈부분만 레이스를 대 겨우 앞을 볼 수 있는 것도 있지요. 그런 것이 바로 우리 조선 시대에도 있었습니다.

> "사헌부에서 상소하였다. '일. 대소 인민은 부모상父母喪에 쓸 관곽棺槨은 시신屍身이 들어갈 만큼 하게 하고, 높고 크게 하지 말게 하소서. 일. 일죄一罪 이하는 저화楮貨로 수속收贖하는 법을 없애게 하소서. 일. 부인婦人이 출입할 때에는 반드시 그 얼굴을 가리고, 입모笠帽를 걷어 올리지 말게 하소서."

위는 《태종실록》 24권, 12년1412 11월 14일양력 12월 17일에 보이는 기록입니다. 이처럼 조선 시대는 초기부터 여인네들이 바깥 나들이를 할 때는 얼굴을 가리게 했습니다.

얼굴을 가릴 때에는 장옷이나 쓰개치마, 너울 따위를 뒤집어쓰고 얼굴이 보이지 않게 했지요. 장옷은 남자 두루마기와 비슷한 모양입니다. 바탕은 주로 초록색 명주였고, 소매 아래에는 흰색 옷감을, 겨드랑이와 옷고름과 깃에는 보라색 옷감을 댑니다. 쓰개치마는 보통 치마와 비슷한데 폭과 길이가 짧고, 흰 모시로 만들었습니다. 너울은 삿갓 테두리에 얇은 옷감을 대어 허리까지 드리우는 것입니다. 두꺼운 옷감을 대고 눈앞에만 얇은 옷감을 대어 밖을 볼 수 있게 합니다. 양반 규수들은 이 규범을 엄격하게 지켜야 했습니다. 이 얼굴 가리개들은 여성들을 옥죄는 도구지요. 이는 성리학이 맹위를 떨치던 조선 시대 가부장제의 흔적입니다.

12월 18일

올해는 궤 속에 무얼 담으셨나요

궤를 풀고 나온 아이, 탈해왕

우리 전통 가구 가운데 궤櫃라는 것이 있습니다. 궤는 궤독, 초궤라고도 하는데 크기에 따라 큰 것은 궤, 작은 것은 갑匣이라고도 부릅니다. 곡식, 제사도구, 책 같은 것들을 보관할 수 있는 네모난 가구지요. 궤는 크기에 따라 30cm 정도의 작은 것부터 2~3m 정도의 큰 것까지 다양합니다. 천판天板, 가구에서 가장 윗면을 막아주며 마감하는 판의 반을 문으로 사용하여 '윗닫이'라고도 부르는데, 보관하는 물건의 무게를 견디도록 단단하게 만들었습니다.

위로 문을 열어야 하기 때문에 높이가 낮고 장식이 비교적 소박한 것이 특징입니다. 앞부분을 여는 반닫이와 다르게 앞면에 다양한 쇠장식을 하지 않으며, 이음부분에 길게 붙는 감잡이나 문이 열리는 부분의 경첩, 자물쇠 앞바탕장식 정도로 반드시 필요한 부분에만 금속장식을 붙이지요. 자물쇠가 달리는 바탕의 장식을 앞바탕장식이라고 부르는데 자물쇠를 열고 닫을 때 나무를 상하지 않도록 하는 것으로 자물쇠 크기보다 크게 만듭니다. 어떤 궤는 이 앞바탕장식을 화려한 꽃문양이나 뚫새김투각을 해서 꾸미기도 합니다.

《삼국유사》에 탈해왕이 길이 20척, 너비 13척인 궤에서 나왔고, 경주 김씨의 시조인 김알지金閼智도 금궤에서 나왔다는 기록으로 보아 궤는 오래전부터 써온 가구임을 알 수 있습니다. 우리 속담에 "궤 속에 녹슨 돈은 똥도 못 산다"는 말이 있는데 돈은 쓸 때 써야 그 값어치를 다 하게 됨을 뜻합니다.

이제 궤는 박물관에나 가야 볼 수 있지만 우리 겨레의 숨소리를 들을 수 있는 소중한 유물입니다. 벌써 한 해를 마무리하는 때가 왔습니다. 올 한 해 동안 나는 궤 안에 무얼 담았는지 생각해봅니다.

12월 19일

동장군은 우리말이 아니랍니다

'general frost'를 일본이 번역한 말

흔히 지금을 동장군冬將軍의 계절이라 합니다. 경기도 포천에서는 동장군 잔치축제를 어느새 7회째 열고 있다고 하지요. 한겨울 몹시 추울 때 '동장군이 맹위를 떨친다' 는 말을 종종 듣게 되는데 한자로 '冬將軍' 이라고 쓰는 이 말은 대체 어디서 온 말일까요?

《표준국어대사전》에는 동장군을 "겨울 장군이라는 뜻으로, 혹독한 겨울 추위를 비유적으로 이르는 말"이라고 짧게 설명해놓았습니다. 도대체 언제부터 쓰이기 시작했는지 어디서 유래했는지를 알 수 없는 풀이입니다. 이러한 일본말 찌꺼기를 쉽게 풀이한 《사쿠라 훈민정음》에 따르면, 이 말은 일본에서 쓰기 시작한 말을 들여온 것이라고 합니다. 일본 국어사전 《다이지센大辭泉》에는 "ふゆしょうぐん【冬將軍】:《モスクワに遠征したナポレオンが, 冬の寒さと雪が原因で敗れたところから》冬の嚴しい寒さをいう語。また, 寒くて嚴しい冬のこと。"로 되어 있는데 번역하면 "후유쇼군, 모스크바를 정복원정하러 간 나폴레옹이 겨울추위와 눈으로 패한 데서 유래한 말로 겨울혹한을 이르는 말. 심한 겨울추위 그 자체"로 번역된다고 하지요. 다시 말하면 동장군은 1812년 러시아-프랑스 전투에서 혹한의 날씨로 진 프랑스 군대를 보고 영국기자가 말한 'general frost' 를 일본에서 번역한 말입니다.

그렇다면 동장군은 근세에 생긴 말인데 조선 시대엔 뭐라고 했을까요? 조선 중기 한문 사대가 가운데 한 사람인 계곡 장유 선생의 시문집 《계곡집》에 '차운한 시次韻' 가 나오는데 거기엔 현명玄冥이라는 말이 나옵니다. 이는 '형살刑殺을 담당하는 북방의 신神' 을 뜻하며, 동장군과 같은 뜻입니다.

장군쇼군, 사무라이 문화 700년을 거친 일본인들이 만든 말 동장군후유쇼군은 선비문화 600년을 거친 한국인들이 번역했다면 '대감추위' 정도였을 것입니다. 《표준국어대사전》은 동장군이 일본에서 들어온 말임을 뚜렷하게 밝히고 일본 사전처럼 러시아-프랑스 전투에서 프랑스가 혹한 때문에 진 데서 유래했다는 것을 밝혀주면 좋겠습니다. 그것이 동장군을 이해하는 데 도움이 되지 않을까요? '동장군=겨울장군' 이란 풀이는 아무리 봐도 씁쓸한 풀이입니다.

12월 20일

귀신 쫓는 데는 붉은 것이 좋지요

귀신은 팥죽, 산수유 열매, 약식, 고추를 싫어한다

우리 겨레는 나쁜 귀신을 쫓을 때 붉은빛이 좋다고 여겼습니다. 동지나 이사할 때에는 붉은빛 팥죽을 끓여 먹고 대문이나 문설주에 뿌려 부정한 것이 끼어들지 못하게 합니다. 또 정월 대보름에 먹는 오곡밥은 팥, 수수, 대추 같은 붉은 곡식이 주를 이루고 있고, 약식도 붉은빛입니다.

또 유두에는 밀누룩을 구슬처럼 만들어 붉게 물을 들인 다음 허리에 차고 다니거나 문설주에 매달아놓기도 했지요. 그런가 하면 아들을 낳았을 때, 간장 항아리 그리고 집을 상량할 때나 샘을 새로 팠을 때 치는 금줄에도 붉은 고추를 달아놓습니다. 중양절에는 여성들이 붉은 산수유 열매가지를 머리에 꽂기도 했고 또 아궁이에 불을 때다가 불똥이 튀어 치마에 구멍이 나면 음습한 곳을 찾아다니는 귀신을 쫓으려고 붉은 헝겊으로 구멍을 꿰매기도 했으며, 결혼하는 신부는 연지를 찍었습니다.

《연산군실록》을 보면, 나례의식에서 역질을 쫓을 때 사람이 너무 많이 등장하므로 줄이라고 하는데 "방상씨方相氏와 귀신을 부르는 사람은 줄이지 말라"고

합니다. '방상씨' 또는 '방상시'는 곰가죽을 쓰고 황금으로 만든 눈 네 개를 달고 붉은 치마를 입고 창을 짚고 방패를 들었던 악귀 쫓는 사람인데 오늘날엔 짚으로 만들거나 가면 따위로 나타내기도 합니다. 이때도 붉은색이 쓰이지요.

12월 21일

동지풍습 하나

동지에 팥죽을 쑤는 유래와 풍속들

나눔의 최고미학 동지팥죽

동지冬至는 24절기 가운데 스물두째로 맞이하는 절기로, 흔히 팥죽 먹는 날로 기억합니다. 동짓날 팥죽을 쑨 유래는 중국의 《형초세시기》에 나옵니다. '공공씨'의 망나니 아들이 동짓날 죽어서 전염병 귀신이 되었는데 그 아들이 평상시에 팥을 두려워했기 때문에 사람들이 전염병 귀신을 쫓으려 동짓날 팥죽을 쑤어 악귀를 쫓았다고 하지요.

동지가 동짓달 초승에 들면 애동지, 중순이면 중동지, 그믐께면 노동지라고 합니다. 애동지에는 팥죽 대신 팥시루떡을 쪄서 먹었는데 요즘은 가리지 않고 팥죽을 먹습니다. 팥죽을 쑤면 먼저 사당에 차례를 지낸 다음 방과 장독, 헛간에 한 그릇씩 떠다놓고, "고수레!" 하면서 대문이나 벽에다 죽을 뿌립니다. 붉은 팥죽으로 악귀를 쫓는 의식이지만 한편으론 겨울에 먹을 것이 부족한 짐승들을 배려한 것입니다. 그런 다음 식구들이 팥죽을 먹는데 마음을 깨끗이 씻고,

새해를 맞는 의미가 담겨 있습니다.

고려 시대에 동짓날은 만물이 회생하는 날이라고 하여 고기잡이와 사냥을 금했다고 하고, 고려와 조선 초기의 동짓날에는 어려운 백성이 모든 빚을 청산하고, 새로운 기분으로 하루를 즐기는 풍습이 있었다지요. 왕실에서는 한 해의 시작으로 보고 새해달력을 나누어 주었는데, 이러한 풍속은 단오에 부채를 주고받는 것과 같이 하선동력夏扇冬曆이라 했지요. 또 제주목사는 귤을 임금에게 진상했고, 임금은 이 귤을 종묘에 올린 다음 나누어 주고 이를 기쁘게 여겨 임시로 '황감제' 란 과거를 실시했습니다.

추운 겨울날, 이웃에 달력을 선물하고 헐벗은 이와 팥죽과 귤을 나눠 먹으며, 따스한 정을 나누며 새로운 해를 맞는 동지가 되었으면 좋겠습니다.

12월 22일

동지풍습 둘
해가 부활하는 날

동지가 지나면 푸성귀도 새 마음 든다

동지는 명절이라 기운이 일어난다
시절식으로 팥죽을 쑤어 이웃과 즐기리라
새 달력 펴내니 내년 절후節侯 어떠한고

해 짧아 덧없고 밤 길어 지루하다

❀《농가월령가》

이는 11월 초에 나오는 구절입니다. 예부터 동짓날이 되면 백성은 모든 빚을 청산하고 새로운 기분으로 하루를 즐겼지요. 또 일가친척이나 이웃 사이에는 서로 화합하고 어려운 일이 닥치면 마음을 열고 해결했습니다. 요즘 섣달그믐께가 되면 불우이웃을 돕는 것도 동짓날 전통이 내려온 것으로 보입니다.

동지는 해가 적도 아래 23.5도인 동지선남회귀선과 황경 270도에 이르는 때이며, 절기가 시작하는 날이기도 하지요. 동지는 '드디어 겨울에 이르렀다'는 뜻인데, 한 해를 마무리하고 새해를 맞이하는 날입니다. 옛사람들은 이날을 해가 부활하는 날로 생각하고 잔치를 벌여 태양신에게 제사를 지냈습니다.

《동국세시기》에는 동짓날을 작은 설, 곧 다음 해가 되는 날이란 의미로 아세亞歲라 했지요. 예수 그리스도가 태어난 성탄절은 신약성서에 쓰이지 않아서 옛날에는 1월 6일이나 3월 21일을 성탄절로 지내기도 했지만 4세기 중엽에 로마 교황청이 성탄절을 동지설날과 같은 날로 정했습니다.

"동지가 지나면 푸성귀도 새 마음 든다"는 속담이 있다지요. 우리도 새 마음으로 섣달그믐을 맞아야겠습니다.

12월 23일

동지풍습 셋
시어머니에게 동지헌말을 드리는 마음

동짓달과 섣달의 추위는 매섭기 짝이 없어

"나는 갑자기 돌아가신 어머님 생각이 왈칵 치밀었다. 생전에 고운 옷 한 벌 입지 않으시던 어머님, 설날 아침이 되면 겨우 하얀 외씨버선을 신고 절을 받으시며 세뱃돈을 나누어 주시던 어머님께 꽃버선을 사드리고 싶어서였다."

서상옥의 수필 《꽃버선과 할머니의 눈물》 가운데 나오는 말입니다. 버선은 무명 · 광목으로 만들어 발에 꿰어 신는 것으로 한복을 입으려면 꼭 필요하지요.

연중 동짓달과 섣달의 추위는 매섭기 짝이 없어 지금처럼 훈훈한 아파트나 두툼한 점퍼에 포근한 양말이 없던 시절에는 겨울나기가 수월치 않았습니다. 이런 때에 동지헌말冬至獻襪이라는 풍속이 있었는데 '동지에 만들어 바치는 버선'이라는 뜻입니다. 예전엔 동지부터 섣달그믐까지 시어머니와 시가의 기혼 녀들에게 버선을 지어드리려고 며느리들의 일손이 바빠지는데 이를 동지헌말 또는 풍년을 빌고 다산多産을 빈다는 뜻인 풍정豊呈이라고도 했습니다. 18세기 실학자 이익은 동지헌말에 대해 "새 버선 신고 이날부터 길어지는 해그림자를 밟고 살면 수명이 길어진다" 하여 장수를 비손하는 뜻이라 했습니다.

며느리가 도톰한 솜을 넣어 정성껏 만들어준 버선을 신은 시어머니는 세상에 더없는 선물을 받은 기분이었을 것입니다. 이런 아름다운 풍습이 대대로 이어져온 까닭은 단지 발을 따뜻하게 하려는 것이라기보다 늙고 병들어가는 시어머니의 주름과 그분이 살아온 고난의 한평생에 대한 고마운 마음에서였을 것입니다. 이제는 시대가 바뀌어 버선 신을 사람도 없지만 동지헌말 정신은 참 아름답습니다.

12월 24일

1923년엔 육혈포 강도단이 활개 쳤지요

따뜻한 마음만이 막을 수 있는 설밑 칼바람

> "경성시의 중앙에서 육혈포를 가진 강도단이 발견되얏다! 년말이 되자 경향을 물론하고 절도와 강도가 횡행한다—하는 소식이 새삼스럽게 사람의 마음을 불안케 한다. 도적이야 어느 때인들 업섯으리오만은 년말이 되야 더욱 심하게 됨은 무슨 까닭이며 이로 인하야 인심이 불안하게 된 것은 무엇을 의미함인가."

위 내용은 1923년 12월 22일 《동아일보》에 실린 〈연말의 불안年末의 不安〉이라는 기사입니다. 내용을 더 읽어보면 그 까닭은 경찰의 단속이 엄중하지 못해서도 아니고, 사람의 마음이 전보다 더 악해진 것도 아니며, 오직 생활이 극도로 불안해져서라고 말합니다. 더욱이 연말에 사람들이 큰 고통을 당하는 까닭에 무서운 육혈포 강도단까지 생긴다는 풀이입니다.

지금이야 일제강점기인 1923년보다는 사람들의 삶이 훨씬 나아졌지요. 하지만 여전히 고통을 당하는 사람들은 있기 마련입니다. 그리고 그런 사람 가운데 일부가 자신의 삶을 위해 혹은 쾌락을 위해 당시처럼 범죄를 저지르기도 하는 것입니다. 우리가 행복하게 살려면 나만 따뜻해서는 안 됩니다. 혹시 이 칼바람 부는 설밑에 헐벗고 굶주린 사람이 없는지 되돌아보는 삶이었으면 좋겠습니다.

12월 25일

억압받는 이들의 구세주 미륵보살을 기다립니다

향나무를 개펄에 묻는 까닭

금동미륵보살반가사유상. 국보 83호.

어느 시대건 지배자와 억압받는 사람들은 있기 마련입니다. 그래서 그 억압받는 사람들은 누군가 자신을 구해주기를 바라는 수밖에 없습니다. 그렇게 억압받는 민중의 바람이 신앙형태로 나타난 것이 바로 미륵신앙彌勒信仰입니다. 서양 기독교의 구세주 신앙과 비슷하지요.

고려 말, 조선 초에 향나무를 바닷가 개펄에

묻어두는 매향의식埋香儀式이 있었는데 그때 자주 출몰하던 왜구의 침탈에 고통받던 민중이 자신을 구원해줄 미륵이 오시기를 비는 뜻이었습니다. 이 미륵신앙은 시골길을 걷다가 문득 풀숲 사이로 나타나는 미륵상이나 절에 모신 미륵보살상들로 나타납니다. 또 미륵신앙은 백제에서 국가 통치이념으로 나타났습니다. 후삼국 시대에는 궁예가 흉흉한 민심을 타고 자신을 미륵이라 하여 한때 사람들의 호응을 얻었습니다. 또 근세 우리나라에서 생긴 증산교, 용화교 역시 미륵신앙에 바탕을 둔다 합니다. 이 미륵신앙은 역사적으로 지배층에 항거한 민중봉기의 원천이 되기도 했습니다.

> 님이 오셨다, 사랑이 오신 게다
> 내 속으로 미륵이 쳐들어오신 게다
> 내장 다 빼내 던져버리고
> 들어와 앉아 계신
> 불덩어리 둥근 달이여,
> 그토록 기다리던 미륵 아닌가

❀ 김종제, '미륵 오셨다'

이 시대에 고통받는 이들이 그리는 미륵은 정말 오시는 걸까요? 그 미륵님 오심을 마냥 기다리기보다는 내가 이웃에 미륵이 되어주면 어떨까요?

12월 26일

《규합총서》에는 비만 예방법이 있습니다

빙허각 이 씨의 지혜

《규합총서》는 조선 후기인 순종 9년1809 빙허각 이 씨가 부녀자를 위해 엮은 여성생활백과입니다. 여기엔 음식과 술과 옷 만들기, 옷감 짜기, 염색은 물론 양잠과 문방구에 관한 이야기들이 들어 있습니다. 특히 이 책에는 음식 먹을 때의 철학인 식시오계食時五戒도 들어 있지요.

그 내용은 차려진 음식이 얼마나 어려운 과정을 거친 것인지와 음식을 먹기 전에 자기가 할 도리를 다했는지 생각하기를 주문합니다. 또 음식만 탐내는 욕심보다는 참다운 마음가짐을 지녀야 하며, 모든 음식은 저마다 영양이 있는 것이니 맛에만 빠지지 말고 약처럼 먹으라고 권합니다. 그뿐만 아니라 일하지 않은 사람은 먹지 말라는 훈계도 빼놓지 않습니다.

식구들과 같이 밥 먹지 않는 어린이일수록 살이 찐 아이가 많다는 조사가 있습니다. 아이들이 절제 없이 먹는 데서 비롯하리라 생각합니다. 하지만 좀 더 근본적으로 생각해보면 예닐곱 살만 되면 할아버지와 겸상을 시켜 밥 먹을 때의 법도를 가르쳐주던 아름다운 풍습이 사라졌기 때문일지도 모릅니다. 이런 우리 겨레의 겸상문화는 아이들이 철없이 마구 먹지 못하게 하여 살찌는 것을 예방할 수도 있으며, 자기 억제력을 길러 세상을 제대로 살도록 도왔던 것입니다. 요즘은 패스트푸드라 하여 음식을 아무 생각 없이 뚝딱 먹어치우게끔 합니다. 이 식시오계와 함께 겸상문화를 되살렸으면 좋겠습니다.

12월 27일

돌을 삶아 만든다는 이것은 무엇일까요

석유는 검은 눈물

황현이 쓴《매천야록》에 보면 석유에 관한 이야기가 있습니다.

> "석유는 영국과 미국 등 여러 나라에서 생산되는데, 어떤 사람은 바다 가운데서 꺼낸다 하고 어떤 사람은 석탄에서 빼낸다 하며 어떤 사람은 돌을 삶아서 걸러낸다고 하는 등 설이 다양하나 천연자원임은 분명하다."

석유는 메소포타미아, 터키 같은 곳에서 기원전부터 쓰였지만 우리나라에서는 고종 17년1880부터 쓰였는데 처음엔 빛깔이 붉고 냄새가 고약했다고 합니다. 석유가 등장하면서 대신 산이나 들에 기름 짜는 열매가 더는 번성하지 않았다고 하며, 자기황自起黃, 곧 성냥이 나돌았는데 이를 서양 부싯돌이란 뜻으로 양수화통洋燧火筒이라고도 불렀습니다.

지금도 겨울철 주요 난방시설에 요긴하게 쓰이는 석유는 처음엔 '검은 황금' 이라고 했지만 석유 때문에 너무나 많은 전쟁을 치르고 있는 까닭으로 이제는 '악마의 검은 피', '검은 눈물' 이라고도 부른다지요. 또한 21세기에 석유는 지구 온난화의 주범으로도 몰립니다. 인간생활에 유용하다고 여겨 개발에 박차를 가했지만 결국 석유도 인간에게 해로운 물질이 되어가는 느낌입니다. 한 해가 저물어가는 이즈음 나는 지구 온난화 주범이 되지는 않았는지 되돌아봅니다.

12월 28일

매화인가요, 눈꽃인가요

아름다운 '매화서옥도'

우리나라는 겨울에 눈이 많이 내립니다. 이러한 눈 속에서 꽃을 피우는 매화는 아름답기 그지없습니다. 조선 시대 화가들은 매화그림을 참 많이 그렸습니다.

특히 전기田琦, 1825~1854의 '매화서옥도梅花書屋圖'에서 매화는 눈송이처럼 보일 만큼 그 순정한 아름다움을 자랑합니다. 눈 덮인 산, 잔뜩 찌푸린 하늘, 눈송이 같은 매화, 다리를 건너오는 붉은 옷을 입은 선비가 어우러져 보는 이의 가슴을 설레게 하는 그림이지요. 전기가 그의 벗 오경석을 위해 그린 것이라는데 매화가 만발한 산속 집에 앉아 있는 선비는 전기이고, 거문고를 메고 다리를 건너 초가집을 찾아가는 붉은 옷의 선비는 아마도 오경석이 아닐까 합니다.

'매화서옥도', 국립중앙박물관 소장.

전기는 조선 후기 화가로, 추사 김정희 문하에서 서화를 배웠으며 추사파 중에서도 사물의 형식보다도 그 내용과 정신에 치중하여 그린 화가로 유명합니다. 문인화의 경지를 잘 이해하고 구사한 화가로 글씨와 시, 문장에도 뛰어났고 그림은 특히 산수화를 잘 그렸는데 고요하고 쓸쓸하면서도 정답고 담백한 그림을 남겼지요. 이 겨울, 전기의 '매화서옥도'가 우리의 마음을 편안하고 고요하게 해줍니다.

12월 29일

마누라 치맛감 사줄 돈으로 먹습니다

오랫동안 '설렁설렁' 끓여서 설렁탕

> "시험으로 먹어본다는 것이 한 그릇 두 그릇 먹기 시작을 하면 누구나 자미를 드려서 집에 갈 로자 돈이나 자긔 마누라의 치마감 사줄 돈이라도 안이 사먹고는 견듸지 못할 것이다. 갑이 눅은 것도 눅은 것이어니와 맛으로던지 영양으로던지 상당한 가치가 잇는 것이다. 自來자래로 서울의 폐병肺病쟁이와 중병 알코 난 사람들이 이것을 먹고 소복蘇復, 원기 회복하는 것은 물론이고 근래近來에 소위 신식결혼을 하얏다는 하이카라 청년들도 이 설넝탕이 안이면 조석朝夕, 아침저녁을 굴물 지경이다."

일제강점기의 잡지 《별건곤》 23호 〈경성명물집京城名物集〉에 나오는 설렁탕 이야기입니다. 일제강점기 서울에서는 이렇게 설렁탕이 큰 인기를 얻고 있었지요. 설렁탕을 사전에서는 "소의 여러 부위를 함께 넣고 푹 끓인 국, 또는 그 국에 밥을 만 음식"이라고 짧게 풀이하고 있습니다. 덧붙인다면 소머리 · 사골 · 도가니, 그 밖에 뼈 · 사태고기 · 양지머리 · 내장 따위를 재료로 써서 10여 시간 푹 고면 뽀얀 우윳빛 국물이 군침을 자아내는 음식이라 설명하고 싶습니다. 살코기만을 넣고 끓인 국과는 달리 깊고 진한 맛이 특징입니다.

사전적인 풀이와 달리 설렁탕은 조선 시대에 임금이 농사가 잘되기를 직접 빌던 제단인 선농단先農壇에서 행사 뒤 만든 국밥을 선농탕이라 부른 데서 유래했다는 설이 있습니다. 다른 이야기로는 국물을 오랫동안 '설렁설렁' 끓인 데서 유래했다는 설도 있지요. 참고로 설렁탕과 곰탕은 뼈를 고아서 육수를 만드는 음식이고, 꼬리곰탕과 도가니탕은 사골국물에 꼬리를 넣고 우려낸 것이며, 갈비탕은 뼈를 우려낸 농도가 적은 맑은 국물로 만든 탕을 말합니다. 서울 제기동의 선농단은 2001년 12월 29일 사적 436호로 지정되었습니다. 이곳에서는 선농제향보존회에서 해마다 선농제를 지낸 뒤 참석한 사람들에게 설렁탕을 한 그릇씩 대접한다는군요. 2011년에는 4월 30일 제향이 있었습니다.

12월 30일

스스로 머리카락 자르던 여성들

모던 걸, 모단 걸, 못된 걸

1895년 12월 30일 조선엔 단발령이 내려져, 사람들의 저항이 만만치 않았습니다. 시간이 지나 단발령이 잠잠해질 무렵, 이번에는 신여성들을 중심으로 댕기

머리 풀기가 시작됩니다. 당시 조선 여성들은 규수閨秀란 말에서 보이듯, 엄격한 내외구분에 따라 집 밖으로 나올 수 없었으나 일제강점기인 1920년대부터 드러내놓고 집 밖에서 활동하던 여성이 생겨났습니다. 최초의 서양화가 나혜석, 최초의 성악가이자 대중가수인 윤심덕 같은 여성이 맨 앞에 서서 자유결혼연애결혼의 씨앗을 뿌렸지요.

나혜석은 유부녀였지만, 3 · 1운동 때 33인의 한 사람으로 후일 친일파로 변절한 최린과 연애를 했고 '사의 찬미' 로 유명한 윤심덕은 유부남인 연인과 부관연락선에서 바다에 투신자살하는 비극을 맞습니다.

이들 신여성을 '모던 걸' 이라 불렀는데 모던 걸은 댕기를 한 구여성과 달리 머리를 짧게 잘랐기 때문에 '모단毛斷 걸' 이라고도 불렀으며, 자유분방한 행태를 내심 못마땅하게 여기는 어른들은 '못된 걸' 로 부르기도 했습니다.

12월 31일

그 고통스럽고 어둡던 시절도 막을 내리지 않았습니까

희망의 끈을 놓지 않고 달려온 시간들

"세상 사람은 말하되 새해도 깁부다고 한다. 과거를 거울 삼어 새로운 희망을 말한다 하나 우리 조선인에게는 깁븜의 새해가 아니라 비운의 새해이다. 설상가상으로 갑자년은 더욱히 재앙이 만흔 해이였다. 전조선을 통한 긔근의 참상은 우리가 날마다 식그럽게 드러왔다. 그러나 당국은 이에 대하야 무관심의 태도다."

위 내용은 1924년 12월 31일 《동아일보》에 실린 〈甲子年갑자년은 가다, 새살림 경륜의 방침을 찾자〉는 기사입니다. 내용을 더 읽어보면 강자에게는 강자의 진리가 있고 또한 약자에게는 약자의 진리가 있다고 말합니다. 그러면서 갑자년을 보내는 마당에 우리가 약자라는 것을 깨닫고 과거의 삶을 벗어나 자유평등의 새 삶을 꾸려나가려면 어떠한 방법으로 나가야 하는지 많은 고민을 해야 한다고 말하고 있습니다.

1924년은 일제의 수탈에 더하여 흉년으로 사람들이 큰 고생을 하던 때입니다. 《동아일보》가 새로운 방법을 제시하진 못했지만 대신 식민지 백성 조선인으로서 어떻게 살아가야 할 것인지 고민하자고 말합니다. 당시 나라의 운명을 생각하는 사람들에게는 아득한 일이었을지 모릅니다.

1924년처럼 어두운 시절에도 희망을 잃지 말자고 했습니다. 더욱이 지금에야 더 말해 무엇하겠습니까. 당시보다는 훨씬 나은 환경일진대 지난해가 고통스러웠다 해도 이제 훌훌 털고 새해를 힘차게 맞이하시길 빕니다.

찾아보기